Christof Stock | Barbara Schermaier-Stöckl
Verena Klomann | Anika Vitr

Soziale Arbeit und Recht

Fallsammlung und Arbeitshilfen

 Nomos

Die Deutsche Nationalbibliothek verzeichnet diese Publikation in
der Deutschen Nationalbibliografie; detaillierte bibliografische
Daten sind im Internet über http://dnb.d-nb.de abrufbar.

ISBN 978-3-8487-3292-0 (Print)
ISBN 978-3-8452-7645-8 (ePDF)

1. Auflage 2016

Vorwort

Dieses Werk dient der Ergänzung und Vertiefung des Lehrbuches Soziale Arbeit und Recht (LSA). Es soll Studierenden der Sozialen Arbeit, aber auch in der Praxis tätigen Sozialarbeitern[1] und Juristen helfen, die sozialarbeiterische und juristische Perspektive eines Falles zu erfassen, um unter Heranziehung juristischer Falllösungstechnik rechtliche Fragestellungen präzise beantworten zu können. Eine strukturierte Herangehensweise erleichtert die Beratung von Klienten und die Dokumentation von Ergebnissen in schriftlichen Stellungnahmen oder Aktenvermerken.

Die Struktur des Lehrbuches wurde beibehalten:

- Teil A enthält hier in der Fallsammlung (FSA) eine Einführung, wie mit Fallschilderungen der Klienten umzugehen ist, welche juristischen Techniken zur rechtlichen Lösung von Fällen eingesetzt und wie Stellungnahmen von Sozialarbeitern verfasst werden können.
- Teil B bezieht sich auf die folgenden 8 Handlungsfelder der Sozialen Arbeit (→ LSA A.2.3.2 Begründung der Fokussierung auf 8 Handlungsfelder):

Abbildung 1: Acht Handlungsfelder der Sozialen Arbeit

1	Soziale Arbeit mit Menschen in finanziellen Problemlagen
2	Soziale Arbeit mit Paaren, Familien, Kindern und Jugendlichen
3	Soziale Arbeit als Beruf
4	Soziale Arbeit im Bereich Bildung
5	Soziale Arbeit mit Menschen und ihren Behinderungen
6	Soziale Arbeit mit kranken und pflegebedürftigen Menschen
7	Soziale Arbeit mit Migranten und Flüchtlingen
8	Soziale Arbeit mit Opfern von Gewalttaten und mit Straftätern

- Teil C betrifft rechtliche Fragestellungen, die über die einzelnen Handlungsfelder hinausgehen.

Beide Werke haben den Gesetzesstand 30.06.2016. Den Schwerpunkt in diesem Werk bildet die Fallsammlung mit ausformulierten Lösungen. Zur Ergänzung und als nützliche Hinweise für Studium und Praxis enthält jedes Kapitel Arbeitshilfen in Form von Verweisen auf Formulare und Merkblätter. Die Fallschilderungen sind Beispiele; sie sind auf andere Sachverhalte nicht entsprechend übertragbar. Bei der Konstruktion dieser Fälle haben wir uns von typischen Praxisfällen inspirieren lassen; dadurch lassen sich Ähnlichkeiten mit realen Fällen nicht ganz vermeiden. Namen von Personen und Einrichtungen, Orte und Ablauf der Handlungen sind gleichwohl frei erfunden! Eine Haftung ist ausgeschlossen.

Aachen, 20.09.2016   *Die Autoren*

---

1 In diesem Skript verwenden wir eine gendergerechte Schreibweise. Substantive in der männlichen Form sind geschlechtsneutral zu verstehen, die Bezeichnung Sozialarbeiter / Sozialpädagoge wird synonym verwendet.

Inhalt

Abbildungsverzeichnis

Abkürzungsverzeichnis

a.A.	anderer Ansicht
a.a.O.	am angegebenen Ort
a.F.	alte Fassung
ABl.	Amtsblatt
ABM	Arbeitsbeschaffungsmaßnahme
Abs.	Absatz
AdVermiG	Adoptionsvermittlungsgesetz
AG	Amtsgericht
AGG	Allgemeines Gleichbehandlungsgesetz
AG-KJHG	(Landes-) Ausführungsgesetz zum Kinder- und Jugendhilfegesetz
ALG	Arbeitslosengeld
Alt.	Alternative
Anm.	Anmerkung
AO	Abgabenordnung
AP	Arbeitsrechtliche Praxis; Nachschlagewerk des Bundesarbeitsgerichts
ArbG	Arbeitsgericht
ArbGG	Arbeitsgerichtsgesetz
ArbZG	Arbeitszeitgesetz
ArchsozArb	Archiv für Wissenschaft und Praxis der Sozialen Arbeit
ARGE	Arbeitsgemeinschaft
Art.	Artikel
ASD	Allgemeiner Sozialdienst
AsylbLG	Asylbewerberleistungsgesetz
AsylG	Asylgesetz (bis Ende 2015: Asylverfahrensgesetz)
AufenthG	Aufenthaltsgesetz, Gesetz über den Aufenthalt, die Erwerbstätigkeit und die Integration von Ausländern im Bundesgebiet
AuslG	Ausländergesetz, ist jetzt ersetzt von AufenthG
AVR	Richtlinien für Arbeitsverträge in den Einrichtungen des Deutschen Caritasverbandes und der Diakonie
BA	Bundesagentur für Arbeit
BAföG	Bundesausbildungsförderungsgesetz
BAG	Bundesarbeitsgericht
BAG-SB	Bundesarbeitsgemeinschaft Schuldnerberatung
BAK	Blutalkoholkonzentration
BAMF	Bundesamt für Migration und Flüchtlinge
BAT	Bundesangestelltentarifvertrag, wurde ersetzt durch TVöD
BBG	Bundesbeamtengesetz
BBiG	Berufsbildungsgesetz
BDO	Bundesdisziplinarordnung
BEEG	Bundeselterngeld- und Elternzeitgesetz
BerHG	Beratungshilfegesetz
BErzGG	Bundeserziehungsgeldgesetz, wurde ersetzt durch BEEG
Beschl.	Beschluss
BFH	Bundesfinanzhof
BGB	Bürgerliches Gesetzbuch

BGBl.	Bundesgesetzblatt
BGG	Behindertengleichstellungsgesetz
BGH	Bundesgerichtshof
BGHST	Entscheidungssammlung des Bundesgerichtshofes in Strafsachen
BGHZ	Entscheidungssammlung des Bundesgerichtshofes in Zivilsachen
BKiSchG	Bundeskinderschutzgesetz
BR	Behindertenrecht: Fachzeitschrift für Fragen der Rehabilitation mit besonderer Berücksichtigung der Gebiete Schwerbehindertenrecht, Kriegsopferversorgung, Kriegsopferfürsorge
BR-Drs.	Bundesrats-Drucksache
BRRG	Beamtenrechtsrahmengesetz
BSG	Bundessozialgericht
BSGE	Entscheidungssammlung des Bundessozialgerichts
BT-Drs.	Bundestags-Drucksache
BTBG	Betreuungsbehördengesetz
BTHG	Bundesteilhabegesetz, Gesetzentwurf
BurlG	Bundesurlaubsgesetz
BVerfG	Bundesverfassungsgericht
BVerfGE	Entscheidungssammlung des Bundesverfassungsgerichts
BVerfGG	Bundesverfassungsgerichtsgesetz
BVerwG	Bundesverwaltungsgericht
BVerwGE	Entscheidungssammlung des Bundesverwaltungsgerichts
BVG	Bundesversorgungsgesetz
DBSH	Deutscher Berufsverband für Soziale Arbeit e.V.
d.h.	das heißt
DÖV	Die öffentliche Verwaltung - Zeitschrift für Öffentliches Recht und Verwaltungswissenschaften
DRG	Diagnostic Related Groups
DVO	Durchführungsverordnung
e.V.	eingetragener Verein
EBM	Einheitlicher Bewertungsmaßstab
EFZG	Entgeltfortzahlungsgesetz
EGBGB	Einführungsgesetz BGB
EGMR	Europäischer Gerichtshof für Menschenrechte
EGV	Vertrag zur Gründung der Europäischen Gemeinschaft
EGZPO	Gesetz betreffend die Einführung der Zivilprozessordnung
EMRK	Europäische Konvention zum Schutz der Menschrechte und Grundfreiheiten
EStG	Einkommenssteuergesetz
EU	Europäische Union
EUGH	Europäischer Gerichtshof
f.	folgende
FamFG	Gesetz über das Verfahren in Familiensachen und in den Angelegenheiten der freiwilligen Gerichtsbarkeit
ff.	fortfolgende
FG	Finanzgericht
FGO	Finanzgerichtsordnung
FreihEntzG	Gesetz über das gerichtliche Verfahren bei Freiheitsentziehungen

FreizügigkeitsG/EU	Gesetz über Einreise und Aufenthalt von Staatsangehörigen der Mitgliedsstaaten der Europäischen Union
FSA	Fallsammlung Soziale Arbeit und Recht
GE	Das Grundeigentum – Zeitschrift für die gesamte Grundstücks-, Haus- und Wohnungswirtschaft
GEAS	Gemeinsames Europäisches Asylsystem
GdB / GdS	Grad der Behinderung / Grad der Schädigung
GewO	Gewerbeordnung
GewSchG	Gewaltschutzgesetz
GG	Grundgesetz
GKG	Gerichtskostengesetz
GmbH	Gesellschaft mit beschränkter Haftung
GO	Gemeindeordnung
GOÄ	Gebührenordnung für Ärzte
GSA	Gesetze für die Soziale Arbeit, Nomos Verlag
GVBl.	Gesetz- und Verordnungsblatt
GVG	Gerichtsverfassungsgesetz
h.M.	herrschende Meinung
HeimG	Heimgesetz
HF	Handlungsfeld
HGB	Handelsgesetzbuch
Hrsg./hrsg.	Herausgeber / herausgegeben
HzE	Hilfe zur Erziehung
i.d.F.v.	in der Fassung vom
i.d.R.	In der Regel
ICD	International Classification of Diseases
ICF	International Classification of Functioning, Disability and Health
IDAS	Informationsdienst für ambulante Sozialarbeit
IFG	Informationsfreiheitsgesetz
Info-also	Zeitschrift: Informationen zum Arbeitslosen- und Sozialhilferecht
InsO	Insolvenzordnung
ISFW	International Federation of Social Workers
i.V.m.	in Verbindung mit
JA	Jugendamt
JGG	Jugendgerichtsgesetz
JGH	Jugendgerichtshilfe
JÖSchG	Gesetz zum Schutz der Jugend in der Öffentlichkeit
JuHiS	Jugendhilfe in Strafsachen
JuS	Zeitschrift: Juristische Schulung
JuSchG	Jugendschutzgesetz
JVA	Justizvollzugsanstalt
JWG	Jugendwohlfahrtsgesetz
KfzHV	Kraftfahrzeughilfeverordnung
KGSt	Kommunale Gemeinschaftsstelle für Verwaltungsvereinfachung
KiBiz	Kinderbildungsgesetz NRW
KJFÖG	Kinder- und Jugendförderungsgesetz NRW
KJH	Kinder- und Jugendhilfe
KJHG	Kinder- und Jugendhilfegesetz, wurde ersetzt durch SGB VIII

KKG	Gesetz zur Kooperation und Information im Kinderschutz
KODA	Kommission zur Ordnung des diözesanen Arbeitsrechts
KSchG	Kündigungsschutzgesetz
LAG	Landesarbeitsgericht
LBG	Landesbeamtengesetz
LG	Landgericht
LSA	Lehrbuch Soziale Arbeit und Recht
LSG	Landessozialgericht
LVA	Landesversicherungsanstalt, jetzt: Deutsche Rente
m.w.N.	mit weiteren Nachweisen
MAVO	Mitarbeitervertretungsordnung
MBl.	Ministerialblatt
MediationsG	Mediationsgesetz
MedR	Zeitschrift für Medizinrecht
MuSchG	Mutterschutzgesetz
n.F.	neue Fassung
NDV	Nachrichtendienst des Deutschen Vereins für öffentliche und private Fürsorge
NJW(-RR)	Neue Juristische Wochenschrift (Beiheft: Rechtsprechungs-Report)
NRW / NW	Nordrhein-Westfalen
NStZ	Neue Zeitschrift für Strafrecht
NVwZ (-RR)	Neue Zeitschrift für Verwaltungsrecht (Beiheft: Rechtsprechungs-Report)
NZA	Neue Zeitschrift für Arbeitsrecht
NZS	Neue Zeitschrift für Sozialrecht
OBG	Ordnungsbehördengesetz
OLG	Oberlandesgericht
OVG	Oberverwaltungsgericht
OWiG	Gesetz über Ordnungswidrigkeiten
PflVG	Pflichtversicherungsgesetz
PKH	Prozesskostenhilfe
PolG	Polizeigesetz
PrävG	Gesetz zur Stärkung der Gesundheitsförderung und Prävention
PsychKG	Gesetz über Hilfen und Schutzmaßnahmen für psychisch Kranke des Landes NRW
PsychPbG	Gesetz über die psychosoziale Prozessbegleitung
PsychThG	Gesetz über die Berufe des Psychologischen und des Kinder- und Jugendlichenpsychotherapeuten
Rd.Erl.	Runderlass
RdA	Zeitschrift Recht der Arbeit
Rdnr.	Randnummer
Recht-info	Recht-Informationsdienst der Zeitschrift „Caritas in NRW"
RKEG	Gesetz über die religiöse Kindererziehung
RVG	Rechtsanwaltsvergütungsgesetz
S.	Satz; Seite
s.	siehe
SA/SP	Sozialarbeiter / Sozialpädagoge
SPFH	Sozialpädagogische Familienhilfe

SG	Sozialgericht
SGb	Entscheidungssammlung Sozialgerichtsbarkeit
SGB I - XII	Sozialgesetzbuch, erstes bis zwölftes Buch
SGG	Sozialgerichtsgesetz
SozR	Sozialrecht, Rechtsprechung und Schrifttum, bearbeitet von den Richtern des BSG
StGB	Strafgesetzbuch
StORMG	Gesetz zur Stärkung der Opfer von sexuellem Missbrauch
StPO	Strafprozessordnung
TOA	Täter-Opfer-Ausgleich
TdL	Tarifgemeinschaft deutscher Länder
TVG	Tarifvertragsgesetz
TV-L	Tarifvertrag für den öffentlichen Dienst der Länder
TVöD	Tarifvertrag für den öffentlichen Dienst
UMF / A	Unbegleitete minderjährige Flüchtlinge / Ausländer
VA	Verwaltungsakt
VBVG	Gesetz über die Vergütung von Vormündern und Betreuern
VereinsG	Gesetz zur Regelung des öffentlichen Vereinsrechts
VersR	Zeitschrift: Versicherungsrecht
VG	Verwaltungsgericht
VGH	Verwaltungsgerichtshof
VKA	Vereinigung Kommunaler Arbeitgeberverbände
VwGO	Verwaltungsgerichtsordnung
VwVfG	Verwaltungsverfahrensgesetz
VwVG	Verwaltungsvollstreckungsgesetz
VwZG	Verwaltungszustellungsgesetz
WoGG	Wohngeldgesetz
WuM	Zeitschrift: Wohnungswirtschaft und Mietrecht
z.B.	zum Beispiel
ZAR	Zeitschrift für Ausländerrecht
ZfSH	Zeitschrift für Sozialhilfe
ZMR	Zeitschrift für Miet- und Raumrecht
ZPO	Zivilprozessordnung
ZRP	Zeitschrift für Rechtspolitik
ZVG	Gesetz über die Zwangsversteigerung und Zwangsverwaltung

A. Einführung

Professionelle Soziale Arbeit zur Unterstützung von Menschen setzt das genaue Verständnis ihrer Probleme voraus. Klienten fühlen sich von ihren Sorgen und Nöten oft überfordert und kommen ohne Unterstützung mit ihren Problemen nicht zurecht. Zur Aufgabe der Sozialarbeiter gehört daher Klärung und Strukturierung komplexer Problemschilderungen, um die Handlungsfähigkeit des Klienten wiederherzustellen. Ein erster Schritt dazu ist eine präzise Fallschilderung. Finanzielle und andere, oft tiefer gehende Problemlagen lassen sich rational voneinander trennen und strukturieren. Dies hilft, um eine rechtliche Fragestellung von psychologischen, pädagogischen, therapeutischen oder einfach lebenspraktischen Fragen zu unterscheiden. Wenn es um rechtliche Fragestellungen geht, verfügt jeder Mensch über ein Judiz – über ein Gefühl, was gerecht ist und was ungerecht. Gefühle helfen aber oft nicht weiter, dazu sind Rechtskenntnisse erforderlich.

1. Fallbearbeitung aus sozialarbeiterischer Perspektive

Die Herangehensweise eines Sozialarbeiters in der Arbeit mit Klienten muss – völlig unabhängig vom jeweiligen Handlungsfeld – multiperspektivisch erfolgen. Die Probleme eines Klienten sind oft vielschichtig und bedürfen meist einer mehrdimensionalen Bearbeitung, weil emotionale und sachliche Probleme zusammenwirken und sich möglicherweise gegenseitig überlagern. Um in einem solchen durch Komplexität und manchmal auch Widersprüchlichkeit geprägten Kontext professionell zu handeln, bedarf es vielfältiger Wissensbestände. Professionelle Handlungskompetenz entsteht dabei durch professionelles Wissen und Können und dieses wiederum braucht wissenschaftliches Wissen und praktisches Handlungswissen – also professionelles Wissen (→ LSA A.2.1 Soziale Arbeit als Profession). Neben sozialarbeiterischen und sozialpädagogischen Kenntnissen, kommunikationstheoretischen Grundlagen, psychologischen, therapeutischen oder pädagogischen Kenntnissen sind für das professionelle Handeln vor allem auch Systemkenntnisse von entscheidender Bedeutung. Wenn es darum geht, sachliche Probleme zu lösen, sind zudem Kenntnisse über Netzwerke (Träger von Diensten und Einrichtungen, Behörden, private Unterstützungssysteme) und Kenntnisse des Rechtssystems unabdingbar.

1.1. Fallschilderungen

Zu Beginn stellen wir 3 Fälle vor, mit denen Sie Ihre Rechts- und Systemkenntnisse testen können. Sie können auch für Gruppenarbeiten geeignet sein. Anschließend schlagen wir eine Vorgehensweise vor:

„Sozial-" oder doch eine andere Hilfe

Im März kommt Frau Speck mit ihrem 9-jährigen Sohn Thomas zum Allgemeinen Sozialen Dienst, bei dem Sie angestellte Sozialarbeiterin sind. Frau Speck gibt an, ganz schnell finanzielle Hilfe zu benötigen. Sie ist offensichtlich frustriert und schildert Ihnen, dass sie bis zum Jahresende für Thomas „Sozialhilfe" erhalten habe. Jetzt habe sie schon mehrfach beim Sozialamt vorgesprochen. Manchmal müsse sie lange warten. Die Sachbearbeiterin, Frau Maier, sei auch wirklich nett, sie würden manchmal denselben Bus benutzen. Aber Frau Maier habe jetzt endgültig die „Sozialhilfe" abgelehnt, obwohl doch der leibliche Vater von Thomas keinerlei Unterhalt zahle. Er sei vor zwei

Jahren mit einer „Neuen" durchgebrannt. Jetzt beginnt Frau Speck, die inzwischen selbst einen neuen Lebensgefährten hat, die Schwierigkeiten mit ihrem Exmann auszubreiten. Sie lassen sie eine Weile reden, erinnern sie aber dann daran, dass sie doch eigentlich eine Beratung über finanzielle Hilfen in Anspruch nehmen wollte. Deshalb hätten Sie selbst jetzt ein paar Fragen. …

Kleiner Mann ohne Vater

Anfang Mai kommt Frau Avci mit ihrem 2-jährigen Sohn Mehmet in die Beratungsstelle des Migrationsdienstes. Sie gibt an, ganz schnell finanzielle Hilfe zu benötigen. Sie hat sich gerade von ihrem Mann getrennt, der ebenfalls türkischer Staatsangehöriger ist. Sie erzählt, sie sei hier in Deutschland geboren und verfüge über eine bis zum 30.06. befristete Aufenthaltserlaubnis. Seit Mehmets Geburt hätten sie in Deutschland zusammengelebt. Vor einem Jahr habe ihr Mann seine Arbeitsstelle verloren. Zunächst hätten sie von ALG I gelebt. Jetzt aber hätte ihr Mann für sich in Deutschland keine Chance mehr gesehen, hätte das Flugzeug nach Istanbul genommen und sei seit einem Monat einfach verschwunden. Nun könne sie die Miete nicht mehr bezahlen, ihre Eltern lebten in der Türkei und könnten ihr nicht aushelfen. Sie wisse nicht mehr, wovon sie leben solle. Beim Sozialamt sei sie schon gewesen, da hätte man ihr gesagt, sie müsse arbeiten gehen. Mehmet, sagt sie, sei aber noch so klein, und einen Kindergartenplatz habe sie auch noch nicht. Sie will nun von Ihnen wissen, wie sie an Geld kommt.

Der Traum vom eigenen Restaurant

Bei der Schuldnerberatung spricht Herr Said vor. Er ist völlig verzweifelt, nur mühselig gelingt es Ihnen, die Situation der Familie aufzunehmen: Vor 15 Jahren sind die Eheleute aus dem Iran nach Deutschland geflohen. Ihre 3 Kinder gehen noch zur Schule. Vor 2 Jahren hatten die Eheleute ein kleines Restaurant eröffnet. Frau Said kochte, Herr Said bediente die Gäste. Für die Einrichtung des Restaurants haben sie einen Kredit in Höhe von 30.000 € aufgenommen, der noch abbezahlt wird. Die Einnahmen waren gerade so, dass die Familie davon leben konnte. Vor 3 Wochen ist Frau Said schwer erkrankt; sie muss voraussichtlich noch weitere 3 Monate in stationärer Behandlung bleiben. Ob sie danach wieder arbeiten kann, ist äußerst ungewiss. Herr Said ist so verzweifelt, weil er nicht weiß, ob er für die Krankenbehandlung seiner Frau aufkommen muss. Außerdem kann er sich keinen Koch leisten, und deshalb hat er das Restaurant vorübergehend geschlossen. Ohne Einnahmen, sagt er, könne er seine Familie nicht ernähren. Beim Sozialamt sei er schon gewesen, aber die „Sozialhilfe" habe man abgelehnt mit dem Argument, erst müsse er das Restaurant verkaufen. Dazu sei er grundsätzlich bereit, aber erstens könnten sie von dem Erlös allenfalls den Kredit tilgen, und zweitens benötige er dafür Zeit. Er brauche aber sofort Geld …

1.2. Vorgehensweise in Einzelschritten

1) Versuchen Sie zuerst, den Fall zu verstehen.[1]
   a. Wissen Sie genau, worum es geht?
   b. Falls Sie etwas nicht verstehen, die Schilderung unvollständig ist oder Sie noch etwas genauer wissen wollen, schreiben Sie es sich auf. Dann könnten Sie in der Praxis die Klienten danach fragen.
   c. Welche Hindernisse bestehen, den Fall genau zu verstehen? Zum Beispiel Sprachprobleme, kulturelle Unterschiede zwischen Klient und Berater u.a.m.

2) Versuchen Sie, die sachlichen Probleme von weiteren Sorgen oder Konflikten zu trennen.
   a. Finanzielle Probleme z.B. können durch Konflikte mit Personen und Institutionen entstehen. Welche sind dies im konkreten Fall?
   b. Weitergehende Sorgen und Konflikte können z.B. ein Beziehungskonflikt, eine Erkrankung u.v.m. sein. Oft steht hinter dem sachlichen (z.B. finanziellen) Problem noch ein anderes. Benennen Sie diese Sorgen und Konflikte. Das hilft, auch in der Beratungssituation Klarheit in eine verworrene Situation zu erhalten.

3) Systemkenntnisse
   a. Viele sachliche Probleme können in der Sozialen Arbeit mit Systemkenntnissen gelöst werden. Private und vor allem professionelle Netzwerke sind genauso hilfreich wie die Kenntnis des Rechtssystems. Es lohnt sich, sich bewusst zu machen, welche Systemkenntnisse bereits vorhanden sind.
   b. Eigene Kenntnisse und Erfahrungen können im konkreten Fall weiterhelfen. Vielleicht gibt es ähnliche Erfahrungen aus anderen Fällen, auf die zurückgegriffen werden kann? Inwiefern sind sie ähnlich und inwiefern unterscheiden sie sich?

4) Netzwerkkenntnisse:[2]
   a. Wen kenne ich, der angerufen werden und vielleicht helfen kann? In welchem Kontext: Professionell? Persönlich?
   b. Über welches Netzwerk verfügt die Klientel? Wo sind im Netzwerk der Klientel unterstützende Kontakte? Welche werden als wenig hilfreich erlebt? Für die professionelle Auseinandersetzung erweist sich das diagnostische Instrument der Netzwerkkarte als hilfreich. Diese wird in aller Regel gemeinsam mit den Adressaten erstellt, damit diese für sich nützliche Netzwerkverbindungen analysieren können.[3] Für die professionelle Analyse der Situation kann es – wie in der folgenden Abbildung dargestellt – auch genügen, zusammen mit den Adressaten eine vereinfachende Netzwerkkarte zu erstellen, die dann als Basis für die weiteren Überlegungen genutzt werden kann.

---

1 Es geht an dieser Stelle nicht um eine ausführliche sozialpädagogische Diagnostik, dazu wird auf die einschlägige Literatur verwiesen.
2 *Pantuček-Eisenbacher*, Soziale Diagnostik. S. 184.
3 *Galuske*, Handbuch Soziale Arbeit, 4. Auflage, 931 S. 330 ff.

Abbildung 2: Beispiel für eine Netzwerkkarte

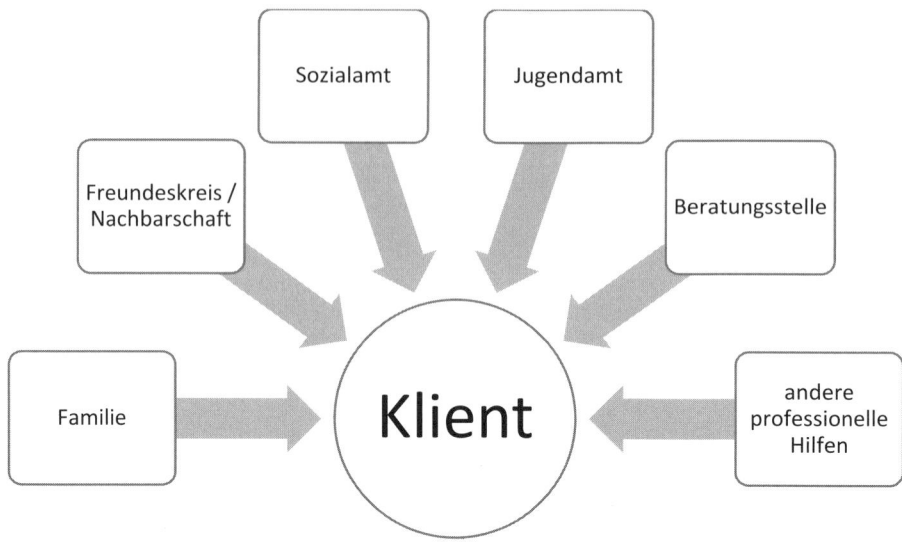

5) Rechtskenntnisse
   a. (Inwiefern) handelt es sich um ein Problem des Privatrechts?
   b. (Inwiefern) handelt es sich um ein Problem des öffentlichen Rechts?
   c. Welche Rechtskenntnisse habe ich, die im vorliegenden Fall helfen könnten?
   d. Welche Fragen ergeben sich im Hinblick auf die rechtliche Situation? Muss der geschilderte Sachverhalt diesbezüglich noch ergänzt werden?

1.3. Sozialpädagogische Stellungnahmen

Sozialarbeiter sind in fast allen Handlungsfeldern der Sozialen Arbeit gefordert, sozialpädagogische Stellungnahmen für Gerichte, Behörden oder Leistungsträger zu verfassen: z.B. Stellungnahmen des Jugendamtes an Gerichte im Rahmen der Jugendgerichtshilfe und der Mitwirkung im familiengerichtlichen Verfahren, Berichte der Bewährungshilfe und im Rahmen des Strafvollzugs, Stellungnahmen als Verfahrenspfleger oder Betreuungsbehörde im Betreuungsverfahren oder des Sozialpsychiatrischen Dienstes in Unterbringungsverfahren, Stellungnahmen an Versicherungsträger, Krankenkassen, Wohlfahrtsverbände etc. Diese Tätigkeit ist ein wichtiger Teil des Berufsalltags von Sozialarbeitern.[4] Schriftliche Stellungnahmen sollen einerseits dem Klienten helfen und andererseits Entscheidungsträgern eine Orientierungs- und Gestaltungshilfe bieten. Es zeugt von Qualität und Kompetenz der Fachkräfte, wenn diese Stellungnahmen fachlich fundiert und gut durchdacht aufgebaut sind.

Die Stellungnahmen sollen gut strukturiert und dadurch transparent, nachvollziehbar und überprüfbar sein. Dies erreicht man am besten durch einen klaren, logischen Aufbau:[5]

---

4 *Oberloskamp/Borg-Laufs/Mutke,* Gutachtliche Stellungnahmen in der sozialen Arbeit. S. 1.
5 *Oberloskamp/Borg-Laufs/Mutke,* Gutachtliche Stellungnahmen in der sozialen Arbeit. S. 79.

1. Formale Angaben enthalten die Personalien der Beteiligten, den Gegenstand der Stellungnahme und die Angabe der Erkenntnisquellen.

2. Beschreibung der Vorgeschichte und der aktuellen Situation

3. Psychosozialer Befund, d.h. aus den unter 2. dargestellten einzelnen Fakten werden Verknüpfungen hergestellt und problemrelevante Informationen hervorgehoben (z.B. bestimmte Verhaltensweisen).

4. Diagnose/Prognose: Im Rahmen erklärender Aussagen werden die Informationen bewertet und darauf aufbauend eine Prognose erstellt.

5. Fachliche Beurteilung: Die bisherigen Ergebnisse und Erkenntnisse werden einer rechtlichen Beurteilung unterzogen.

6. Entscheidungsvorschlag

Dieser Aufbau lässt erkennen, dass die rechtliche Beurteilung eines Falles viele Schritte und ein gewissenhaftes Vorgehen voraussetzt. Die Schritte 1 bis 4 dienen der Sachverhaltsermittlung. Je präziser und konsistenter diese erfolgt, desto leichter fallen die Schritte 5 und 6.

Im Rahmen der Falllösungen in diesem Buch können wir uns nur mit den letzten beiden Schritten befassen. Die hier wiedergegebenen Sachverhalte, bei denen eine gutachterliche Stellungnahme gefragt ist, setzen voraus, dass die Schritte 1 bis 4 professionell vollzogen und dokumentiert wurden.

2. Einführung in das juristische Denken und Vorgehen

Das juristische Fallverstehen unterscheidet sich vom sozialarbeiterischen Fallverstehen:

- ■ Sozialarbeiterisches Fallverstehen meint einen umfassenden diagnostischen Prozess, in dem aufbauend auf der Analyse der Ist-Situation Arbeitshypothesen erstellt und hieraus folgend eine entsprechende Handlungs- und Interventionsplanung entwickelt wird, welche kontinuierlich überprüft und weiterentwickelt werden muss.[6]

- ■ Juristisches Fallverstehen meint hier vor allem die Analyse und Aufbereitung eines Falles aus juristischer Sicht.

In der späteren beruflichen Praxis fließen in der Regel beide Perspektiven zusammen. Genau deswegen ist es von Bedeutung, dass Sozialarbeiter über eine umfassende Rechtskenntnis verfügen. Konkret bedeutet dies, dass sie ihr Handeln unter Bezugnahme auf vielfältiges professionelles Wissen fachlich begründen können müssen – hierzu gehört vor allem auch die Verknüpfung mit rechtlichen Grundlagen.

Hierauf aufbauend soll im Folgenden anhand eines sich entwickelnden Falles in die juristische Denk- und Vorgehensweise eingeführt werden. Bei der Lektüre des Falles wird schnell deutlich, dass der geschilderte Fall im Moment noch unvollständig ist. Juristen bezeichnen dies als einen offenen Sachverhalt. Es ist zunächst zu klären, was eigentlich passiert ist. Erst wenn ein genaues Bild gewonnen werden konnte und wenn man weiß, was für den Klienten gegenwärtig wichtig und was weniger wichtig ist, können bei der (juristischen) Hilfestellung die richtigen Prioritäten gesetzt werden. Menschen, die um Unterstützung bitten, brauchen diese oft deswegen, weil sie „den Wald vor lauter Bäumen nicht mehr erkennen" können. Dann ist es Aufgabe der Sozialarbeiter, professio-

---

6 Vertiefend *Haye/Kleve* 2005.

nell zu arbeiten und zunächst festzustellen, worum es geht. Eine rechtliche Beurteilung eines Falles setzt immer eine genaue Tatsachenkenntnis voraus!

2.1. Fallschilderung (offener Sachverhalt)

Anfang März 2015 kommt Frau Mai mit ihrem zweijährigen Sohn Michael in die Familienberatungsstelle. Sie spricht nur gebrochen Deutsch. Sie gibt an, ganz schnell Hilfe zu benötigen. Sie wohne jetzt bei ihrer Freundin, aber da könne sie nicht bleiben. Jetzt habe sie kein Geld mehr. Offensichtlich hat Frau Mai große Schmerzen im rechten Unterarm. Welche Fragen stellen Sie Frau Mai?

2.2. Vorgehensweise

Schreiben Sie die Fragen an Frau Mai in Stichworten auf! Lassen Sie Ihrer Fantasie freien Lauf, und überlegen Sie, was Frau Mai passiert sein könnte. Dementsprechend überlegen Sie, welche Fragen offen sind.

1. Schritt: Sachverhaltsermittlung
   - Was ist genau passiert?
   - Was ist gegenwärtig wichtig?
   - Was ist (zukünftig) wichtig, um Hilfestellung geben zu können?
2. Schritt: Sachverhaltswürdigung
   - Wenn ich weiß, was genau passiert ist, kann ich die gegenwärtige Situation besser einschätzen.
   - Wenn ich weiß, was für Frau Mai gegenwärtig wichtig ist, kann ich bei meiner Hilfestellung Prioritäten setzen.
3. Schritt: Rechts- und Systemkenntnisse
   - Wenn ich weiß, wie und von wo Hilfe zu erwarten ist, kann ich die notwendige Unterstützung zur Erlangung dieser Hilfe geben.
   - Systemkenntnisse: Wir verfügen bereits heute über ein soziales und vielleicht auch schon berufliches Netzwerk: Sobald wir wissen, worum es geht, können wir selbst uns Unterstützung holen, zum Beispiel bei Berufskolleginnen und -kollegen oder anderen, mit der konkreten Fragestellung intensiver befassten Institutionen. I.S.d. Empowerment-Ansatzes[7] gilt es herauszufinden, über welche Ressourcen die Klientin selbst verfügt, und diese nutzbar zu machen.
   - Rechtskenntnisse: Wir verfügen bereits heute über Rechtskenntnisse, ohne dass uns dies vielleicht bewusst ist (z.B.: Eine Alkoholfahrt mit dem Auto ist verboten; BAföG gibt es nicht für alle Studierende; Flüchtlinge haben einen unsicheren Aufenthalt …).

Im Rahmen des Studiums der sozialen Arbeit geht es im Wesentlichen darum, diese Rechts- und Systemkenntnisse zu professionalisieren, d.h. zunächst einmal sich diese bewusst zu machen, sie zu erweitern, aber auch die eigenen Grenzen zu kennen.

Je präziser die Sachverhaltsermittlung, umso klarer der Auftrag zur Unterstützung! Je genauer die Rechts- und Systemkenntnisse, umso erfolgreicher die Hilfestellung! Erst wenn ein Sachverhalt geklärt ist, kann er rechtlich beurteilt werden.

---

7 *Herriger,* Empowerment in der Sozialen Arbeit. S. 92.

2.3. Fortführung des Falles (geschlossener Sachverhalt)

Nach Gesprächen mit Frau Mai und weiteren Recherchen stellt sich Folgendes heraus: Frau Mai hat die Staatsangehörigkeit von Georgien. Sie ist seit vier Jahren mit einem Deutschen verheiratet. Ihr Sohn hat die deutsche Staatsangehörigkeit. Frau Mai hat die Wohnung verlassen, nachdem ihr Mann sie misshandelt hat. Vor ihm hat sie große Angst. Frau Mai hat noch nie in Deutschland gearbeitet und sie hat absolut kein Geld mehr. Ihr Mann hat sich von ihr getrennt und will sich scheiden lassen und zahlt angeblich nur, wenn er das Sorgerecht für Michael bekommt. Herr Mai ist leitender Angestellter einer großen Firma und verdient gut. Frau Mai befürchtet, ihr Aufenthaltsrecht zu verlieren, wenn sie zu einer Behörde geht und um Hilfe nachsucht. Frau Mai weiß nicht, ob sie über ihren Mann gesetzlich krankenversichert ist. Sie muss dringend zum Arzt.

2.4. Vorgehensweise

Jetzt haben wir es mit einem vollständigen Sachverhalt zu tun. Er ist geeignet, die Rechts- und Systemkenntnisse anzuwenden. Die Systemkenntnisse würden im vorliegenden Fall vielleicht dazu führen, dass Sie Frau Mai an den ärztlichen Notdienst oder an eine ortsansässige Arztgemeinschaft verweisen, die ärztliche Behandlungen in Notlagen auch ohne Krankenversicherung anbieten. Oder vielleicht hat Ihre Beratungsstelle ein finanzielles Budget, um Frau Mai zu helfen. Oder vielleicht kennen Sie die Adresse des Frauenhauses, in dem Frau Mai kurzfristig eine Wohnung erhalten kann etc.

Die Rechtskenntnisse beginnen bei der Unterscheidung zwischen dem Zivilrecht und dem Öffentlichen Recht (→ LSA B.1.3 Fokus 2: Zivilrecht). Versuchen Sie, die rechtlichen Themen des Sachverhalts in zivilrechtliche und öffentlich-rechtliche Rechtsbeziehungen einzuordnen. Als nächsten Schritt versuchen Sie herauszufinden, in welchem Gesetz eine Lösung für jede der aufgeworfenen Fragen zu finden sein könnte.

In weiterer Folge werden wir in dieser Fallsammlung überwiegend von geschlossenen Sachverhalten ausgehen. Man kann sie lösen, ohne weitere Fragen stellen zu müssen. Falls Sie, z.B. in einer Klausur, eine Lücke in einem Sachverhalt entdecken – das kann schon einmal vorkommen –, versuchen Sie den Fall rechtlich dennoch zu lösen. Bei einer schriftlichen Ausarbeitung können Sie einen Hinweis darauf geben, wie Sie den Sachverhalt verstanden haben.

3. Juristische Falllösungstechnik

Die bisher geschilderten Schritte einer Fallbearbeitung haben gezeigt, wie wichtig eine präzise Sachverhaltsermittlung ist. Die Aufgabe der Sozialarbeiter ist in vielen Bereichen an einer Sachverhaltsermittlung mitzuwirken. So müssen z.B. die Fachkräfte des Jugendamtes sozialpädagogische Stellungnahmen im familiengerichtlichen Verfahren zur konkreten Situation einer Familie abgeben, damit das Gericht die für die Familie richtige rechtliche Entscheidung, z.B. bezüglich des Sorgerechts treffen kann. Die Fachkraft muss daher einen Sachverhalt sowohl in fachlich-sozialpädagogischer Hinsicht (Diagnose und Prognose) als auch in rechtlicher Hinsicht bewerten[8] (z.B. wenn es darum geht, abzuschätzen, ob eine Kindeswohlgefährdung vorliegt oder nicht). Dazu

---

8 *Trenczek/Tammen/Behlert u. a.*, Grundzüge des Rechts. S. 133.

ist es notwendig, die rechtlichen Grundlagen zu kennen und unterscheiden zu können, welche Fakten rechtlich relevant sind und welche zwar vielleicht emotional wichtig oder für eine pädagogische oder therapeutische Intervention bedeutsam, aber rechtlich irrelevant sind.

Erst wenn ein geschlossener Sachverhalt vorliegt, kann er rechtlich beurteilt werden. Dabei ist es wichtig, sich zu vergewissern, dass man den Sachverhalt richtig verstanden hat und keine Informationen übersieht. Gerade bei komplexeren Fallkonstellationen ist es sinnvoll, sich Notizen und Skizzen (z.B. Genogramme, Soziogramme, Zeitstrahl etc.) zum Sachverhalt anzufertigen. Diese Sortierung der Fakten erleichtert die rechtliche Einordnung und Prüfung (z.B. handelt es sich bei Frau Mai's Sorge um ihren Aufenthaltsstatus um eine Frage des Aufenthaltsrechts, die im AufenthG geregelt ist; die Misshandlung durch den Ehemann könnte eine Körperverletzung im Sinne das StGB darstellen, und Antworten auf die Fragen des Unterhalts und des Sorgerechts finden sich im BGB). Möchte man Frau Mai umfassend helfen, sind zumindest Kenntnisse des Familienrechts, des Ausländerrechts und des Krankenversicherungsrechts erforderlich. Es handelt sich dabei um Themen, die auch bei Juristen Spezialwissen erfordern. Aufgrund der Komplexität der Sozialen Arbeit ist daher eine gute professionelle Vernetzung wichtig.

Juristen bedienen sich bei der Beantwortung all dieser Fragen einer ausgefeilten Falllösungstechnik, die helfen soll, eine Lösung für komplexe Sachverhalte zu finden. Wichtig ist dabei zu beachten, dass das Recht nicht geeignet ist, soziale Probleme in ihrer gesamten Komplexität zu erfassen. Das Recht ist aber ein Mittel, um Komplexität zu reduzieren.[9] Das Recht selbst ist jedoch auch ein komplexes System und es bedarf eines präzisen Vorgehens, um die richtige Antwort auf eine konkrete juristische Fragestellung zu finden. Die Juristen nennen dieses Vorgehen „Subsumtion".

Ausgangspunkt der Subsumtionstechnik ist immer eine konkrete Rechtsnorm. Die juristische Methodenlehre kennt verschiedene Arten von Normen:

■ Besonders wichtig sind *Anspruchsnormen (= Anspruchsgrundlagen)*, die es sowohl im öffentlichen, als auch im Zivilrecht gibt. Dabei handelt es sich um Rechtsnormen, die einen Anspruch begründen (z.B.: § 27 SGB V: Anspruch auf Krankenbehandlung oder § 1361 BGB: Anspruch auf Unterhalt des getrennt lebenden Ehegatten). Kennzeichen dieser Normen ist ihr Aufbau in Form eines Tatbestandes und einer Rechtsfolge. Der Tatbestand formuliert die Voraussetzungen, die vorhanden sein müssen, damit die benannte Rechtsfolge (z.B. Unterhaltsanspruch, Anspruch auf Krankenbehandlung etc.) eintritt, und zwar nach der Logik „Wenn die Voraussetzungen A, B, C vorliegen, dann folgt daraus die Rechtsfolge X" (→ LSA B.1.3 Fokus 2: Zivilrecht).

■ Manchmal sind jedoch nicht alle Voraussetzungen in einer einzigen Norm benannt, sondern es gibt noch andere Paragraphen (*Ergänzungsnormen*), die zusätzliche Voraussetzungen formulieren (z.B. die Voraussetzungen für ALG II sind nicht abschließend in § 19 SGB II geregelt, sondern die §§ 7 bis 13 SGB II formulieren zusätzliche Voraussetzungen, die ebenfalls beachtet werden müssen).

---

9 *Gastiger,* Erste Hilfe im Recht. S. 35.

■ Wichtig sind auch *Definitionsnormen*, die helfen, Begriffe, die der Gesetzgeber verwendet, richtig zu verstehen (z.B. die Definition „Erwerbsfähige Leistungsberechtigte" in § 7 SGB II).[10] Sie erleichtern die Auslegung und das Verständnis einer Norm.

Zum Verständnis der oft kompliziert formulierten Rechtsnormen bedienen sich die Juristen verschiedener Auslegungsmethoden:[11]

■ Grundsätzlich sind Rechtsnormen nach ihrem eindeutigen Wortlaut zu verstehen (grammatikalische Auslegung).

■ Diese alleine reicht oft nicht aus, den Sinn umfassend zu verstehen, und man muss die Norm im Kontext des gesamten Gesetzes oder im Zusammenhang mit mehreren Gesetzen betrachten, z.B. Ergänzungs- und Definitionsnormen beachten (systematische Auslegung).

■ Manchmal erklärt sich der Sinn der Norm auch erst dann, wenn man berücksichtigt, was der Gesetzgeber zur Zeit der Entstehung des Gesetzes genau mit der Regelung beabsichtigte, indem man die Gesetzesmaterialien (Regierungsentwürfe, Bundestagsprotokolle) heranzieht (historische Auslegung).

■ Schließlich kommt es auch noch darauf an, welchen Sinn und Zweck eine Norm in der heutigen Zeit hat (teleologische, d.h. am Zweck ausgerichtete Auslegung).

3.1. Subsumtionstechnik

Mithilfe der Subsumtionstechnik ist es möglich, zielgerichtet eine sachgerechte Lösung für eine rechtliche Fragestellung zu finden. Die Subsumtion, d.h. die Überprüfung, ob der Sachverhalt die Voraussetzungen einer bestimmten Norm erfüllt, erfolgt in vier Schritten.[12]

Anhand der Frage, ob Frau Mai Geld von ihrem Mann erhalten kann, soll dies dargestellt werden:

1. Schritt: Suche einer Rechtsnorm (Rechtsgrundlage, Anspruchsgrundlage)

Dabei geht es darum, einen Paragraphen eines Gesetzes zu finden, der die Rechtsfrage regelt. Juristen unterscheiden begrifflich zwischen Anspruchsgrundlage (wenn man etwas von jemandem fordern will: z.B. Frau Mai will Unterhalt von ihrem Mann), Ermächtigungsgrundlage (wenn staatliche Eingriffe in Bürgerrechte legitimiert werden sollen: z.B. die Polizei nimmt Herrn Mai fest), Straftatbestand (beschreibt eine strafbare Verhaltensweise und deren Rechtsfolge: z.B. hat sich Herr Mai durch die Misshandlung seiner Frau strafbar gemacht?) oder allgemein „Rechtsgrundlage" als Oberbegriff, der vor allem verwendet wird, wenn es um Rechtsbeziehungen geht (z.B. zwischen Eltern und Kindern: wer hat das Sorgerecht?) oder um die Frage, ob eine Verwaltungsbehörde handeln darf oder muss (z.B. wann darf ein Ausländer abgeschoben werden?). In aller Regel sind diese Normen nach dem Schema Tatbestand – Rechtsfolge („wenn" – „dann") aufgebaut.

Im Fall von Frau Mai bedeutet das, eine Regelung zu finden, wonach ein Ehegatte vom anderen Geld zum Leben verlangen kann. Dieser erste Schritt setzt selbstverständlich gewisse Rechtskenntnisse im jeweiligen Rechtsgebiet voraus. Zur Frage des Unterhalts

---

10 *Gastiger*, Erste Hilfe im Recht. S. 41–46.
11 *Wabnitz*, Grundkurs Recht für die Soziale Arbeit. S. 54–61.
12 *Jox*, Fälle zum Familien- und Jugendrecht. S. 13; *Jox*, Neue Fälle zum Familien- und Jugendrecht. S. 17.

findet sich die Anspruchsgrundlage in § 1361 BGB für Ehegatten, die getrennt leben (→ LSA B.2.4.1 Getrenntleben).

2. Schritt: Voraussetzungen der Norm herausarbeiten

Dazu ist es notwendig die in der Norm verwendeten Rechtsbegriffe auszulegen und richtig zu verstehen:

- Die Ehegatten müssen getrennt leben (§ 1361 Abs. 1 S. 1 BGB).

Was heißt getrennt leben? Eine Definition dazu findet sich in § 1567 Abs. 1 BGB: Ehegatten leben getrennt, wenn zwischen ihnen keine häusliche Gemeinschaft mehr besteht und ein Ehegatte sie erkennbar nicht mehr herstellen will, weil er die eheliche Lebensgemeinschaft ablehnt.

- Als ungeschriebene Voraussetzung ist noch notwendig: Bedürftigkeit des Unterhaltsberechtigten und Leistungsfähigkeit des Unterhaltsverpflichteten.

Bedürftigkeit heißt, dass der Unterhaltsberechtigte selbst nicht in der Lage ist, sich durch sein Einkommen, sein Vermögen und seine Arbeitskraft zu erhalten (vgl. § 1602 Abs. 1 BGB). Leistungsfähigkeit bedeutet auf der anderen Seite, dass der Unterhaltsverpflichtete in der Lage ist, neben seinem eigenen Unterhalt auch den des getrennt lebenden Ehegatten zu bestreiten (vgl. § 1603 Abs. 1 BGB).

3. Schritt: Überprüfung, ob der Sachverhalt die Voraussetzungen der Norm erfüllt

- Herr und Frau Mai leben getrennt, der Mann will sich scheiden lassen, die Voraussetzung des Getrenntlebens ist daher erfüllt.

- Frau Mai hat noch nie in Deutschland gearbeitet und hat kein Geld mehr, sie ist daher bedürftig und Herr Mai verdient gut als leitender Angestellter einer großen Firma, er ist daher leistungsfähig.

4.Schritt: Rechtsfolge, Ergebnis

Frau Mai hat einen Anspruch auf einen, nach den Lebensverhältnissen und den Erwerbs- und Vermögensverhältnissen der Ehegatten angemessenen Unterhalt gegenüber ihrem Mann. Zur konkreten Berechnung des angemessenen Unterhalts wird die Düsseldorfer Tabelle herangezogen. (→ B.2.2.1 Düsseldorfer Tabelle, S. 106).

3.2. Schriftliche Darstellung

Juristen unterscheiden in der schriftlichen Darstellung einer rechtlichen Falllösung zwischen dem Gutachten- und dem Urteilsstil. Beim Gutachtenstil wird ausgehend von einem Rechtsproblem eine Lösung gesucht, während der Urteilsstil dazu dient, eine gefundene Lösung zu begründen.

Problem: *Wer bezahlt die Kosten des Arztbesuchs von Frau Mai?*

Antwort im *Gutachtenstil*:

Es werden die 4 Schritte der Subsumtionstechnik unternommen, um das Problem zu lösen: Da Frau Mai etwas fordert, wird zunächst eine Anspruchsgrundlage gefunden. In der Anspruchsgrundlage sind die Voraussetzungen genannt, die für das Bestehen des Anspruchs vorliegen müssen. Sie werden benannt und im dritten Schritt wird geprüft,

3. Juristische Falllösungstechnik

ob der Sachverhalt alle Voraussetzungen erfüllt. Im vierten Schritt wird das Ergebnis festgehalten.

> *1. Frau Mai könnte Anspruch auf eine Krankenbehandlung in Form einer ärztlichen Behandlung nach § 27 Abs. 1 S. 2 Nr. 1 SGB V haben.*

> *2. Dies setzt voraus, dass Sie „Versicherte" ist (§ 27 Abs. 1 S. 1 SGB V). Nach § 10 SGB V sind Ehegatten im Rahmen der Familienversicherung mitversichert, wenn sie ihren Wohnsitz oder gewöhnlichen Aufenthalt im Inland haben, nicht selbst versichert oder versicherungsfrei sind, nicht hauptberuflich selbstständig erwerbstätig sind und ihr Gesamteinkommen einen bestimmten Betrag nicht übersteigt (§ 10 Abs. 1 S. 1 SGB V).*

> *3. Frau Mai ist verheiratet, ihr Mann ist gesetzlich krankenversichert, sie hat ihren Wohnsitz im Inland, sie ist selbst weder versichert noch versicherungsfrei und weder selbstständig berufstätig noch hat sie ein eigenes Einkommen.*

> *4. Frau Mai hat daher einen Anspruch auf eine Krankenbehandlung.*

Antwort im *Urteilsstil*:

Hier wird ebenso zunächst die Anspruchsgrundlage genannt, dann aber stilistisch bereits das Ergebnis vorweggenommen („… hat Anspruch, weil …") und nicht erst mit einer im Konjunktiv verfassten Einleitung („… könnte einen Anspruch haben …") zu einer Lösung des Problems geführt.

> *Frau Mai hat Anspruch auf eine Krankenbehandlung nach § 27 Abs. 1 S. 2 Nr. 1 SGB V, weil sie im Rahmen der Familienversicherung nach § 10 SGB V bei ihrem Ehegatten mitversichert ist, und weil sie ihren Wohnsitz im Inland hat, nicht selbst versichert oder versicherungsfrei ist, auch nicht selbstständig berufstätig ist und kein eigenes Einkommen hat.*

Der Urteilsstil ist kürzer und kann vor allem dann eingesetzt werden, wenn die Lösung eines Problems bereits „auf der Hand liegt".

Der Gutachtenstil ist in aller Regel zu bevorzugen, da er zu einer präzisen Subsumtion unter Einhaltung der Subsumtionsschritte zwingt und davor bewahrt, voreilige Schlüsse zu ziehen. Insbesondere bei komplexen Sachverhalten besteht die Gefahr, wesentliche Details zu übersehen, wenn man meint eine Lösung gefunden zu haben und diese in eine scheinbar passende Norm „hinein interpretieren" muss.

Für die Praxis der Sozialen Arbeit spielt diese Unterscheidung anders als für juristische Berufe keine entscheidende Rolle, aber die Beherrschung dieser Feinheiten beweist Fachkompetenz und ermöglicht eine Zusammenarbeit mit Juristen „auf Augenhöhe".

B. Recht in 8 Handlungsfeldern der Sozialen Arbeit

1. Soziale Arbeit mit Menschen in finanziellen Problemlagen

1.1. Fälle mit Lösungen

1.1.1 Grundsicherung für Alleinerziehende mit Kind

Fallschilderung

Die 18-jährige Sandra ist bereits Mutter der einjährigen Sophie. Der leibliche Vater des Kindes ist unbekannten Aufenthaltes. Sandra wohnte zunächst im Frauenhaus, aber jetzt hat sie eine 22m² große Wohnung für Sophie und sich selbst gefunden. Diese kostet 200 € kalt zzgl. 30 € Heizung und 20 € für Nebenkosten. Das entspricht der ortsüblichen Miete.

Sandra erhält das Kindergeld für Sophie in Höhe von 190 € und vom Jugendamt einen Unterhaltsvorschuss für Sophie in Höhe von 145 €, ferner das Elterngeld nach § 2 Abs. 4 BEEG. Im Übrigen hat Sandra weder Einkommen noch Vermögen. Auch ihre Eltern können nichts zum Unterhalt der beiden beisteuern.

Fragen

1. Hat Sandra einen Anspruch auf Arbeitslosengeld II und Sophie einen Anspruch auf Sozialgeld? Prüfen Sie die Anspruchsvoraussetzungen!
2. Mit wie viel Geld vom Jobcenter können Sandra und Sophie rechnen? Prüfen Sie also die Rechtsfolgen!
3. Mit wie viel Geld müssen Sandra und Sophie monatlich ohne die Unterkunftskosten insgesamt auskommen?

Themengebiete / Hilfestellungen

Hier geht es um die Grundsicherung für Alleinerziehende (→ LSA D.3.1 und D.3.7: ähnlicher Fall, wenn auch nicht so ausführlich).

In der ersten Frage geht es zunächst einmal darum, die Anspruchsgrundlagen für den Bezug von SGB-II-Leistungen zu finden. Danach sollten Sie die Anspruchsvoraussetzungen für den Bezug von SGB-II-Leistungen benennen und ihr Vorliegen prüfen.

In der zweiten Frage geht es um die Rechtsfolgen: wie viel Geld steht den beiden Personen in diesem Fall als Leistung des Jobcenters zu? Um herauszufinden, wie viel Geld Sophie und Sandra vom Jobcenter zu erwarten haben, benutzen Sie die SGB II Tabelle zur Bedarfsberechnung. Sie ist in den Arbeitshilfen gesondert erläutert. Die Regelsätze entnehmen Sie entweder dort oder aus der Anlage zu § 28 SGB XII (GSA Ziffer 94, SGB XII, letzte Seite). Achten Sie nach Möglichkeit auf den aktuellen Stand.

Mit der Antwort auf die dritte Frage wird klar, dass jemand, der SGB-II-Leistungen bezieht, auch noch anderes Einkommen hat. Das Kindergeld kommt z.B. von der Familienkasse neben den Leistungen des Jobcenters auf das Konto.

Lösung zu Frage 1: Anspruchsgrundlage und -voraussetzungen SGB II

Die Anspruchsgrundlagen

Sandra könnte einen Anspruch Arbeitslosengeld II gemäß § 19 Abs. 1 S. 1 SGB II haben.

Sophie könnte einen Anspruch auf Sozialgeld gemäß § 19 Abs. 1 S. 2 SGB II haben.

Die Voraussetzungen zum Bezug von ALG II für Sandra

Der Anspruch von Sandra auf Arbeitslosengeld II setzt gemäß § 19 Abs. 1 S. 1 SGB II voraus, dass Sandra erwerbsfähige Leistungsberechtigte ist.

Was man darunter versteht, ist in § 7 Abs. 1 S. 1 SGB II definiert.

An dieser Stelle geben wir einen methodischen Hinweis: Die ersten beiden Voraussetzungen liegen meistens unproblematisch vor. Wir stellen sie deshalb im Urteilsstil dar. Die dritte und vor allem die vierte Voraussetzung sind in der Regel die problematischen. Diese stellen wir im Gutachtenstil dar:

1. Sandra erfüllt die Voraussetzung des § 7 Abs. 1 S. 1 Nr. 1 SGB II, weil sie das entsprechende Alter hat.

2. Sie erfüllt auch die Voraussetzung des § 7 Abs. 1 S. 1 Nr. 4 SGB II, weil sie ihren gewöhnlichen Aufenthalt in der Bundesrepublik Deutschland hat.

3. Ferner muss Sandra gemäß § 7 Abs. 1 S. 1 Nr. 2 SGB II erwerbsfähig sein. Die Erwerbsfähigkeit ist in § 8 SGB II geregelt. Sandra ist in der Lage, mindestens 3 h täglich erwerbstätig zu sein, jedenfalls geht aus dem Sachverhalt nichts anderes hervor. Deshalb ist Sandra auch erwerbsfähig.

4. Fraglich ist, ob Sandra hilfebedürftig ist. Diese Voraussetzung ist in § 7 Abs. 1 S. 1 Nr. 3 SGB II genannt und in den §§ 9 bis 13 SGB II näher bestimmt.

Hilfebedürftig ist, wer seinen Lebensunterhalt nicht oder nicht ausreichend aus dem zu berücksichtigenden Einkommen oder Vermögen sichern kann und die erforderliche Hilfe nicht von anderen, insbesondere von Angehörigen oder von Trägern anderer Sozialleistungen erhält (Vorrang der 3 Säulen; → LSA Teil B.1.4.1 Prüfschema für finanzielle Leistungen: Netz mit doppeltem Boden).

Zunächst könnte man meinen, Sandra könne durch eigene Erwerbstätigkeit zum Lebensunterhalt beitragen und insoweit nicht hilfebedürftig sein. Wer ein Kind unter 3 Jahren betreut, muss jedoch keiner Erwerbsfähigkeit nachgehen. Nach § 10 Abs. 1 Nr. 3 SGB II kann sich Sandra darauf berufen, dass die Ausübung der Arbeit die Erziehung ihres Kindes gefährden würde.

Deshalb ist Sandra hilfebedürftig, wenn ihr Einkommen und ihr Vermögen nicht ausreichen, um den Lebensunterhalt zu decken. Es geht dabei aber nicht nur um Sandras Einkommen und Vermögen. Bei Personen, die in einer Bedarfsgemeinschaft leben, sind auch das Einkommen und das Vermögen der übrigen Beteiligten maßgeblich. Das ergibt sich aus § 9 Abs. 2 SGB II und § 19 Abs. 3 SGB II.

Wer zur Bedarfsgemeinschaft gehört, bestimmt § 7 Abs. 3 SGB II. Nach Abs. 3 Nr. 4 gehören auch die Kinder zur Bedarfsgemeinschaft, wenn sie das 25. Lebensjahr noch nicht vollendet haben. Das ist bei Sophie der Fall. Beide – Sandra und Sophie – müssen die Leistungen zur Sicherung ihres Lebensunterhalts nicht aus eigenem Einkommen oder Vermögen beschaffen können. Es wird zunächst geprüft, ob Sophie überhaupt einen Anspruch auf Grundsicherung nach dem SGB II hat, bevor die Hilfebedürftigkeit beider geprüft wird.

Die Voraussetzungen zum Bezug von Sozialgeld für Sophie

Sophie ist sicher nicht zum Bezug von ALG II berechtigt, weil sie noch nicht alt genug ist, um erwerbsfähig zu sein.

Ein Anspruch auf Sozialgeld besteht nach § 19 Abs. 1 S. 2 SGB II für nicht erwerbsfähige Leistungsberechtigte, wenn sie mit erwerbsfähigen Leistungsberechtigten in einer Bedarfsgemeinschaft leben und wenn sie keinen Anspruch auf Leistungen nach dem Vierten Kapitel des SGB XII haben.

Sophie lebt mit Ihrer Mutter zusammen in einer Bedarfsgemeinschaft. Die Mutter ist erwerbsfähig, Sophie ist es nicht.

In dem Vierten Kapitel des SGB XII sind existenzsichernde Leistungen für ältere oder erwerbsgeminderte Menschen aufgeführt. Da Sophie noch nicht das 18. Lebensjahr erreicht und schon gar nicht die Altersgrenze überschritten hat, liegen die Voraussetzungen des 4. Kapitel SGB XII nicht vor.

Deshalb hat Sophie einen Anspruch auf Sozialgeld, wenn – wie bei Sandra – das Einkommen und Vermögen beider nicht ausreicht, um den Bedarf zum Leben zu decken.

Lösung zu Frage 2: Die Bedarfsberechnung

Es kommt also darauf an, ob sich aus dem Einkommen und Vermögen von Sandra und Sophie eine Hilfebedürftigkeit ergibt. Dazu wird zunächst ermittelt, wie hoch für Sandra und Sophie die Regelsätze einschließlich des Mehrbedarfs und der Unterkunftskosten sind, §§ 20-23 SGB II. Dieses nennen wir den generellen Bedarf.

Sodann wird geprüft, ob Einkommen oder Vermögen vorhanden ist, dass sich die beiden anrechnen lassen müssen. Nach Abzug dieses Einkommens bzw. Vermögens ergibt sich der individuelle Bedarf. Das ist der Betrag, den das Jobcenter am Ende bezahlen muss.

Für die Bedarfsberechnung nach SGB II stellen wir in den Arbeitshilfen zwei Tabellen zur Verfügung: die eine enthält die relevanten Geldbeträge (→ Abbildung 10: SGB II: Tabelle zur Grundsicherung mit Geldbeträgen, S. 71); die andere dient als Vorlage zum Ausfüllen (→ Abbildung 11: SGB II: Tabelle zur Grundsicherung als Arbeitsvorlage, S. 74).

Versuchen Sie zunächst, die Frage 2 mit diesen Arbeitshilfen selbst zu lösen. Dann vergleichen Sie das Ergebnis:

Abbildung 3: Bedarfsberechnung für Sandra und Sophie

§§ / Personen SGB II	Sandra	Sophie					Gesamt
ALG II/Sozialgeld §§ 19, 20 Abs. 5 SGB II; Anlage § 28 SGB XII	404	237					641
zzgl. Mehrbedarfe § 21 Abs. 3 Nr. 1; Alleinerziehende mit einem Kind U7 oder 2–3 Kinder U16	145						145
oder Mehrbedarfe § 21 Abs. 3 Nr. 2; Alleinerziehende mit U18 j. Kindern, wenn dadurch mehr als Abs. 3 Nr. 1							
zzgl. Unterkunft und Heizung, § 22	125	125					250
Genereller Bedarf	674	362					1.036
abzgl. Einkommen (brutto), §§ 11, 11a							
zzgl. Steuern und Sozialabgaben, § 11b: Abs. 1 S. 1 Nr. 1–2							
zzgl. Grundfreibetrag für Erwerbstätige, § 11b Abs. 2 S. 1 oder Abs. 1 S. 1 Nrn. 3–5							
zzgl. Freibetrag für Erwerbstätige, § 11b Abs. 3 S. 1 Nr. 1							
zzgl. Freibetrag für Erwerbstätige, § 11b Abs. 3 S. 1 Nr. 2							
zzgl. Unterhaltsverpflichtungen, § 11b Abs. 1 S. 1 Nr. 7							
abzgl. Unterhaltsvorschuss, § 11		- 145					- 145
abzgl. Kindergeld § 11 Abs. 1 S. 4	- 190						- 190
abzgl. Elterngeld § 11 Abs. 1 S. 1	- 300						- 300
abzgl. Vermögen § 12: Sparvermögen, Abs. 2 S. 1 Nr. 1, 1a, S. 2							
Altersvorsorge, Abs. 2 S. 1 Nr. 2 u. 3, S. 2							
Anschaffungen, Abs. 2 S. 1 Nr. 4							
Individueller Bedarf ohne Bedarfe für Bildung + Teilhabe, § 28	184	217					401

Stand: 01.01.2016

Antwort auf Frage 2

Daraus folgt: Sandra hat einen Anspruch auf Arbeitslosengeld II in Höhe von 184 €; Sophie hat einen Anspruch auf Sozialgeld in Höhe von 217 €. Beide zusammen haben also einen Anspruch auf Leistungen des Jobcenters in Höhe von 401 €. Darin sind die Miete und die Nebenkosten enthalten.

Erläuterungen

Die Verwendung der Tabelle ist in den Arbeitshilfen eingehender erläutert.

Regelsätze und Mehrbedarf ergeben sich aus den zitierten Vorschriften.

Kaltmiete, Heizung und sonstige Nebenkosten haben wir addiert und auf Kopfteile aufgeteilt. Mangels anderweitiger Angaben in der Fallschilderung sind die Nebenkosten nicht weiter zu differenzieren. In der Praxis werden die sog. Haushaltsenergiekosten (Strom, Warmwasser, Gas zum Kochen) herausgerechnet, denn sie sind in den Regelbedarfssätzen enthalten, während sonstige umlagefähige Nebenkosten (Grundabgaben, Kaltwasser, Schornsteinfeger usw.) zu den Bedarfen für Unterkunft und Heizung zu zählen sind.[1]

Den Unterhaltsvorschuss haben wir als Einkommen von Sophie abgezogen, denn diese selbst ist die Anspruchsberechtigte, § 1 UnterhVG. Auch diesen Betrag haben wir in der Fallschilderung vorgegeben, so dass seine Höhe nicht weiter zu ergründen ist. Es handelt sich um den Mindestunterhalt, § 2 Abs. 1 UnterhVG, § 1612a BGB. Von dem in der Düsseldorfer Tabelle (Stand: 01.01.2016) angegebenen Betrag ist das Kindergeld abzuziehen. Das Kindergeld steht der Mutter zu, § 64 Abs. 2 EStG, ebenso das Elterngeld nach §§ 1, 2 Abs. 4 S. 1 BEEG. Wenn wir in den weiteren Beispielen das Kindergeld bei den Kindern angegeben haben, erfolgt dies nur aus Gründen der Darstellung.

Lösung zu Frage 3: Lebensunterhalt ohne die Unterkunftskosten

Sophie und Sandra erhalten den Unterhaltsvorschuss (145 €), das Kindergeld (190 €), das Elterngeld (300 €) und die Leistungen des Jobcenters (401 €). Ohne die Unterkunftskosten (-250 €), die regelmäßig vom Jobcenter unmittelbar an den Vermieter gezahlt werden, haben sie 786 € zum Leben.

1.1.2 Grundsicherung für Erwerbsfähige

Fallschilderung

Familie Malzahn lebt in bescheidenen wirtschaftlichen Verhältnissen. Frau Malzahn hat einen Minijob mit einem Einkommen von 420 €. Herr Malzahn arbeitet als Aushilfsfahrer und erhält dafür 1.200 € brutto. Davon zahlt er 28 € Steuern und 242 € Sozialabgaben, so dass ihm netto 930 € verbleiben.

Die Eheleute haben 3 gemeinsame Kinder, die 9, 6 und 4 Jahre alt sind. Herr Malzahn hat darüber hinaus noch einen Sohn aus 1. Ehe, für den er monatlich 200 € Unterhalt bezahlt. Er kommt gelegentlich an den Wochenenden zu Besuch.

Die Miete beträgt 800 € kalt zuzüglich 100 € für die Heizung und 80 € Nebenkosten monatlich. Familie Malzahn hat einen VW-Golf, der 1990 gebaut wurde und 220.000

---

1 Ein Guthaben aus einer Nebenkostenerstattung muss daher gesplittet werden, § 22 Abs. 3 SGB II.

km gefahren ist. Frau Malzahn hat von ihrer Mutter 10.000 € geerbt, die sie auf einem Sparbuch angelegt hat.

Fragen

1. Kann die Familie ergänzende Leistungen nach dem SGB II verlangen?
2. Wie hoch ist der Gesamtbetrag, den diese Familie zur Verfügung hat?

Themengebiete / Hilfestellungen

In diesem Fall geht es um den Bezug von SGB-II-Leistungen bei eigenem Einkommen und Vermögen.

1. Wir prüfen zunächst die Anspruchsvoraussetzungen gemäß § 19 SGB II.
2. Wir führen eine Bedarfsberechnung bei eigenem Erwerbseinkommen durch.
3. Wir prüfen die Pflicht zur Verwertung von eigenem Vermögen.

Schritt 2 und 3 könnten auch in umgekehrter Reihenfolge vollzogen werden. Um vollständig zu sein, sollten Sie beide Schritte nachvollziehen. Wenn beispielsweise das Ergebnis erzielt würde, dass die Familie Malzahn über ausreichend Einkommen verfügt, um ihren Lebensunterhalt zu sichern – mit anderen Worten keinen Anspruch auf SGB II – Leistungen hätte, sollten Sie dennoch die Vermögensverhältnisse prüfen.

Dass bei einem Einkommen von 1.200 € brutto nur 930 € netto verbleiben, ist realistisch (→ LSA B.3.3.6 Sozialversicherungspflichtiges Beschäftigungsverhältnis). Wir haben die folgenden Beträge zugrunde gelegt:

Lohnsteuer (3 Kinderfreibeträge, Steuerklasse 1)	28 €
Kirchensteuer	0 €
Solidaritätszuschlag	0 €
Steuer insgesamt	**28 €**
Krankenversicherung	98 €
Pflegeversicherung	14 €
Rentenversicherung	112 €
Arbeitslosenversicherung	18 €
Sozialabgaben insgesamt	**242 €**

Die Regelbedarfsstufen der Kinder richten sich nach deren Alter. Wer 6 Jahre alt ist, der lebt im 7. Lebensjahr. Das 7. Lebensjahr beginnt mit dem sechsten Geburtstag und endet am Tag vor dem 7. Geburtstag.

Als Arbeitshilfe für die Bedarfsberechnung empfehlen wir, die SGB II Tabelle zur Grundsicherung mit Geldbeträgen (→ Abbildung 10: SGB II: Tabelle zur Grundsicherung mit Geldbeträgen, S. 71) zur Hand zu nehmen und die Arbeitsvorlage (→ Abbildung 11: SGB II: Tabelle zur Grundsicherung als Arbeitsvorlage, S. 74) auszufüllen.

Lösung zu Frage 1: Anspruchsgrundlagen, -voraussetzungen, Rechtsfolgen

Die Anspruchsgrundlagen

Herr und Frau Malzahn könnten einen Anspruch Arbeitslosengeld II gemäß § 19 Abs. 1 S. 1 SGB II haben.

Die Kinder könnten einen Anspruch auf Sozialgeld gemäß § 19 Abs. 1 S. 2 SGB II haben.

Die Voraussetzungen zum Bezug von ALG II für die Eheleute

Der Anspruch der Eheleute auf Arbeitslosengeld II setzt gemäß § 19 Abs. 1 S. 1 SGB II voraus, dass sie erwerbsfähige Leistungsberechtigte sind.

Was man darunter versteht, ist in § 7 Abs. 1 S. 1 SGB II definiert:

1. Beide erfüllen die Voraussetzung des § 7 Abs. 1 S. 1 Nr. 1 SGB II, weil sie das entsprechende Alter haben.
2. Beide erfüllen auch die Voraussetzungen des § 7 Abs. 1 S. 1 Nr. 4 SGB II, weil sie ihren gewöhnlichen Aufenthalt in der Bundesrepublik Deutschland haben.
3. Beide sind erwerbsfähig gemäß § 7 Abs. 1 S. 1 Nr. 2 SGB II.
4. Fraglich ist, ob sie hilfebedürftig sind. Diese Voraussetzung ist in § 7 Abs. 1 S. 1 Nr. 3 SGB II genannt und in den §§ 9 bis 13 SGB II näher bestimmt.

Hilfebedürftig ist, wer seinen Lebensunterhalt nicht oder nicht ausreichend aus dem zu berücksichtigenden Einkommen oder Vermögen sichern kann und die erforderliche Hilfe nicht von anderen, insbesondere von Angehörigen oder von Trägern anderer Sozialleistungen erhält (Vorrang der 3 Säulen).

Bei Personen, die in einer Bedarfsgemeinschaft leben, sind auch das Einkommen und das Vermögen der übrigen Beteiligten maßgeblich. Das ergibt sich aus § 9 Abs. 2 SGB II und § 19 Abs. 3 SGB II.

Wer zur Bedarfsgemeinschaft gehört, bestimmt § 7 Abs. 3 SGB II. Nach Abs. 3 Nr. 4 gehören auch die Kinder zur Bedarfsgemeinschaft, wenn sie das 25. Lebensjahr noch nicht vollendet haben und die Leistungen zur Sicherung ihres Lebensunterhalts nicht aus eigenem Einkommen oder Vermögen beschaffen können. Es müsste also überprüft werden, inwieweit die gesamte Bedarfsgemeinschaft hilfebedürftig ist. Bevor dies geschieht, prüfen wir, ob die Kinder einen Anspruch auf Grundsicherung nach dem SGB II haben.

Die Voraussetzungen zum Bezug von Sozialgeld für die Kinder

Ein Anspruch auf Sozialgeld besteht nach § 19 Abs. 1 S. 2 SGB II für nicht erwerbsfähige Leistungsberechtigte, wenn sie mit erwerbsfähigen Leistungsberechtigten in einer Bedarfsgemeinschaft leben und wenn sie keinen Anspruch auf Leistungen nach dem Vierten Kapitel des SGB XII haben.

Die Kinder leben mit Ihren Eltern zusammen in einer Bedarfsgemeinschaft.

In dem Vierten Kapitel des SGB XII sind existenzsichernde Leistungen für ältere oder erwerbsgeminderte Menschen aufgeführt. Da die Kinder noch nicht das 18. Lebensjahr erreicht und schon gar nicht die Altersgrenze überschritten haben, liegen die Voraussetzungen nach § 41 SGB XII nicht vor.

Deshalb haben die Kinder einen Anspruch auf Sozialgeld, wenn – wie bei den Eltern – das Einkommen und Vermögen aller nicht ausreicht, um den Bedarf zum Leben zu decken.

Die Bedarfsberechnung

Es kommt also darauf an, ob sich aus dem Einkommen und Vermögen der Bedarfsgemeinschaft eine Hilfebedürftigkeit ergibt. Dazu wird zunächst ermittelt, wie hoch für die einzelnen Familienmitglieder die Regelsätze einschließlich des Mehrbedarfs und der Unterkunftskosten sind, §§ 20-23 SGB II. Dieses nennen wir den generellen Bedarf.

Sodann wird geprüft, ob Einkommen oder Vermögen vorhanden ist, dass sich die Familie anrechnen lassen muss. Nach Abzug dieses Einkommens bzw. Vermögens ergibt sich der individuelle Bedarf. Das ist der Betrag, den das Jobcenter am Ende bezahlen muss.

Nach dem Ausfüllen der Arbeitshilfe ergibt sich das folgende Bild:

Abbildung 4: Bedarfsberechnung für Familie Malzahn

§§ SGB II \ Personen	V	M	K 1	K 2	K 3		Gesamt
ALG II/Sozialgeld §§ 19, 20 Abs. 5 SGB II; Anlage § 28 SGB XII	364	364	270	270	237		1.505
zzgl. Mehrbedarfe § 21 Abs. 3 Nr. 1; Alleinerziehende mit einem Kind U7 oder 2–3 Kinder U16							
oder Mehrbedarfe § 21 Abs. 3 Nr. 2; Alleinerziehende mit U18 j. Kindern, wenn dadurch mehr als Abs. 3 Nr. 1							
zzgl. Unterkunft und Heizung, § 22	196	196	196	196	196		980
Genereller Bedarf	560	560	466	466	433		2.485
abzgl. Einkommen (brutto), §§ 11, 11a	- 1.200	- 420					- 1.620
zzgl. Steuern und Sozialabgaben, § 11b: Abs. 1 S. 1 Nr. 1–2	+ 270						+ 270
zzgl. Grundfreibetrag für Erwerbstätige, § 11b Abs. 2 S. 1 oder Abs. 1 S. 1 Nrn. 3–5	+ 100	+ 100					+ 200
zzgl. Freibetrag für Erwerbstätige, § 11b Abs. 3 S. 1 Nr. 1	+ 180	+ 64					+ 244
zzgl. Freibetrag für Erwerbstätige, § 11b Abs. 3 S. 1 Nr. 2	+ 20						+ 20

§§ SGB II / Personen	V	M	K 1	K 2	K 3		Gesamt
zzgl. Unterhaltsverpflichtungen, § 11b Abs. 1 S. 1 Nr. 7	+ 200						+ 200
abzgl. Kindergeld § 11 Abs. 1 S. 4			- 190	- 190	- 196		- 576
abzgl. Vermögen § 12: Sparvermögen, Abs. 2 S. 1 Nr. 1, 1a, S. 2		./.					
Kfz, Abs. 3 S. 1 Nr. 2		./.					
Anschaffungen, Abs. 2 S. 1 Nr. 4							
Individueller Bedarf ohne Bedarfe für Bildung + Teilhabe, § 28	130	304	276	276	237		1.223

Stand: 01.01.2016

Erläuterungen zur Bedarfsberechnung

Die Regelsätze ergeben sich aus der SGB II Tabelle zur Grundsicherung mit Geldbeträgen (→ Abb. 10: SGB II Tabelle zur Grundsicherung mit Geldbeträgen, S. 71).

Die Kaltmiete, die Heizkosten und die übrigen Nebenkosten i. H. v. insgesamt 980 € werden auf Kopfteile umgelegt. Streng genommen ist bei den übrigen Nebenkosten zu differenzieren: Strom, Warmwasser und Gas zum Kochen sind aus den Regelsätzen zu bezahlen und werden nicht zusätzlich übernommen, dagegen verbrauchsunabhängige Nebenkosten wie Grundsteuer, Müllgebühren usw. werden als angemessene Unterkunftskosten nach § 22 Abs. 2 SGB II übernommen. Da die Nebenkosten nicht weiter differenziert wurden, haben wir sie hier insgesamt eingerechnet.

Von dem generellen Bedarf wird hier das Bruttoerwerbseinkommen abgezogen. Dies entspricht dem Grundsatz, dass grundsätzlich das gesamte Einkommen zur Verfügung gestellt werden muss, bevor existenzsichernde Leistungen bezogen werden können.

Die Absetzbeträge nach § 11b SGB II sind sodann hinzuzurechnen, weil sie ausnahmsweise nicht als einzusetzendes Einkommen berücksichtigt werden dürfen.

Zunächst sind die Steuern und Sozialabgaben hinzuzuziehen, § 11b Abs. 1 S. 1 Nrn. 1 und 2 SGB II. Minijobber wie Frau Malzahn unterliegen grundsätzlich der Rentenversicherungspflicht (→ LSA B.3.3.5 Mini-Job und Midi-Job). Insoweit müsste sie den Prozentsatz in die Rentenversicherung zuzahlen, den nicht schon ihr Arbeitgeber zahlt. Sie kann sich davon jedoch befreien lassen. Mangels Angabe eines Betrages in der Fallschilderung kann davon ausgegangen werden, dass sich Frau Malzahn hat befreien lassen.

In Bezug auf weitere Absetzbeträge haben Erwerbstätige wie die Eheleute Malzahn die Wahl: Entweder sie weisen konkret nach, wie viel Geld sie für Zusatzkrankenversicherungen, Riester-Rente oder Fahrtkosten zur Arbeitsstelle (§ 11b Abs. 1 S. 1 Nr. 3 bis 5 SGB II) ausgeben, oder sie nehmen den pauschalen Grundfreibetrag von 100 € in Anspruch.

Herr Malzahn verdient 1.200 € brutto. Davon sind die gezahlten Steuern und Sozialabgaben sowie der Grundfreibetrag anrechnungsfrei. Frau Malzahn geht einer geringfügigen Beschäftigung nach. Gleichwohl steht ihr ebenfalls der Grundfreibetrag von 100 € zu. Bestimmte Nebentätigkeiten (Übungsleiter, Erzieher, Betreuer) werden übrigens gem. § 11b Abs. 2 S. 3 SGB II begünstigt, indem sich der Grundfreibetrag erhöht. Da sich hierfür aus dem Sachverhalt nichts ergibt, gehört die Tätigkeit von Frau Malzahn nicht dazu.

Von dem Brutto-Erwerbseinkommen zwischen 100 € und 1.000 € können die Erwerbstätigen 20 % als weiteren Freibetrag behalten, § 11b Abs. 3 S. 2 Nr. 1 SGB II. Das sind hier 180 € (1.000-100=900x20%) bzw. 64 €.

Von dem Brutto-Erwerbseinkommen zwischen 1.000 € und 1.500 € können die Erwerbstätigen 10 % als weiteren Freibetrag behalten, § 11b Abs. 3 S. 2 Nr. 2 und S. 3 SGB II. Das sind hier 20 € (1.200-1.000*10%).

Das Kindergeld steht einem der beiden Erziehungsberechtigten zu. Lediglich aus Gründen der Darstellung haben wir hier die Beträge den Kindern zugewiesen.

Das Sparguthaben von 10.000 € kann die Familie behalten, weil noch nicht einmal der gemeinsame Mindestbetrag von 3.100 € pro Person erreicht ist.

Das Fahrzeug kann die Familie behalten, weil es angesichts seines Alters und seines Wertes angemessen ist, § 12 Abs. 3 S. 1 Nr. 2 SGB II.

Antwort auf Frage 1

Die Familie kann ergänzende Leistungen nach dem SGB II in Höhe von insgesamt 1.223 € verlangen.

Lösung zu Frage 2: Lebensunterhalt insgesamt

Einkommen Herr Malzahn	930 €
Einkommen Frau Malzahn	420 €
Kindergeld	576 €
ALG II und Sozialgeld	1.223 €
Zwischensumme	3.149 €
Abzgl. Kindesunterhalt	- 200 €
Abzgl. Warmmiete	- 980 €
Verbleiben	1.969 €

Familie Malzahn hat monatlich 3.149 € zur Verfügung. Davon müssen der Kindesunterhalt i. H. v. 200 € und die Miete sowie Nebenkosten gezahlt werden, so dass die Familie netto 1.969 € als Lebensunterhalt zur Verfügung hat.

Erläuterungen

Der Betrag von 3.149 € ist deutlich höher als der generelle Bedarf. Das ist vom Gesetzgeber so gewollt, denn Erwerbstätige sollen einen Teil ihres Einkommens behalten können und sollen damit motiviert werden, auch geringfügigen Beschäftigungen nachzugehen.

Die Kaltmiete und die Nebenkostenvorauszahlungen werden in der Regel unmittelbar an den Vermieter gezahlt.

1.1.3 Grundsicherung für Selbstständige, Schüler und Azubis

Fallschilderung

Bei Familie Weingärtner sind die Kinder schon etwas größer. Der Vater, Klaus, betreibt ein eigenes Taxiunternehmen mit 2 Fahrzeugen, die jeweils ca. 5.000 € Wert haben. Er beschäftigt mehrere Fahrer als Aushilfen, fährt aber auch selbst. Das Unternehmen macht einen Umsatz von 60.000 € im Jahr und wirft – so schätzt Herr Weingärtner – einen Gewinn von monatlich 1.500 € ab. Davon zahlt Klaus Weingärtner noch den halben Regelbeitrag in die gesetzliche Rentenversicherung ein; zu diesen 272 € kommen noch 228 € Beiträge für die private Kranken- und Pflegeversicherung des Herrn Weingärtner.

Ursula Weingärtner, die Mutter, arbeitet bei einem ambulanten Pflegedienst. Ein Fahrzeug wird ihr gestellt. Von den monatlich 1.300 € brutto zahlt sie Sozialabgaben und Steuern in Höhe von 320 €.

Für die Kinder Michael (19), Christian (17) und Friederike (13) erhält Frau Weingärtner das Kindergeld. Alle wohnen noch zu Hause. Michael geht auf ein Gymnasium und macht gerade Abitur. Christian ist Azubi in einer Kfz-Werkstatt und erhält 450 € Lohn. Davon muss er Sozialabgaben in Höhe von 100 € abführen.

Die Weingärtners leben in einer 4 Zimmer Wohnung, die 100 m² groß ist, und bezahlen 800 € Kaltmiete incl. Nebenkosten kalt (Grundsteuer, Müllgebühren usw.). Für die Heizkosten bringen sie monatlich 100 € auf.

Ursula Weingärtner spricht beim Allgemeinen Sozialen Dienst vor und erkundigt sich, ob die Familie zusätzlich Leistungen des Jobcenters erhalten kann. Unterstellen Sie, dass keine weiteren staatlichen Leistungen (Wohngeld, BAföG) oder Leistungen von Sozialversicherungsträgern in Anspruch genommen werden können.

Fragen

1. Kann die Familie ergänzende Leistungen des Jobcenters beziehen?
2. Wie hoch ist der Betrag, von dem Familie Weingärtner nach Abzug aller Kosten lebt?

Themengebiete / Hilfestellungen

Wie im vorhergehenden Fall geht es um den Bezug von SGB-II-Leistungen bei eigenem Einkommen und Vermögen.

1. Wir prüfen zunächst die Anspruchsvoraussetzungen gemäß § 19 SGB II.
2. Wir führen eine Bedarfsberechnung bei eigenem Erwerbseinkommen durch.
3. Wir prüfen die Pflicht zur Verwertung von eigenem Vermögen.

Schritt 2 und 3 könnten auch in umgekehrter Reihenfolge vollzogen werden. Um vollständig zu sein, sollten Sie beide Schritte nachvollziehen.

Herr Weingärtner ist selbstständig tätig. Er führt ein Taxiunternehmen. Hier müssen die Begriffe Umsatz und Gewinn unterschieden werden: Umsatz sind alle Einnahmen, die der Betrieb erwirtschaftet. Nach Abzug der Kosten (Personalkosten für die Fahrer; Kfz-Kosten) verbleibt der Gewinn. Dieser schwankt von Monat zu Monat. Beim Bezug von SGB II ist also der Betriebsgewinn maßgeblich. Der Unternehmer muss ihn bei der Antragstellung für den Bewilligungszeitraum (die nächsten 6 Monate) schätzen. Weil der Gewinn naturgemäß erst am Ende eines Zeitraumes feststeht, muss der Unternehmer nach dem maßgeblichen Zeitraum angeben, wie viel oder wenig Gewinn er tatsächlich erzielt hat. Das Formular EKS (Einkommen Selbstständige) muss er also zweimal ausfüllen. Falls am Ende mehr Gewinn erwirtschaftet wurde, als geschätzt, besteht ein Rückforderungsanspruch des Jobcenters.

Bei den Kindern sind noch 4 Aspekte erwähnenswert:

- In welche Regelbedarfsstufe ist ein Volljähriger einzustufen, der noch zu Hause wohnt (Michael)?
- Michael kann übrigens kein Schüler-BAföG beziehen, solange er noch zu Hause wohnt, weil er eine allgemeinbildende Schule besucht.
- Die Vergütung eines Azubis (Christian) ist keine geringfügige Beschäftigung; die Berufsausbildung begründet ein sozialversicherungspflichtiges Beschäftigungsverhältnis (§ 2 Abs. 2 Nr. 1 SGB IV), und die Regelungen über die Versicherungsfreiheit für geringfügige Beschäftigungsverhältnisse gelten für Berufsausbildungsverhältnisse ausdrücklich nicht.[2]
- Christian kann keine Berufsausbildungsbeihilfe beziehen, weil er noch zu Hause wohnt.

Als Arbeitshilfe für die Bedarfsberechnung empfehlen wir, die SGB II Tabelle zur Grundsicherung mit Geldbeträgen zur Hand zu nehmen und die Arbeitsvorlage auszufüllen.

Lösung zu Frage 1: Anspruchsgrundlagen und -voraussetzungen, Rechtsfolgen

Die Anspruchsgrundlagen

Die Eheleute Weingärtner sowie ihre Kinder Michael und Christian könnten einen Anspruch auf Arbeitslosengeld II gemäß § 19 Abs. 1 S. 1 SGB II haben. Alle vier haben das 15. Lebensjahr überschritten und sind insofern erwerbsfähig.

Friederike könnte einen Anspruch auf Sozialgeld gemäß § 19 Abs. 1 S. 2 SGB II haben.

Die Anspruchsvoraussetzungen für die beiden Eltern

Der Anspruch der Eheleute auf Arbeitslosengeld II setzt gemäß § 19 Abs. 1 S. 1 SGB II voraus, dass sie erwerbsfähige Leistungsberechtigte sind.

Was man darunter versteht, ist in § 7 Abs. 1 S. 1 SGB II definiert:

1. Beide erfüllen die Voraussetzung des § 7 Abs. 1 S. 1 Nr. 1 SGB II, weil sie das entsprechende Alter haben.
2. Beide erfüllen auch die Voraussetzungen des § 7 Abs. 1 S. 1 Nr. 4 SGB II, weil sie ihren gewöhnlichen Aufenthalt in der Bundesrepublik Deutschland haben.
3. Beide sind erwerbsfähig gemäß § 7 Abs. 1 S. 1 Nr. 2 SGB II.

---

2 *LSG Baden-Württemberg*, 10.06.2008 – L 4 KR 6527/06.

4. Fraglich ist, ob sie hilfebedürftig sind. Diese Voraussetzung ist in § 7 Abs. 1 S. 1 Nr. 3 SGB II genannt und in den §§ 9 bis 13 SGB II näher bestimmt.

Hilfebedürftig ist, wer seinen Lebensunterhalt nicht oder nicht ausreichend aus dem zu berücksichtigenden Einkommen oder Vermögen sichern kann und die erforderliche Hilfe nicht von anderen, insbesondere von Angehörigen oder von Trägern anderer Sozialleistungen erhält (Vorrang der 3 Säulen).

Bei Personen, die in einer Bedarfsgemeinschaft leben, sind auch das Einkommen und das Vermögen der übrigen Beteiligten maßgeblich. Das ergibt sich aus § 9 Abs. 2 SGB II und § 19 Abs. 3 SGB II.

Wer zur Bedarfsgemeinschaft gehört, bestimmt § 7 Abs. 3 SGB II. Nach Abs. 3 Nr. 4 gehören auch die Kinder zur Bedarfsgemeinschaft, wenn sie das 25. Lebensjahr noch nicht vollendet haben und die Leistungen zur Sicherung ihres Lebensunterhalts nicht aus eigenem Einkommen oder Vermögen beschaffen können.

Es müsste also überprüft werden, inwieweit die gesamte Bedarfsgemeinschaft hilfebedürftig ist. Bevor dies geschieht, prüfen wir, ob die Kinder einen Anspruch auf Grundsicherung nach dem SGB II haben.

Die Anspruchsvoraussetzungen für Michael

Auch Michael erfüllt die 3 oben genannten Voraussetzungen, denn er ist älter als 15 Jahre alt, wohnt in Deutschland und ist erwerbsfähig.

Für Schüler und Auszubildende enthält das Gesetz in § 7 Abs. 5 SGB II aber eine Beschränkung. Wenn die Voraussetzungen vorliegen, erhalten Schüler und Auszubildende Leistungen lediglich nach § 27 SGB II, d.h. in der Regel nur einen Zuschuss für die Kosten der Unterkunft und Heizung gem. Absatz 3 dieser Vorschrift.

In § 7 Abs. 5 SGB II ist das Verhältnis zwischen BAföG und SGB II Leistungen geregelt: Wer in einem Studiengang studiert, der dem Grunde nach förderungsfähig ist, hat grundsätzlich keinen Anspruch auf SGB II. Für Schüler gilt das Gleiche: Wer an einer Schule ist, für die man Schüler-BAföG beziehen kann, ist vom Bezug von ALG II ausgeschlossen.

Für Michael bedeutet dies: Der Besuch einer allgemeinbildenden Schule ist gemäß § 2 Abs. 1 BAföG grundsätzlich förderungsfähig. Damit wäre der Bezug von ALG II für Michael ausgeschlossen.

Das Gesetz kennt aber in § 7 Abs. 6 SGB II sozusagen die Ausnahme von der Ausnahme: Der Ausschluss vom Leistungsbezug gilt nämlich nicht für Auszubildende, die aufgrund von § 2 Abs. 1a BAföG keinen Anspruch auf Ausbildungsförderung haben. Nach dieser Vorschrift kann man Schüler-BAföG für den Besuch einer allgemeinbildenden Schule erst beziehen, wenn man nicht mehr bei den Eltern wohnt und eine entsprechende Ausbildungsstätte auch nicht erreichbar ist. Das aber ist bei Michael der Fall. Er wohnt noch zu Hause.

Der Bezug von ALG II Leistungen ist also nicht deshalb ausgeschlossen, weil Michael ein Gymnasium besucht. Solange er noch zu Hause wohnt, hat er nämlich keinen Anspruch auf Schüler-BAföG.

Die Anspruchsvoraussetzungen für Christian

Ähnliches gilt für Christian. Er erfüllt die 3 oben genannten Voraussetzungen, denn er ist älter als 15 Jahre alt, wohnt in Deutschland und ist erwerbsfähig.

Für Schüler und Auszubildende enthält das Gesetz in § 7 Abs. 5 SGB II aber eine Beschränkung. Wenn die Voraussetzungen vorliegen, erhalten Schüler und Auszubildende Leistungen lediglich nach § 27 SGB II, d.h. in der Regel nur einen Zuschuss für die Kosten der Unterkunft und Heizung gem. Absatz 3 dieser Vorschrift.

In § 7 Abs. 5 SGB II ist auch das Verhältnis zwischen Berufsausbildungsbeihilfe und SGB II Leistungen geregelt: Wer eine Berufsausbildung durchläuft, die dem Grunde nach förderungsfähig ist, hat grundsätzlich keinen Anspruch auf SGB II.

Für Christian bedeutet dies: Die Ausbildung als Kfz-Mechaniker ist grundsätzlich förderungsfähig nach § 57 SGB III. Damit wäre der Bezug von ALG II für Christian ausgeschlossen.

Das Gesetz kennt aber auch hier in § 7 Abs. 6 SGB II sozusagen die Ausnahme von der Ausnahme: Der Ausschluss vom Leistungsbezug gilt nämlich nicht für Auszubildende, die aufgrund von § 60 SGB III keinen Anspruch auf Ausbildungsförderung haben. Nach dieser Vorschrift kann man Berufsausbildungsbeihilfe erst beziehen, wenn man nicht mehr bei den Eltern wohnt und die Wohnung der Eltern auch nicht in angemessener Entfernung zur Ausbildungsstätte liegt. Das aber ist bei Christian der Fall. Er wohnt noch zu Hause.

Der Bezug von ALG II Leistungen ist also auch bei Christian nicht ausgeschlossen.

Die Anspruchsvoraussetzungen zum Bezug von Sozialgeld für Friederike

Ein Anspruch auf Sozialgeld besteht nach § 19 Abs. 1 S. 2 SGB II für nicht erwerbsfähige Leistungsberechtigte, wenn sie mit erwerbsfähigen Leistungsberechtigten in einer Bedarfsgemeinschaft leben und wenn sie keinen Anspruch auf Leistungen nach dem Vierten Kapitel des SGB XII haben.

Friederike lebt mit Ihren Eltern zusammen in einer Bedarfsgemeinschaft.

In dem Vierten Kapitel des SGB XII sind existenzsichernde Leistungen für ältere oder erwerbsgeminderte Menschen aufgeführt. Da Friederike noch nicht das 18. Lebensjahr erreicht und schon gar nicht die Altersgrenze überschritten habt, liegen die Voraussetzungen nach § 41 SGB XII nicht vor.

Deshalb hat Friederike einen Anspruch auf Sozialgeld, wenn das Einkommen und Vermögen aller nicht ausreicht, um den Bedarf zum Leben zu decken.

Die Bedarfsberechnung

Es kommt darauf an, ob sich aus dem Einkommen und Vermögen der Bedarfsgemeinschaft eine Hilfebedürftigkeit ergibt. Aktuell besteht offenbar keine Möglichkeit, das Einkommen etwa durch eine weitere Erwerbstätigkeit zu erhöhen. Solange die beiden Söhne in der Schule oder der Berufsausbildung sind, wäre es unzumutbar i.S.d. § 10 Abs. 1 Nr. 5 SGB II, den Abbruch der Ausbildungen zu verlangen, nur damit sie einen größeren Beitrag zur Existenzsicherung leisten könnten.[3]

---

3 *SG Berlin,* 29.10.2007 – S 104 AS 24229/07 ER.

Zunächst wird ermittelt, wie hoch für die einzelnen Familienmitglieder die Regelsätze einschließlich des Mehrbedarfs und der Unterkunftskosten sind, §§ 20-23 SGB II. Dieses nennen wir den generellen Bedarf.

Sodann wird geprüft, ob Einkommen oder Vermögen vorhanden ist, dass sich die Familie anrechnen lassen muss. Nach Abzug dieses Einkommens bzw. Vermögens ergibt sich der individuelle Bedarf. Das ist der Betrag, den das Jobcenter am Ende bezahlen muss.

Nach dem Ausfüllen der Arbeitshilfe ergibt sich für uns das folgende Bild:

Abbildung 5: Bedarfsberechnung für Familie Weingärtner

§§ SGB II \ Personen	V	M	K 1	K 2	K 3		Gesamt
ALG II/Sozialgeld §§ 19, 20 Abs. 5 SGB II; Anlage § 28 SGB XII	364	364	404	306	270		1.708
zzgl. Mehrbedarfe § 21 Abs. 3 Nr. 1; Alleinerziehende mit einem Kind U7 oder 2–3 Kinder U16							
oder Mehrbedarfe § 21 Abs. 3 Nr. 2; Alleinerziehende mit U18 j. Kindern, wenn dadurch mehr als Abs. 3 Nr. 1							
zzgl. Unterkunft und Heizung, § 22	180	180	180	180	180		900
Genereller Bedarf	544	544	584	486	450		2.608
abzgl. Einkommen (brutto), §§ 11, 11a	- 1.500	- 1.300		- 450			- 3.250
zzgl. Steuern und Sozialabgaben, § 11b: Abs. 1 S. 1 Nr. 1–2	+ 500	+ 320		+ 100			+ 920
zzgl. Grundfreibetrag für Erwerbstätige, § 11b Abs. 2 S. 1 oder Abs. 1 S. 1 Nrn. 3–5	+ 100	+ 100		+ 100			+ 300
zzgl. Freibetrag für Erwerbstätige, § 11b Abs. 3 S. 1 Nr. 1	+ 180	+ 180		+ 70			+ 430
zzgl. Freibetrag für Erwerbstätige, § 11b Abs. 3 S. 1 Nr. 2	+ 50	+ 30					+ 80
zzgl. Unterhaltsverpflichtungen, § 11b Abs. 1 S. 1 Nr. 7							
zzgl. Betrag bei Ausbildungsförderung, § 11b Abs. 1 S. 1 Nr. 8							

§§ SGB II (Personen)	V	M	K 1	K 2	K 3		Gesamt
abzgl. Kindergeld § 11 Abs. 1 S. 4			- 190	- 190	- 196		- 576
abzgl. Vermögen § 12: Sparvermögen, Abs. 2 S. 1 Nr. 1, 1a, S. 2							
Kfz, Abs. 3 S. 1 Nr. 2		./.					
Anschaffungen, Abs. 2 S. 1 Nr. 4							
Individueller Bedarf ohne Bedarfe für Bildung + Teilhabe, § 28	- 126	- 126	394	16	254		412

Stand: 01.01.2016

Erläuterungen zur Bedarfsberechnung

Bei der Bedarfsberechnung wurde für Michael die Regelbedarfsstufe 1 angenommen. Bei der Differenzierung zwischen Bedarfsstufe 1 und Bedarfsstufe 3 war lange umstritten, wie volljährige Personen einzustufen sind, die weder als Ehegatte, Lebenspartner oder in eheähnlichen oder lebenspartnerschaftsähnlichen Gemeinschaften (s. Regelbedarfsstufe 2) in einem Haushalt leben. Offenbar kann man – so der Wortlaut der Definition von Regelstufe 1 als Alleinstehender einen eigenen Haushalt auch dann führen, wenn in diesem Haushalt noch eine oder mehrere weitere Personen leben! Also kann eine Person in einer Haushaltsgemeinschaft mit mehreren Personen einen eigenen Haushalt führen. Das klingt tatsächlich paradox. Das BSG[4] hat dazu entschieden, dass die Regelbedarfsstufe 3 nur zum Tragen kommt, wenn der erwachsene Mensch gar nicht dazu in der Lage ist, einen eigenen Haushalt zu führen, im Übrigen aber sei es möglich, in einer Haushaltsgemeinschaft mehrfach die Regelbedarfsstufe 1 festzusetzen. Michael ist deshalb als alleinstehend mit eigenem Haushalt einzustufen.

Zur Berechnung des individuellen Bedarfs haben wir zunächst das Bruttogehalt der Einkommensbezieher abgezogen und die Steuern bzw. Sozialabgaben hinzugerechnet. Was die Freibeträge angeht, gilt hier der Maximalbetrag von 1.500 € für den 10 %igen Freibetrag gem. § 11 Abs. 3 S. 3 SGB II, weil Friederike noch minderjährig ist.

Hinsichtlich des Vermögens springen die beiden Fahrzeuge ins Auge, die Klaus als Inhaber des Taxiunternehmens gehören. Nach § 12 Abs. 3 Nr. 2 SGB II kann jede in der Bedarfsgemeinschaft lebende erwerbsfähige Person ein angemessenes Fahrzeug besitzen. Die Fahrzeuge gehören jedoch beide Klaus, sie sind Betriebs- und nicht Privatvermögen. Richtiger dürfte es sein, gem. § 12 Abs. 3 Nr. 6 SGB II davon auszugehen, dass die Verwertung (der Verkauf) der beiden Taxen offensichtlich unwirtschaftlich wäre, denn damit wäre der Familie wohl ein großer Teil der Existenzgrundlage entzogen. Den jetzigen Gewinn kann Klaus offenbar nur erzielen, indem er zwei Fahrzeuge unterhält. Ganz richtig dürfte der Bezug auf § 7 Abs. 1 ALG-II-V (GSA Nr. 4) sein. Da-

---

4 *BSG*, 24.03.2015 – B 8 SO 5/14 R.

nach gelten Vermögensgegenstände nicht als Vermögen, die zur Fortsetzung der Erwerbstätigkeit unerlässlich sind.[5]

Antwort auf Frage 1

Familie Weingärtner hat einen Anspruch auf SGB II Leistungen in Höhe von 412 €.

Lösung zu Frage 2: Lebensunterhalt insgesamt

Familie Weingärtner hat die folgenden Beträge zur Verfügung:

Klaus Weingärtner, netto	1.000 €
Ursula Weingärtner, netto	980 €
Christian Weingärtner, netto	350 €
Kindergeld	576 €
Leistungen des Jobcenters	412 €
Zwischensumme	3.318 €
Abzgl. Miete	- 900 €
Ergebnis	2.418 €

Nach Abzug aller Kosten verbleiben der Familie 2.418 €.

1.1.4 Grundsicherung und BAföG

Fallschilderung

Die 24-jährige Anna ist Studentin. Sie lebt mit ihrem Freund Max und ihrem zweijährigen Sohn Mäxchen in der ersten gemeinsamen Wohnung. Dafür zahlen sie 400 € Warmmiete. Anna bezieht BAföG-Höchstsatz und das Kindergeld für das kleine Mäxchen. Aufgrund einer Abzweigung erhält sie auch noch das Kindergeld für sich selbst. Ihre Eltern, deren einzige Tochter sie ist, beziehen Leistungen des Jobcenters. Max verliert schon bald nach dem Einzug seinen Job als Friseur, den er nur für kurze Zeit ausgeübt hatte. Eigentlich ist es den dreien so recht, denn für Mäxchen ist noch kein Platz in einer Kindertagesstätte gefunden. Ein Anspruch auf Arbeitslosengeld I besteht für Max nicht. Auch die Eltern von Max können die junge Familie nicht weiter unterstützen. Für Max besteht kein Kindergeldanspruch mehr, seitdem er die Friseurlehre abgeschlossen hat.

Fragen

1. Wie hoch ist das BAföG, das Anna bezieht?
2. Können die drei Unterstützung durch das Jobcenter erwarten?
3. Von welchem Geld müssen diese drei leben?

---

5 Wenn man überlegt, Klaus könnte eines der Fahrzeuge veräußern, stellt sich die Frage, ob der Veräußerungserlös als Einkommen oder als schutzwürdiges Vermögen anzusehen wäre; immerhin dürfte mit 5.000 € der Vermögensfreibetrag der Familie nicht erreicht sein. Es handelt sich beim Verkauf einzelner Betriebsteile um Betriebseinnahmen *LSG NRW*, 07.07.2010 – L 19 AS 582/10 B.; erst bei Verkauf des Betriebes als Ganzes um Vermögen *SG Karlsruhe*, 29.11.2013 – S 4 AS 3918/13 ER.

Themengebiete / Hilfestellungen

In diesem Fall besprechen wir das Verhältnis von BAföG und Grundsicherung. Wir erklären die Ansprüche nach dem BAföG (→ LSA B.4.4.3 BAföG für Schüler und Studierende). Es wird geklärt, dass BAföG-Empfänger grundsätzlich nicht zum Bezug von ALG II Leistungen berechtigt sind. Ausnahmsweise kann es einen Zuschuss zu den Kosten für Unterkunft und Heizung geben.

Nach dem 3-Säulen-System wäre die kleine Familie unter Umständen zum Bezug von Wohngeld berechtigt (→ LSA B.1.4.1 Prüfschema für finanzielle Leistungen: Netz mit doppeltem Boden). Das ist eine staatliche Leistung, die grundsätzlich den existenzsichernden Leistungen vorgeht. Das Wohngeld besteht in einem Zuschuss auf die Kaltmiete und die verbrauchsunabhängigen Nebenkosten. Wer allerdings gar kein Einkommen hat, dem dürfte ein solcher Mietzuschuss zum Lebensunterhalt nicht genügen. Er ist vielmehr auf den Bezug von existenzsichernden Leistungen angewiesen. Wer diese Leistungen bezieht, für den ist der Bezug von Wohngeld ausgeschlossen (§ 7 Abs. 1 S. 1 Nr. 1 WoGG; GSA Nr. 119). Das BAföG von Anna dient nur dem eigenen Lebensunterhalt und ihrer Ausbildung. Auch das Kindergeld ist rechtlich gesehen nicht für den Lebensunterhalt von Max einzusetzen. Max hat gar kein Einkommen. Deshalb entfällt hier die Prüfung von Wohngeld, und wir prüfen sogleich, ob ein Anspruch auf Unterstützung durch das Jobcenter besteht.

Abschließend stellt sich die Frage, ob sich Max, bevor er SGB II Leistungen bezieht, nicht einen Job suchen muss. Dagegen könnte sprechen, dass er wohl auf Mäxchen aufpassen soll, während Anna studiert.

Lösung zu Frage 1: BAföG- Anspruch

Anspruchsgrundlage und Voraussetzungen zum Bezug von BAföG

Die Anspruchsgrundlage für den Bezug von BAföG für Studierende ist § 13 BAföG i. V. m. §§ 1, 2 und 8 BAföG.

BAföG wird nur gewährt, wenn die sachlichen und persönlichen Voraussetzungen erfüllt sind:

1. Ein Studium an einer Hochschule ist förderungsfähig gem. § 2 Abs. 1 S. 1 Nr. 6 BAföG.
2. Anna erfüllt auch die persönlichen Voraussetzungen gem. § 8 Abs. 1 BAföG. Für eine fehlende Eignung oder ein zu hohes Alter (§§ 9, 10 BAföG) liegen keine Anhaltspunkte vor.
3. Ähnlich wie bei Grundsicherungsleistungen wird BAföG nur gewährt, wenn das eigene Einkommen und Vermögen für den Lebensunterhalt und die Ausbildung nicht ausreichen, § 1 BAföG. Also ist auch insoweit eine Bedarfsberechnung durchzuführen – allerdings mit anderen, großzügigeren Regelungen, wie wir gleich sehen werden.

Die Bedarfsberechnung beginnt – wie auch bei den Grundsicherungsleistungen – mit der Ermittlung des generellen Bedarfs, also mit den Geldbeträgen, die eine Studierende mit Kind in vergleichbarer Lage wie Anna erwarten könnte. Wir haben die ab dem 01.08.2016 geltenden Sätze zugrunde gelegt:

- Studierende erhalten den Regelbedarfssatz von 399 € gem. § 13 Abs. 1 Nr. 2 BAföG
- Sie erhalten 250 € für den Unterkunftsbedarf, § 13 Abs. 2 Nr. 2 BAföG.
- Auszubildende mit Kind erhalten den Kinderbetreuungszuschlag in Höhe von 130 €, § 14b Abs. 1 S. 1 BAföG.

Sodann ist der individuelle Bedarf zu ermitteln. Hier wirken sich die im Vergleich zu SGB II Leistungen großzügigeren Einkommens- und Vermögensgrenzen wie folgt aus:

Es zählen nur das eigene Einkommen und dasjenige von Ehegatten oder gleichgeschlechtlichen, eingetragenen Lebenspartnern, § 11 Abs. 2 BAföG. Das Einkommen von Lebensgefährten spielt beim BAföG keine Rolle. Dafür fehlt es an einer gesetzlichen Grundlage. Eine Bedarfsgemeinschaft i.S.d. SGB II kennt das BAföG nicht.

Das Kindergeld zählt nicht als Einkommen. Es dient einem anderen Zweck als der Sicherung des Lebensunterhaltes, § 21 Abs. 4 BAföG.

Nach dem Sachverhalt können Annas Eltern nichts zum Lebensunterhalt ihrer Tochter und ihres Enkelkindes beitragen. Als Bezieher von SGB II Leistungen sind sie unterhaltsrechtlich, nicht leistungsfähig i.S.d. § 1603 BGB. Grundsätzlich gilt zwar als Berechnungszeitraum derjenige des vorvergangenen Jahres, so dass es darauf ankäme, ob Annas Eltern schon vor 2 Jahren SGB II Leistungen bezogen. Da jedoch ein sog. Aktualisierungsantrag gem. § 24 Abs. 3 BAföG gestellt werden kann, wenn sich das aktuelle Einkommen verschlechtert, steht aktuell kein einsetzbares Einkommen zur Verfügung.

Die Rechtsfolge: Höhe des BAföG

- Anna erhält den Regelbedarfssatz von 399 € gem. § 13 Abs. 1 Nr. 2 BAföG.
- Sie erhält darüber hinaus noch 250 € für den Unterkunftsbedarf, § 13 Abs. 2 Nr. 2 BAföG.
- Anna erhält den Kinderbetreuungszuschlag in Höhe von 130 €, § 14b Abs. 1 S. 1 BAföG.

Insgesamt erhält Anna also 779 € BAföG.

Lösung zu Frage 2: SGB II Leistungen

Die Anspruchsgrundlagen

- Anna könnte einen Anspruch auf Arbeitslosengeld II gemäß § 19 Abs. 1 S. 1 SGB II haben.
- Anna könnte einen Anspruch auf einen Zuschuss zu den Unterkunftskosten gem. § 27 Abs. 3 SGB II haben.
- Max könnte einen Anspruch auf Arbeitslosengeld II gemäß § 19 Abs. 1 S. 1 SGB II haben.
- Mäxchen könnte einen Anspruch auf Sozialgeld gemäß § 19 Abs. 1 S. 2 SGB II haben.

Die Voraussetzungen zum Bezug von SGB II – Leistungen für Anna

Der Anspruch auf Arbeitslosengeld II setzt gemäß § 19 Abs. 1 S. 1 SGB II voraus, dass sie erwerbsfähige Leistungsberechtigte ist.

Was man darunter versteht, ist in § 7 Abs. 1 S. 1 SGB II definiert:

1. Anna erfüllt die Voraussetzung des § 7 Abs. 1 S. 1 Nr. 1 SGB II, weil sie das entsprechende Alter hat.

2. Sie erfüllt auch die Voraussetzungen des § 7 Abs. 1 S. 1 Nr. 4 SGB II, weil sie ihren gewöhnlichen Aufenthalt in der Bundesrepublik Deutschland hat.

3. Anna ist auch erwerbsfähig gemäß § 7 Abs. 1 S. 1 Nr. 2 SGB II.

Der Anspruch ist aber ausgeschlossen, weil Anna einen Studiengang absolviert, der die sachlichen Voraussetzungen zum Bezug von BAföG erfüllt. Das steht in § 7 Abs. 5 SGB II. Einer der Ausnahmegründe des § 7 Abs. 6 SGB II liegt nicht vor.

Anna könnte einen Zuschuss für die Unterkunftskosten nach § 27 Abs. 3 SGB II erhalten, soweit der Bedarf nicht anderweitig gedeckt werden kann. Nur insoweit wäre sie hilfebedürftig.

Die Voraussetzungen zum Bezug von ALG II für Max

Der Anspruch von Max auf Arbeitslosengeld II setzt gemäß § 19 Abs. 1 S. 1 SGB II voraus, dass er erwerbsfähiger Leistungsberechtigter ist.

Was man darunter versteht, ist in § 7 Abs. 1 S. 1 SGB II definiert:

1. Max erfüllt die Voraussetzung des § 7 Abs. 1 S. 1 Nr. 1 SGB II, weil er das entsprechende Alter hat.

2. Er erfüllt auch die Voraussetzungen des § 7 Abs. 1 S. 1 Nr. 4 SGB II, weil er seinen gewöhnlichen Aufenthalt in der Bundesrepublik Deutschland hat.

3. Er ist erwerbsfähig gemäß §§ 7 Abs. 1 S. 1 Nr. 2, 8 Abs. 1 SGB II.

4. Fraglich ist, ob er hilfebedürftig ist. Diese Voraussetzung ist in § 7 Abs. 1 S. 1 Nr. 3 SGB II genannt und in den §§ 9 bis 13 SGB II näher bestimmt.

Hilfebedürftig ist, wer seinen Lebensunterhalt nicht oder nicht ausreichend aus dem zu berücksichtigenden Einkommen oder Vermögen sichern kann und die erforderliche Hilfe nicht von anderen, insbesondere von Angehörigen oder von Trägern anderer Sozialleistungen erhält (Vorrang der 3 Säulen).

Bei Personen, die in einer Bedarfsgemeinschaft leben, sind auch das Einkommen und das Vermögen der übrigen Beteiligten maßgeblich. Das ergibt sich aus § 9 Abs. 2 SGB II und § 19 Abs. 3 SGB II.

Wer zur Bedarfsgemeinschaft gehört, bestimmt § 7 Abs. 3 SGB II. Anna und Max sind nicht verheiratet, deshalb könnte angenommen werden, dass Anna nicht zur Bedarfsgemeinschaft gehört. Das ist aber falsch: Zur Bedarfsgemeinschaft gehört § 7 Abs. 3 Nr. 3c SGB II eine Person, die mit der erwerbsfähigen leistungsberechtigten Person in einem gemeinsamen Haushalt so zusammenlebt, dass sie füreinander einstehen wollen. Dafür spricht gem. § 7 Abs. 3a Nr. 2 SGB II das gemeinsame Kind Mäxchen. Er gehört ohnehin zur Bedarfsgemeinschaft gem. § 7 Abs. 3 Nr. 4 SGB II.

Die Voraussetzungen zum Bezug von Sozialgeld für Mäxchen

Ein Anspruch auf Sozialgeld besteht nach § 19 Abs. 1 S. 2 SGB II für nicht erwerbsfähige Leistungsberechtigte, wenn sie mit erwerbsfähigen Leistungsberechtigten in einer Bedarfsgemeinschaft leben und wenn sie keinen Anspruch auf Leistungen nach dem Vierten Kapitel des SGB XII haben. Diese Voraussetzung erfüllt Mäxchen.

Die Bedarfsberechnung

Abbildung 6: Bedarfsberechnung für Anna, Max und Mäxchen

§§ SGB II / Personen	V	M	K				Gesamt
ALG II/Sozialgeld §§ 19, 20 Abs. 5 SGB II; Anlage § 28 SGB XII	364	(364)	237				(965)
zzgl. Mehrbedarfe § 21 Abs. 3 Nr. 1; Alleinerziehende mit einem Kind U7 oder 2–3 Kinder U16							
oder Mehrbedarfe § 21 Abs. 3 Nr. 2; Alleinerziehende mit U18 j. Kindern, wenn dadurch mehr als Abs. 3 Nr. 1							
zzgl. Unterkunft und Heizung, § 22	100	100	100				(300)
Genereller Bedarf	464	(464)	337				(1.265)
abzgl. Einkommen (brutto), §§ 11, 11a		(-779)					(- 779)
zzgl. Steuern und Sozialabgaben, § 11b: Abs. 1 S. 1 Nr. 1–2							
zzgl. Grundfreibetrag für Erwerbstätige, § 11b Abs. 2 S. 1 oder Abs. 1 S. 1 Nrn. 3–5							
zzgl. Freibetrag für Erwerbstätige, § 11b Abs. 3 S. 1 Nr. 1							
zzgl. Freibetrag für Erwerbstätige, § 11b Abs. 3 S. 1 Nr. 2							
zzgl. 20 % Ausbildungsanteil an den BAföG-Leistungen, § 11a Abs. 3 S. 1 SGB II		(+79,80)					(+79,80)
zzgl. Betrag bei Ausbildungsförderung, § 11b Abs. 1 S. 1 Nr. 8 SGB II		(+130)					(+ 130)
abzgl. Kindergeld § 11 Abs. 1 S. 4			- 190				
abzgl. Vermögen § 12: Sparvermögen, Abs. 2 S. 1 Nr. 1, 1a, S. 2							
Altersvorsorge, Abs. 2 S. 1 Nr. 2 u. 3, S. 2							
Anschaffungen, Abs. 2 S. 1 Nr. 4							
Individueller Bedarf ohne Bedarfe für Bildung + Teilhabe, § 28	464	(-105,20)	147				505,80

Stand: 01.01.2016

Erläuterungen zur Bedarfsberechnung

Da Anna und Max als nichteheliches Paar mit Kind in einer Bedarfsgemeinschaft zusammenleben, muss Anna ihr Einkommen grundsätzlich auch für den Lebensunterhalt von Max und Mäxchen einsetzen.

Unberücksichtigt bleibt aufgrund einer ausdrücklichen gesetzlichen Regelung in § 14b Abs. 2 BAföG und § 11b Abs. 1 S. 1 Nr. 8 SGB II der Kinderbetreuungszuschlag.

BAföG wird nicht nur für den Lebensunterhalt, sondern auch für die Ausbildungskosten gewährt. Insofern handelt es sich um eine Sozialleistung, deren Zweck nicht auf eine existenzsichernde Leistung gerichtet ist. Derartige Leistungen gehören gemäß § 11a Abs. 3 S. 1 SGB II nicht zu dem zu berücksichtigenden Einkommen. Die Höhe der Ausbildungskosten wird nach den Arbeitsanweisungen der Jobcenter mit 20 % des jeweiligen BAföG-Bedarfs (ohne den Kinderbetreuungszuschlag) pauschaliert. Dies sind hier 79,80 €.

Anna muss aber nur das Einkommen einsetzen, was sie für den eigenen Lebensbedarf noch übrighat. Deshalb muss ihr eigener SGB-II-Bedarf fiktiv ausgerechnet werden. Wir haben die für sie geltenden Beträge in Klammern eingetragen: Würde Anna kein BAföG beziehen, dann wäre der eigene Bedarf 464 €. Diesen Bedarf kann sie als BAföG-Bezieherin selbst dann decken, wenn man den Kinderbetreuungszuschlag und die Ausbildungskosten unberücksichtigt lässt (779 € – 79,80 € – 130 € = 569,20 €). Den Überschuss 105,20 € muss sie zum Lebensunterhalt ihrer Familie beitragen, so dass sich der Anspruch gegen das Jobcenter insgesamt reduziert.

Ein Anspruch von Anna auf einen Zuschuss zu den Unterkunftskosten nach § 27 Abs. 3 SGB II besteht nicht. Dieser Anspruch setzt voraus, dass sich ihr Bedarf nach § 13 Abs. 1 und Abs. 2 Nr. 1 BAföG richtet, sie m.a.W. noch zu Hause wohnt. Das ist nicht der Fall.

Auch ein Anspruch auf Wohngeld ist ausgeschlossen. Er könnte maximal die tatsächliche Höhe der Miete, d.h. 300 € erreichen. Damit wäre aber der restliche Bedarf von Max und Mäxchen nicht gedeckt, so dass gleichzeitig Wohngeld und SGB II beansprucht würden. Das aber ist wegen § 7 WoGG ausgeschlossen.

Antwort auf Frage 2

Die Familie kann ergänzende Leistungen nach dem SGB II in Höhe von insgesamt 505,80 € verlangen.

Lösung zu Frage 3: Lebensunterhalt insgesamt

Die Familie lebt von 779 € BAföG, 190 € Kindergeld und 505,80 € Leistungen des Jobcenters. Von der Summe 1.474,80 € verbleiben nach Abzug der Warmmiete 1.174,80 €.

1.1.5 Grundsicherung im Alter

Fallschilderung

Die 77-jährige Gertrud wohnt in ihrer eigenen kleinen Wohnung, die sie gemeinsam mit ihrem kürzlich verstorbenen Mann erworben hatte. Sie bezieht eine sehr geringe eigene Rente sowie eine Witwenrente. Davon kann sie gerade eben so leben – aber nur, wenn sie lediglich einmal die Woche warm kocht und auch keine neuen Kleider, die sie dringend braucht, kauft.

Fragen

Welchen Anspruch könnte sie gegen das Sozialamt haben? Anspruchsgrundlage? Anspruchsvoraussetzungen?

Themengebiete / Hilfestellungen

Mit diesem Fall stellen wir die Anspruchsgrundlage und die Anspruchsvoraussetzungen zum Bezug von Grundsicherung im Alter vor.

Lösung zu Frage 1: Anspruchsgrundlage Grundsicherung im Alter

Anspruchsgrundlage für den Bezug von Grundsicherung im Alter ist § 41 Abs. 1 S. 1 SGB XII.

Lösung zu Frage 2: Anspruchsvoraussetzungen Grundsicherung im Alter

Anspruchsvoraussetzungen für den Bezug von Grundsicherung im Alter sind:

1. Es muss sich um einen älteren Menschen handeln. Der Personenkreis ist in § 41 Abs. 2 S. 1 SGB XII genau beschrieben. Als 77-Jährige gehört Gertrud zu dieser Personengruppe.
2. Dieser Mensch muss seinen gewöhnlichen Aufenthalt in der BRD haben. Das ist bei Gertrud der Fall.
3. Dieser Mensch darf nicht in der Lage sein, seinen notwendigen Lebensunterhalt aus eigenem Einkommen (§§ 82 bis 84 SGB XII) und Vermögen (§§ 90, 91 SGB XII) zu bestreiten.

Der notwendige Lebensunterhalt ist in § 42 SGB XII beschrieben.

Zu den oben genannten Vorschriften über Einkommen und Vermögen ist § 43 SGB XII als spezielle Vorschrift hinzuzunehmen. Entsprechend der Bedarfsberechnung nach SGB II ist hier eine Bedarfsberechnung nach SGB XII vorzunehmen (→ Abbildung 12: SGB XII: Tabelle zur Grundsicherung mit Geldbeträgen, S. 75; → Abbildung 13: SGB XII: Tabelle zur Grundsicherung als Arbeitsvorlage, S. 76). Es käme also darauf an, wie viel Gertrud tatsächlich an Einkommen (aus Alters- und Witwenrente) zur Verfügung steht und ob sie ihre selbst genutzte kleine Wohnung (Vermögen) behalten oder verkaufen muss.

1.1.6 Grundsicherung bei dauerhafter Erwerbsminderung

Fallschilderung

Der 35-Jährige Max leidet an einem atypischen Autismus und einer Störung des Sozialverhaltens, d.h. er verhält sich zuweilen äußerst aggressiv seinen Mitmenschen gegenüber. Seine Schwerbehinderung ist mit GdS 80 festgestellt. Sämtliche Versuche, für ihn einen Arbeitsplatz zu erhalten, sind krankheitsbedingt gescheitert. Er ist erwerbsunfähig. Er wohnt in einer ambulant betreuten Wohnform.

Fragen

Wie können die Kosten für den Lebensunterhalt (Miete, Kleidung, Lebensmittel) bestritten werden? Anspruchsgrundlage? Anspruchsvoraussetzungen?

Themengebiete / Hilfestellungen

Mit diesem Fall stellen wir die Anspruchsgrundlage und die Anspruchsvoraussetzungen zum Bezug von Grundsicherung bei Erwerbsminderung vor.

Lösung zu Frage 1: Anspruchsgrundlage Grundsicherung bei Erwerbsminderung

Anspruchsgrundlage für den Bezug von Grundsicherung bei Erwerbsminderung ist § 41 Abs. 1 S. 1 SGB XII.

Lösung zu Frage 2: Anspruchsvoraussetzungen Grundsicherung bei Erwerbsminderung

Anspruchsvoraussetzungen für den Bezug von Grundsicherung bei Erwerbsminderung sind:

Es muss sich um einen dauerhaft voll erwerbsgeminderten Menschen handeln. Der Personenkreis ist in § 41 Abs. 3 SGB XII genau beschrieben:

1. Der Mensch muss das 18. Lebensjahr vollendet haben. Das ist bei Max der Fall.
2. Der Mensch muss unabhängig von der Arbeitsmarktlage voll erwerbsgemindert i.S.d. § 43 Abs. 2 SGB VI sein. Das heißt nach S. 2 der Vorschrift, krankheitsbedingt nicht mindestens 3 Stunden pro Tag erwerbstätig sein zu können. Alle weiteren genannten Voraussetzungen dürften bei Max erfüllt sein.
3. Es muss unwahrscheinlich sein, dass die volle Erwerbsminderung behoben werden kann. Dies ist bei Max krankheitsbedingt der Fall.
4. Dieser Mensch muss seinen gewöhnlichen Aufenthalt in der BRD haben. Das ist bei Max der Fall.
5. Dieser Mensch darf nicht in der Lage sein, seinen notwendigen Lebensunterhalt aus eigenem Einkommen (§§ 82 bis 84 SGB XII) und Vermögen (§§ 90, 91 SGB XII) zu bestreiten.

Der notwendige Lebensunterhalt ist in § 42 SGB XII beschrieben.

Zu den oben genannten Vorschriften über Einkommen und Vermögen ist § 43 SGB XII als spezielle Vorschrift hinzuzunehmen. Entsprechend der Bedarfsberechnung nach SGB II ist hier eine Bedarfsberechnung nach SGB XII vorzunehmen (→ Abbildung 12: SGB XII: Tabelle zur Grundsicherung mit Geldbeträgen, S. 75; → Abbildung 13: SGB XII: Tabelle zur Grundsicherung als Arbeitsvorlage, S. 76).

1.1.7 Rechtsmittelfristen, Grundsicherung und Unterhaltsansprüche

Fallschilderung

Am 17.10.2015 sucht Sie Inge M. in der Beratungsstelle auf und erklärt, sie sei gemeinsam mit ihrem Freund Max B. am 01.09.2015 zum Sozialamt gegangen. Jetzt hätten sie einen Bescheid mit einer ordnungsgemäßen Rechtsmittelbelehrung erhalten, mit dem ihnen jegliche Unterstützung abgelehnt worden sei. Zur Begründung ist ausgeführt, das Einkommen und Vermögen der beiden reiche noch aus. Außerdem könne Max B. seine Tochter um Hilfe bitten.

Max B. und Inge M. leben seit über einem Jahr zusammen. Verheiratet sind sie nicht. Inge M. ist 67 Jahre alt und bekommt eine monatliche Altersrente von 600 €. Darauf zahlt sie 50 € Kranken- und Pflegeversicherungsbeiträge. Der 10 Jahre jüngere Max B. ist dauerhaft voll erwerbsgemindert und erhält monatlich eine Netto-Rente von 350 € von der Rentenversicherung.

Die Miete für die gemeinsame Wohnung beträgt 300 €, die Heizkosten betragen 66 €.

Max B. besitzt ein Sparbuch mit 2.800 €. Inge M. besitzt außerdem eine Brosche, ein Andenken an ihre Großmutter, die 800 € wert ist. Inge ist bei der Großmutter aufgewachsen. Die Brosche ist das einzige noch vorhandene Erinnerungsstück an sie.

Max B. hat eine Tochter Kathrin, die ein gutes Verhältnis zu ihrem Vater hat. Er weiß deshalb, dass ihre Ehe mit einem ICE-Lokführer gerade in einer Krise ist. Zwar verdienen beide gut – der Schwiegersohn verdient pro Jahr etwa 50.000 €, Kathrin 40.000 € – es bleiben davon netto etwa 5.000 € monatlich für beide gemeinsam übrig. Dennoch will Max seine Tochter, die wegen der Kinderlosigkeit und langen Trennungszeiten schon genug Probleme hat, nicht um eine finanzielle Unterstützung bitten.

Inge M. übergibt Ihnen den Bescheid. Sie lesen sich diesen durch und stellen fest, dass der Bescheid auf den 15.09.2015 datiert und eine zutreffende Rechtsmittelbelehrung enthält. Dazu erklärt Inge M., sie hätte den Bescheid erst vor drei Tagen, am 14.10.2015, im Briefkasten vorgefunden. Am Tag zuvor sei er noch nicht dort gewesen.

Fragen

1. Können die beiden noch Rechtsmittel einlegen? Wenn ja: welches?
2. Von welchem Zeitpunkt an können die beiden ihrer Meinung nach welche Leistung des Sozialamtes erwarten?
3. Hat Max B. einen zivilrechtlichen Unterhaltsanspruch gegen seine Tochter? Legen Sie nur die Grundsätze dar; eine Berechnung ist nicht erforderlich!

Themenstellung / Lösungshinweise

Die erste Frage zielt auf ein verfahrensrechtliches Problem: Welches Rechtsmittel gibt es gegen einen Bescheid des Sozialamtes, und wie viel Zeit hat der Empfänger des Bescheides, dieses Mittel zu ergreifen?

Die zweite Frage betrifft zunächst die Frage des Leistungsbeginns nach erfolgreichem Rechtsmittel. Die Antwort gilt auch für mehrere Rechtsmittel hintereinander, also Widerspruch und Klage vor Gericht. Im zweiten Teil der Frage gehen wir die materielle Prüfung an. Sie bezieht sich auf die Anspruchsgrundlagen, die -voraussetzungen und die Rechtsfolgen.

Die dritte Frage bezieht sich auf das Zivilrecht. Es wird geprüft, ob Max einen familienrechtlichen Anspruch gegen seine Tochter haben könnte. Im Ergebnis könnten ihm theoretisch zwei Wege offenstehen, nämlich Widerspruch gegen den Bescheid des Sozialamtes einzulegen oder von seiner Tochter Geld zu fordern. Bedenkt man das System der 3 Säulen und das Netz mit doppeltem Boden, wäre diese Lösung etwas systemwidrig, denn existenzsichernde Leistungen soll es nur geben, wenn zuvor die 3 Säulen ausgeschöpft sind.

Lösung zu Frage 1: Rechtsmittel

Offensichtlich handelt es sich um einen rechtsmittelfähigen Bescheid des Sozialamtes. Da die Rechtsmittelbelehrung zutrifft, dürfte ein Widerspruch das richtige Rechtsmittel sein.

Für das Rechtsbehelfsverfahren gelten die Vorschriften des SGG, wenn der Sozialrechtsweg gegeben ist, oder der VwGO, wenn der Verwaltungsrechtsweg offensteht, § 62 SGB X.

Für welche Angelegenheiten der Sozialrechtsweg offensteht, ist § 51 SGG zu entnehmen; ansonsten gilt die (All-)Zuständigkeit der Verwaltungsgerichte, § 40 VwGO.

Hier handelt es sich um eine Angelegenheit der Sozialhilfe. Dafür ist gem. § 51 Abs. 1 Nr. 6a SGG das Sozialgericht zuständig. Deshalb gelten die Vorschriften des SGG.

Die Rechtsbehelfsbelehrung ist ordnungsgemäß erteilt worden, § 66 Abs. 1 SGG.

Ein Widerspruch ist binnen eines Monats nach Bekanntgabe schriftlich oder zur Niederschrift bei dem Sozialamt einzureichen, § 84 Abs. 1 SGG.

Wenn Inges Angaben stimmen, und daran besteht erst einmal kein Zweifel, dann ist die Bekanntgabe am 14.10.2015 erfolgt. Danach ist die Einlegung eines Widerspruchs noch bis zum 14.11.2015 möglich. Einem pfiffigen Sozialarbeiter muss allerdings auffallen, dass die Behörde nach der Abfassung des Bescheides am 15.09.2015 fast einen Monat – bis zum 14.10.2015 – benötigt hat, bis er Inge und Max bekannt gegeben wurde. Bekanntgabe bedeutet, dass die Behörde dem Adressaten die Möglichkeit der Kenntnisnahme verschafft hat. Entscheidend ist also, wann das Schriftstück in den Briefkasten gelangt ist – nicht erst, wann es dort herausgeholt wurde (→ LSA C.2.2.8 Fristen, Verjährung).

In diesem Zusammenhang ist auch wichtig zu wissen, dass ein Schriftstück, das von einer Behörde zur Post gegeben wird, am dritten Tage nach der Absendung als bekannt gegeben gilt, § 37 Abs. 2 SGB X (§ 41 Abs. 2 VwVfG). Damit würde die Bekanntgabe, wenn man einmal die Absendung am 15.09.2015 annimmt, am 18.09.2015 fingiert. Würde von da an die Widerspruchsfrist von einem Monat laufen, ist die Einlegung eines Widerspruchs nur noch bis zum 18.10.2015 und also nur 1 Tag nach dem Beratungsgespräch möglich. Inge ist sich ganz sicher, dass das Schriftstück erst am 14.10.2015 und nicht schon am 13.10.2015 oder zuvor im Briefkasten lag. Im Zweifel hat die Behörde den Zugang des Schriftstücks zu beweisen, § 37 Abs. 2 S. 3 SGB X. Gleichwohl ist es ratsam, wenn Inge und Max ganz sichergehen wollen, vorsorglich sofort Widerspruch einzulegen und dafür zu sorgen, dass dieser Widerspruch noch rechtzeitig am 18.10.2015 eingeht.

Lösung zu Frage 2: Grundsicherungsleistungen

Leistungsbeginn

Ist der Widerspruch rechtzeitig und erfolgreich eingelegt, gibt es die Sozialhilfeleistungen ab Antragstellung. Hier ist dies der 01.09.2015.

Anspruchsgrundlagen und -voraussetzungen

Die Frage nach der Art der Sozialhilfeleistung wirft die Frage nach der Anspruchsgrundlage und den Anspruchsvoraussetzungen auf.

Anspruchsgrundlage für den Bezug von Grundsicherung im Alter (Inge) ist § 41 Abs. 1 S. 1 SGB XII.

Anspruchsgrundlage für den Bezug von Grundsicherung bei Erwerbsminderung (Max) ist § 41 Abs. 1 S. 1 SGB XII.

Anspruchsvoraussetzungen für den Bezug von Grundsicherung im Alter sind:

1. Es muss sich um einen älteren Menschen handeln. Der Personenkreis ist in § 41 Abs. 2 SGB XII genau beschrieben. Als 67-Jährige gehört Inge zu dieser Personengruppe, da sie auch schon eine Altersrente bezieht.

2. Dieser Mensch muss seinen gewöhnlichen Aufenthalt in der BRD haben. Das ist bei Inge der Fall.

3. Dieser Mensch darf nicht in der Lage sein, seinen notwendigen Lebensunterhalt aus eigenem Einkommen (§§ 82 bis 84 SGB XII) und Vermögen (§§ 90, 91 SGB XII) zu bestreiten.

Der notwendige Lebensunterhalt ist in § 42 SGB XII beschrieben.

Zu den oben genannten Vorschriften über Einkommen und Vermögen ist § 43 SGB XII als spezielle Vorschrift hinzuzunehmen. In Absatz 1 dieser Vorschrift steht, dass das Einkommen und Vermögen von Personen, die in einer eheähnlichen Gemeinschaft leben, zusammenzurechnen ist. Deshalb kommt es auf das Einkommen und Vermögen sowohl von Inge als auch von Max an.

Hier wird zunächst geprüft, ob auch Max dem Grunde nach anspruchsberechtigt ist.

Anspruchsvoraussetzungen für den Bezug von Grundsicherung bei Erwerbsminderung sind:

Es muss sich um einen dauerhaft voll erwerbsgeminderten Menschen handeln. Der Personenkreis ist in § 41 Abs. 3 SGB XII genau beschrieben:

1. Der Mensch muss das 18. Lebensjahr vollendet haben. Das ist bei Max der Fall.

2. Der Mensch muss unabhängig von der Arbeitsmarktlage voll erwerbsgemindert i.S.d. § 43 Abs. 2 SGB VI sein. Das heißt nach S. 2 der Vorschrift, krankheitsbedingt nicht mindestens 3 Stunden pro Tag erwerbstätig sein zu können. Diese und alle weiteren genannten Voraussetzungen dürften bei Max erfüllt sein.

3. Es muss unwahrscheinlich sein, dass die volle Erwerbsminderung behoben werden kann. Dies ist bei Max krankheitsbedingt der Fall.

4. Dieser Mensch muss seinen gewöhnlichen Aufenthalt in der BRD haben. Das ist bei Max der Fall.

5. Dieser Mensch darf nicht in der Lage sein, seinen notwendigen Lebensunterhalt aus eigenem Einkommen (§§ 82 bis 84 SGB XII) und Vermögen (§§ 90, 91 SGB XII) zu bestreiten.

Der notwendige Lebensunterhalt ist in § 42 SGB XII beschrieben. Auch hier gilt wieder § 43 SGB XII, wonach das Einkommen und das Vermögen von Inge und Max zusammenzurechnen sind.

Bedarfsberechnung

Es ist eine Bedarfsberechnung nach SGB XII vorzunehmen. Dazu stellen wir eine Tabelle mit Beträgen und eine Leertabelle zum Ausfüllen bereit.[6] Unsere Bedarfsberechnung ergibt Folgendes:

Abbildung 7: Bedarfsberechnung für Max und Inge

Personen §§ 41 ff. §§ 27 ff. SGB XII	Max	Inge					Gesamt
Regelsatz Grundsicherung § 42 Nr. 1 SGB XII §§ 27a, 28 SGB XII Anlage § 28 SGB XII	364	364					728
zzgl. Barbedarf Taschengeld bei stationärer Unterbringung § 27b Abs. 2 S. 2 SGB XII							
zzgl. Mehrbedarfe §§ 42 Nr. 2, 30–33 SGB XII							
zzgl. Unterkunft und Heizung, §§ 42 Nr. 4, 35 SGB XII	183	183					366
Genereller Bedarf	547	547					1.094
abzgl. Einkommen (brutto) § 82 Abs. 1 SGB XII	- 600	- 350					- 950
zzgl. Steuern, Sozialabgaben, usw. § 82 Abs. 2 SGB XII	+ 50						+ 50
abzgl. Kindergeld § 82 Abs. 1 S. 3 SGB XII							
abzgl. Vermögen, § 90 Abs. 2 Nr. 9 SGB XII i.V.m. § 1 Abs. 1 Nrn. 1 bis 3 DV zu dieser Vorschrift (GSA Nr. 109)		./.					
abzgl. Unterhaltsansprüche (nur ausnahmsweise, §§ 43 Abs. 3, 94 SGB XII)		./.					
Individueller Bedarf ohne Bedarfe für Bildung + Teilhabe	- 3	197					194

Stand: 01.01.2016

---

6   → Abb. 12: SGB XII: Tabelle zur Grundsicherung mit Geldbeträgen, S. 75; → Abb. 13: SGB XII: Tabelle zur Grundsicherung als Arbeitsvorlage S. 76.

Erläuterungen

Max und Inge wurden in die Regelbedarfsstufe 2 eingestuft, denn es handelt sich um eine eheähnliche Gemeinschaft.

Nach § 43 Abs. 1 SGB XII sind das Einkommen und das Vermögen der eheähnlichen Gemeinschaft zusammen zu veranschlagen.

Aus dem Einkommen ergibt sich für Inge kein und für Max ein geminderter Anspruch auf Grundsicherungsleistung. Den „Überschuss" von 3 €, den Inge aufgrund ihrer Altersrente erzielt, muss sie für den Lebensunterhalt von Max einsetzen, so dass sich sein Anspruch auf 194 € reduziert.

Der Vermögensfreibetrag bei Grundsicherungsleistungen für Max ergibt sich aus § 90 Abs. 2 Nr. 9 SGB XII i.V.m. der hierzu ergangenen Verordnung (GSA Nr. 109). Danach ergibt sich für Max selbst der Betrag von 2.600 € gem. § 1 Abs. 1 S. 1 Nr. 1 a) DV § 90 Abs. 2 Nr. 9. Er ist voll erwerbsgemindert, wie oben beschrieben.

Wenn es m.a.W. nur um ihn selbst ginge, könnte Max den Widerspruch nicht erfolgreich führen, denn er besitzt auf seinem Sparbuch 2.800 €. Die Differenz zwischen dem Freibetrag von 2.600 € müsste er jedenfalls zunächst aufbrauchen, bevor er die Grundsicherung in Höhe von 194 € beanspruchen könnte.

Für Ehe- und Lebenspartner sieht § 1 Abs. 1 S. 1 Nr. 1 b) DV § 90 Abs. 2 Nr. 9 eine Erhöhung des Freibetrages um 614 € vor. Wären die beiden verheiratet, dann wäre also das Vermögen von Max komplett geschützt. Sie sind indes weder verheiratet noch Lebenspartner nach dem LPartG. Gleichwohl ist Max dieser Freibetrag zu gewähren, denn § 43 Abs. 1 SGB XII verlangt eine Berücksichtigung des Vermögens wie bei Eheleuten. Damit kann Max den Sparbetrag vollständig behalten.

Abschließend stellt sich die Frage, ob Inge die Brosche ihrer Großmutter behalten darf. Würde sie sie verkaufen (müssen), dann könnte der Bedarf von 194 € zunächst von dem Verkaufserlös gedeckt werden. Nach § 90 Abs. 2 Nr. 6 SGB XII darf die Sozialhilfe nicht abhängig gemacht werden von Familien- und Erbstücken, deren Veräußerung für die nachfragende Person eine besondere Härte bedeuten würde. Die Brosche ist das einzige Erinnerungsstück an ihre Großmutter, bei der sie aufgewachsen ist und zu der sie also eine besondere Beziehung hat. Hier kann angenommen werden, dass es für Inge eine besondere Härte bedeuten würde, diese zu veräußern. Deshalb kann Inge die Brosche behalten.

Lösung zu Frage 3: Unterhaltsanspruch

Anspruchsgrundlage

Anspruchsgrundlage für den familienrechtlichen Unterhaltsanspruch ist § 1601 BGB. Danach sind Verwandte in gerader Linie dazu verpflichtet, einander Unterhalt zu gewähren. Weil Max und Kathrin miteinander in gerader Linie verwandt sind (§ 1589 Abs. 1 S. 1 BGB), ist die erste Voraussetzung für einen Unterhaltsanspruch erfüllt.

Bedürftigkeit

Unterhaltsberechtigt ist gem. § 1602 Abs. 1 BGB aber nur, wer außerstande ist, sich selbst zu unterhalten. Bei Max ist das der Fall, denn seine geringe Erwerbsunfähigkeitsrente reicht für seinen Lebensunterhalt nicht aus. Sie würde noch nicht einmal den Bedarf der Existenzsicherung abdecken. Dass Max einen Anspruch auf Grundsicherung bei Erwerbsminderung gegen das Sozialamt hat, bleibt hier unberücksichtigt, denn grundsätzlich ist vor der Sozialhilfe der Unterhalt zu leisten und nicht umgekehrt.[7] Würde Kathrin also ihrem Vater das benötigte Geld geben, entfiele der oben geprüfte Anspruch gegenüber dem Sozialamt. (Nur) solange sie nicht zahlt, ist Max bedürftig.

Leistungsfähigkeit

Als dritte Voraussetzung ist die Unterhaltsverpflichtung von Kathrin zu prüfen. Wären Max und Inge verheiratet, dann könnte eine solche Verpflichtung gem. § 1608 BGB entfallen. Jedenfalls haftet der Ehe- oder Lebenspartner vor den Verwandten. Max und Inge sind aber weder verheiratet noch Lebenspartner. Es besteht familienrechtlich gar kein Unterhaltsanspruch im Falle einer nichtehelichen Lebensgemeinschaft (→ LSA B. 2.4.3 Lebensgemeinschaft).

Deshalb kommt es gem. § 1603 BGB darauf an, ob Kathrin leistungsfähig ist. Nach dieser Vorschrift ist nicht unterhaltspflichtig, wer bei Berücksichtigung seiner sonstigen Verpflichtungen außerstande ist, ohne Gefährdung seines eigenen angemessenen Unterhalts den Unterhalt zu gewähren. Was das in Bezug auf den Verwandtenunterhalt bedeutet, ist in Abschnitt D. der Düsseldorfer Tabelle konkretisiert (→ 2.2.1 Düsseldorfer Tabelle, S. 106). Bei der Düsseldorfer Tabelle handelt es sich nicht um eine Rechtsnorm, sondern um Erfahrungswerte oder eine Richtlinie, wie der unbestimmte Rechtsbegriff des angemessenen Unterhalts auszufüllen ist.

Unterhaltsberechnung – Formel

Bei Eheleuten wie Kathrin und ihrem Mann ist zunächst darauf zu achten, dass nur der tatsächliche Verwandte und nicht auch sein Ehepartner unterhaltsverpflichtet sein kann. Eine Unterhaltspflicht des Schwiegerkindes besteht nicht. Da ausschließlich das Vermögen des Verwandten in Anspruch genommen werden kann, bleibt das Vermögen des Schwiegerkindes völlig außen vor. Für Vermögen von Kathrin fehlen jegliche Angaben.

Was das Einkommen angeht, so ist zu berücksichtigen, dass normalerweise das Einkommen beider Ehepartner die ehelichen Lebensverhältnisse prägt. In der Düsseldorfer Tabelle Teil D wird deshalb die Formel aufgestellt, dass bei Eheleuten zunächst ein Freibetrag von 1.800 € für den Unterhaltsverpflichteten und von 1.440 € für den Ehegatten freibleibt, zusammen also 3.240 €. Von dem darüber hinausgehenden Einkommen bleibt zusätzlich die Hälfte frei, und von der anderen Hälfte steht nur derjenige Anteil des Unterhaltspflichtigen zur Verfügung, den dieser am Gesamteinkommen hat.

Eine genaue Berechnung ist in der Aufgabenstellung nicht verlangt. Wir lösen den Fall an dieser Stelle vollständig. Bei einem bereinigten Einkommen von 5.000 € und einem Anteil der unterhaltspflichtigen Kathrin daran ergäbe sich der folgende Betrag:

---

7   § 2 Abs. 1 SGB XII: Kathrins Zahlungen wären Einkommen von Max.

	Kathrin (unterhaltsver-pflichtet)	Gesamt	Ehemann
Bereinigtes Einkommen	4/9 = 44,44 % = 2.200 €	5.000 €	5/9 = 55,55 %
Familiensockelselbstbehalt		- 3.240 €	
Differenz		1.760 €	
Davon ½		880 €	
+ Familiensockelselbstbehalt		+ 3.240 €	
Individueller Selbstbehalt (3.240 € + 880 €)		4.120 €	
Individueller Familienselbstbehalt 4.120 € x 44, 44 %	1.812,80 €		
Für Elternunterhalt einzusetzen (2.200 € – 1.812,80 €)	387,20 €		

Von den netto verbleibenden 5.000 € könnten Kathrin und ihr Mann also 387,20 € für den Unterhalt von Max einsetzen. Dabei wird freilich vorausgesetzt, dass das Einkommen der beiden Eheleute schon um alle Kosten bereinigt ist, die bei dem Zweipersonenhaushalt abziehbar wären (Hauskredit, Pkw-Finanzierung usw.). Im Ergebnis ist das ein höherer Betrag, als Lothar von dem Sozialamt als existenzsichernde Leistung fordern könnte. Gleichwohl: eine Verpflichtung von Max, diesen Betrag von Kathrin zu fordern, besteht nicht. § 43 Abs. 3 SGB XII sieht vor, dass ausnahmsweise Unterhaltsansprüche gegen Kinder, deren jährliches Gesamteinkommen unter 100.000 € liegt, unberücksichtigt bleibt. Dies ist vor dem Hintergrund, dass Sozialhilfe eigentlich nur nachrangig gezahlt wird, systemwidrig, aber vom Gesetzgeber so vorgesehen. Max hat also die Wahl, ob er den Antrag auf Grundsicherung beim Sozialamt stellt und von dort 194 € erhält, oder ob er diesen oder den höheren Betrag von seiner Tochter verlangt.

1.1.8 Grundsicherung für Erwerbsfähige und im Alter

Fallschilderung

In Lammersdorf in der Eifel sind die familiären Verhältnisse noch in Ordnung: Auf dem Hof der 70-jährigen Oma Marx, der ca. 100.000 € wert ist, leben 3 Generationen: Oma Marx, ihre Tochter Marion mit ihrem Mann, Heinz, sowie deren 3 Kinder im Alter von 7, 9 und 14 Jahren. Oma Marx bezieht eine Witwenrente i.H.v. 300 € und eine Altersrente i.H.v. 100 €. Marion und Heinz betreiben einen kleinen Biohof, aber dieser wirft nur 1.000 € monatlich ab, ein Betrag, den sich die Eltern teilen. Dieser Betrag verbleibt ihnen nach Abzug der Einkommenssteuern und der Sozialabgaben, die sie entrichten. Marion und Heinz zahlen an Oma Marx keine Miete, beteiligen sich aber an den Nebenkosten in Höhe von 600 € monatlich (Grundsteuer, Müllgebühren, Strom und Ölheizung) entsprechend der Köpfe ihrer Kleinfamilie.

Heinz hat ein Sparbuch i.H.v. 12.000 € aus dem Nachlass seiner beiden verstorbenen Eltern angelegt. Ferner besitzen die Eheleute einen alten Benz, mit dem Marion ihr „Gemüse" durch die Eifel fährt: Morgens müssen die Kinder zur Schule gebracht werden, dann geht es zum Verkauf auf den Wochenmarkt in den verschiedenen Eifelstädtchen.

Das erwirtschaftete Geld reicht allerdings hinten und vorne nicht. Marion, Heinz und Oma Marx überlegen, ob Sie finanzielle Unterstützungen erhalten können, ohne den Hof verkaufen zu müssen. Subventionen für landwirtschaftliche Betriebe, das unterstellen wir, gibt es nicht.

Fragen

1. Können Marion, Heinz und die 3 Kinder Leistungen des Jobcenters erwarten?
2. Kann Oma Marx Grundsicherung im Alter beanspruchen? Prüfen Sie die Anspruchsvoraussetzungen!
3. Ist die Familie hilfebedürftig? In welcher Höhe können Leistungen verlangt werden? Von wem?
4. Der Mitarbeiter des Sozialamtes ist der Auffassung, Oma Marx könne einen Geldbetrag nur darlehensweise erhalten. Zur Sicherheit müsse in das den Hof betreffende Grundbuch eine Grundschuld eingetragen werden. Sollte der Hof einmal verkauft werden, dann sei das Darlehen aus diesem Verkaufserlös zurückzuerstatten. Ist diese Auffassung richtig?

Lösung zu Frage 1: Leistungen des Jobcenters

Die Anspruchsgrundlagen

Marion und Heinz könnten einen Anspruch auf Arbeitslosengeld II gemäß § 19 Abs. 1 S. 1 SGB II haben.

Die Kinder könnten einen Anspruch auf Sozialgeld gem. § 19 Abs. 1 S. 2 SGB II haben.

Die Voraussetzungen zum Bezug von ALG II von Marion und Heinz

Der Anspruch von Marion und Heinz auf Arbeitslosengeld II setzt gemäß § 19 Abs. 1 S. 1 SGB II voraus, dass sie erwerbsfähige Leistungsberechtigte sind.

Was man darunter versteht, ist in § 7 Abs. 1 S. 1 SGB II definiert:

Beide erfüllen die Voraussetzung des § 7 Abs. 1 S. 1 Nr. 1 SGB II, weil sie das entsprechende Alter haben.

Sie erfüllen auch die Voraussetzung des § 7 Abs. 1 S. 1 Nr. 4 SGB II, weil sie ihren gewöhnlichen Aufenthalt in der Bundesrepublik Deutschland haben.

Beide sind erwerbsfähig gemäß § 7 Abs. 1 S. 1 Nr. 2 SGB II. Diese in § 8 SGB II näher beschriebene Voraussetzung ist bei beiden eindeutig gegeben. Anzumerken bleibt, dass also auch selbstständig Tätige – das Ehepaar betreibt einen Biohof und ist also nirgendwo angestellt – grundsätzlich ALG II Leistungen erhalten können.

Fraglich ist, ob sie hilfebedürftig sind. Diese Voraussetzung ist in § 7 Abs. 1 S. 1 Nr. 3 SGB II genannt und in den §§ 9 bis 13 SGB II näher bestimmt.

Die Voraussetzungen zum Bezug von Sozialgeld für die Kinder

Ein Anspruch auf Sozialgeld besteht nach § 19 Abs. 1 S. 2 SGB II für nicht erwerbsfähige Leistungsberechtigte, wenn sie mit erwerbsfähigen Leistungsberechtigten in einer Bedarfsgemeinschaft leben und wenn sie keinen Anspruch auf Leistungen nach dem

Vierten Kapitel des SGB XII haben. Diese Voraussetzungen erfüllen die 3 Kinder. Auch bei ihnen stellt sich die Frage, ob sie hilfebedürftig sind.

Die Hilfebedürftigkeit

Hilfebedürftig ist, wer seinen Lebensunterhalt nicht oder nicht ausreichend aus dem zu berücksichtigenden Einkommen oder Vermögen sichern kann und die erforderliche Hilfe nicht von anderen, insbesondere von Angehörigen oder von Trägern anderer Sozialleistungen erhält (Vorrang der 3 Säulen).

Bei Personen, die in einer Bedarfsgemeinschaft leben, sind auch das Einkommen und das Vermögen der übrigen Beteiligten maßgeblich. Das ergibt sich aus § 9 Abs. 2 SGB II.

Bedarfsgemeinschaft

Wer zur Bedarfsgemeinschaft gehört, bestimmt § 7 Abs. 3 SGB II. Dies sind:

- nach Nr. 1 zunächst die Erwerbsfähigen selbst sowie
- nach Nr. 2 die im Haushalt lebenden Eltern oder Elternteile eines unverheirateten erwerbsfähigen Kindes, das das 25. Lebensjahr noch nicht vollendet hat. Ferner gehören
- nach Abs. 3 Nr. 3a die Ehepartner,
- nach Nr. 3b die gleichgeschlechtlichen Partner einer eingetragenen Lebenspartnerschaft und
- nach Nr. 3c Lebensgefährten dazu, wobei § 7 Abs. 3a genauer bestimmt, was das bedeutet. Schließlich gehören
- nach Nr. 4 alle dem Haushalt angehörigen unverheirateten Kinder unter 25 Jahren zur Bedarfsgemeinschaft.

Danach bilden Marion und Heinz gem. § 7 Abs. 3 Nrn. 1 und 2 sowie die Kinder nach Nr. 4 eine Bedarfsgemeinschaft.

Fraglich ist, ob auch Oma Marx zu dieser Bedarfsgemeinschaft gehört. Dies richtet sich nach derselben Vorschrift: Der Begriff „erwerbsfähige Leistungsberechtigte" in § 7 Abs. 3 Nr. 1 SGB II bezieht sich auf die gesetzliche Definition in § 7 Abs. 1 SGB II. Weil Oma Marx die Altersgrenze überschritten hat, erfüllt sie diese Voraussetzung nicht.

§ 7 Abs. 3 Nr. 2 SGB II betrifft also nur Eltern, die mit einem unter 25 Jahre alten Kind zusammenleben, nicht Großeltern.

Auch die Voraussetzungen des § 7 Abs. 3 Nr. 3 und 4 SGB II liegen nicht vor.

Deshalb gehört Oma Marx nicht zur Bedarfsgemeinschaft. Damit könnte ihr Einkommen und Vermögen keinen Einfluss auf den Bezug von ALG II oder Sozialgeld ihrer Kinder und Kindeskinder haben.

Haushaltsgemeinschaft

Nach § 9 Abs. 5 SGB II wird jedoch Einkommen und Vermögen auch dann zusammengerechnet, wenn es sich zwar nicht um eine Bedarfsgemeinschaft, wohl aber um eine Haushaltsgemeinschaft handelt. Eine Haushaltsgemeinschaft kann insbesondere zwischen Verwandten oder Verschwägerten gegeben sein.

Wir erinnern uns: Unterhaltsansprüche bestehen zwischen Verwandten gerader Linie, § 1601 BGB. Zwischen Großeltern, Eltern und Kindern besteht also sogar eine Rechtspflicht, füreinander einzustehen. Deshalb dürfte hier eine unwiderlegliche Vermutung bestehen, dass Oma Marx für die anderen Familienmitglieder einsteht, wenn ihr Einkommen oder Vermögen zum Unterhalt aller beitragen kann.

Reflexion: Unterschiede zwischen Bedarfs- und Haushaltsgemeinschaft?

Erstens bezieht sich die Berechtigung zur Antragstellung nur auf Mitglieder der Bedarfsgemeinschaft. Dementsprechend können Marion und Heinz nicht automatisch für Oma Marx existenzsichernde Leistungen beantragen, sondern nur für sich und die Kinder, § 38 SGB II.

Zweitens sind Mitglieder einer Haushaltsgemeinschaft oftmals selbst nicht berechtigt, ALG II oder Sozialgeld zu beziehen.[8]

Die Vermutung nach § 9 Abs. 3 SGB II, dass Oma Marx ihre Kinder und Enkelkinder unterstützt, besteht nur, wenn sie über ausreichend Einkommen oder Vermögen verfügt. In diesem Fall würde man den ihr möglichen Beitrag als Einkommen der Bedarfsgemeinschaft Marion-Heinz-3 Kinder abziehen. Oma Marx hat aber dann kein ausreichendes Einkommen oder Vermögen, wenn sie selbst bedürftig ist. Die Hilfebedürftigkeit von ihr wird in Frage 2 geprüft.

Bedarfsberechnung für die junge Familie

Abbildung 8: Bedarfsberechnung für Heinz, Marion und die Kinder

§§ SGB II	Personen Heinz	Marion	K 1	K 2	K 3	Gesamt
ALG II/Sozialgeld §§ 19, 20 Abs. 5 SGB II; Anlage § 28 SGB XII	364	364	306	270	270	1.574
zzgl. Mehrbedarfe § 21 Abs. 3 Nr. 1; Alleinerziehende mit einem Kind U7 oder 2–3 Kinder U16						
oder Mehrbedarfe § 21 Abs. 3 Nr. 2; Alleinerziehende mit U18 j. Kindern, wenn dadurch mehr als Abs. 3 Nr. 1						
zzgl. Unterkunft und Heizung, § 22	100	100	100	100	100	500
Genereller Bedarf	464	464	406	370	370	2.074
abzgl. Einkommen (brutto), §§ 11, 11a	- 500	- 500				- 1.000
zzgl. Steuern und Sozialabgaben, § 11b; Abs. 1 S. 1 Nr. 1–2						

---

8 Oma Marx erfüllt dafür die Voraussetzungen nicht; eine ähnliche Situation ergibt sich im Fall BAföG und Grundsicherung, → B.1.1.4 Grundsicherung und BAföG, S. 46.

§§ SGB II \ Personen	Heinz	Marion	K 1	K 2	K 3		Gesamt
zzgl. Grundfreibetrag für Erwerbstätige, § 11b Abs. 2 S. 1 oder Abs. 1 S. 1 Nrn. 3-5	+ 100	+ 100					+ 200
zzgl. Freibetrag für Erwerbstätige, § 11b Abs. 3 S. 1 Nr. 1	+ 80	+ 80					+ 160
zzgl. Freibetrag für Erwerbstätige, § 11b Abs. 3 S. 1 Nr. 2							
zzgl. Unterhaltsverpflichtungen, § 11b Abs. 1 S. 1 Nr. 7							
zzgl. Betrag bei Ausbildungsförderung, § 11b Abs. 1 S. 1 Nr. 8							
abzgl. Kindergeld § 11 Abs. 1 S. 4			- 190	- 190	- 196		- 576
abzgl. Vermögen § 12: Sparvermögen, Abs. 2 S. 1 Nr. 1, 1a, S. 2	./.						
Altersvorsorge, Abs. 2 S. 1 Nr. 2 u. 3, S. 2	./.						
Anschaffungen, Abs. 2 S. 1 Nr. 4	./.						
Individueller Bedarf ohne Bedarfe für Bildung + Teilhabe, § 28	144	144	216	180	174		858

Stand: 01.01.2016

Erläuterung der Bedarfsberechnung für die junge Familie

Zunächst ist der generelle Bedarf der jungen Familie festzustellen. Die Regelsätze sowie die Unterkunftskosten sind in der Tabelle wiedergegeben.

Vom generellen Bedarf abzuziehen sind das Einkommen und das einzusetzende Vermögen. An Einkommen erzielen Marion und Heinz jeweils 500 € aus der Landwirtschaft. Ferner beziehen sie Kindergeld in Höhe von insgesamt 576 € für die 3 Kinder.

Von dem Einkommen sind die Freibeträge bei Erwerbstätigkeit abzusetzen. Es kommt nicht darauf an, ob die beiden in einem Anstellungsverhältnis stehen. Sie können jeweils 100 € als pauschalen Grundfreibetrag in Abzug bringen und von dem übrigen Einkommen bis 1.000 € jeweils 20 %.

Das Sparbuch von Heinz i.H.v. 12.000 € ist nicht als Vermögen einzusetzen, denn für jedes Mitglied der Bedarfsgemeinschaft steht gemäß § 12 Abs. 2 S. 1 Nr. 1 und Nr. 1a SGB II ein Freibetrag von jeweils 3.100 € zur Verfügung. Das ist mehr, als Heinz hat.

Auch der alte Benz ist bei dem Vermögen nicht zu berücksichtigen. Das ergibt sich aus § 12 Abs. 3 S. 1 Nr. 2 SGB II und § 7 Abs. 1 ALG II-V.

Demnach ist die junge Familie hilfebedürftig, wenn nicht Oma Marx gemäß § 9 Abs. 5 SGB II als Mitglied der Haushaltsgemeinschaft und Verwandte mit ihrem eigenen Einkommen oder Vermögen zum Unterhalt der Gesamtfamilie beitragen kann und muss. Das ist sicher nicht gegeben, wenn sie selbst hilfebedürftig ist.

Antwort auf Frage 1

Marion, Heinz und die 3 Kinder können Leistungen des Jobcenters erwarten, wenn sie hilfebedürftig sind. Diese Frage beantwortet sich bei der Berücksichtigung ihres eigenen Einkommens und Vermögens und – vielleicht – desjenigen von Oma Marx.

Lösung zu Frage 2: Leistungen des Sozialamtes

Die Anspruchsgrundlage

Oma Marx könnte einen Anspruch auf Grundsicherung im Alter gemäß §§ 41, 42 SGB XII haben.

Die Voraussetzungen zum Bezug von Grundsicherung im Alter

Grundsicherung im Alter gemäß §§ 41, 42 SGB XII erhalten Personen, die die Altersgrenze erreicht und ihren gewöhnlichen Aufenthalt im Inland haben. Ferner müssen sie ihren notwendigen Lebensunterhalt nicht aus Einkommen und Vermögen nach den §§ 82-84 und § 90 SGB XII bestreiten können.

Im Fall von Oma Marx liegen die beiden erstgenannten Voraussetzungen unproblematisch vor, denn sie hat mit Vollendung des 65. Lebensjahres gemäß § 41 Abs. 2 S. 2 SGB XII die Altersgrenze überschritten und lebt im Inland.

Die Voraussetzungen zum Bezug von Grundsicherung im Alter liegen grundsätzlich vor. Es muss aber noch geprüft werden, ob Oma Marx hilfebedürftig ist, d.h. ihren notwendigen Lebensunterhalt nicht aus Einkommen und Vermögen nach den §§ 82-84 und § 90 SGB XII bestreiten kann.

Die Bedarfsberechnung für Oma Marx

Abbildung 9: Bedarfsberechnung Oma Marx

§§ 41 ff. / §§ 27 ff. SGB XII \ Personen	Oma Marx					Gesamt
Regelsatz Grundsicherung § 42 Nr. 1 SGB XII §§ 27a, 28 SGB XII Anlage § 28 SGB XII	404 €					404 €
zzgl. Barbedarf Taschengeld bei stationärer Unterbringung § 27b Abs. 2 S. 2 SGB XII						
zzgl. Mehrbedarfe §§ 42 Nr. 2, 30-33 SGB XII						
zzgl. Unterkunft und Heizung, §§ 42 Nr. 4, 35 SGB XII	100 €					100 €

§§ 41 ff. §§ 27 ff. SGB XII / Personen	Oma Marx						Gesamt
Genereller Bedarf	504 €						504 €
abzgl. Einkommen (brutto) § 82 Abs. 1 SGB XII	- 400 €						- 400 €
zzgl. Steuern, Sozialabgaben, usw. § 82 Abs. 2 SGB XII							
abzgl. Kindergeld § 82 Abs. 1 S. 3 SGB XII							
Abzgl. Vermögen, § 90 Abs. 2 Nr. 9 SGB XII i.V.m. § 1 Abs. 1 Nrn. 1 bis 3 DV zu dieser Vorschrift (GSA Nr. 109)							
abzgl. Unterhaltsansprüche (nur ausnahmsweise, §§ 43 Abs. 3, 94 SGB XII)							
Individueller Bedarf ohne Bedarfe für Bildung + Teilhabe	104 €						104 €

Stand: 01.01.2016

Erläuterungen zur Bedarfsberechnung für Oma Marx

Es kommt darauf an, ob Oma Marx von ihrem Einkommen und Vermögen den Lebensunterhalt bestreiten kann. Dies richtet sich, wie § 41 Abs. 1 SGB XII besagt, nach den §§ 82-84 und §§ 90, 91 SGB XII. Allerdings besteht gemäß § 43 Abs. 3 SGB XII die folgende Besonderheit im Vergleich zu anderen Fällen der Sozialhilfe: Unterhaltsansprüche der Leistungsberechtigten gegenüber ihren Kindern (und Eltern) bleiben unberücksichtigt, sofern deren jährliches Gesamteinkommen unter einem Betrag von 100.000 € liegt. Dies wird vermutet. Im konkreten Fall bedeutet dies, dass das Einkommen der grundsätzlich unterhaltspflichtigen Tochter Marion und dem Schwiegersohn Heinz unberücksichtigt bleibt. Es kommt also nur darauf an, ob Oma Marx ihren Unterhalt von dem eigenen Einkommen und Vermögen bestreiten kann. Der Ehemann ist bereits verstorben.

Ob Oma Marx ihren Unterhalt bestreiten kann, richtet sich zunächst nach dem generellen Bedarf. Damit sind die Leistungen nach § 42 SGB XII gemeint, die sie im Falle der Hilfebedürftigkeit erhalten würde. Sie setzen sich zusammen aus:

- § 42 Nr. 1 SGB XII: dem Regelsatz. Es gelten dieselben Sätze wie beim Bezug von ALG II und Sozialgeld. Hier stellt sich die Frage, in welche Regelbedarfsstufe Oma Marx einzustufen ist. Die gesetzlichen Definitionen sind hier unklar, denn die Regelbedarfsstufen 1 bis 3 kennen sowohl die „eigene" als auch die „gemeinsame" Haushaltsführung von Ehegatten und Lebenspartnern. Nach der Rechtsprechung ist es möglich, dass mehrere Personen, die in einer Haushaltsgemeinschaft leben, jeweils einen eigenen Haushalt führen (→ B.1.1.3 Grundsicherung für Selbstständige, Schüler und Azubis, S. 40.[9] Dementsprechend kommt es nicht darauf an, ob Oma

---

9 *BSG*, 24.03.2015 – B 8 SO 5/14 R.

Marx ihren eigenen Haushalt ganz allein führt – etwa indem sie in ihrer eigenen Küche kocht –, oder ob sie bei ihren Kindern mithilft. Sie führt nach dieser Rechtsprechung immer auch einen eigenen Haushalt und ist deshalb in die Regelbedarfsstufe 1 einzustufen.

- § 42 Nr. 2 SGB XII: zusätzliche Bedarfe nach dem zweiten Abschnitt des dritten Kapitels, also zusätzliche Bedarfe gem. §§ 30 bis 33 SGB XII. Solche Bedarfe sind hier nicht ersichtlich.
- § 42 Nr. 3 SGB XII: die Bedarfe für Bildung und Teilhabe nach §§ 34-34b SGB XII. Auch solche Bedarfe sind hier nicht ersichtlich.
- § 42 Nr. 4 SGB XII: die Aufwendungen für Unterkunft und Heizung.
- § 42 Nr. 5 SGB XII: ergänzende Darlehen, die hier ebenfalls nicht ersichtlich sind.

Gemäß §§ 82-84 SGB XII muss sich Oma Marx ihr gesamtes Einkommen anrechnen lassen. Dies ist also die Witwen- und die Altersrente, zusammen 400 €. Eine Mietzahlung von ihrer Tochter und deren Mann erhält sie nicht. Beide zahlen lediglich ihren Anteil an den Hauskosten; da Oma Marx den Betrag von 500 € sofort abführt, zählt er nicht zu ihrem Einkommen.

Gemäß § 90 Abs. 1 SGB XII muss sie das gesamte verwertbare Vermögen einsetzen. Allerdings darf die Sozialhilfe, zu der auch die Grundsicherung gehört, nicht abhängig gemacht werden vom Einsatz oder von der Verwertung bestimmter Vermögensteile.

Dazu gehört nach § 90 Abs. 2 Nr. 8 S. 1 SGB XII ein angemessenes Hausgrundstück, das von der nachfragenden Person allein oder zusammen mit Angehörigen ganz oder teilweise bewohnt wird und nach ihrem Tod von ihren Angehörigen bewohnt werden soll. Dazu gehört sicherlich der Biohof.

Hier stellt sich nur die Frage, ob dieses Hausgrundstück angemessen ist. Das bestimmt sich nach der Zahl der Bewohner, dem Wohnbedarf, der Grundstücksgröße, der Hausgröße, dem Zuschnitt und der Ausstattung des Wohngebäudes sowie dem Wert des Grundstücks und des Gebäudes, § 90 Abs. 2 Nr. 8 S. 2 SGB XII. Diese Kriterien dürften im vorliegenden Fall erfüllt sein. Dabei ist auch zu berücksichtigen, dass der Hof bewirtschaftet wird und zumindest zum Teil den Lebensunterhalt der Familie sichert. Auch ist der Wert des Hofes mit 100.000 € eher gering. Unter diesen Umständen ist Oma Marx nicht dazu verpflichtet, den Hof zu verkaufen, um ihren eigenen Lebensunterhalt oder denjenigen ihrer Kinder von dem Erlös zu bestreiten.

Lösung zu Frage 3: Lebensunterhalt insgesamt

Die Familie ist insgesamt hilfebedürftig.

Marion, Heinz und die 3 Kinder können Leistungen des Jobcenters erwarten, da sie hilfebedürftig sind. Wenn sie dort einen entsprechenden Antrag stellen, können sie eine finanzielle Unterstützung in Höhe von 858 € erwarten.

Oma Marx hat einen Anspruch auf Grundsicherung im Alter in Höhe von monatlich 104 €. Es handelt sich um eine Sozialhilfeleistung nach SGB XII. Um sie zu beziehen, muss Oma Marx einen entsprechenden Antrag bei dem örtlichen Sozialamt stellen.

Lösung zu Frage 4: Darlehensweise Sozialhilfe

Der Sachbearbeiter des Sozialamtes bezieht seine Auffassung aus § 91 SGB XII. Sie ist falsch.

§ 91 SGB XII setzt voraus, dass Vermögen nach § 90 SGB XII einzusetzen wäre, jedoch die sofortige Verwertung nicht möglich ist. Das wäre etwa der Fall, wenn der Hof einen wesentlich höheren Wert erzielen würde, die Grenze der Angemessenheit also überschritten wäre. Erst dann kommt eine darlehensweise Gewährung in Betracht. Die dingliche Sicherung hierzu, § 91 S. 2 SGB XII, wäre dann die Eintragung einer Grundschuld in das Grundbuch.

Ein angemessenes Hausgrundstück wie dieser kleine Bauernhof ist jedoch nicht zu verwerten. Deshalb hat Oma Marx einen unmittelbaren Anspruch auf Grundsicherung, nicht erst im Wege der Inanspruchnahme eines Darlehens.

1.1.9 Hilfen in anderen Lebenslagen und Selbstbeschaffung

Fallschilderung

Der alleinstehende 56-Jährige Karl bezieht ALG II Leistungen; sonstiges Einkommen hat er nicht. Er besitzt ein Sparbuch mit 3.000 €. Nun ist gerade sein Vater Georg gestorben. Karl, der einzige Sohn, kümmert sich um die Beerdigung. Es sind insgesamt 2.000 € aufzubringen. Darin sind die Friedhofsgebühren und das Bestattungsunternehmen enthalten; günstiger ist diese Beerdigung nicht durchzuführen. Vater Georg hinterlässt außer ein paar Erinnerungsstücken nichts. Deshalb schlägt Karl als einziger Erbe die Erbschaft aus.

Gleichwohl ist Karl rechtlich und natürlich auch sittlich-persönlich dazu verpflichtet, für die Beerdigung zu sorgen. Er überlegt, ob er sein Sparbuch auflösen muss.

Fragen

1. Bei wem kann er die Übernahme der Beerdigungskosten beantragen?
2. Könnte Karl erst die Beerdigungskosten ausgleichen und dann einen Antrag auf Kostenübernahme stellen?

Themengebiete / Hilfestellungen

Mit Frage 1 stellt sich die Frage nach dem Verhältnis zwischen SGB II und SGB XII. Zugleich ist die Frage nach dem Einsatz von Einkommen und der Verwertung von Vermögen im Falle sonstiger Sozialhilfeleistungen aufgeworfen.

Mit Frage 2 ist ein grundsätzliches Problem angesprochen: Kann der Bezieher existenzsichernder Leistungen den beanspruchten Bedarf erst anderweitig decken – z.B. indem er sich das Geld leiht, oder, wie hier, Vermögen einsetzt, für das ihm ein Freibetrag zusteht – und dann einen Antrag beim Sozialleistungsträger erfolgreich stellen?

Lösung zu Frage 1: Bestattungskosten

Anspruchsgrundlage

Weil Karl Bezieher von SGB II Leistungen ist, könnte er unter Umständen einen Mehrbedarf gem. § 24 SGB II beanspruchen. Die Vorschrift eröffnet dem Jobcenter die Möglichkeit, im Einzelfall über den Regelbedarf hinaus Leistungen zur Sicherung des Lebensunterhalts zu erbringen, wenn der Bedarf unabweisbar ist. Dieser Bedarf soll im Wege eines Darlehens gedeckt werden, d.h. Antragsteller müssen sich verschulden, um diesen unabweisbaren Bedarf in Anspruch zu nehmen.

Der Bedarf von Karl dient jedoch nicht der Sicherung seines Lebensunterhaltes, sondern dem Zweck der Bestattung des Vaters. Damit besteht eine Bedarfssituation in einer anderen Lebenslage. Richtige Anspruchsgrundlage ist daher § 74 SGB XII. Nach dieser Vorschrift werden die erforderlichen Bestattungskosten übernommen, soweit den dazu Verpflichteten nicht zugemutet werden kann, diese zu übernehmen.

Anspruchsvoraussetzungen

Karl muss einen Antrag auf Übernahme der Bestattungskosten bei dem örtlichen Sozialamt stellen.

Es stellt sich die Frage, ob es ihm zuzumuten ist, die Bestattungskosten selbst zu tragen. Da er 3.000 € auf dem Sparbuch besitzt, wäre das Geld dafür vorhanden.

Für die Frage, ob Einkommen oder Vermögen einzusetzen ist, um einen sozialhilferechtlich relevanten Bedarf zu decken, gelten die allgemeinen Vorschriften der §§ 82 ff. SGB XII für das Einkommen und 90 SGB XII für das Vermögen. Das ergibt sich aus dem Nachrang der Sozialhilfe, § 2 SGB XII.

In Bezug auf das Einkommen besteht allerdings die Besonderheit größerer Freibeträge bei Leistungen nach dem fünften bis neunten Kapitel SGB XII. Um eine solche Leistung handelt es sich hier, denn der Anspruch auf die Bestattungskosten, § 74 SGB XII, ist im neunten Kapitel angegeben. Grob gesagt, wird das Einkommen mit dem sog. Doppelten Eckregelsatz geschützt, § 85 Abs. 1 Nr. 1 SGB XII. Das bedeutet: Die Einkommensgrenze ist – anderes als bei den existenzsichernden Leistungen – um das doppelte des Betrages der Regelbedarfsstufe 1 angehoben. Karl hat als Bezieher von ALG II lediglich den einfachen Regelsatz zur Verfügung. Deshalb bleibt sein Einkommen unangetastet.

Für das Vermögen gilt § 90 Abs. 1 und Abs. 2 Nr. 9 SGB XII: Es ist bis auf einen kleineren Barbetrag einzusetzen. Die Bestimmung, was ein solcher Betrag ist, wird in § 1 DV § 90 Abs. 2 Nr. 9 SGB XII getroffen (GSA Nr. 109). Für Leistungen aus dem neunten Kapitel SGB XII – und dazu gehören die Bestattungskosten – sieht § 1 Abs. 1 S. 1 Nr. 1b) DV § 90 Abs. 2 Nr. 9 SGB XII einen Freibetrag von 2.600 € vor. Daraus folgt: Karl muss von seinem Sparbuch 400 € für die Beerdigungskosten aufbringen, der Restbetrag ist geschützt.

Karl hat also einen Anspruch gegen das Sozialamt, sich an den Beerdigungskosten in Höhe von 2.000 € mit 1.600 € zu beteiligen. Den Restbetrag von 400 € muss Karl selbst beisteuern.

Lösung zu Frage 2: Keine Bedürftigkeit bei Selbstbeschaffung

Wenn Karl den Betrag für die Beerdigung aus eigenen Mitteln aufbringt, ist er nicht mehr bedürftig. Das folgt aus dem Grundsatz des Nachrangs der Sozialhilfe: Wer sich selbst helfen kann oder hilft, erhält keine Sozialhilfe, § 2 SGB XII.

Deshalb darf Karl nicht erst die Beerdigungskosten bezahlen, um sie anschließend von dem Sozialamt erstattet zu verlangen. Auch eine teilweise Erstattung in Höhe des an und für sich zu übernehmenden Betrages ist ausgeschlossen.

1.2. Arbeitshilfen

1.2.1 Kindergeld

Antrag auf Kindergeld und andere diesbezügliche Formulare	Letzter Zugriff
https://www.arbeitsagentur.de/web/content/DE/Formulare/Detail/index.htm?dfContentId =L6019022DSTBAI516433	01.08.2016

Merkblätter, Antrag auf Abzweigung des Kindergeldes bzw. Antrag auf Auszahlung des Kindergeldes für über 18 Jahre alte Kinder	Letzter Zugriff
http://www.studis-online.de/StudInfo/Studienfinanzierung/kindergeld.php?seite=3	01.08.2016

1.2.2 BAföG

BAföG-Formulare	Letzter Zugriff
https://www.xn--bafg-7qa.de/de/alle-formblaetter-433.php	01.08.2016

1.2.3 Wohngeld

Wohngeld-Anträge	Letzter Zugriff
http://www.mbwsv.nrw.de/service/downloads/Wohnen/Wohngeld/	01.08.2016
Nützliche Informationen zum Wohngeld	
http://www.mbwsv.nrw.de/wohnen/wohngeld/	01.08.2016

1.2.4 Antragsformulare für SGB II-Leistungen

Antrag auf Arbeitslosengeld II	Letzter Zugriff
http://www.arbeitsagentur.de/web/content/DE/Formulare/Detail/index.htm?dfContentId =L6019022DSTBAI516946	01.08.2016
Anträge auf Bildungs- und Teilhabeleistungen	Letzter Zugriff
https://www.jobcenter-staedteregion-aachen.de/fuer-alle/downloadbereich.html	01.08.2016

1.2.5 SGB II: Tabelle zur Grundsicherung mit Geldbeträgen

Abbildung 10: SGB II: Tabelle zur Grundsicherung mit Geldbeträgen

§§ SGB II	RS 1	RS 2	RS 3	RS 4	RS 5	RS 6	Gesamt
ALG II/Sozialgeld §§ 19, 20 Abs. 5 SGB II; Anlage § 28 SGB XII	404 €	364 €	324 €	306 €	270 €	237 €	
zzgl. Mehrbedarfe § 21 Abs. 3 Nr. 1; Alleinerziehende mit einem Kind U7 oder 2-3 Kinder U16	145 €						
oder Mehrbedarfe § 21 Abs. 3 Nr. 2; Alleinerziehende mit U18 j. Kindern, wenn dadurch mehr als Abs. 3 Nr. 1	48,48 € pro Kd. bis max. 242,40 €						
zzgl. Unterkunft und Heizung, § 22							
Genereller Bedarf							
abzgl. Einkommen (brutto), §§ 11, 11a							
zzgl. Steuern und Sozialabgaben, § 11b: Abs. 1 S. 1 Nr. 1-2							
zzgl. Grundfreibetrag für Erwerbstätige, § 11b Abs. 2 S. 1 oder Abs. 1 S. 1 Nrn. 3-5	Grundfreibetrag 100 € pauschal, oder Einzelnachweis						
zzgl. Freibetrag für Erwerbstätige, § 11b Abs. 3 S. 1 Nr. 1	20 % vom Bruttoeinkommen zwischen 100 € und 1.000 €						
zzgl. Freibetrag für Erwerbstätige, § 11b Abs. 3 S. 1 Nr. 2	10 % vom Bruttoeinkommen zwischen 1.000 € und 1.200 €; bei mj. Kind bis zu 1.500 €						
zzgl. Unterhaltsverpflichtungen, § 11b Abs. 1 S. 1 Nr. 7							
zzgl. Betrag bei Ausbildungsförderung, § 11b Abs. 1 S. 1 Nr. 8							
abzgl. Kindergeld § 11 Abs. 1 S. 4		K 1 190 €	K 2 190 €	K 3 196 €	K 4 ff. 221 €		
abzgl. Vermögen § 12: Sparvermögen, Abs. 2 S. 1 Nr. 1, 1a, S. 2	Mindestbetrag pro Person: 3.100 €; 150 € je vollendetem Lebensjahr; altersabhängiger Höchstbetrag. z.B. jeweils 9.750 €						
Altersvorsorge, Abs. 2 S. 1 Nr. 2 u. 3, S. 2	altersabhängiger Höchstbetrag, z.B. 48.750 €						
Anschaffungen, Abs. 2 S. 1 Nr. 4	pro Person 750 €						
Individueller Bedarf ohne Bedarfe für Bildung + Teilhabe, § 28							

Stand: 01.01.2016

1.2.6 Erläuterung der SGB II – Tabelle zur Bedarfsberechnung

In der Tabelle stehen die Anspruchsgrundlagen und einzelnen Vorschriften in der linken Spalte.

Zunächst müssen Sie die Anspruchsvoraussetzungen prüfen, d.h. bei ALG II gem. § 19 Abs. 1 S. 1 SGB II das Alter, den Wohnort und die Erwerbsfähigkeit des Antragstellers. Die Tabelle betrifft die Hilfebedürftigkeit:

Es wird zuerst der generelle Bedarf ermittelt, d.h. Regelsatz, Mehrbedarf und Unterkunftskosten. Der Bedarf wird als generell bezeichnet, weil zunächst ermittelt wird, wie viel Geld einer Bedarfsgemeinschaft der spezifischen Situation (z.B. Mutter, Vater, dreijähriges Kind) zusteht. Die Höhe von Kaltmiete und Heizkosten wird hier als angemessen unterstellt.

Die Regelbedarfsstufen und Beträge sind in der Anlage zu § 28 SGB XII erläutert und abgedruckt (GSA Nr. 94 letzte Seite).

Mehrbedarfe sind in der Tabelle nur beispielhaft aufgeführt.

Der individuelle Bedarf, d.h. die Hilfebedürftigkeit, ergibt sich nach Abzug von Einkommen und Vermögen der jeweiligen Leistungsberechtigten. § 9 Abs. 1 SGB II erinnert uns noch einmal daran, dass Grundsicherungsleistungen erst nach Inanspruchnahme individueller Hilfen, anderer staatlicher Leistungen einschließlich derjenigen von Sozialversicherungsträgern (3-Säulen!) beansprucht werden können.

Die Hilfebedürftigkeit ergibt sich erst, wenn alle Personen berücksichtigt sind, die in einer Haushaltsgemeinschaft zusammenleben, § 9 Abs. 5 SGB II. Die Begriffe Bedarfs- und Haushaltsgemeinschaft muss man also differenzieren: Eine Bedarfsgemeinschaft ist die gesetzlich definierte Gruppe der Leistungsberechtigten für ALG II und Sozialgeld. Eine Haushaltsgemeinschaft entsteht, wenn Personen tatsächlich zusammenleben. Nicht jedes Mitglied einer Haushaltsgemeinschaft gehört auch zur Bedarfsgemeinschaft.

Siehe den Fall 2 „Anna, Max und Mäxchen": Als BAföG-Empfängerin ist Anna selbst nicht leistungsberechtigt, § 7 Abs. 5 und 6 SGB II. Gleichwohl wird ihr BAföG, soweit es nicht der Ausbildung, sondern dem Lebensunterhalt dient, als Familieneinkommen gezählt (→ B.1.1.4 Grundsicherung und BAföG, S. 46).

Siehe den Fall 5 „Ländliche Verhältnisse": Auf einem Bauernhof leben drei Generationen zusammen. Auch das Einkommen und Vermögen der Großmutter wird einbezogen, obwohl sie nicht zur Bedarfsgemeinschaft gehört, solange sie mit den Kindern und Enkeln einen gemeinsamen Haushalt bildet (→ B.1.1.8 Grundsicherung für Erwerbsfähige und im Alter, S. 60).

Der individuelle Bedarf ist der Bedarf, der nach Abzug des zu berücksichtigenden Einkommens und Vermögens als individueller Anspruch gegen das Jobcenter verbleibt.

Grundsätzlich zählt alles, was monatlich von der Haushaltsgemeinschaft eingenommen wird, als Einkommen, § 11 SGB II, und ist also einzusetzen. Um den individuellen Bedarf zu ermitteln, muss z.B. das Kindergeld abgezogen werden.

Nur bestimmte zweckgebundene Zuwendungen, z.B. Schmerzensgeld, sind nicht zu berücksichtigen, § 11a SGB II. Vom Einkommen abzusetzen sind außerdem darauf gezahlte Steuern und Sozialabgaben sowie Altersvorsorge (Riester).

Bei Erwerbseinkommen gibt es Besonderheiten, weil der Gesetzgeber die Erwerbstätigkeit von ALG-II-Empfängern fördern will. Die ersten verdienten 100 € bleiben immer frei, von dem weiteren Einkommen bis 1.000 € kann der Leistungsberechtigte 20 % Prozent behalten, s. im Einzelnen § 12 Abs. 3 SGB II.

Als Vermögen sind alle verwertbaren Vermögensgegenstände zu berücksichtigen: Immobilien, Geld, Autos. Das ergibt sich aus § 12 SGB II. Allerdings gibt es hier relativ großzügige Regelungen, wenn man die Vorschriften des SGB II mit denjenigen des SGB XII vergleicht.[10] Die Empfänger von SGB II Leistungen haben pro Person einen Vermögensfreibetrag von 3.100 € zur Verfügung. Dieser erhöht sich bei Volljährigen noch je Lebensjahr, wird aber bei Personen, die nach dem 31.12.1963 geboren sind, auf 10.050 € pro Person begrenzt.

Hinzu kommen nicht unerhebliche Beträge für die Altersvorsorge und für Anschaffungen.

---

10 Vgl. die wesentlich geringeren Vermögensfreibeträge nach dem SGB XII: § 1 der VO zur Durchführung des § 90 Abs. 2 Nr. 9 SGB XII (GSA Nr. 109).

1.2.7 SGB II: Tabelle zur Grundsicherung als Arbeitsvorlage

Abbildung 11: SGB II: Tabelle zur Grundsicherung als Arbeitsvorlage

§§ SGB II / Personen	P 1	P 2	P 3	P 4	P 5	P 6	Gesamt
ALG II/Sozialgeld §§ 19, 20 Abs. 5 SGB II; Anlage § 28 SGB XII							
zzgl. Mehrbedarfe § 21 Abs. 3 Nr. 1; Alleinerziehende mit einem Kind U7 oder 2–3 Kinder U16							
oder Mehrbedarfe § 21 Abs. 3 Nr. 2; Alleinerziehende mit U18 j. Kindern, wenn dadurch mehr als Abs. 3 Nr. 1							
zzgl. Unterkunft und Heizung, § 22							
Genereller Bedarf							
abzgl. Einkommen (brutto), §§ 11, 11a							
zzgl. Steuern und Sozialabgaben, § 11b: Abs. 1 S. 1 Nr. 1–2							
zzgl. Grundfreibetrag für Erwerbstätige, § 11b Abs. 2 S. 1 oder Abs. 1 S. 1 Nrn. 3–5							
zzgl. Freibetrag für Erwerbstätige, § 11b Abs. 3 S. 1 Nr. 1							
zzgl. Freibetrag für Erwerbstätige, § 11b Abs. 3 S. 1 Nr. 2							
zzgl. Unterhaltsverpflichtungen, § 11b Abs. 1 S. 1 Nr. 7							
zzgl. Betrag bei Ausbildungsförderung, § 11b Abs. 1 S. 1 Nr. 8							
abzgl. Kindergeld § 11 Abs. 1 S. 4							
abzgl. Vermögen § 12: Sparvermögen, Abs. 2 S. 1 Nr. 1, 1a, S. 2							
Altersvorsorge, Abs. 2 S. 1 Nr. 2 u. 3, S. 2							
Anschaffungen, Abs. 2 S. 1 Nr. 4							
Individueller Bedarf ohne Bedarfe für Bildung + Teilhabe, § 28							

Stand: _____

1.2.8 Antragsformulare für SGB XII-Leistungen

Hauptantrag Sozialhilfe	Letzter Zugriff
http://www.staedteregion-aachen.de/wps/PA_CI/resource?contentId=QzEyNTcyREYw MDQ1ODY0Q3w3QkFINEU2NjdOT1RFMjAxMjA2MTExMDIwNDNkZVNvemlhhb GhpbGZZlSGF1cHRyZYW50cmFnLnBkZg**	17.09.2015

1.2.9 SGB XII: Tabelle zur Grundsicherung mit Geldbeträgen

Abbildung 12: SGB XII: Tabelle zur Grundsicherung mit Geldbeträgen

§§ 41 ff. / §§ 27 ff. SGB XII	RS 1	RS 2	RS 3	RS 4	RS 5	RS 6	Gesamt
Regelsatz Grundsicherung § 42 Nr. 1 SGB XII §§ 27a, 28 SGB XII Anlage § 28 SGB XII	404 €	364 €	324 €	306 €	270 €	237 €	
zzgl. Barbedarf Taschengeld bei stationärer Unterbringung § 27b Abs. 2 S. 2 SGB XII	109,08 €						
zzgl. Mehrbedarfe §§ 42 Nr. 2, 30-33 SGB XII							
zzgl. Unterkunft und Heizung, §§ 42 Nr. 4, 35 SGB XII							
Genereller Bedarf							
abzgl. Einkommen (brutto) § 82 Abs. 1 SGB XII							
zzgl. Steuern, Sozialabgaben, usw. § 82 Abs. 2 SGB XII							
abzgl. Kindergeld § 82 Abs. 1 S. 3 SGB XII		K 1 190 €	K 2 190 €	K 3 196 €	K 4 ff. 221 €		
Abzgl. Vermögen, § 90 Abs. 2 Nr. 9 SGB XII i.V.m. § 1 Abs. 1 Nrn. 1 bis 3 DV zu dieser Vorschrift (GSA Nr. 109)	Alleinstehende unter 60 J.: Freibetrag 1.600 € maximal	Alleinstehende über 60 J.: Freibetrag 2.600 € maximal		Ehe- und Lebenspartner: zzgl. 614 €; Unterhaltsberechtigte: zzgl. 256 €			
abzgl. Unterhaltsansprüche (nur ausnahmsweise, §§ 43 Abs. 3, 94 SGB XII)							
Individueller Bedarf ohne Bedarfe für Bildung + Teilhabe							

Stand: 01.01.2016

1.2.10 SGB XII: Tabelle zur Grundsicherung als Arbeitsvorlage

Abbildung 13: SGB XII: Tabelle zur Grundsicherung als Arbeitsvorlage

§§ 41 ff. §§ 27 ff. SGB XII	P 1	P 2	P 3	P 4	P 5	P 6	Gesamt
Regelsatz Grundsicherung § 42 Nr. 1 SGB XII §§ 27a, 28 SGB XII Anlage § 28 SGB XII							
zzgl. Barbedarf Taschengeld bei stationärer Unterbringung § 27b Abs. 2 S. 2 SGB XII							
zzgl. Mehrbedarfe §§ 42 Nr. 2, 30-33 SGB XII							
zzgl. Unterkunft und Heizung, §§ 42 Nr. 4, 35 SGB XII							
Genereller Bedarf							
abzgl. Einkommen (brutto) § 82 Abs. 1 SGB XII							
zzgl. Steuern, Sozialabgaben, usw. § 82 Abs. 2 SGB XII							
abzgl. Kindergeld § 82 Abs. 1 S. 3 SGB XII							
Abzgl. Vermögen, § 90 Abs. 2 Nr. 9 SGB XII i.V.m. § 1 Abs. 1 Nrn. 1 bis 3 DV zu dieser Vorschrift (GSA Nr. 109)							
abzgl. Unterhaltsansprüche (nur ausnahmsweise, §§ 43 Abs. 3, 94 SGB XII)							
Individueller Bedarf ohne Bedarfe für Bildung + Teilhabe							

Stand: _____

2. Soziale Arbeit mit Paaren, Familien, Kindern und Jugendlichen

2.1. Fälle mit Lösungen

Die Fallschilderungen in diesem Kapitel beziehen sich auf das Einführungskapitel B.2 des LSA. Einzelnen Themengebiete werden im LSA im Vertiefungskapitel D.4 ausführlich dargestellt, und zu Beginn der Fallschilderungen wird jeweils auf das entsprechende Kapitel im Vertiefungsteil D des LSA verwiesen.

2.1.1 Ehescheidung und Scheidungsfolgen

Fallschilderung

Die Eheleute Kerstin und Peter Müller wollen sich nach 5 Jahren Ehe scheiden lassen. Peter ist vor einem halben Jahr ausgezogen. Kerstin versorgt als Hausfrau die beiden gemeinsamen kleinen Kinder (2 und 4 Jahre). Sie hat selbst kein Einkommen, Peter verdient 3.000 € netto. Zu Beginn der Ehe waren beide vermögenslos. Kurz nach der Eheschließung schenkten Peters Eltern ihm und Kerstin ein Haus im Wert von 200.000 €. Das Haus wurde als Familienwohnsitz genutzt und umgebaut mit Geld, das Kerstin von ihren Eltern erhielt (30.000 €). Heute hat das Haus einen Wert von 300.000 €.

Fragen

1. Unter welchen Voraussetzungen kann sich das Ehepaar Müller scheiden lassen?
2. Kann Frau Müller im Falle der Scheidung Unterhalt von ihrem Mann verlangen, und wenn ja, wie viel?
3. Besteht im Falle der Scheidung ein Zugewinnanspruch eines der beiden Ehegatten gegen den anderen?
4. Wo kann sich das Ehepaar beraten lassen, wenn sie nicht wissen, wie sie das Sorge- und Umgangsrechts bezüglich der Kinder regeln sollen?

Themengebiete / Hilfestellungen

In der Praxis der Sozialen Arbeit spielt häufig das Ende einer Ehe durch Trennung oder Scheidung die größere Rolle als das Eingehen einer Paarbeziehung, daher behandelt der Fall ausführlich das Thema Scheidung und Folgen einer Scheidung, sowie die Angebote der Kinder- und Jugendhilfe für Familien in der Krise (→ LSA B.2.4.1 Ehe und B.2.4.5 Beratungsangebote für Paare).

Lösung zu Frage 1: Scheidung

Rechtsgrundlage: § 1565 Abs. 1 und § 1566 Abs. 1 BGB

Eine Ehe kann geschieden werden, wenn sie gescheitert ist. Eine Ehe ist gescheitert, wenn die Lebensgemeinschaft der Ehegatten nicht mehr besteht und nicht erwartet werden kann, dass die Ehegatten sie wiederherstellen. Nach § 1566 Abs. 1 BGB wird unwiderlegbar vermutet, dass die Ehe gescheitert ist, wenn die Ehegatten seit einem Jahr getrennt leben und beide Ehegatten die Scheidung beantragen. Getrennt zu leben bedeutet nach § 1567 Abs. 1 BGB, dass zwischen den Ehegatten keine häusliche Gemeinschaft besteht und ein Ehegatte sie erkennbar nicht herstellen will. Das Ehepaar Müller lebt seit einem halben Jahr getrennt, weil Peter damals ausgezogen ist. Beide wollen die Ehe nicht mehr fortsetzen. Ihre Ehe ist zerrüttet. Allerdings ist das Trennungsjahr des § 1566 Abs. 1 BGB noch nicht abgelaufen, daher ist eine einvernehmliche Scheidung nach § 1566 Abs. 1 BGB nicht möglich.

Wenn Ehegatten noch nicht ein Jahr getrennt leben, ist nach § 1565 Abs. 2 BGB die Scheidung einer zerrütteten Ehe nur möglich, wenn die Fortsetzung der Ehe für den Antragsteller aus Gründen, die in der Person des anderen Ehegatten liegen, eine unzumutbare Härte darstellen würde. Solche Umstände sind aus dem Sachverhalt nicht erkennbar. Das Ehepaar Müller muss daher das Trennungsjahr abwarten, bevor es sich nach §§ 1565 Abs. 1 und 1566 Abs. 1 BGB scheiden lassen kann.

Lösung zu Frage 2: Nachehelicher Unterhalt

Anspruchsgrundlage: §§ 1569, 1570, 1577 BGB

Im Falle der Scheidung gilt der Grundsatz, dass jeder Ehegatte selbst für seinen Unterhalt sorgen muss (§ 1569 S. 1 BGB). Wenn ein Ehegatte dazu nicht imstande ist, erhält er nur ausnahmsweise, wenn er bedürftig (§ 1577 BGB) und der andere Ehegatte leistungsfähig ist, und einer der Unterhaltstatbestände der §§ 1570 bis 1576 BGB vorliegen, Unterhalt.

Frau Müller ist als Hausfrau nicht erwerbstätig und daher bedürftig. Herr Müller verdient 3.000 € und ist leistungsfähig. Für Frau Müller käme Betreuungsunterhalt nach § 1570 Abs. 1 BGB infrage, da sie die gemeinschaftlichen Kinder pflegt und erzieht. Das jüngere Kind ist erst zwei Jahre alt. Sie kann daher Betreuungsunterhalt erhalten, solange ihr aufgrund der Kinderbetreuung eine Erwerbstätigkeit nicht zumutbar ist, mindestens aber bis zum 3. Geburtstag des jüngeren Kindes.

Das Maß des Unterhalts wird in der Praxis anhand des Abschnitts B der Düsseldorfer Tabelle (DT; GSA Nr. 29) ermittelt. Zunächst spielt hier eine Rolle, dass Herr Müller auch unterhaltspflichtig für die beiden Kinder ist und Geldunterhalt zahlen müsste, sollten die Kinder bei der Mutter leben. Daher wäre zunächst der Unterhalt für die Kinder von seinem Nettoeinkommen abzuziehen (siehe Anmerkung B III der DT). Der Kindesunterhalt würde laut Zahltabelle des Abschnitts A DT 307 € für jedes der beiden Kinder, insgesamt daher 614 € betragen.[11] Dieser Betrag wäre von seinem Nettoeinkommen abzuziehen und die Bemessungsgrundlage für den Ehegattenunterhalt beträgt in diesem Fall 2.386 €. Nach Anmerkung B I der DT erhält der Berechtigte 3/7 des anrechenbaren Einkommens des Verpflichteten. Dies sind im Fall von Frau Müller 1.023 €. Der Eigenbedarf des Unterhaltsverpflichteten beträgt gegenüber seinem getrennt lebenden oder geschiedenen unterhaltsberechtigten Ehegatten 1.200 € (siehe Anmerkung B IV der DT). Dieser Betrag würde Herrn Müller auf jeden Fall verbleiben, wenn er seiner Frau den Unterhalt nach DT in Höhe von 1.023 € zahlen würde.

Lösung zu Frage 3: Zugewinnausgleich

Anspruchsgrundlage: § 1378 BGB

In Zuge einer Scheidung kommt es in aller Regel zu einer Vermögensauseinandersetzung, die nach den Regeln des gesetzlichen Zugewinnausgleichs erfolgt, sofern die Ehegatten nicht mittels Ehevertrag einen anderen Güterstand vereinbart haben. Übersteigt

---

11 Stand der Düsseldorfer Tabelle: 1.1.2016.

der Zugewinn des einen Ehegatten den Zugewinn des anderen, so steht die Hälfte des Überschusses dem anderen Ehegatten als Ausgleichsforderung zu (§ 1378 Abs. 1 BGB).

Zugewinn ist gemäß § 1373 BGB der Betrag, um den das Endvermögen jedes Ehegatten dessen Anfangsvermögen übersteigt. Zum Anfangsvermögen wird nach § 1374 BGB das Vermögen, das bei Beginn der Ehe vorhanden war und während der Ehe durch Schenkung erworben wurde, gezählt.

	Anfangsvermögen	Endvermögen	Zugewinn
Peter	100.000 (1/2 Haus)	150.000	50.000
Kerstin	130.000 (1/2 Haus und Geld der Eltern)	150.000	20.000
Differenz der Zugewinne			30.000

Kerstin Müller hat gegen Peter Müller einen Zugewinnausgleichsanspruch von 15.000 €.

Lösung zu Frage 4: Trennungs- und Scheidungsberatung

Anspruchsgrundlage: § 17 Abs. 1 S. 2 Nr. 3 und Abs. 2 SGB VIII

Das Ehepaar Müller kann sich an das Jugendamt oder eine Beratungsstelle eines freien Trägers der Kinder- und Jugendhilfe wenden, weil ein Anspruch auf Beratung und Unterstützung im Hinblick auf die elterliche Verantwortung in der Trennungs- und Scheidungssituation besteht. Rechtliche Themen der Beratung nach § 17 Abs. 1 S. 2 Nr. 3 SGB VIII können z.B. sein: die Gestaltung der elterlichen Sorge bei Getrenntleben (§ 1687 BGB), insbesondere die Möglichkeiten der Änderung des Sorgerechtsmodells (§ 1671 BGB), das Umgangsrecht von Eltern und Kindern (§ 1684 BGB) und das Auskunftsrecht von Eltern über die Belange der Kinder (§ 1686 BGB). Nach § 17 Abs. 2 SGB VIII besteht aber über die Beratung hinaus ein Anspruch auf Unterstützung bei der Entwicklung eines einvernehmlichen Konzepts für die Wahrnehmung der elterlichen Sorge und der elterlichen Verantwortung. Die Kinder sind dabei angemessen zu beteiligen (§ 17 Abs. 2 und § 8 SGB VIII), was aber aufgrund des Alters der Kinder des Ehepaares Müller im konkreten Fall nur eine untergeordnete Rolle spielen dürfte. Das einvernehmlich erarbeitete Konzept kann im familiengerichtlichen Verfahren als Grundlage für einen Vergleich oder eine gerichtliche Entscheidung dienen.

2.1.2 Vaterschaft und Verwandtschaft

Fallschilderung

Hans und Eva sind seit 17 Jahren verheiratet und haben eine gemeinsame Tochter Carolin (16 Jahre, Schülerin). Eva und Hans haben sich vor 3 Jahren getrennt und Eva zog mit Carolin zu ihrem neuen Freund Frank. Vor einem Monat wurde der gemeinsame Sohn Konrad geboren. Carolin ist entsetzt darüber, dass ihre „alte" Mutter noch ein Baby bekommen hat. Sie hat ihrer Mutter verschwiegen, dass sie selbst von ihrem Freund Lukas (19 Jahre) schwanger ist. Als Eva bemerkt, dass ihre Tochter ihr etwas verschweigt, spricht sie mit ihr und Carolin erzählt ihr von der Schwangerschaft. Bei einem gemeinsamen Gespräch zwischen Eva, Hans, Frank, Lukas und Carolin wird die Situation erörtert. Carolin will auf alle Fälle selbst für das Baby sorgen. Eva und Frank können sich nicht vorstellen, wie sie mit dem eigenen Baby, Carolin und deren Baby weiterhin in Franks Wohnung leben sollen. Hans kann Carolin ebenfalls nicht bei sich aufnehmen, weil er als Pilot ständig unterwegs ist. Carolin selbst möchte auch auf keinen Fall zu ihrem Vater. Sie möchte gerne mit Lukas und dem Baby in eine eigene Wohnung ziehen. Lukas will Carolin zwar unterstützen, er will aber sein Studium wie geplant demnächst in England absolvieren. Eva und Hans wollen, dass Carolin auf alle Fälle ihre Schulausbildung beendet. Sie halten ihre Tochter für nicht reif genug, in einer eigenen Wohnung zu leben und alleine ein Baby zu versorgen.

Die Familie wendet sich an das Jugendamt und bittet um Rat.

Fragen

1. Wer ist Vater von Konrad?
2. Wie sind Konrad und Carolins Baby miteinander verwandt?
3. Welche Informationen geben Sie Mutter und Tochter in Bezug auf das Thema Vaterschaft?
4. Was würden Sie den Beteiligten raten bezüglich der Wohnfrage für Carolin und das Baby?

Themengebiete / Hilfestellungen

In diesem Fall spielen folgende Themen eine Rolle: Wie werden verwandtschaftliche Beziehungen definiert? Was ist der Unterschied zwischen rechtlicher und biologischer Vaterschaft und wie wird ein Mann rechtlicher Vater eines Kindes? Welche Hilfen gibt es für junge Mütter? Was kann man tun, wenn der rechtliche Vater nicht der biologische ist? (→ LSA B.2.5 Verwandtschaft und D.4.3.3 Leistungen der Kinder- und Jugendhilfe).

Lösung zu Frage 1: Vaterschaft

Rechtsgrundlage: § 1592 BGB

Nach § 1592 Nr. 1 BGB ist Vater eines Kindes der Mann, der mit der Mutter verheiratet ist. Mutter eines Kindes ist nach § 1591 BGB die Frau, die das Kind geboren hat. Eva hat Konrad geboren. Hans und Eva sind noch verheiratet. Daher ist Hans aus rechtlicher Perspektive Vater von Konrad.

Lösung zu Frage 2: Verwandtschaft

Rechtsgrundlage: § 1589 BGB

Nach § 1589 Abs. 1 BGB sind Personen, die voneinander abstammen, in gerader Linie verwandt. Personen, die nicht in gerader Linie verwandt sind, aber von derselben dritten Person abstammen, sind in der Seitenlinie verwandt. Der Grad der Verwandtschaft bestimmt sich nach der Zahl der sie vermittelnden Geburten.

Eva ist die Mutter von Carolin und Konrad, die beiden sind Geschwister und stammen beide von Eva ab. Auch Carolins Baby, Evas Enkelkind, stammt von Eva ab. Es liegt daher zwischen dem Baby und seinem Onkel Konrad eine Verwandtschaft in der Seitenlinie vor. Zwischen dem Baby – Carolin – Eva – Konrad liegen drei Geburten, daher sind Konrad und das Baby im dritten Grad in der Seitenlinie miteinander verwandt.

Lösung zu Frage 3: Anfechtung und Anerkennung der Vaterschaft und Unterstützung durch das Jugendamt

Vaterschaft für Konrad: Rechtsgrundlage Anfechtung der Vaterschaft von Hans nach §§ 1600 ff. BGB

Hans ist rechtlicher Vater von Konrad nach § 1592 Nr. 1 BGB, daher ist nach § 1599 Abs. 1 BGB eine Anfechtung seiner Vaterschaft möglich.

Anfechtungsberechtigt sind nach § 1600 Abs. 1 BGB unter anderem der Mann, dessen Vaterschaft nach § 1592 Nr. 1 BGB besteht (§ 1600 Abs. 1 Nr. 1 BGB), die Mutter (§ 1600 Abs. 1 Nr. 3 BGB) und der Mann, der an Eides statt versichert, der Mutter des Kindes während der Empfängniszeit beigewohnt zu haben (§ 1600 Abs. 1 Nr. 2 BGB), sofern zwischen dem Kind und seinem rechtlichen Vater keine sozial-familiäre Beziehung besteht (§ 1600 Abs. 2 BGB). Eine sozial-familiäre Beziehung besteht, wenn der rechtliche Vater zum maßgeblichen Zeitpunkt für das Kind tatsächliche Verantwortung trägt oder getragen hat (§ 1600 Abs. 4 S. 1 BGB). Hans als rechtlicher Vater hat nie Verantwortung für Konrad getragen.

Eva ist als Mutter nach § 1600 Abs. 1 Nr. 3 BGB berechtigt, die Vaterschaft gerichtlich anzufechten, Hans ist nach § 1600 Abs. 1 Nr. 1 BGB als Ehemann der Mutter und rechtlicher Vater anfechtungsberechtigt. Frank ist nach § 1600 Abs. 1 Nr. 2 BGB anfechtungsberechtigt, wenn er an Eides statt versichert, Eva in der Empfängniszeit beigewohnt zu haben, und weil keine sozial-familiäre Beziehung zwischen Hans und Konrad besteht.

Nach § 1600b Abs. 1 BGB kann die Vaterschaft binnen zwei Jahren ab Kenntnis der Umstände, die gegen die Vaterschaft sprechen, angefochten werden. Diese Frist beginnt nach § 1600b Abs. 2 BGB nicht vor der Geburt des Kindes. Die Vaterschaft muss gerichtlich binnen zwei Jahren ab der Geburt von Konrad angefochten werden, da bereits zu diesem Zeitpunkt alle Beteiligten wissen, dass Hans nicht der biologische Vater von Konrad ist.

Eva, Hans und Frank ist daher zu raten, einen Antrag auf Anfechtung der Vaterschaft beim Familiengericht zu stellen (§ 171 FamFG). Wenn Frank den Antrag stellt, kann nach § 182 Abs. 1 FamFG gleichzeitig das Nichtbestehen der Vaterschaft von Hans und die Vaterschaft von Frank festgestellt werden. Wenn Eva oder Hans den Antrag stellen, wäre Frank nicht Verfahrensbeteiligter und er müsste erst nach Abschluss des Verfahrens die Vaterschaft zu Konrad öffentlich beurkundet mit Zustimmung Evas anerkennen (§§ 1592 Nr. 2 und 1594 ff. BGB).

Vaterschaft für Carolins Baby: Rechtsgrundlage Anerkennung der Vaterschaft nach §§ 1594 ff. BGB

Da Carolin und Lukas nicht verheiratet sind und bei der Geburt des Babys auch noch nicht sein werden, kann Lukas durch Anerkennung der Vaterschaft rechtlicher Vater des Babys werden.

Eine wirksame Anerkennung der Vaterschaft setzt voraus, dass sie öffentlich beurkundet wird (§ 1597 Abs. 1 BGB) und die Mutter ebenfalls öffentlich beurkundet zustimmt (§ 1595 Abs. 1 BGB). Ist einer der Beteiligten in seiner Geschäftsfähigkeit beschränkt, bedarf es zusätzlich der Zustimmung des gesetzlichen Vertreters (§ 1596 Abs. 1 S. 2 BGB). Da Carolin noch minderjährig ist, müssen ihre gesetzlichen Vertreter

Eva und Hans zustimmen. Nach § 1595 Abs. 2 BGB bedarf die Anerkennung auch der Zustimmung des Kindes, wenn der Mutter insoweit die elterliche Sorge nicht zusteht. Da Carolin bei der Geburt des Kindes noch minderjährig und somit beschränkt geschäftsfähig ist, ruht ihre elterliche Sorge für das Baby und sie ist nicht zu dessen gesetzlicher Vertretung berechtigt (§ 1673 Abs. 2 S. 1 und 2 BGB). Das Baby braucht daher einen Vormund nach § 1773 Abs. 1 BGB und dieser muss ebenfalls einer Vaterschaftsanerkennung zustimmen (§ 1596 Abs. 2 S. 1 BGB).

Lukas könnte daher die Vaterschaft öffentlich beurkundet anerkennen, wenn Carolin, Eva, Hans und der gerichtlich bestellte Vormund des Babys ebenfalls öffentlich beurkundet zustimmen. Die öffentliche Beurkundung kann nach § 59 Abs. 1 Nr. 1 SGB VIII bei der Urkundsperson des Jugendamts erfolgen.

Sollte Lukas nicht zur Anerkennung der Vaterschaft bereit sein, müsste ein Verfahren zur gerichtlichen Feststellung der Vaterschaft nach § 1600d BGB eingeleitet werden.

Anspruch von Carolin auf Beratung und Unterstützung durch das Jugendamt nach § 52a SGB VIII

Nach § 52a Abs. 1 SGB VIII hat das Jugendamt unverzüglich nach der Geburt eines Kindes, dessen Eltern nicht miteinander verheiratet sind, der Mutter Beratung und Unterstützung insbesondere bei der Vaterschaftsfeststellung und der Geltendmachung von Unterhaltsansprüchen des Kindes anzubieten. Hierbei muss sie auf die Bedeutung und Möglichkeit der Vaterschaftsfeststellung hingewiesen werden sowie auf die Möglichkeit der gemeinsamen elterlichen Sorge.

Carolin hat als nichtverheiratete Mutter einen Beratungsanspruch nach § 52 a SGB VIII gegen das Jugendamt. Sie ist dabei auch über die Möglichkeit einer Beistandschaft des Jugendamtes nach §§ 1712 ff. BGB für die Feststellung der Vaterschaft zu belehren.

Für die Beantragung einer Beistandschaft braucht sie als Minderjährige keine Zustimmung ihres gesetzlichen Vertreters. Sie könnte den Antrag auch schon vor Geburt des Kindes stellen (§ 1713 Abs. 2 BGB).

Lösung Frage 4: Förderung der Erziehung in der Familie

Wohnen für Carolin und das Baby: Anspruchsgrundlage § 19 SGB VIII

Mütter oder Väter, die allein für ein Kind unter 6 Jahren zu sorgen haben oder tatsächlich sorgen, sollen nach § 19 Abs. 1 SGB VIII gemeinsam mit dem Kind in einer geeigneten Wohnform betreut werden, wenn und solange sie aufgrund ihrer Persönlichkeitsentwicklung dieser Form der Unterstützung bei der Pflege und Erziehung des Kindes bedürfen. Nach § 19 Abs. 1 S. 3 SGB VIII kann eine Schwangere auch schon vor der Geburt des Kindes in der Wohnform betreut werden. Nach § 19 Abs. 2 SGB VIII soll in dieser Zeit unter anderem darauf hingewirkt werden, dass die Mutter (oder der Vater) die schulische Ausbildung fortführt.

Carolin ist erst 16 Jahre alt. Sie ist noch in der Schulausbildung. Bei ihren Eltern kann sie mit dem Baby nicht wohnen, weil ihr Vater ständig unterwegs und in der Wohnung der Mutter und ihres Lebensgefährten kein Platz ist. Für ein Wohnen alleine ist sie aber noch nicht reif genug. Sie ist auch nicht in der Lage, alleine für das Baby zu sorgen. Der Vater des Kindes will sie zwar unterstützen, wird aber die meiste Zeit zum Studium in England sein. Aufgrund ihrer Persönlichkeitsentwicklung bedarf sie der Unterstützung. Es liegen daher die Voraussetzungen des § 19 SGB VIII vor, und Carolin hätte Anspruch auf Unterbringung in einer Mutter-Kind-Einrichtung.

2.1.3 Adoption

Fallschilderung

Die 27-jährige Kathrin und der 28-jährige Martin wurden vor zwei Jahren Eltern der Tochter Laura. Martin erkannte die Vaterschaft zu Laura rechtswirksam an. Bereits einen Monat nach Lauras Geburt trennten sich Kathrin und Martin und sie vereinbarten, dass Martin Laura einmal in der Woche sehen kann. Das Umgangsrecht wurde regelmäßig wie vereinbart ausgeübt. Kurz nach der Trennung von Martin lernte Kathrin den 31-jährigen Fritz kennen. Sie wurde von ihm schwanger und die beiden heirateten noch vor der Geburt des gemeinsamen Kindes. Martin bittet Kathrin, seine Tochter, mit der man nun schon mehr unternehmen kann, zweimal die Woche sehen zu können. Kathrin lehnt das ab, weil dies zu viel „Wirbel" in ihr Familienleben bringe und das könne sie in der Schwangerschaft nicht gebrauchen. Gleichzeitig teilt sie Martin mit, dass sie und Fritz beschlossen haben, dass Fritz Laura adoptiert, damit sie eine vollständige Familie sind. Sie bitte daher Martin um seine Einwilligung in die Adoption. Martin lehnt dies kategorisch ab, weil Laura seine Tochter sei und es doch auf der Hand liege, dass Kathrin und Fritz nur den Kontakt zu seiner Tochter unterbinden wollen.

Frage

Fritz möchte beim zuständigen Familiengericht einen Antrag auf Annahme von Laura als Kind stellen. Wie sind die Erfolgsaussichten dieses Antrags zu bewerten?

Themengebiete / Hilfestellungen

In diesem Fall sollen die Voraussetzungen für die Adoption eines minderjährigen Kindes geprüft werden. Dabei ist es wichtig zu wissen, in welcher Form der Antrag gestellt werden muss, welche Einwilligungserklärungen erforderlich sind und unter welchen Voraussetzungen fehlende Einwilligungserklärungen ersetzt werden können. In der Praxis wird oft die Frage gestellt: Wie stehen die Chancen eines Mannes, der das Kind seiner Lebensgefährtin adoptieren will? (→ LSA B.2.5.2 Adoption eines minderjährigen Kindes).

Lösung: Annahme als Kind

Rechtsgrundlage §§ 1741 ff. BGB

Fritz als Annehmender möchte einen Antrag nach § 1752 Abs. 1 BGB stellen, dieser müsste notariell beurkundet sein (§ 1752 Abs. 2 S. 2 BGB). Fritz ist 31 Jahre alt, daher ist die Altersvoraussetzung für eine Adoption nach § 1743 BGB erfüllt.

Für eine Adoption sind jedoch Einwilligungserklärungen notwendig: Die Einwilligung des Kindes Laura erfolgt durch dessen gesetzlichen Vertreter nach § 1746 Abs. 1 S. 2 BGB. Kathrin ist alleinsorgeberechtigt nach § 1626a Abs. 3 BGB, weil sich aus dem Sachverhalt nicht ergibt, dass Martin und sie das gemeinsame Sorgerecht hätten. Daher ist Kathrin gesetzliche Vertreterin von Laura (§ 1629 Abs. 1 S. 1 BGB). Sie ist mit der Adoption einverstanden, allerdings muss ihre Einwilligung notariell beurkundet vorliegen (§ 1750 Abs. 1 S. 2 BGB). Auch ihre eigene Einwilligung als Mutter bedarf der notariellen Beurkundung (§ 1747 Abs. 1 S. 1 BGB). Es fehlt jedoch die Einwilligung des Vaters Martin, dieser verweigert sie.

Es stellt sich die Frage, ob die Möglichkeit der gerichtlichen Ersetzung der Einwilligung des Vaters nach § 1748 Abs. 4 BGB besteht. Dazu müsste Kathrin als gesetzliche Vertreterin von Laura einen entsprechenden Antrag an das Familiengericht stellen (§ 1748 Abs. 1 BGB). Dieses hätte zu prüfen, ob das Unterbleiben der Adoption Laura zu einem unverhältnismäßigen Nachteil gereichen würde. Dabei hat das Gericht eine umfassende Würdigung des Einzelfalls vorzunehmen, und eine Abwägung zwischen den Interessen des Kindes und des Vaters vorzunehmen. Maßstab der Beurteilung ist die Frage: Kommt es durch die Adoption zu einer so erheblichen Verbesserung der Situation von Laura, dass ein sich verständig um sein Kind sorgender Elternteil auf der Erhaltung des Verwandtschaftsbandes nicht bestehen würde?[12] In der Regel ist es nicht dem Wohl des Kindes dienend, wenn die Adoption vorrangig darauf abzielt, die Umgangskontakte des Vaters für die Zukunft auszuschließen. Im konkreten Fall ergibt sich für Laura keine Änderung in der tatsächlichen Situation im Falle der Adoption durch den Stiefvater. Es besteht eine gelebte Vater-Tochter-Beziehung zu Martin seit der Geburt, d.h. seit rund zwei Jahren und Laura erleidet keinen Nachteil, wenn die Adoption unterbleibt. Die Voraussetzungen des § 1748 Abs. 4 BGB für eine Ersetzung der Einwilligung des Vaters liegen nicht vor und eine Adoption durch den Stiefvater Fritz wäre daher nicht möglich. Ein Antrag von Fritz auf Annahme der Laura als Kind hätte deshalb keinen Erfolg.

2.1.4 Beendigung der gemeinsamen Sorge

Fallschilderung

Die Eheleute Müller leben getrennt und haben beide die Scheidung beantragt. Im Haushalt der Mutter lebt die gemeinsame, in der Ehe geborene Tochter, die 12-jährige Janine. Die Mutter ist alkoholabhängig. Durch therapeutische Maßnahmen ist es ihr gelungen, ihren Alkoholkonsum deutlich zu begrenzen. Sie hat bislang die Betreuung ihrer Tochter ausgeübt. Seit einigen Monaten zeigt Janine einen deutlichen Leistungsabfall in der Schule. Herr Müller ist Inhaber eines größeren Gewerbebetriebes. Sein Verhältnis zu Janine ist dem Grunde nach gut, auch wenn es bisweilen zu Spannungen kommt. Er beabsichtigt, die Tochter zu sich zu nehmen und möchte für den Fall, dass ihm das elterliche Sorgerecht übertragen wird, eine Haushaltshilfe und stundenweise nachmittags eine weitere Person zur Hausaufgabenbetreuung einstellen. Janine hat bei der richterlichen Anhörung erklärt, dass sie unbedingt bei der Mutter wohnen bleiben möchte. Sie lehnt es ab, zum Vater zu wechseln und gibt als Begründung an, der Vater habe sich früher zu wenig um die Familie gekümmert. Mit der Wahrnehmung von Besuchen beim Vater sei sie einverstanden. Beide Eltern beantragen wechselseitig, dass ihnen das alleinige Sorgerecht übertragen werde, weil sie überhaupt keine Gesprächsbasis miteinander hätten.

---

12 *Reinhardt/Kemper/Weitzel*, Adoptionsrecht, § 1748 Rdnr. 18, 19.

Fragen

1. Warum muss das Jugendamt eine Stellungnahme abgeben?
2. Welchen Entscheidungsvorschlag zur Frage des elterlichen Sorgerechts würden Sie als Vertreter/in des Jugendamtes dem Familiengericht unterbreiten?
3. Die Eltern beantragen beide das Entscheidungsrecht zur Frage, ob ein Schulwechsel der Tochter vom Gymnasium auf die Realschule erfolgen soll. Ist dies eine Angelegenheit, die einer richterlichen Entscheidung bedarf? Falls ja, nach welchen Kriterien müsste entschieden werden?

Themengebiete / Hilfestellungen

Fragen des Sorgerechts sind sehr häufig Themen von Beratung – nicht nur im Zusammenhang mit Trennung und Scheidung – und bei der Mitwirkung des Jugendamtes in familiengerichtlichen Verfahren geht es in den meisten Fällen direkt oder indirekt um das Sorgerecht. Daher ist es wichtig die §§ 1626 ff. BGB zu kennen, insbesondere unter welchen Voraussetzungen Eltern das gemeinsame Sorgerecht haben, was dieses beinhaltet und wie Eltern es auszuüben haben. Im konkreten Fall geht es um die Beendigung der gemeinsamen Sorge von getrennt lebenden Eltern und welche Aufgabe das Jugendamt in diesem Zusammenhang hat. Außerdem wird in Frage 3 der Unterschied zwischen Aufhebung der gemeinsamen Sorge und Zuteilung des Entscheidungsrechts in einer wichtigen Angelegenheit deutlich (→ LSA B.2.6.2 Sorgerecht). Die Lösung der zweiten Frage wird in Form einer Stellungnahme des Jugendamtes formuliert (→ A.1.3 Sozialpädagogische Stellungnahmen, S. 22). Es ist jedoch zu beachten, dass dies nur rudimentär erfolgen kann, da die Sachverhaltsschilderung an vielen Stellen ungenau oder unvollständig ist, und noch weitere Gespräche und Erhebungen durch den ASD des Jugendamts erforderlich wären. Deren Ergebnisse würden dann im Rahmen der sozialpädagogischen Stellungnahme durch die Fachkraft des ASD des Jugendamtes in das Verfahren einfließen. Auf die offenen Fragen in dem geschilderten Fall wird jeweils in Klammer hingewiesen.

Lösung zu Frage 1: Mitwirkung des Jugendamtes im familiengerichtlichen Verfahren

Rechtsgrundlage: § 50 SGB VIII, § 162 FamFG

§ 162 Abs. 1 S. 1 FamFG verpflichtet das Familiengericht, das Jugendamt in Verfahren, die die Person des Kindes betreffen, anzuhören. Die Mitwirkung im familiengerichtlichen Verfahren wird in § 50 SGB VIII ausdrücklich als Aufgabe des Jugendamtes normiert. Das Jugendamt hat dabei das Familiengericht bei allen Maßnahmen, die die Sorge für die Person von Kindern oder Jugendlichen betreffen, zu unterstützen (§ 50 Abs. 1 S. 1 SGB VIII). Nach § 50 Abs. 2 SGB VIII hat das Jugendamt insbesondere über angebotene und erbrachte Leistungen zu berichten, bzw. auf die Möglichkeit von Hilfen hinzuweisen, und erzieherische und soziale Gesichtspunkte zur Entwicklung des Kindes oder des Jugendlichen in das Verfahren einzubringen. Hierbei sind zur fachlichen Beurteilung der Situation vielfältige Wissensbestände einzubeziehen. Im vorliegenden Fall wären – wie auch sonst in ähnlichen Konstellationen – vor allem auch bindungstheoretische Grundlagen heranzuziehen. Der Begriff Bindung fokussiert dabei die emotionale Beziehung zwischen Kindern und ihren primären Bezugspersonen.[13]

Lösung zu Frage 2: Stellungnahme zum Antrag der Eltern auf Übertragung der Alleinsorge

Abbildung 14: Entscheidungsvorschlag zu Anträgen auf Alleinsorge

An das Amtsgericht	Jugendamt der Stadt X
- Familiengericht –	Allgemeiner Sozialer Dienst
Aktenzeichen des Gerichts:	
	Aktenzeichen des Jugendamtes
	Datum
In der Familiensache	
Betreff: Regelung des Sorgerechts gemäß § 1671 Abs. 1 BGB	

Kind: Janine Müller, geb. am …, wohnhaft bei der Mutter, Frau Müller

Mutter: M. Müller, geb. am …, Adresse …

Vater: V. Müller, geb. am …, Adresse …

Stellungnahme zu den Anträgen beider Eltern auf Übertragung des alleinigen Sorgerechts

Es wurden mehrere Gespräche mit den Beteiligten mit dem Ziel der einvernehmlichen Regelung des Sorgerechtes geführt: Mit den Eltern, Herrn und Frau Müller, zusammen im Jugendamt (am …), mit Janine alleine (am …), im Rahmen jeweils eines Hausbesuches bei Frau Müller (am …) und Herrn Müller (am …). Bei dem Hausbesuch bei der Mutter nahm auch Janine an den Gesprächen teil. (Zusätzlich evtl. andere Erkenntnisquellen?)

Familiäre Vorgeschichte:

Herr und Frau Müller haben vor (…) Jahren geheiratet. Der Ehe entstammt die 12-jährige Janine. Es war für beide Eltern die (wievielte?) Ehe. Janine ist das einzige (?) Kind von Herrn und Frau Müller. Die Eltern leben seit (…) getrennt. Der Vater ist aus der gemeinsamen Familienwohnung am (…) ausgezogen. Die Eltern haben am (…), vertreten durch (Rechtsanwalt …) beim Familiengericht (Ort, Aktenzeichen) einen Antrag auf einvernehmliche Scheidung gestellt.

Herr Müller ist Alleininhaber der Firma (…), einem Betrieb mit (wie vielen?) Mitarbeitern, den er aufgebaut hat. Er ist beruflich stark belastet und konnte sich in der Vergangenheit wenig um die Familie kümmern. Seine Freizeit hat er (wie? Familie oder Hobbys?) verbracht. Frau Müller war vor der Geburt von Janine als (…) berufstätig. Seit der Geburt der Tochter hat sie sich alleine und ausschließlich um Janine und den Haushalt der Familie gekümmert. Vor (…) Jahren begann Frau Müller vermehrt Alkohol zu konsumieren (gab es einen Auslöser, Grund dafür? Wie viel hat sie konsumiert?). Am … wurde (durch …) eine Alkoholabhängigkeit diagnostiziert. Frau Müller befindet sich seit (…) in Behandlung bei (Arzt, Klinik) und in Therapie bei (…). Die Therapiesitzungen finden in (wo, wie oft, in welchen Abständen?) statt. In der Vergangenheit hatte die Alkoholabhängigkeit folgende grundsätzliche Auswirkungen (soziale Kontakte, Verlässlichkeit etc.?) sowie folgende Auswirkungen auf Janine: (Auswirkungen auf die Erziehung, Versorgung, Betreuung, gab es stationäre Aufenthalte, wer versorgte dann Janine?).

---

[13] Die Bindungstheorie geht zurück auf John Bowlby und Mary Ainsworth. Obgleich das Bindungsverhalten von Kindern und Jugendlichen eine große Vielfalt aufweist, werden vier Bindungsqualitäten unterschieden: die sichere Bindung, die unsicher-vermeidende Bindung, die unsicher-ambivalente Bindung und die desorganisiert/desorientierte Bindung. Zu einer vertiefenden Auseinandersetzung eignen sich: *Grossmann/Grossmann*, Bindungen.; *Trost* (Hrsg.), Bindungsorientierung in der Sozialen Arbeit.

Janine besuchte seit ihrem (…) Lebensjahr die Kita (…). Anschließend besuchte sie die Grundschule (…). Janine war in der Grundschule eine sehr gute Schülerin und wurde von den Lehrern als … beschrieben (wie? Angaben zu schulischer Entwicklung, Sozialverhalten etc.). Seit (…) besucht Janine die 6. Klasse der (…)-Schule. Die Leistungen von Janine haben sich seit (…) deutlich verschlechtert (insbesondere in welchen Fächern? – Infos der Lehrer, Beobachtungen der Eltern, Janines eigene Angaben dazu). Über die Leistungen hinaus sind folgende Veränderungen bei Janine im schulischen Kontext zu beobachten (soziale Kontakte, emotionale Befindlichkeit etc.).

Aktuelle Situation:

Seit der Trennung der Eltern lebt Janine bei der Mutter und besucht den Vater regelmäßig (genaue Angaben zu Häufigkeit und Dauer, Verlauf, was unternehmen die beiden gemeinsam?). Weitere Bezugspersonen (Großeltern, Verwandte, Freunde?).

Situation der Mutter: Wohnsituation (Größe der Wohnung, Lage, Soziales und schulisches Umfeld für Janine?), Berufssituation (Zukunftspläne?), Gesundheitssituation (seit wann stabil, wie viel Alkoholkonsum derzeit, Auswirkungen auf Janine), familiäre Situation (eigenes Verhältnis zu Janine, Verhältnis zum Vater, gemeinsame Gesprächsbasis, Konflikt- und Streitpunkte, Anwaltsunterstützung, Stand der Scheidungsverhandlung etc.). Grund für Sorgerechtsantrag. Besondere Beobachtungen der Fachkräfte zum Verhalten, zur Einstellung der Mutter? Geäußerte Wünsche, Sorgen, Ängste?

Situation des Vaters: Wohnsituation (alleine? Größe der Wohnung, Lage in der Nähe, weit weg? Soziales, schulisches Umfeld für Janine?). Derzeitige Berufssituation (Arbeitszeiten, Flexibilität, Betreuungssituation für Janine), familiäre Situation (eigenes Verhältnis zu Janine, Verhältnis zur Mutter, Gesprächsbasis mit der Mutter, Konflikt- und Streitpunkte mit Mutter und Janine, Anwaltsunterstützung, Stand der Scheidungsverhandlung etc.). Grund für Sorgerechtsantrag. Besondere Beobachtungen der Fachkräfte zum Verhalten, zur Einstellung des Vaters? Geäußerte Wünsche, Sorgen, Ängste?

Situation von Janine: familiäre und schulische Situation (Beziehung zu den Eltern, soziales Umfeld, Schule, etc.). Beobachtungen der Fachkräfte zum Verhalten, zur Einstellung von Janine? Geäußerte Wünsche, Sorgen, Ängste?

Psychosoziale Einschätzung

Janine ist altersgemäß entwickelt. Sie weist (evtl. folgende?) Auffälligkeiten auf. Sie ist ein fröhliches, aufgewecktes (oder: introvertiertes, unsicheres?) Mädchen. Sie hat einen (großen/kleinen Freundeskreis) und ist in ihrem Umfeld (gut/wenig/gar nicht) integriert. Die Beziehung ist zu beiden Eltern gut, es besteht eine enge emotionale Bindung zur Mutter (evtl. Auswirkungen der Alkoholkrankheit der Mutter?), aber auch zum Vater besteht eine stabile emotionale Bindung. Janine äußert den klaren Wunsch bei der Mutter zu bleiben. Janine hat die Trennung der Eltern (wie?) verarbeitet. Janine möchte gerne regelmäßigen Kontakt zu ihrem Vater. Sie möchte aber weiterhin bei der Mutter wohnen bleiben. Janine benennt als Grund, dass der Vater sich in der Vergangenheit zu wenig um sie gekümmert habe.

Den Eltern gelingt es, (gut/schlecht) ihre Paarkonflikte von der Elternebene zu trennen. Derzeit ist die Gesprächsbasis durch das laufende Scheidungsverfahren und die noch zu regelnden vermögensrechtlichen Fragen stark belastet. Die Kommunikation findet hauptsächlich über die Anwälte statt. Beiden Elternteilen liegt das Wohl von Janine sehr am Herzen. Die bisherige einvernehmliche Umgangsregelung hat weitgehend problemlos funktioniert. Die Eltern vermeiden aber direkte Gespräche, weil diese nach Schilderungen der Eltern meist in gegenseitigen Vorhaltungen und Streit enden.

Herr Müller war und ist in seiner eigenen Wahrnehmung sehr engagiert für die Familie und habe sich immer um die Belange der Tochter gekümmert. Aufgrund seiner Arbeitsbelastung habe er wenig Zeit mit Janine verbringen können, seine Freizeit habe er jedoch immer seiner Familie und seit der Trennung der Tochter gewidmet. An seiner Arbeitsbelastung habe sich bisher nichts geändert. Die schulische Entwicklung seiner Tochter sei ihm sehr wichtig. Er möchte Janine unterstützen und sei über ihren schulischen Leistungsabfall besorgt. Die Zeit, in der Janine sich bei ihm befinde, versuche er bewusst als gemeinsame Zeit zu nutzen, was aber nicht immer gelinge. Er wünscht sich, dass Janine bei ihm lebt, nicht zuletzt, weil er sich nicht sicher ist, ob der Gesundheitszustand der Mutter tatsächlich ausreichend stabil ist, um Janine durch die Pubertät zu begleiten. Außerdem hätte er so mehr „Kontrolle" über die schulische Entwicklung. Sollte Janine bei ihm wohnen, würde sie durch (wen?) betreut, außerdem habe er bereits Nachhilfe für Janine organisiert.

Frau Müller beschreibt, durch das Scheidungsverfahren und die Auseinandersetzungen mit ihrem Mann sehr belastet zu sein. Mithilfe der Therapie gelinge es ihr jedoch, gesundheitlich stabil zu bleiben. Sie möchte gerne das Alleinsorgerecht, weil sie sich von ihrem Mann abgrenzen möchte. Sie betont allerdings froh darüber zu sein, dass Janine eine gute Beziehung zum Vater hat. Frau Müller beschreibt ihren Mann als dominanten „Macher" und möchte sich von ihm nicht vorschreiben lassen, wie sie Janine erziehen soll. Ihr sei die schulische Entwicklung von Janine auch wichtig, aber der Leistungsabfall sei weder dramatisch noch in diesem Alter außergewöhnlich, Herr Müller neige zu Übertreibungen. Sie könne sich nicht vorstellen, dass die Betreuung von Janine beim Vater funktioniere, er habe bisher wenig Alltag mit Janine erlebt. In Bezug auf ihre gesundheitliche Situation vermittelt Frau Müller folgenden Eindruck: (wie stabil wirkt sie? wie wird die Mutter-Tochter-Beziehung dadurch beeinflusst?). Frau Müller legte eine Bescheinigung ihres Therapeuten (…) vor. Aus dieser geht hervor, dass Frau Müller die Therapie engagiert und gewissenhaft wahrnimmt. Frau Müller könne ihre eigenen Grenzen sehr gut einschätzen. Zudem sei ein stabiles Helfersystem entstanden, das Frau Müller in Krisensituationen sofort anfragen könne.

Diagnose/Prognose:

Janine weist eine gute Beziehung zu beiden Eltern auf. Die Spannungen zwischen Janine und dem Vater rühren daher, dass (…). Es gelingt Vater und Tochter aber gut (?), diese zu überwinden (siehe Verlauf der Umgangskontakte). Janine ist in ihrem Wohnumfeld und in der Schule gut integriert, eine Änderung wird von ihr weder gewünscht, noch ergäben sich für sie daraus Vorteile. Eine Betreuung bzw. Nachhilfe in schulischen Belangen durch Dritte könnte auch im Haushalt der Mutter erfolgen. Die Alkoholkrankheit der Mutter hat derzeit keine Auswirkungen auf die Erziehung und Betreuung von Janine. Vielmehr entsteht der Eindruck, dass sich Janine bei Bedarf vertrauensvoll an ihre Mutter wenden kann. Da ein verlässliches Helfersystem besteht und der Zustand der Mutter trotz der Belastungen durch das Scheidungsverfahren stabil ist, ist zum jetzigen Zeitpunkt nicht davon auszugehen, dass schwerwiegende Krisen entstehen. Die Betreuung bei der Mutter hat bisher problemlos funktioniert und der Leistungsabfall in der Schule wird weder von Frau Müller noch von Janine selbst als Problem gesehen. Allerdings scheint Janine durch das gegenwärtige Gerichtsverfahren belastet zu sein – sie wünscht sich, dass hier bald „Ruhe einkehrt". Frau Müller und Janine gehen davon aus, dass sich Janine dann auch wieder besser auf die schulischen Belange konzentrieren kann – sollten die Probleme anhalten, sind beide bereit, diesbezüglich Unterstützung anzunehmen.

Fachliche Einschätzung und Empfehlung:

Die Aufhebung des gemeinsamen Sorgerechts nach § 1671 Abs. 1 BGB setzt voraus, dass ein gemeinsames Sorgerecht besteht, dies ist beim Ehepaar Müller der Fall. Die Eltern leben nicht nur vorübergehend getrennt (§ 1671 Abs. 1 S. 1 BGB). Es besteht keine häusliche Gemeinschaft mehr und die Ehegatten wollen sie erkennbar nicht mehr herstellen, weil sie die eheliche Lebensgemeinschaft ablehnen (§ 1567 Abs. 1 S. 1 BGB) und beide die Scheidung beantragt haben. Beide Elternteile haben einen Antrag auf Alleinsorge gestellt. Es besteht daher kein Einvernehmen über das Sorgerecht i.S.d. § 1671 Abs. 1 S. 1 Nr. 1 BGB. Daher ist nach § 1671 Abs. 1 S. 2 Nr. 2 BGB als erster Schritt zu prüfen, ob zu erwarten ist, dass die Aufhebung der gemeinsamen Sorge dem Kindeswohl am besten entspricht. Beide Eltern geben an, dass keine Gesprächsbasis zwischen ihnen mehr bestehe. Dies allein rechtfertigt jedoch keine Aufhebung der gemeinsamen Sorge, sondern erst dann, wenn dadurch die Belange des Kindes berührt würden. Die Konflikte der Eltern betrafen bisher vor allem vermögensrechtliche Auseinandersetzungen im Zuge der Scheidung. Bis auf die Verschlechterung der schulischen Leistungen liegen keine Hinweise dafür vor, dass die mangelnde Kooperationsbereitschaft sich bisher negativ auf Janine ausgewirkt hätte. Daher wäre die Aufhebung der gemeinsamen Sorge nicht zum Besten für Janine.

Entscheidungsvorschlag:

Es wird vorgeschlagen, den Anträgen der Eltern nicht zu folgen und die gemeinsame Sorge zu belassen. Die sichere emotionale Bindung von Janine zu beiden Elternteilen, die Kontinuität ihrer Beziehungen zu den Eltern und zum sozialen Umfeld, sowie der Wille der 12-Jährigen bei der Mutter zu bleiben, sind ausschlaggebend. Die Betreuungs- und Erziehungsfähigkeit der Mutter sind aus derzeitiger Sicht uneingeschränkt gegeben und es besteht kein Anlass für eine Veränderung. Die schulische Entwicklung von Janine kann auch im Haushalt der Mutter gefördert werden, dies umso mehr, wenn das gemeinsame Sorgerecht weiterhin besteht.

Den Eltern sollte jedoch nahegelegt werden, z.B. mittels Mediation ihre Kommunikationsbasis zu verbessern.

Unterschrift

Hinweise:

Bei der psychosozialen Einschätzung werden aus den bisher dargestellten einzelnen Fakten Verknüpfungen hergestellt und problemrelevante Informationen hervorgehoben: belastende Faktoren, Ressourcen, bestimmte Verhaltensweisen.

Bei der fachlichen Einschätzung, dass die Unfähigkeit der Eltern zu Gesprächen noch keine Aufhebung der gemeinsamen Sorge rechtfertigt, beziehen wir uns auf die Kommentierung.[14]

Sollten die Gespräche und Erhebungen des Jugendamtes zu einem anderen Ergebnis führen, hätte dies wesentliche Auswirkungen auf den Inhalt der Stellungnahme:

Sollte sich in den Gesprächen der zuständigen Fachkraft mit den Eltern und mit Janine herausstellen, dass über die Frage des Wohnortes von Janine zwischen den Eltern heftige Konflikte auftreten, die Janine und ihre Beziehung zu den Eltern belasten, und die Eltern dabei Janine aus dem Blick verlieren, wäre die Situation wohl anders zu beurteilen. Bei einer solchen Einschätzung der Situation müsste das Familiengericht nach § 1671 Abs. 1 S. 2 Nr. 2 BGB prüfen, ob die teilweise Aufhebung der gemeinsamen Sorge, nämlich im Teilbereich Aufenthaltsbestimmung für das Wohl von Janine am besten wäre, und es müsste in einem zweiten Schritt prüfen, ob die Übertragung des alleinigen Aufenthaltsbestimmungsrechts als Teil der elterlichen Sorge auf einen der Antragsteller dem Wohl des Kindes am besten entspricht. Bei Sorgerechts- und Umgangsrechtsentscheidungen ziehen die Familiengerichte die sogenannten Kindeswohlkriterien heran:[15]

■ Erziehungsfähigkeit: Diese könnte bei der Mutter fraglich sein, wenn Einschränkungen aufgrund der Alkoholabhängigkeit vorliegen. Für den Vater spricht, dass er sich Gedanken über Janines Schullaufbahn macht und eine Hausaufgabenbetreuung organisieren will.

■ Betreuungsfähigkeit: Die Mutter ist nicht berufstätig und kann sich ganztägig um Janine kümmern. Der Vater hingegen ist Unternehmer und hat wenig Zeit.

■ Beziehungsqualität und emotionale Bindung: Zur Mutter besteht eine intensive Beziehung, da Janine bisher schon bei der Mutter gelebt hat und auch bei ihr bleiben will. Die Beziehung zum Vater wird als gut mit gewissen Spannungen beschrieben.

■ Kontinuität: Wäre nur bei der Mutter gegeben, weil Janine bisher bei ihr gelebt hat.

■ Wille des Kindes: Janine hat klar und deutlich geäußert, bei der Mutter bleiben, den Vater aber regelmäßig besuchen zu wollen.

■ Hinsichtlich Bindungstoleranz und Geschwisterbindung lassen sich aufgrund des Sachverhalts keine Aussagen treffen.

Gesamtabwägung: Die starke emotionale Bindung zur Mutter und der Wille der 12-Jährigen, bei der Mutter zu bleiben, dürften auch bei dieser Variante ausschlaggebend sein. Es liegen keine Hinweise vor, dass die Aufhebung der gesamten gemeinsamen Sorge für Janine am besten sei, aber in der Frage der Aufenthaltsbestimmung könnte der Vorschlag lauten: Aufhebung der gemeinsamen Sorge im Teilbereich Aufenthaltsbestimmung und Übertragung des alleinigen Aufenthaltsbestimmungsrechts an die Mutter, weil in diesem Punkt die Elternkonflikte das Kindeswohl beeinträchtigen.

---

14 Rakete-Dombek in: *Kaiser/Schnitzler/Friederici u. a.*, BGB Familienrecht, § 1671 Rdnr. 11.
15 Rakete-Dombek in: *Kaiser/Schnitzler/Friederici u. a.*, BGB Familienrecht, § 1671 Rdnr. 18 ff.

Lösung zu Frage 3: Ausübung der gemeinsamen Sorge bei Getrenntleben

Rechtsgrundlage: §§ 1687 Abs. 1, 1628 BGB

Solange nicht nur vorübergehend getrennt lebende Eltern das gemeinsame Sorgerecht haben, müssen sie sich in Angelegenheiten, die für das Kind von erheblicher Bedeutung sind, einigen (§ 1687 Abs. 1 S. 1 BGB). Die schulische Entwicklung eines Kindes insb. die Frage von Schulwechsel/Schulabschluss ist für die berufliche Zukunft eines Kindes wichtig und daher eine Frage von erheblicher Bedeutung. Wenn sich die Eltern nicht einigen können, kann das Familiengericht nach § 1628 BGB angerufen werden. Das Familiengericht überträgt einem der Elternteile das Entscheidungsrecht in dieser wichtigen Frage, ob ein Schulwechsel erfolgen soll. Dabei ist zu unterscheiden: Soll die generelle Zuständigkeit für schulische Angelegenheiten einem Elternteil alleine übertragen werden, wäre dies ein Fall der Aufhebung eines Teils des Sorgerechts nach § 1671 Abs. 1 BGB. Geht es aber lediglich um eine konkrete Frage, bei der die Eltern sich nicht einigen können, dann ist § 1628 BGB das weniger in Elternrechte eingreifende, und daher angemessenere Mittel. Bei seiner Entscheidung hat das Familiengericht das Kindeswohlprinzip zu beachten. Die Frage, wer das Entscheidungsrecht in Bezug auf den Schulwechsel erhält, ist daher anhand der Kindeswohlkriterien zu prüfen (siehe zu Frage 2.). Aufgrund der Tatsache, dass es zu einem schulischen Leistungsabfall von Janine gekommen ist, lässt sich vermuten, dass sich die Mutter um die schulischen Angelegenheiten nicht so sehr gekümmert hat. Möglicherweise liegt auch eine eingeschränkte Erziehungsfähigkeit der Mutter aufgrund ihrer Alkoholabhängigkeit vor. Dem Vater hingegen ist der schulische Erfolg der Tochter sehr wichtig und er möchte auch eine Person zur Hausaufgabenbetreuung einstellen, um die Leistungen von Janine zu verbessern. Wichtig ist, was Janine selbst will und welcher Elternteil besser auf ihre Bedürfnisse eingehen und wer besser ihre schulische Leistungsfähigkeit einschätzen kann. In der Gesamtabwägung könnte einiges dafürsprechen, dem Vater das Entscheidungsrecht in der Frage des Schulwechsels zu übertragen.

2.1.5 Umgangsrecht von Eltern

Fallschilderung

Die Eheleute Mayer leben seit 4 Monaten getrennt. Bislang hat der Vater die beiden Kinder Melanie und Jenny samstags in der Zeit von 15.00 bis 18.00 Uhr und sonntags in der Zeit von 10.00 bis 18.00 Uhr alle 14 Tage zu sich nehmen können. Darüber hinaus waren die Kinder donnerstags in der Zeit von 15.00 bis 18.00 Uhr bei ihm. Der Vater möchte gerne, dass die Kinder künftig auch bei ihm übernachten können. Die Mutter behauptet, der Vater könne mit dem Krupphusten, der bei Melanie immer wieder auftritt, nicht zurechtkommen. Im Übrigen sei der Vater nicht genügend aufmerksam. So hätten sich die beiden 6 und 8-jährigen Kinder über längere Zeit einmal unbeobachtet an einem in der Nähe befindlichen Fischteich aufgehalten. Auch seien die Kinder nach den Besuchen am Sonntag am nächsten Tag schwierig, sie seien durcheinander und würden nicht folgen. Bei der Kindesanhörung durch das Gericht hat sich herausgestellt, dass die Kinder ihren Vater gerne besuchen und auch bei ihm übernachten wollen. Der Vater begehrt die Ausdehnung des Wochenendbesuchsrechts auch über Nacht. Die Mutter verlangt eine Einschränkung der Donnerstagsbesuche, und will Übernachtungen beim Vater nicht zulassen.

Frage

Welche Umgangsregelung schlagen Sie als Fachkraft des ASD des JA in ihrer Stellungnahme dem Gericht vor?

Themengebiete / Hilfestellungen

Wie bereits im vorherigen Sorgerechtsfall ist auch hier wieder eine Stellungnahme des Jugendamtes im familiengerichtlichen Verfahren gefordert, bei der nicht nur sozialpädagogisches und rechtliches Wissen verknüpft, sondern auch formale Anforderungen beachtet werden müssen. Die rechtlichen Grundlagen zum Umgangsrecht von Eltern finden sich in § 1684 BGB (→ LSA B.2.6.3 Umgangsrecht). Beide Eltern wollen eine gerichtliche Umgangsregelung, Anspruchsgrundlage ist für beide § 1684 BGB. Die allgemeinen Voraussetzungen sind gegeben, da Frau Mayer Mutter gemäß § 1591 BGB und Herr Mayer Vater nach § 1592 Nr. 1 BGB ist. Gemäß § 1684 Abs. 1 BGB hat das Kind ein Recht auf Umgang mit jedem Elternteil und jeder Elternteil ist zum Umgang mit dem Kind verpflichtet und berechtigt. Nach der Wohlverhaltensklausel des § 1684 Abs. 2 BGB haben die Eltern alles zu unterlassen, was das Verhältnis des Kindes zum jeweils anderen Elternteil beeinträchtigt oder die Erziehung erschwert. Die Eltern können sich allerdings über das Umgangsrecht nicht einigen, der Vater will eine Ausdehnung, die Mutter will eine Einschränkung, es hat daher das Gericht nach § 1684 Abs. 3 und Abs. 4 BGB eine Regelung zu treffen, die gemäß § 1697a BGB dem Kindeswohl entspricht.

Eine fundierte Stellungnahme des Jugendamtes muss neben den formalen Angaben zu den beteiligten Personen, der Situationsbeschreibung auch einen psychosozialen Befund und eine daraus abgeleitete Diagnose bzw. Prognose enthalten, die einer fachlichen Beurteilung unterzogen wird und in einem begründeten Entscheidungsvorschlag mündet (→ B.2.1.4 Lösung zu Frage 2: Stellungnahme zum Antrag der Eltern auf Übertragung der Alleinsorge, S. 86). An dieser Stelle wird nur der Entscheidungsvorschlag formuliert.

Lösung: Entscheidungsvorschläge des Jugendamtes zum Umgangsrecht

Entscheidungsvorschlag zum Antrag des Vaters auf Ausdehnung des Umgangsrechts mit Übernachtung am Wochenende:

Unter Heranziehung der Kindeswohlkriterien ergibt sich folgende fachliche Einschätzung: Offensichtlich besteht zum Vater eine gute emotionale Bindung, weil die Kinder gerne bei ihm sind und auch bei ihm übernachten wollen. Es sind keine Hinweise vorhanden, dass die Erziehungs- und Betreuungsfähigkeit des Vaters eingeschränkt wäre. Die Angaben der Mutter sind beachtlich, und eine mangelhafte Beaufsichtigung birgt auch die Gefahr einer Kindeswohlgefährdung. Jedoch müsste es genügen, dass der Vater durch das Gericht belehrt wird, dass er für eine ausreichende Beaufsichtigung der Kinder sorgen muss, und im Falle des Krupphustens ärztlichen Rat, wie damit umzugehen ist, einholen soll. Es liegen keine Hinweise vor, dass der Vater dazu nicht bereit oder in der Lage wäre. Auch ist zu berücksichtigen, dass die Eltern erst seit 4 Monaten getrennt leben und die Kinder daher das Zusammenleben mit dem Vater gewöhnt sind. Es spricht daher nichts gegen eine Übernachtung der Kinder beim Vater.

Entscheidungsvorschlag zum Antrag der Mutter auf Einschränkung des Umgangsrechts des Vaters während der Woche:

Eine Einschränkung des Umgangsrechts ist gemäß § 1684 Abs. 4 S. 1 BGB nur möglich, wenn dies zum Wohl der Kinder erforderlich ist. Die Angaben der Mutter, dass die Kinder nach den Besuchen beim Vater schwierig seien, rechtfertigen keine Einschränkung, da es bei Kindern in Trennungs- und Scheidungssituationen sehr häufig zu derartigen Reaktionen kommt. Aus den geführten Gesprächen und Erhebungen der Fachkräfte ergeben sich auch keinerlei Hinweise auf gravierende Probleme, die über das übliche Maß von Scheidungskindern hinausgehen. Die Kinder sind gerne beim Vater und wollen auch bei ihm übernachten. Dies spricht dafür, dass sie den Wechsel vom Vater zur Mutter weniger belastend empfinden als die Mutter. Die Beaufsichtigung und das Eingehen auf die gesundheitlichen Bedürfnisse der Kinder sind auch ohne Einschränkung des Besuchsrechts möglich, wie bereits zum Antrag des Vaters ausgeführt wurde. Im Hinblick auf das Kindeswohl ist daher eine Einschränkung des Umgangsrechts nicht erforderlich.

Es wird daher empfohlen, den Antrag der Mutter abzuweisen, da eine Einschränkung des Umgangsrechts des Vaters im Hinblick auf das Kindeswohl nicht erforderlich ist. Dem Antrag des Vaters sollte stattgegeben werden mit der Auflage, dass er für eine ausreichende Beaufsichtigung der Kinder zu sorgen hat, und sich ärztlich beraten lassen soll, was zu tun ist, wenn Melanie einen Krupp-Hustenanfall bei ihm bekommt.

2.1.6 Rechte des leiblichen Vaters

Fallschilderung

Mark und Andrea sind Eltern des kleinen Paul. Während der Schwangerschaft haben sich beide sehr auf das Kind gefreut, Mark hat Andrea zu den Vorsorgeuntersuchungen begleitet und gemeinsam haben sie die Babyausstattung besorgt. Bei der Geburt wollte Mark gerne dabei sein, Andrea hatte ihm das aber verweigert, weil ihr immer mehr klargeworden war, dass sie beide nicht zusammenpassen und sie das Kind alleine aufziehen möchte. Sie fühlte sich von Mark eingeengt und findet, dass er ihr Leben zu sehr bestimmen will. Sie trennt sich von Mark. Mark ist enttäuscht und gekränkt, weil er Andreas Motive für die Trennung absolut nicht nachvollziehen kann. Andrea stimmt einer Vaterschaftsanerkennung nicht zu. Mark leidet unter der Trennung und will wenigstens den Kontakt zu Paul aufrechterhalten. Anfangs ist Andrea mit Besuchen von Mark in ihrer Wohnung einverstanden. Da Mark aber immer wieder die Beziehung thematisiert, verweigert sie ihm den Zutritt zur Wohnung. Er stimmt dem Vorschlag von Andrea zu, dass sie mit weiteren Besuchen warten, bis Paul 4 Monate alt ist. Sie verspricht, ihm regelmäßig Fotos von Paul zu schicken. Allerdings hält sie sich nicht an das Versprechen, und Mark ruft immer wieder an und verlangt Informationen und Fotos über seinen Sohn. Andrea fühlt sich dadurch belästigt und wechselt ihre Telefonnummer. Als Paul 4 Monate alt ist, steht Mark vor Andreas Tür und will seinen Sohn sehen. Andrea sagt Mark, er solle sie und Paul endlich in Ruhe lassen. Sie habe jetzt einen neuen Freund, der ein guter Vater sei, und Mark solle ihre Familie nicht weiter belästigen.

Fragen

1. Hat Mark ein Umgangsrecht im Hinblick auf Paul?
2. Hätte Mark ein Umgangs- und Auskunftsrecht, wenn Andreas neuer Freund die Vaterschaft anerkannt hätte?

Themengebiete / Hilfestellung

Das Umgangsrecht nichtrechtlicher, leiblicher Väter war lange Zeit umstritten und wurde 2013 gesetzlich geregelt,[16] so dass seither auch „nur" biologische Väter ohne eine sozial-familiäre Beziehung zum Kind unter gewissen Voraussetzungen einen Anspruch auf Umgang mit dem und Auskunft über das Kind haben. An dieser Stelle werden bewusst verschiedene mögliche Anspruchsgrundlagen geprüft, um die differenzierten Voraussetzungen besser transparent zu machen.

Lösung zu Frage 1: Umgangsrecht des biologischen Vaters

Es stellt sich die Frage, ob Mark ein Umgangsrecht nach § 1684 Abs. 1 BGB haben könnte: Ein Umgangsrecht von Eltern nach § 1684 Abs. 1 BGB setzt die rechtliche Elternschaft voraus. Mark hätte nur als rechtlicher Vater ein Umgangsrecht. Mark ist allerdings nur biologischer, aber nicht rechtlicher Vater, weil er weder mit der Mutter verheiratet ist (§ 1592 Nr. 1 BGB), noch eine wirksame Vaterschaftsanerkennung (§ 1592 Nr. 2 BGB) vorliegt noch bisher die Vaterschaft gerichtlich festgestellt wurde (§ 1592 Nr. 3 BGB). Er hat daher kein Umgangsrecht nach § 1684 Abs. 1 BGB.

Eine weitere mögliche Anspruchsgrundlage wäre vielleicht § 1685 Abs. 2 BGB: Ein Umgangsrecht nach § 1685 Abs. 2 BGB als enge Bezugsperson setzt voraus, dass der Umgangsberechtigte für das Kind tatsächlich Verantwortung trägt oder getragen hat, also eine sozial-familiäre Beziehung besteht. Nach § 1685 Abs. 2 S. 2 BGB ist die Übernahme tatsächlicher Verantwortung in der Regel anzunehmen, wenn die Person mit dem Kind längere Zeit in häuslicher Gemeinschaft zusammengelebt hat. Mark hat mit Paul nie zusammengelebt. Da Andrea sich von ihm gleich nach der Geburt getrennt hat, konnte er auch keine tatsächliche Verantwortung für ihn tragen. Eine sozial-familiäre Beziehung besteht daher nicht, und Mark kann auch kein Umgangsrecht nach § 1685 Abs. 2 BGB beanspruchen.

Mark könnte allerdings ein Umgangsrecht nach § 1686a Abs. 1 Nr. 1 BGB haben. Die Voraussetzung dafür ist, dass die Vaterschaft eines anderen Mannes besteht und der leibliche Vater ein ernsthaftes Interesse an dem Kind gezeigt hat. Außerdem muss der Umgang dem Kindeswohl dienen. Aus dem Sachverhalt ergibt sich nicht, dass die Vaterschaft eines anderen Mannes für Paul bestehen würde. Andrea hat zwar einen neuen Freund, dieser hat die Vaterschaft aber nicht anerkannt. Solange aber keine Vaterschaft eines anderen Mannes besteht, kann Mark nicht lediglich ein Umgangsrecht beanspruchen. Ein Antrag nach § 1686a Abs. 1 Nr. 1 BGB scheitert daher schon an der ersten Voraussetzung.

Mark bleibt nur eine Möglichkeit: Er müsste sich um die rechtliche Vaterschaft bemühen und einen Antrag auf gerichtliche Feststellung der Vaterschaft stellen nach § 1600d BGB. Als rechtlicher Vater hätte er einen Anspruch auf Umgang nach § 1684 Abs. 1 BGB.

---

16 BGBl. 2013 I 2176 vom 4.7.2013, in Kraft seit 13.7.2013.

Lösung zu Frage 2: Umgangs- und Auskunftsrecht des biologischen Vaters bei bestehender Vaterschaft eines anderen Mannes

Als Anspruchsgrundlage kommt nur § 1686a Abs. 1 BGB infrage, da ein Umgangsrecht nach §§ 1684, 1685 BGB aus den in der Lösung zu Frage 1 geschilderten Gründen nicht möglich ist und ein Auskunftsrecht nach § 1686 BGB ebenfalls die rechtliche Elternschaft voraussetzt. Grund für diese Regelung ist, dass der Gesetzgeber verhindern wollte, dass der biologische Vater zwar ein Umgangs- und/oder Auskunftsrecht erhält, aber keine Pflichten eines rechtlichen Vaters übernehmen müsste (z.B. Unterhaltspflicht).

Bei bestehender Vaterschaft eines anderen Mannes müsste geprüft werden, ob Mark ein ernsthaftes Interesse an Paul gezeigt hat – dies ist nach dem Sachverhalt zu bejahen: Er hat sich schon während der Schwangerschaft sehr auf das Kind gefreut, hat Andrea zu den Vorsorgeuntersuchungen begleitet und gemeinsam haben sie die Babyausstattung besorgt. Es kam auch zu Besuchskontakten in Andreas Wohnung. Ein Umgangsrecht muss aber darüber hinaus dem Kindeswohl dienen. Dazu muss das Kindeswohlprinzip des § 1697a BGB anhand der von der Rechtsprechung entwickelten Kindeswohlkriterien überprüft werden. Im Sachverhalt sind zu wenig Aussagen, um diese Prüfung an dieser Stelle vornehmen zu können. Zu berücksichtigen wäre aber ganz generell: Eine Beziehung zum leiblichem Vater ist für die Entwicklung des Kindes wichtig, allerdings sprechen die massive Konfliktsituation zwischen Vater und Mutter gegen das Kindeswohl und auch die Motive des Vaters sind unklar: Steht für ihn der Kontakt zur Mutter oder zum Kind im Vordergrund? Alles das müsste noch abgeklärt werden. Selbst wenn sich nach weiteren Erhebungen herausstellen sollte, dass das Umgangsrecht dem Kindeswohl dient, müsste noch als weitere Voraussetzung nach § 167a Abs. 1 FamFG Mark an Eides statt versichern, der Mutter des Kindes während der Empfängniszeit beigewohnt zu haben.

In Bezug auf ein Auskunftsrecht nach § 1686a Abs. 1 Nr. 2 BGB gelten weitgehend die gleichen Voraussetzungen wie für das Umgangsrecht, nämlich dass die Vaterschaft eines anderen Mannes bestehen muss und der leibliche Vater ein nachhaltiges Interesse an dem Kind gezeigt haben muss. Der leibliche Vater muss darüber hinaus ein berechtigtes Interesse an den Informationen über die persönlichen Verhältnisse des Kindes haben, und er muss eine eidesstattliche Versicherung bezüglich der Beiwohnung während der Empfängniszeit nach § 167a FamFG abgeben. Der Prüfmaßstab bezüglich des Kindeswohls ist jedoch herabgesetzt: Es genügt, dass das Auskunftsrecht dem Wohl des Kindes nicht widerspricht. Aus dem Sachverhalt sind keine Umstände ersichtlich, dass die Weitergabe von Informationen über die persönlichen Verhältnisse von Paul an Mark dem Kindeswohl von Paul widersprechen würde. Also hätte Mark ein Recht zu wissen, wie es Paul geht, wenn der neue Freund die Vaterschaft anerkannt hat.

2.1.7 Kindesunterhalt

Fallschilderung

Frau Lenz hat sich von ihrem Mann getrennt und ist mit den beiden Kindern Jenny, 4 Jahre, und Kevin, 8 Jahre, zu ihren Eltern gezogen. Herr Lenz verweigert Unterhaltszahlungen für die Kinder. Er verdient 2.300 € netto (=Unterhaltsbemessungsgrundlage) und hat keine weiteren Unterhaltspflichten oder Schulden. Frau Lenz ist selbst berufstätig und will keinen Unterhalt von ihrem Mann fordern.

Fragen

1. An wen kann Frau Lenz sich wenden, wenn sie wissen will, wie viel Unterhalt sie für die Kinder verlangen kann?
2. Wie viel Unterhalt muss Herr Lenz für die Kinder zahlen?
3. Wie viel Unterhalt müsste Herr Lenz bezahlen, wenn sein Einkommen nur 1.300 € beträgt?
4. Welche Möglichkeiten gibt es, den Unterhaltsanspruch durchzusetzen?

Themengebiete / Hilfestellungen

Die rechtlichen Grundlagen des Kindesunterhaltes finden sich in den §§ 1601 bis 1615 BGB (→ LSA B.2.6.4 Verwandtenunterhalt). In der Praxis erfolgt die konkrete Unterhaltsberechnung jedoch anhand der von der Rechtsprechung der Oberlandesgerichte entwickelten Tabellen und Leitlinien. Für die Lösung dieses Falles wird die Düsseldorfer Tabelle Stand 1.1.2016 (GSA Nr. 29) herangezogen.

Lösung zu Frage 1: An wen kann Frau Lenz sich wenden, wenn sie wissen will, wie viel Unterhalt sie für die Kinder verlangen kann?

Anspruchsgrundlage: § 18 Abs. 1 Nr. 1 SGB VIII

Mütter und Väter, die alleine für ein Kind zu sorgen haben oder tatsächlich sorgen, haben Anspruch auf Beratung und Unterstützung unter anderem bei der Geltendmachung von Unterhaltsansprüchen des Kindes. Seit der Trennung von Herrn Lenz sorgt Frau Lenz tatsächlich alleine für die beiden Kinder Jenny und Kevin, sie kann sich daher an das örtlich zuständige Jugendamt wenden und sich dort beraten lassen. Örtlich zuständig ist in diesem Fall das Jugendamt, in dessen Einzugsbereich Frau Lenz ihren gewöhnlichen Aufenthalt hat. Es besteht die gemeinsame Sorge beider Elternteile, aber sie haben verschiedene gewöhnliche Aufenthalte, daher ist für die Zuständigkeit der gewöhnliche Aufenthalt des Elternteils entscheidend, bei dem das Kind vor Beginn der Leistung seinen gewöhnlichen Aufenthalt hatte (§ 86 Abs. 2 S. 2 SGB VIII).

Lösung zu Frage 2: Wie viel Unterhalt muss Herr Lenz für die Kinder zahlen?

Anspruchsgrundlage §§ 1601 ff. BGB und Abschnitt A der Düsseldorfer Tabelle (abgekürzt: DT; → B.2.2.1 Düsseldorfer Tabelle, S. 106)

Die Voraussetzungen für Kindesunterhalt sind: Es muss eine Verwandtschaft in gerader Linie bestehen (§ 1601 BGB), es muss eine Bedürftigkeit des/der Unterhaltsberechtigten (§ 1602 BGB) und Leistungsfähigkeit des Unterhaltsverpflichteten (§ 1603 BGB) vorliegen (vgl. B.1.1.7 Lösung zu Frage 3, S. 58).

Diese drei Voraussetzungen sind erfüllt: Herr Lenz ist der Vater der Kinder und daher in gerader Linie mit ihnen verwandt (§ 1589 Abs. 1 S. 1 BGB). Die Kinder sind minderjährig, haben kein eigenes Einkommen und laut Sachverhalt auch kein Vermögen und sind daher bedürftig. Herr Lenz verdient 2.300 € netto und ist leistungsfähig.

Das Maß des Unterhalts bestimmt sich nach der Lebensstellung des Bedürftigen (§ 1610 BGB). Konkret wird das Maß des Unterhalts anhand der Düsseldorfer Tabelle bestimmt. Für den Kindesunterhalt gilt Abschnitt A. Die Tabelle in Abschnitt A gibt einen pauschalierten Bedarf eines Kindes einer bestimmten Altersgruppe an, je nach

Höhe des Einkommens des Unterhaltsverpflichteten. Dabei wird davon ausgegangen, dass der Unterhaltsverpflichtete für zwei Unterhaltsberechtigte zu Unterhalt verpflichtet ist (Anmerkung A.1 der DT).

Herr Lenz verdient 2.300 € netto, dies bedeutet, dass der Bedarf von Jenny 369 € und von Kevin 423 € nach DT beträgt. Allerdings ist noch zu berücksichtigen, dass die Eltern Kindergeld (von jeweils 190 €) erhalten, das beiden je zur Hälfte zusteht. Daher ist das halbe Kindergeld bei der Unterhaltspflicht des Herrn Lenz zu berücksichtigen und Herr Lenz muss laut der „Tabelle Zahlbeträge" im Anhang der DT für Jenny 274 € und für Kevin 328 €, daher insgesamt 602 € bezahlen. Dies ist ihm auch zumutbar, denn der Bedarfskontrollbetrag (der Betrag, der ihm nach Abzug des Kindesunterhalts verbleiben soll) beträgt 1.280 € (letzte Spalte der Tabelle Abschnitt A, DT).

Lösung zu Frage 3: Wie viel Unterhalt müsste Herr Lenz bezahlen, wenn sein Einkommen nur 1.300 € beträgt?

Es gilt die gleiche Anspruchsgrundlage wie bei Frage 2. Es stellt sich aber die Frage, ob Herr Lenz immer noch leistungsfähig i.S.d. § 1603 BGB ist.

Die Zahlbeträge betragen bei dem geringeren Einkommen 240 € und 289 €, insgesamt müsste Herr Lenz für die Kinder 529 € bezahlen. Wenn man diesen Betrag von seinem Nettoeinkommen abzieht, bleiben ihm nur mehr 771 € für seinen eigenen Unterhalt. Der notwendige Eigenbedarf eines erwerbstätigen Unterhaltspflichtigen beträgt nach Anmerkung 5 der DT Abschnitt A jedoch 1.080 €. Herr Lenz ist also nicht leistungsfähig genug, um den vollen Unterhalt zu bezahlen. Nach § 1603 Abs. 2 BGB besteht gegenüber minderjährigen und privilegierten volljährigen Kindern jedoch eine gesteigerte Unterhaltsverpflichtung. Für diesen Fall kennt Abschnitt C der DT die Mangelfallberechnung: Wenn das Einkommen zur Deckung des Bedarfs des Unterhaltspflichtigen und der gleichrangigen Unterhaltsberechtigten nicht ausreicht, ist nach Abzug des notwendigen Eigenbedarfs des Unterhaltspflichtigen die verbleibende Verteilungsmasse auf die Unterhaltsberechtigten gleichmäßig zu verteilen:

1.300 € (Nettoeinkommen) – 1.080 € (Selbstbehalt) = 220 € (Verteilungsmasse)

Summe der Zahlbeträge der Kinder: 529 €

Jenny: 240 x 220: 529 = 100 €

Kevin: 289 x 220: 529 = 120 €

In diesem Fall muss Herr Lenz für Jenny daher nur 100 € anstatt 240 € und für Kevin 120 € anstatt 289 € bezahlen.

Lösung zu Frage 4: Welche Möglichkeiten gibt es, den Unterhaltsanspruch durchzusetzen?

Im Rahmen des Unterstützungsanspruchs des Jugendamtes nach § 18 Abs. 1 Nr. 1 SGB VIII (s. Lösung zu Frage 1) kann mit beiden Eltern ein Gespräch geführt werden. Wenn eine Einigung über den Unterhalt erreicht wird, kann eine Unterhaltsvereinbarung geschlossen werden, in der sich Herr Lenz zu den Unterhaltszahlungen verpflichtet und diese Verpflichtung kann von der Urkundsperson des Jugendamtes beurkundet werden (§ 59 Abs. 1 S. 1 Nr. 3 SGB VIII). Diese Urkunde stellt einen vollstreckbaren Titel für eine Zwangsvollstreckung dar (§ 60 SGB VIII).

Wenn dieser Weg nicht erfolgreich ist, muss ein familiengerichtliches Unterhaltsverfahren eingeleitet werden. Weil die Eltern noch verheiratet sind, muss die Mutter in ihrem Namen den Unterhalt für die Kinder geltend machen (§ 1629 Abs. 3 BGB). Dies kann im vereinfachten Verfahren nach §§ 249 ff. FamFG geschehen, um einen raschen Unterhaltstitel zu erhalten.

Die Mutter kann für die gerichtliche Geltendmachung der Unterhaltsansprüche der Kinder eine Beistandschaft des Jugendamtes nach § 1712 Abs. 1 Nr. 2 BGB beantragen. Sie ist antragsberechtigt nach § 1713 Abs. 1 S. 2 BGB, weil zwar die gemeinsame Sorge beider Elternteile besteht, die Kinder sich aber in ihrer Obhut befinden.

2.1.8 Hilfe zur Erziehung

Fallschilderung

Manuel, 13 Jahre, lebt mit seinem alleinerziehenden und alleinsorgeberechtigten und Vollzeit berufstätigen Vater Johann in Köln gemeinsam mit seiner kleinen Schwester Stefanie (8 Jahre). Seit ca. 4 Monaten kommt es zu ständigen Auseinandersetzungen zwischen Vater und Sohn, da dieser die Schule völlig vernachlässigt. Am Elternsprechtag hat Johann erfahren, dass sein Sohn massive Fehlstunden hat, obwohl er nie krank war. Manuel gab zu, die Schule geschwänzt zu haben, weil er „keinen Bock" hatte. Er verweigert aber jede Angabe dazu, wo er sich aufgehalten hat. In seinem Zimmer findet der Vater beim Aufräumen Zigaretten und Alkohol. Zur Rede gestellt beschimpft Manuel seinen Vater, er würde ihm hinterherschnüffeln. Die Situation eskaliert, als der Vater einen Anruf der Schule erhält, dass Manuel einem Mitschüler grundlos ein „Veilchen" verpasst habe. Die Schule hat die Polizei und das Jugendamt eingeschaltet. Johann äußert gegenüber dem Mitarbeiter des ASD des Jugendamtes, dass er mit seinem Sohn nicht mehr zurechtkomme, er sei überfordert und bitte das Jugendamt, die notwendigen Schritte zu veranlassen.

Fragen

1. Was würden Sie als Fachkraft im ASD des Jugendamtes tun?
2. Muss Manuel eine Anzeige bei der Staatsanwaltschaft befürchten?

Themengebiete / Hilfestellungen

In diesem Fall geht es um präventiven Kinderschutz. Eltern haben unter bestimmten Voraussetzungen Anspruch auf Hilfen zur Erziehung, damit sie das Wohl ihres Kindes gewährleisten können und aus einer Nichtgewährleistung des Kindeswohls keine Gefährdung wird (→ LSA D.4.3.4 Hilfen zur Erziehung und D.4.3.6 Hilfeplanverfahren). Die Voraussetzungen für Hilfen zur Erziehung (abgekürzt HzE) werden im Rahmen eines Hilfeplanverfahrens nach § 36 SGB VIII festgestellt und von den Fachkräften des Jugendamtes geprüft. Idealtypischerweise erfolgt das Vorgehen in folgenden Schritten:[17]

- Klärung der sachlichen und örtlichen Zuständigkeit (§§ 85 und 86 SGB VIII)
- Beratung der Personensorgeberechtigten und des Kindes/Jugendlichen durch die fallführende Fachkraft des ASD (§ 36 Abs. 1 S. 1 SGB VIII)

---

17 *Münder/Trenczek*, Kinder- und Jugendhilferecht, S. 200; *Wabnitz*, Grundkurs Kinder- und Jugendhilferecht für die Soziale Arbeit, S. 101.

- Auf Basis der erlangten Informationen erstellt die Fachkraft eine Fallvorlage, um eine Beratung im Team (§ 36 Abs. 1 S. 2 SGB VIII) vorzubereiten. Diese fachliche erste Einschätzung umfasst eine sozialpädagogische Diagnostik, die eine präzise Beschreibung der Ausgangssituation, die Schilderung der Problemlagen sowie der Ressourcen der Familie, deren Veränderungswünsche, Aufträge und Ziele für eine etwaige Hilfe sowie eine fachlich fundierte Hypothesenbildung und hierauf aufbauende Vorschläge zum weiteren Vorgehen und für eine mögliche Hilfe enthalten sollte.

- In der Teamkonferenz, manchmal unter Einbeziehung der wirtschaftlichen Jugendhilfe, die für die Finanzierung der gewährten Hilfe verantwortlich ist, erfolgt eine fachliche Einschätzung und Erörterung der angezeigten Hilfemöglichkeiten.

- Das Diskussionsergebnis mündet in einem konkreten Hilfsangebot an die Personensorgeberechtigten und die Aufstellung eines Hilfeplans zusammen mit den Personensorgeberechtigten und dem Kind/Jugendlichen und den leistungserbringenden Fachkräften (§ 36 Abs. 2 S. 2 und 3 SGB VIII). Die Wünsche der Adressaten sind bei der Ausgestaltung der Hilfe zu berücksichtigen (§ 36 Abs. 1 S. 4 und 5 SGB VIII).

- Im Hilfeplan sind der erzieherische Bedarf, die Ziele der Hilfe, der Zeitraum der Hilfe und der Überprüfung bzw. Fortschreibung der Hilfe festzuschreiben.

- Über den Hilfeantrag des/der Personensorgeberechtigten wird mit Bescheid entschieden (§ 37 SGB X).

In Frage 2 ist die strafrechtliche Verantwortlichkeit von Kindern angesprochen (→ LSA D.8.3.1 Strafrechtliche Verantwortlichkeit von Jugendlichen und Heranwachsenden).

Lösung zu Frage 1: Prüfung der Voraussetzungen für HzE

Anspruchsgrundlage: § 27 i.V.m. §§ 28, 29, 30 SGB VIII

Nach § 27 Abs. 1 SGB VIII hat ein Personensorgeberechtigter bei der Erziehung eines Kindes oder Jugendlichen Anspruch auf Hilfe zur Erziehung, wenn eine dem Wohl des Kindes oder des Jugendlichen entsprechende Erziehung nicht gewährleistet ist und die Hilfe für seine Entwicklung geeignet und notwendig ist. Manuels Vater ist alleinerziehend und alleine sorgeberechtigt, daher ist er alleine anspruchsberechtigt. Voraussetzung für die Gewährung von Hilfen zur Erziehung ist, dass eine dem Wohl des Kindes entsprechende Erziehung nicht gewährleistet ist, d.h. eine erzieherische Mangellage/ein erzieherischer Bedarf vorhanden ist und Hilfe notwendig und geeignet ist, dieses erzieherische Defizit zu beheben (§ 27 Abs. 1 SGB VIII).

Manuel ist erst 13 Jahre alt, schwänzt massiv die Schule, lässt sich von seinem Vater nichts sagen, beschimpft diesen, konsumiert Tabak und Alkohol und hat einen Mitschüler tätlich angegriffen und verletzt. Dies alles sind Umstände, die darauf hinweisen, dass eine dem Wohl des Kindes entsprechende Erziehung nicht gewährleistet ist. Manuel befindet sich in der Pubertät – einer Entwicklungsphase, in der in besonderer Weise eine verlässliche Begleitung und Unterstützung, Stabilität und Auseinandersetzungsbereitschaft erforderlich sind. Der Vater fühlt sich mit all diesen Dingen jedoch überfordert und bittet um Hilfe. Es besteht daher ein erzieherischer Bedarf. Hilfen zur Erziehung sind für diese Familie notwendig und im konkreten Fall auch geeignet, um das Erziehungsdefizit zu beheben.

Nach § 27 Abs. 2 S. 1 und 2 SGB VIII sind Hilfen zur Erziehung insbesondere nach Maßgabe der §§ 28 bis 35 zu gewähren. Art und Umfang der Hilfe richten sich nach dem mit der Familie im Hilfeplanverfahren erarbeiteten erzieherischen Bedarf. Für Manuel, dessen aggressives Verhalten auf soziale Probleme hinweist, käme eine soziale Gruppenarbeit nach § 29 SGB VIII als geeignete und notwendige Hilfe infrage, um ihn bei der Überwindung seiner Entwicklungsschwierigkeiten und Verhaltensprobleme zu unterstützen, und durch sozialpädagogische Gruppenarbeit sein Sozialverhalten zu verbessern. Denkbar wäre auch ein Erziehungsbeistand nach § 30 SGB VIII, um Manuel unter Einbeziehung seines sozialen Umfelds bei der Bewältigung von Entwicklungsproblemen zu unterstützen. Schule schwänzen, Alkohol und Tabakkonsum sind entwicklungsbedingte Erscheinungen, die negative Auswirkungen auf die weitere Entwicklung haben können. Manuel befindet sich in der pubertären Phase und hat zunehmend Konflikte mit seinem Vater. Ein Erziehungsbeistand könnte helfen, durch Beratung und intensive Begleitung unter Erhaltung des Lebensbezugs zur Familie seine Verselbstständigung zu unterstützen. Für den Vater wäre Erziehungsberatung nach § 28 SGB VIII sinnvoll. Die Probleme mit Manuel konnte er bisher selbst nicht lösen. Er benötigt daher Beratung und Hilfe bei der Klärung und Bewältigung der Probleme und der Überforderung.

Lösung zu Frage 2: Strafrechtliche Verantwortlichkeit eines Kindes

Manuel ist erst 13 Jahre alt und daher schuldunfähig i.S.d. § 19 StGB. Er ist noch nicht „Jugendlicher" i.S.d. § 1 Abs. 2 JGG, da die Strafmündigkeit erst mit dem 14. Lebensjahr eintritt. Die Tat hat daher keine straf- oder jugendgerichtlichen Konsequenzen. Es kommt zu keiner Strafanzeige, sondern der ASD des Jugendamtes wird informiert und muss prüfen, ob Unterstützungsbedarf für das Kind und seine Familie gegeben ist.

2.1.9 Schutzauftrag des Jugendamtes

Fallschilderung

Das JA wird von der Polizei verständigt, weil der 13-jährige Max wiederholt bei Ladendiebstählen erwischt wurde, zuletzt hat er bei einem Einbruchsdiebstahl von zwei 17-Jährigen in einen Supermarkt mitgewirkt. Die Eltern von Max sind beide arbeitslos und kümmern sich überhaupt nicht um ihn. Die meiste Zeit verbringen sie in einer Kneipe. Seitens der Schule wurden die Eltern schon mehrmals aufgefordert, zu einer Besprechung zu kommen, weil Max nie Hausaufgaben macht und seine Versetzung in die nächste Klasse aussichtslos ist. Auf die Schreiben und Anrufe der Lehrerin haben die Eltern nicht reagiert.

Frage

Welche Schritte muss der ASD des Jugendamtes unternehmen?

Themengebiete / Hilfestellungen

Der Schutzauftrag bei Kindeswohlgefährdung ist die wichtigste und wohl auch schwierigste „andere" Aufgabe der Fachkräfte des Jugendamtes. Allerdings bietet § 8a SGB VIII einen zuverlässigen rechtlichen Rahmen, der die Handlungssicherheit in Bezug auf die konkret zu setzenden Schritte erhöht (→ LSA D.4.3.8 Kinderschutz).

Lösung: Gefährdungseinschätzung nach § 8a SGB VIII

§ 8a Abs. 1 S. 1 SGB VIII ordnet an, dass das Jugendamt, wenn ihm gewichtige Anhaltspunkte für die Gefährdung des Wohls eines Kindes bekannt werden, das Gefährdungsrisiko im Zusammenwirken mehrerer Fachkräfte einzuschätzen hat. Eine Gefahr für das Kindeswohl liegt nach § 1666 Abs. 1 BGB und der dazu ergangenen Rechtsprechung[18] vor, wenn eine gegenwärtige Gefährdung vorliegt, die eine erhebliche Schädigung des körperlichen, geistigen oder seelischen Wohls des Kindes mit ziemlicher Sicherheit voraussehen lässt. Max ist erst 13 Jahre alt, aber schon massiv straffällig. Die Eltern kümmern sich überhaupt nicht um ihn und seine Belange. Der schulische Erfolg und damit die geistige Entwicklung von Max sind akut gefährdet. Die Verwahrlosung und das Abrutschen in die Straffälligkeit können massive Folgen für seine seelische Entwicklung haben. Alles das können gewichtige Anhaltspunkte für eine Kindeswohlgefährdung, die ein Einschreiten des Jugendamtes notwendig machen, sein. Dies gilt es, im weiteren Verlauf zu prüfen und unter Bezugnahme auf professionelles Wissen (wie beispielsweise aus der Entwicklungspsychologie) fachlich einzuordnen.

Das Jugendamt hat nach § 8a Abs. 1 S. 2 SGB VIII die Erziehungsberechtigten und das Kind in die Gefährdungseinschätzung einzubeziehen. Es müssen daher Max und seine Eltern kontaktiert und in die Gefährdungseinschätzung involviert werden. Das Jugendamt hat nach § 8a Abs. 1 S. 2 SGB VIII eine fachliche Einschätzung vorzunehmen, ob dies im Rahmen eines Hausbesuchs erforderlich ist oder eine Einladung zum Jugendamt ausreichend ist. Zudem ist abzuwägen, wie dringlich diese Kontaktaufnahme ist. Die zuständigen Fachkräfte haben auch fachlich einzuschätzen, ob eine Kontaktaufnahme mit der Schule, als Teil der persönlichen Umgebung von Max, notwendig ist. Die Eltern haben sich nämlich bisher in der Zusammenarbeit mit der Schule nicht kooperativ gezeigt. Die jeweiligen Schulgesetze der Länder[19] und § 4 KKG (GSA Nr. 58a) sehen ausdrücklich eine Kooperationsverpflichtung der Schule mit dem Jugendamt bei Hinweisen auf Kindeswohlgefährdung vor. Je nachdem wie sich die Gefährdungseinschätzung weiterentwickelt und wie die Eltern reagieren, hat das Jugendamt der Familie die zur Abwendung der Gefährdung notwendigen und geeigneten Hilfen anzubieten. Wenn die Eltern dazu bereit sind, ist in ein Hilfeplanverfahren nach § 36 SGB VIII einzusteigen (§ 8a Abs. 1 S. 3 SGB VIII; → B.2.1.8 Hilfe zur Erziehung, S. 97). Sind die Eltern nicht kooperationsbereit oder nicht in der Lage, die Gefährdung von Max abzuwenden, müsste das Jugendamt das Familiengericht einschalten (§ 8a Abs. 2 S. 1 SGB VIII), damit das Gericht Maßnahmen nach § 1666 Abs. 3 BGB prüfen kann. Das Familiengericht ist nach § 157 FamFG verpflichtet, unter Beteiligung des Jugendamtes (§ 162 Abs. 2 FamFG) mit den Eltern und dem Kind zu erörtern, wie der möglichen Gefährdung des Kindes, insbesondere durch öffentliche Hilfen, begegnet werden kann und welche Folgen die Nichtannahme von notwendigen Hilfen hat. Sollten die Eltern nicht gewillt oder in der Lage sein, die Gefahr abzuwenden, kann das Gericht Gebote erlassen, wie z.B. Hilfen der Kinder- und Jugendhilfe in Anspruch zu nehmen und/oder für die Einhaltung der Schulpflicht zu sorgen (§ 1666 Abs. 3 Nr. 1 und 2 BGB). In letzter Konsequenz sind Eingriffe in das elterliche Sorgerecht bis hin zum Entzug des Sorgerechts möglich, wenn die Gefährdung für das Wohl von Max nicht anders abgewendet werden kann (§ 1666a BGB).

---

18 Rakete-Dombek in: *Kaiser/Schnitzler/Friederici u. a.*, BGB Familienrecht, § 1666 Rdnr. 10.
19 Z.B: § 42 Abs. 6 SchulG NRW; Art 31 Abs. 1 Bayerisches Gesetz über das Erziehungs- und Unterrichtswesen (BayEUG); § 5a SchulG Berlin.

2.1.10 Kindeswohlgefährdung

Fallschilderung

Peter ist der 11-jährige Sohn von Sabine Schulte. Die Lehrerin von Peter, Frau Zens, informiert das Jugendamt mit dem Verweis darauf, dass sie gewichtige Anhaltspunkte für eine Kindeswohlgefährdung sehe: Ihr ist in den vergangenen Wochen aufgefallen, dass Peter immer dünner und blasser wird, seine Leistungen sind sehr schlecht, er wirkt häufig gedanklich abwesend und er hat auch keine ordentlichen Schulsachen. Peter berichtete der Lehrerin, dass er eigentlich auf sich alleine gestellt sei. Wenn er von der Schule nach Hause komme, sei seine Mutter entweder unterwegs oder schlafe. Er kümmere sich selbst um sein Essen. Dem derzeitigen Freund seiner Mutter gehe er, so gut es gehe, aus dem Weg. Der sei meist betrunken in der Wohnung und fordere ihn immer wieder auf, doch mit ihm ein Bier zu trinken. Heute sei Peter nun gar nicht in der Schule gewesen. Kontaktversuche der Schule mit der Mutter seien in den letzten Monaten gescheitert. Wenn sie die Mutter einmal gesehen habe, habe sie den Eindruck gehabt, dass diese alkoholisiert gewesen sei. Die Lehrerin berichtet noch, dass Frau Schulte ihres Wissens nach immer mal wieder als Kellnerin jobbe, um sich und Peter über Wasser zu halten. Zudem habe sie wechselnde Männerbekanntschaften, von denen sie sich aushalten lasse. Weiter konnte die Lehrerin mitteilen, dass Frau Schulte alleinerziehend ist und das alleinige Sorgerecht für Peter innehabe.

Die Aktenrecherche ergibt, dass das Jugendamt bereits früher Kontakt zur Familie hatte: Da die KiTa eine Überforderung bei der Mutter beobachtet hatte, war es zu einem gemeinsamen Gespräch gekommen, in welchem der Mutter eine sozialpädagogische Familienhilfe angeboten worden war. Die Mutter hatte die Hilfe nach kurzer Zeit beendet. Aus der Akte geht weiter hervor, dass zu Peters Vater damals kein Kontakt bestand und dass er keinen Unterhalt bezahlte. Peters Vater, Herr Johann Gerber, lebte damals in einer Obdachlosenunterkunft und war nach Angaben der Kindesmutter alkoholabhängig. Auch bei Frau Schulte gab es damals Hinweise auf erhöhten Alkoholkonsum – sie selbst bezeichnete dies aber als unproblematisch.

Im Rahmen der Gefährdungseinschätzung wurde abgewogen, ob ein unverzüglicher Hausbesuch erforderlich ist. Aufgrund der Gefährdungshinweise der Lehrerin und des Alters von Peter wurde ein unverzüglicher, unangekündigter Hausbesuch als nicht nötig erachtet. Die Kindesmutter, Frau Schulte, wurde noch am gleichen Tag angeschrieben, und ein Hausbesuch an einem bestimmten Termin in einer Woche angekündigt. Beim Hausbesuch der zuständigen Fachkräfte stellt sich heraus, dass Peter alleine in der Wohnung ist. Er weiß nicht, wo seine Mutter und ihr Freund sind. Das komme öfter vor – wenn er dann etwas brauche, gehe er zur Nachbarin, Frau Lutz. Frau Lutz ist eine ältere Dame (ca. 80 Jahre alt), die auf Nachfrage auch nicht weiß, wo sich Frau Schulte aufhält oder wie sie zu erreichen ist. Peter wirkt apathisch, hat ein blaues Auge und Blutergüsse im Gesicht und an den Armen. Er schweigt auf die Frage, woher er die Verletzungen hat.

Fragen

1. Was hat das Jugendamt in dieser Situation zu tun?
2. Formulieren Sie einen Antrag an das Gericht. Folgende weitere Dinge haben sich ereignet:

Peter wurde in Obhut genommen und in einer Bereitschaftspflegestelle untergebracht. Vorab wurde er im Krankenhaus untersucht und die Verletzungen wurden dokumentiert. Die ärztliche Untersuchung ergab, dass auch ältere Verletzungen (Rippenbrüche) und Hämatome vorhanden sind, die offensichtlich von einem Erwachsenen stammen (die Größe einzelner Hämatome weist auf die Hand eines Erwachsenen hin). Im Krankenhaus hat Peter dann berichtet, dass die blauen Flecken vom Freund der Mutter seien. Frau Schulte hat sich bis zum Folgetag um 15 Uhr nicht im Jugendamt gemeldet, obwohl eine Nachricht mit der Bitte um unverzügliche Kontaktaufnahme in der Wohnung hinterlassen wurde.

Themengebiete / Hilfestellungen

In akuten, dringenden Gefährdungssituationen geht der Auftrag des Jugendamtes über die Gefährdungseinschätzung hinaus und erfordert eine sofortige vorläufige Krisenintervention der Fachkräfte. Die Inobhutnahme nach § 42 SGB VIII ist die einzige Rechtsgrundlage, wonach das Jugendamt direkt in die Rechtsposition von Sorgeberechtigten eingreifen darf. § 42 Abs. 1 S. 1 SGB VIII beschreibt drei verschiedene Situationen, in denen eine Inobhutnahme zulässig ist: wenn das Kind/der Jugendliche selbst darum bittet, wenn eine dringende Gefährdung des Kindes/des Jugendlichen vorliegt, oder im Falle der unbegleiteten minderjährigen Flüchtlinge/Ausländer. § 42 SGB VIII regelt genau, wie die Fachkräfte in diesen Fällen vorzugehen haben (→ LSA D.4.3.8. Kinderschutz).

Lösung zu Frage 1: Inobhutnahme

Rechtsgrundlage für die Inobhutnahme ist § 42 SGB VIII. Es handelt sich um eine Ermächtigungsgrundlage, wonach das Jugendamt mit staatlicher Hoheitsgewalt in das Grundrecht der Eltern nach Art. 6 Abs. 2 GG (Erziehungsvorrang der Eltern) eingreifen darf. Die Voraussetzung im Fall von Peter für das staatliche Eingreifen liegt in § 42 Abs. 1 S. 1 Nr. 2 SGB VIII begründet. Demnach ist das Jugendamt berechtigt und verpflichtet, ein Kind in seine Obhut zu nehmen, wenn eine dringende Gefahr für das Wohl des Kindes die Inobhutnahme erfordert und die Personensorgeberechtigten nicht widersprechen.

Nach dem Sachverhalt wurde Peter in einer Situation angetroffen, die eine dringende Gefahr für sein Wohl darstellt: im Zuge der Gefährdungseinschätzung, die nach der Information durch die Schule erfolgte, wurde Peter erheblich verletzt und apathisch alleine in der Wohnung aufgefunden. Es ist daher ein unmittelbares Handeln erforderlich, weil sonst Peters körperliches Wohl mit ziemlicher Wahrscheinlichkeit weiter gefährdet wäre. Die Mutter und ihr Freund sind unbekannten Aufenthalts und können nicht sofort verständigt werden und eine Entscheidung des Familiengerichts kann in dieser Situation nicht abgewartet werden (§ 8a Abs. 1 S. 3 SGB VIII und § 42 Abs. 1 S. 1 Nr. 2b SGB VIII). Das Jugendamt ist nach § 42 Abs. 1 S. 2 SGB VIII befugt, Peter in einer geeigneten Einrichtung oder bei einer geeigneten Person vorläufig unterzubringen. Gemäß § 42 Abs. 2 S. 1 SGB VIII haben die zuständigen Fachkräfte die Situation mit dem Kind/Jugendlichen zu klären und Möglichkeiten der Hilfe und Unterstützung aufzuzeigen. Nach § 42 Abs. 2 S. 2 SGB VIII ist dem Kind unverzüglich die Gelegenheit zu geben, eine Person seines Vertrauens zu benachrichtigen. § 42 Abs. 3 S. 1 SGB VIII verpflichtet das Jugendamt in dieser Situation unverzüglich die Personensorge- oder Erziehungsberechtigten zu verständigen, d.h. es muss unverzüglich der Kontakt zu Peters

Mutter gesucht werden. Ihr ist Gelegenheit zu geben, sich zur Inobhutnahme zu äußern und sie ist in die Gefährdungsrisikoeinschätzung einzubeziehen. Sollte eine Verständigung der Mutter eine Gefährdung für Peter darstellen oder diese nicht möglich sein, weil die Mutter nicht ausfindig gemacht werden kann, müsste sofort das Familiengericht eingeschaltet werden. Da Peter Verletzungen aufweist, ist auch zu prüfen, ob nach § 8a Abs. 3 S. 2 SGB VIII eine ärztliche Untersuchung zu veranlassen ist.

Wenn ein Gespräch mit der Mutter geführt werden kann, dann hängt die weitere Vorgehensweise von deren Reaktion ab: Sollte die Mutter der Inobhutnahme nicht widersprechen, ist unverzüglich ein Hilfeplanverfahren i.S.d. § 36 SGB VIII einzuleiten (§ 42 Abs. 3 S. 5 SGB VIII; → B.2.1.8 Hilfe zur Erziehung, S. 97). Peter ist, solange die Gefährdung besteht, bis zur Gewährung einer notwendigen und geeigneten Hilfe in einer geeigneten Einrichtung oder bei einer geeigneten Person unterzubringen (§ 42 Abs. 1 S. 2 und Abs. 4 Nr. 2 SGB VIII). Sollte die Mutter der Inobhutnahme widersprechen, muss das Jugendamt das Familiengericht verständigen (§ 42 Abs. 3 S. 2 Nr. 2 SGB VIII), damit es die erforderlichen Maßnahmen zu Peters Wohl herbeiführt.

Sollte die Gefährdungseinschätzung gemeinsam mit der Mutter, Peter und ihrem Freund jedoch ergeben, dass keine Kindeswohlgefährdung vorliege oder die Mutter bereit und in der Lage sei, ohne weitere Hilfe die Gefährdung abzuwenden, dann müsste die Inobhutnahme beendet werden (§ 42 Abs. 4 Nr. 2 SGB VIII).

Es hängt daher vom Ergebnis der Gefährdungseinschätzung ab, ob die Inobhutnahme fortgesetzt und ein Hilfeplanverfahren eingeleitet wird, das Familiengericht zu verständigen ist oder die Tätigkeit des Jugendamtes zu beenden ist.

Lösung zu Frage 2: Antrag an das Familiengericht

Abbildung 15: Antrag des Jugendamtes auf Sorgerechtsentzug

An das Amtsgericht	Jugendamt der Stadt X
- Familiengericht –	Allgemeiner Sozialer Dienst
Adresse	
	Aktenzeichen des Jugendamtes:
	Datum
Betreff: Familiensache Peter Schulte	

Kind: Peter Schulte, geb.: …, wh.: (Inobhutnahmeeinrichtung)
Mutter:Sabine Schulte, geb.: …, wh.: ….
Vater: Johann Gerber, geb.: …, obdachlos, derzeit.: …

Im Einstweiligen Anordnungsverfahren

■ **Antrag auf Entzug der elterlichen Sorge gemäß § 1666 BGB**
■ **Antrag auf Übertragung des Sorgerechts auf das Amt für Jugend der Stadt X**

Erkenntnisquellen:

■ Gefährdungsmitteilung der Schule und Gespräch mit der Lehrerin Frau Zens (Datum)

■ Gespräch mit Peter (am ... Datum)

■ Gespräch mit der Nachbarin Frau Lutz

■ Arztbericht des Krankenhauses XY vom ... (siehe Anlage)

■ Falldokumentation in der Fallakte (von .... bis ...).

Vorgeschichte:

Peter Schulte ist der außerhalb der Ehe geborene Sohn von Frau Sabine Schulte und Herrn Johann Gerber. Herr Gerber hat die Vaterschaft anerkannt, aber die Eltern haben nie in Lebensgemeinschaft gelebt und der Kontakt zwischen Frau Schulte und Herrn Gerber ist bereits kurz nach Peters Geburt abgebrochen. Peter kennt seinen Vater nicht. Frau Schulte hat das alleinige Sorgerecht.

Frau Schulte und ihr Sohn Peter sind dem hiesigen Jugendamt seit (...) bekannt. Der Erstkontakt erfolgte am (...): Die KiTa hatte nach Absprache mit Frau Schulte ein gemeinsames Gespräch initiiert, da Frau Schulte in der Versorgung und Erziehung von Peter überfordert schien. Frau Schulte war damals in Teilzeit beschäftigt und lebte mit einem Herrn Veh zusammen, der sie jedoch in der Betreuung von Peter nicht unterstützte. Frau Schulte war mit der Versorgung des Kindes und des Haushalts überfordert und war bereit, Hilfe zur Erziehung anzunehmen. Von (...) bis (...) war eine Sozialpädagogische Familienhilfe durch (Träger ...) installiert. Nach Bericht der SPFH gestaltete sich die Zusammenarbeit mit Frau Schulte von Anfang an schwierig, da sie ungern verbindliche Termine einging und es mehrfach zu kurzfristigen Absagen kam. Insgesamt konnte jedoch eine Verbesserung der familiären Situation insoweit erzielt werden, als dass der Tagesablauf von Peter besser strukturiert wurde und es der Mutter gelang, Peter regelmäßig in die Kita zu bringen und pünktlich abzuholen. Die Hilfe wurde von Frau Schulte ohne Angabe von Gründen beendet. Eine Gefährdung für Peter war zum damaligen Zeitpunkt nicht feststellbar. Die Fachkraft der SPFH hatte den Eindruck, dass Frau Schulte gelegentlich über die Maßen Alkohol konsumierte – Frau S. beurteilte dies aber als unproblematisch. Sie gab damals an, nur gelegentlich bei geselligem Zusammensein etwas zu trinken. Die Kita berichtete, dass sich die Situation durch die SPFH verbessert, und auch nach Beendigung der Hilfe stabilisiert hatte. Zwischen (...) und (... 6 Jahre) gab es keinen Kontakt zur Familie. Frau Schulte hat keine Berufsausbildung und jobbt immer wieder als Kellnerin.

Aktuelle Situation:

Am (Datum) nahm die Lehrerin von Peter (Schule ...) Kontakt zur Unterzeichnerin auf und teilte mit, dass Auffälligkeiten bei Peter bestünden, Kontaktversuche zur Mutter jedoch gescheitert seien. Der Klassenlehrerin sei aufgefallen, dass Peter seit (...) immer dünner und blasser geworden sei und seine Leistungen sich sehr verschlechtert hätten. Peter habe ordentliche Schulsachen. Die Mutter sei für die Schule weder telefonisch erreichbar gewesen noch habe sie auf Mitteilungen der Klassenlehrerin in das Mitteilungsheft reagiert. Auch ein Schreiben der Schulleitung und die Einladung zu einem Gespräch seien unbeantwortet geblieben (Schreiben der Schule, Gespräch mit Lehrerin). Die Lehrerin schilderte weiter, dass Peter davon berichtet habe, auf sich alleine gestellt zu sein. So sorge er beispielsweise selbst für sein Essen, da die Mutter – wenn Peter von der Schule nach Hause kommt – häufig unterwegs sei oder schlafe. Der Lebensgefährte der Mutter, der bei Peter und Frau Schulte lebt, sei nach Beschreibungen von Peter häufig betrunken, weswegen er ihm aus dem Weg gehe. Er habe auch schon öfter versucht, ihn (Peter) dazu zu überreden, ein Bier mit ihm zu trinken. Bei den letzten flüchtigen Begegnungen habe die Mutter zudem den Eindruck gemacht, dass sie alkoholisiert war. Frau Zens nahm an diesem Tag Kontakt zum Jugendamt auf, da Peter nicht zur Schule gekommen sei und die Mutter telefonisch nicht erreichbar gewesen sei.

Mit Schreiben vom (Datum) wurde für den (...) ein Hausbesuch angekündigt. Am (Datum) führten die beiden Fachkräfte (Namen) den Hausbesuch in der Wohnung in (Adresse) durch. Peter öffnete den Fachkräften die Türe. Er war alleine in der Wohnung. Er gab im Gespräch an, dass er wisse, wo seine Mutter und ihr Freund sind. Er wirkte apathisch, hatte ein blaues Auge und Blutergüsse im Gesicht und an den Armen. Er schwieg auf die Frage, woher er die Verletzungen habe. Auf die Frage, wer wissen könne, wo sich die Mutter aufhalte und wer sich um ihn kümmere, verwies er an die Nachbarin Frau Lutz, diese passe hin und wieder auf ihn auf.

Frau Lutz, eine ca. 80-Jährige Dame, gab im Gespräch an, dass Peter sehr häufig alleine zu Hause sei und sie ihn immer mal wieder mit Essen versorge. Die Mutter und ihr Freund seien wahrscheinlich auf „Kneipentour" – wie sie zu erreichen sind, wusste Frau Lutz nicht.

Peter berichtete, dass er zum Vater keinen Kontakt habe und es auch sonst keine Bezugspersonen gebe. Da Peters Verletzungen klärungsbedürftig schienen, wurde Peter unverzüglich im Krankenhaus vorgestellt. Er wurde untersucht und die Verletzungen wurden dokumentiert. Die ärztliche Untersuchung ergab, dass auch ältere Verletzungen (Rippenbrüche) und Hämatome vorhanden sind. Die Größe einzelner Hämatome verweist auf die Hand eines Erwachsenen, weswegen davon auszugehen ist, dass Peter diese von einem Erwachsenen zugefügt wurden. Peter berichtete im Anschluss an die Untersuchungen, dass die blauen Flecken vom Freund der Mutter seien.

Peter wurde infolge dieser Entwicklungen in Obhut genommen und in einer Bereitschaftspflegestelle untergebracht. Frau Schulte wurde eine Nachricht mit der Bitte um unverzügliche Kontaktaufnahme mit dem Jugendamt in der Wohnung hinterlassen.

Frau Schulte hat sich bis dato (Datum und Uhrzeit der Antragsstellung – Folgetag um 15 Uhr) nicht im Jugendamt gemeldet.

Psychosozialer Befund:

Peter befindet sich seit dem Tag der Inobhutnahme (Datum) in einer Bereitschaftspflegestelle. Dort wirkt er noch zurückhaltend und verschlossen.

Die ersten Eindrücke weisen darauf hin, dass die Familie recht isoliert lebt und Peter wenig bis keine adäquaten Ansprechpersonen hat. Die verlässlichste Person scheint die Nachbarin Frau Lutz zu sein. Das häufige Alleinsein und die Verantwortung, selbst für sein Essen zu sorgen, sind nicht altersentsprechend. Die äußere Erscheinung (Blässe, Gewichtsabnahme, Apathie) von Peter deutet darauf hin, dass er nicht die Versorgung und Stabilität erhält, die er bräuchte, um sich auf die für sein Alter typischen Entwicklungsaufgaben (...) zu konzentrieren. Stattdessen ist er selbst gefordert, sich vom Freund der Mutter im Hinblick auf einen möglichen Alkoholkonsum abzugrenzen.

Frau Schulte steht Peter offensichtlich nicht als verlässliche Bezugsperson zur Verfügung – vor allem auch, da sie sich 24 Stunden nach der Inobhutnahme noch nicht im Jugendamt gemeldet hat. Dies alles spricht für eine nicht altersadäquate Versorgung und Vernachlässigung des Kindes durch die Mutter.

Die Verletzungen von Peter weisen auf Gewaltanwendung hin – seinen Schilderungen nach durch den Lebensgefährten der Mutter. Obgleich bisher weder die Mutter noch der Lebensgefährte hierzu befragt werden konnten, entsteht der Eindruck, dass Frau Schulte Peter nicht angemessen vor Gewalteinwirkungen schützen kann – inwieweit sie hiervon wusste oder gar selbst involviert war, kann derzeit nicht beurteilt werden.

Darüber hinaus liegen Hinweise der Lehrerin auf eine mögliche Alkoholproblematik der Mutter vor – hierzu kann jedoch keine Einschätzung vorgenommen werden.

Insgesamt scheint Peter ein ausgesprochen verantwortungsvoller Junge zu sein: Er kann Entscheidungen treffen, die ihn reifer erscheinen lassen, als für einen Elfjährigen üblich. Dies deutet darauf hin, dass er über eine ausgeprägte Sensibilität darüber verfügt, was gut für ihn ist und was nicht.

Diagnose/Prognose:

Da Frau Schulte bisher keinen Kontakt zum Jugendamt aufgenommen hat, konnte die Situation noch nicht mit ihr erörtert werden.

Sobald sie sich meldet, müssen die aktuellen Entwicklungen mit ihr besprochen und die Gefährdungsaspekte geklärt werden.

Allerdings weisen die bisher ungeklärten Verletzungen und das – für einen Elfjährigen – unangemessen lange Alleine- und Unversorgtseinlassen von Peter (mittlerweile 24 Stunden) darauf hin, dass Frau Schulte derzeit nicht in der Lage zu sein scheint, Peter den erforderlichen Schutzraum zu bieten.

Inwieweit sie in der Lage ist, diese Gefährdungsaspekte abzuwenden, kann derzeit nicht beurteilt werden.

Fachliche Einschätzung:

Es liegt eine Kindeswohlgefährdung i.S.d. § 1666 Abs. 1 BGB vor:

Bei Peter besteht durch die Misshandlungen und hierdurch entstandene erhebliche Verletzungen (Rippenbruch, zahlreiche ärztlich dokumentierte Hämatome und Verletzungen), die Peters Schilderungen nach durch den Lebensgefährten der Mutter herbeigeführt wurden, eine gegenwärtige Gefahr für sein körperliches und seelisches Wohl.

Darüber hinaus ist Peter häufig alleine zu Hause und muss sich sein Essen selbst zubereiten. Die schlechte Versorgung wirkt sich auf Peters körperliche Entwicklung aus, und die häuslichen Belastungen haben bereits negative Konsequenzen auf die schulischen Leistungen von Peter gezeigt. Frau Schulte kümmert sich – so zeigt aktuell ihre mindestens 24-stündige Abwesenheit – nicht ausreichend um die Versorgung von Peter und scheint derzeit nicht in der Lage zu sein, die Grundbedürfnisse ihres Kindes sicherzustellen. Es liegen Anzeichen dafür vor, dass sie ihr Kind sowohl in körperlicher als auch in seelischer Hinsicht vernachlässigt.

Die Tatsache, dass ein Elfjähriger mehr als 24 Stunden alleine in der Wohnung ist, deutet darauf hin, dass Frau Schulte sich den Erfordernissen einer nicht gefährdenden Erziehung nicht bewusst zu sein scheint.

Peter scheint ein für sein Alter besonders verantwortungsvoller Junge zu sein. Diesbezüglich ist es aus fachlicher Sicht dringend notwendig, ihm derzeit ein Umfeld zu bieten, in dem er geschützt ist und im Hinblick auf die große Verantwortungsübernahme für seinen Alltag entlastet wird.

Da Frau Schulte sich bisher nicht gemeldet hat, konnten die benannten Anhaltspunkte für eine Kindeswohlgefährdung noch nicht mit ihr besprochen werden. Sobald sie sich meldet, müssten diese Dinge erörtert und Perspektiven zur Abwendung der Gefährdung miteinander erarbeitet werden.

Antrag:

In Anbetracht der gegenwärtigen Abwesenheit von Frau Schulte wird beantragt, im einstweiligen Anordnungsverfahren Frau Schulte das Sorgerecht zu entziehen und auf einen Vormund zu übertragen.

Unterschrift

2.2. Arbeitshilfen

2.2.1 Düsseldorfer Tabelle

Link	Letzter Zugriff
http://www.olg-duesseldorf.nrw.de/infos/Duesseldorfer_tabelle/Tabelle-2016/index.php	14.04.2016

2.2.2 Unterhaltsleitlinien

Link	Letzter Zugriff
http://www.famrb.de/unterhaltsleitlinien.html	14.04.2016

2.2.3 Antrag auf Festsetzung von Unterhalt für ein minderjähriges Kind

Link	Letzter Zugriff
https://www.justiz.nrw.de/WebPortal/BS/formulare/familiensachen/zp361_famfg.pdf	14.04.2016

2.2.4 Antrag auf Beistandschaft des Jugendamtes

Link	Letzter Zugriff
http://www.geseke.de/buergerinfo/formulare/90.pdf	14.04.2016

2.2.5 Muster eines Scheidungsbeschlusses

Abbildung 16: Muster eines Scheidungsbeschlusses

Amtsgericht   Ausfertigung   Rechtskraftvermerk am Ende der
Abteilung für Familiensachen   Entscheidung
Az.: 10 F x/16

IM NAMEN DES VOLKES

In der Familiensache

Der Frau A., wohnhaft …

Antragstellerin,

Verfahrensbevollmächtigter: Rechtsanwalt A.,

gegen

Herrn B., wohnhaft …

Antragsgegner,

Verfahrensbevollmächtigter: Rechtsanwalt B.,

wegen: Scheidung und Folgesachen

ergeht durch das Amtsgericht (Ort) durch Richterin am Amtsgericht C. am xx.xx.2016 auf Grund der mündlichen Verhandlung vom xx.xx.2016 folgender

Beschluss

1. Die am xx.xx.199x vor dem Standesbeamten des Standesamtes (Ort) unter Heiratsregister

    Nr. x geschlossene Ehe wird geschieden.

2. Ein Versorgungsausgleich findet nicht statt.

3. Die Kosten des Verfahrens werden gegeneinander aufgehoben.

Begründung

2.2.6 Weitere hilfereiche Informationsquellen

Link:	Letzter Zugriff
Landesjugendamt Rheinland: http://www.lvr.de/de/nav_main/jugend_2/lpjugend.jsp	14.04.2016
Bundesarbeitsgemeinschaft der Landesjugendämter: http://www.bagljae.de/index.php	18.07.2016
Deutsches Jugendinstitut: http://www.dji.de/	18.07.2016
Zeitschrift KiJuP-online – Recht der Kinder- und Jugendhilfe: https://www.dijuf.de/kij up-online.html	18.07.2016

3. Soziale Arbeit als Beruf

3.1. Fälle mit Lösungen

3.1.1 Änderungen im Arbeitsverhältnis

Fallschilderung

Karin ist als Sozialarbeiterin in dem Heim für Menschen mit Behinderung der Lebenswelt Viersen e.V. angestellt. Einen Betriebsrat gibt es dort nicht. Karin hat einen individuellen Arbeitsvertrag abgeschlossen, der keiner tariflichen Bindung unterliegt.

Klaus ist Karins Chef, gleichfalls Sozialarbeiter, und Geschäftsführer des Vereins. Die Lebenswelt Viersen e.V. unterhält noch zwei weitere Heime in anderen Stadtteilen sowie eine Abteilung für Berufsbetreuungen und Vormundschaften (Abteilung Betreuungen) für unbegleitete minderjährige Flüchtlinge.

Auf seiner halbjährlichen Sitzung muss Klaus dem Vereinsvorstand berichten, der Leistungsträger (Landschaftsverband Rheinland) fordere in Zukunft eine „ökonomischere" Auslastung der Sozialarbeiter: die Beschäftigungsverhältnisse der vollzeitig angestellten Sozialarbeiter sollen so umgestaltet werden, dass diese nur noch im Schichtdienst zwischen 6:00 Uhr und 9:00 Uhr morgens sowie zwischen 17:00 Uhr und 22:00 Uhr abends eingesetzt werden.

Der Vorstand schlägt vor, statt der Einführung eines Schichtdienstes die Aufgabengebiete der Sozialarbeiter abzuändern: Diese könnten wie bisher in zwei Schichten arbeiten und zusätzlich Aufgaben als Berufsbetreuer oder Vormund übernehmen. Der Sozialarbeiter, der die Morgenschicht in einem Heim übernimmt, könnte im Anschluss in der Abteilung Betreuungen arbeiten, sein Kollege würde mittags dort anfangen und die Abendschicht im Heim übernehmen.

Karin und Klaus sind von keiner der beiden Ideen begeistert. Karin sieht ihre Stärken in ihrer bisherigen Aufgabe als Bezugsperson für Menschen mit Behinderung. Klaus erkennt, dass er weder die eine noch die andere Idee „ohne personelle Verluste" wird umsetzen können.

Fragen

1. Versetzen Sie sich in die Lage von Karin: Welche tatsächlichen und rechtlichen Möglichkeiten hat sie, um gegen die drohende Veränderung vorzugehen?
2. Versetzen Sie sich in die Lage von Klaus: Muss jetzt er eine Entscheidung treffen, ob und wie eine der beiden Ideen umgesetzt wird? Könnte er sich weigern? Welche Schritte muss er einleiten, um eine rechtlich tragfähige Lösung herbeizuführen?

Themengebiete / Hilfestellungen

Mit diesem Fall fokussieren wir das Arbeitsverhältnis aus der Sicht einer Angestellten und eines typischen Arbeitgebers der Sozialen Arbeit. Nicht selten finden wir Sozialarbeiter wie Klaus in Führungspositionen. Dort entsteht häufig das Gefühl, nicht auf dem „Chefsessel", sondern zwischen allen Stühlen zu sitzen … .

Lösung zu Frage 1: Perspektive der Angestellten

Karins tatsächliche Möglichkeiten bestehen darin, sich persönlich in den Entscheidungsprozess um die möglicherweise zu verändernden Arbeitsverhältnisse einzubringen. Dazu gehört die Suche nach Verbündeten wie etwa Kolleginnen und Kollegen, die von der Veränderung ebenso betroffen wären wie sie. Dazu gehört das Recht, die Gewerkschaft (DBSH) einzuschalten, einen Betriebsrat zu gründen (§ 1 BetrVG) oder eine Betriebsversammlung zu fordern.

Die angestellten Mitarbeiter eines Vereins sind häufig zugleich dessen Mitglieder. Wenn Karin Mitglied wäre, könnte sie die Einberufung einer Mitgliederversammlung durchsetzen, damit die veränderten Arbeitszeiten oder -aufgaben dort diskutiert werden. Dazu muss sie in der Vereinssatzung nachsehen, wie viele Mitglieder die Einberufung einer solchen Mitgliederversammlung erzwingen können (falls der Vorstand dies nicht ohnehin vorhat). Bei diesen „politischen" Aktionen muss Karin die aus ihrem Arbeitsverhältnis bestehenden Pflichten einhalten: Dagegen würde sie beispielsweise verstoßen, wenn sie die Bewohner wegen der bevorstehenden Änderung unangemessen verunsichern würde. Auch Kontakte zum Leistungsträger (Landschaftsverband) dürfen nicht dazu führen, den Leistungserbringer (ihren Arbeitgeber, Lebenswelt Viersen e.V.) zu diskreditieren.

Neben dieser politisch-rechtlichen Ebene gibt es noch die Ebene ihres Arbeitsvertrages (→ LSA B.3.4.1 Rechte von Arbeitnehmern). Hier muss Karin klären, ob sie ausdrücklich als „Sozialarbeiterin im Heim für Menschen mit Behinderung" eingestellt ist – das muss aus dem Text des Vertrages hervorgehen – oder schlicht als „Sozialarbeiterin". Im ersten Fall hat der Arbeitgeber nicht das Recht, sie dauerhaft mit anderen Aufgaben (Betreuungen, Vormundschaften) zu betrauen, im zweiten schon. Das gleiche gilt für den Fall der Vereinbarung fester oder unbestimmter Arbeitszeiten. Findet Karin keine für sie günstigen Regelungen in ihrem Arbeitsvertrag, bleibt ihr nur der Weg der ordentlichen Kündigung für den Fall, dass sie im Gespräch mit ihrem Arbeitgeber keine für sich akzeptable Lösung findet. Das Kündigungsrecht ist in ihrem Arbeitsvertrag formuliert und zusätzlich in §§ 622 ff. BGB geregelt. Wenn in ihrem Arbeitsvertrag eine andere Kündigungsfrist steht als in § 622 BGB, dann gilt die für Karin günstigere Frist, denn von den Fristen in § 622 BGB darf im Arbeitsvertrag nur zugunsten und nicht zulasten der Arbeitnehmer abgewichen werden.

Lösung zu Frage 2: Perspektive des Geschäftsführers

Die Frage, wer jetzt eigentlich eine Entscheidung treffen muss, hängt von den Rechtsbeziehungen innerhalb des Vereins Lebenswelt Viersen e.V. ab. Sie sind in der Vereinssatzung geregelt. Häufig gibt es zusätzlich Geschäftsordnungen, die die Tätigkeit des Vorstandes und das Verhältnis zwischen Vorstand und Geschäftsführung regeln. Schließlich hat Klaus selbst einen Arbeitsvertrag (Geschäftsführervertrag) mit dem Verein geschlossen, aus dem sich seine Aufgaben entnehmen lassen könnten.

Ist in den vereinsinternen Regelungen nichts Klares zu entnehmen, greift das Vereinsrecht des BGB (§§ 21-54 ff. BGB) als subsidiäre Regelung (→ LSA C.2.2.2. Rechtsfähigkeit; LSA D.2.3.7 Organhaftung von Vereinen und Haftung von Vereinsmitgliedern). Daraus geht hervor, dass jeder Verein eine Mitgliederversammlung und einen Vorstand hat. Die Mitgliederversammlung ist das letztendlich entscheidende Gremium; der Vorstand vertritt den Verein nach innen und außen und führt die laufenden Geschäfte. Zu diesen laufenden Geschäften gehört insbesondere der Abschluss von Verträgen wie z.b. Arbeitsverträgen oder die Leistungs-, Vergütungs- und Prüfvereinbarung mit dem Leistungsträger (z.B. § 76 Abs. 3 SGB XII).

Der Vorstand kann sich – je nach Satzung – eines Geschäftsführers oder auch eines besonderen Vertreters (§ 30 BGB) bedienen. Im Rahmen der ihnen zugewiesenen Befugnisse dürfen diese eigene Entscheidungen treffen. Es gilt der Grundsatz: Alle wesentlichen Entscheidungen sind vom Vorstand, wenn nicht sogar von der Mitgliederversammlung zu treffen. So dürfte die Entscheidung, wie die Sozialarbeiter grundsätzlich eingesetzt werden, eine Vorstandsangelegenheit sein, die der Geschäftsführer umzusetzen hat.

Wenn Klaus sich weigert, Vorstandsbeschlüsse umzusetzen, muss er mit der Kündigung seines Vertrages rechnen.

Würde sich der Vorstand entschließen, Sozialarbeiter wie Karin zukünftig auch in der Abteilung Betreuung einzusetzen, muss auch Klaus Karins Arbeitsvertrag überprüfen. Wenn dort für Karin eine klare Aufgabenzuweisung (Bezugsbetreuerin im Heim) festgeschrieben ist, muss er eine sog. Änderungskündigung aussprechen. Dies ist die Kündigung mit dem gleichzeitigen Angebot des Abschlusses eines neuen Arbeitsvertrages (§ 2 KSchG; GSA Nr. 63). Besteht eine solche Aufgabenzuweisung nicht, kann Klaus Karin eine andere Aufgabe zuweisen, ohne dass es einer Kündigung bedarf.

3.1.2 Schweigepflicht

Fallschilderung

Herr Vogel erscheint in der Familienberatungsstelle der Caritas und erzählt der Sozialarbeiterin Frau Münch, bei der er schon seit geraumer Zeit wegen Erziehungsproblemen mit seiner 15-jährigen Tochter in Beratung ist, dass seine Tochter nun schwanger sei. Herr Vogel ist deswegen sehr aufgebracht. Herr Vogel vergewissert sich, dass Frau Münch der Schweigepflicht unterliegt und erzählt ihr dann, dass er morgen den 17-jährigen Freund seiner Tochter verprügeln werde. Frau Münch hat keinen Zweifel, dass Herr Vogel seine Drohung wahrmacht, er ist als gewaltbereit bekannt.

Fragen

Frau Münch überlegt,

1. ob sie ihrer Kollegin, die Herrn Vogel ebenfalls kennt, die selbst auch der Schweigepflicht unterliegt, davon erzählen kann?
2. ob sie die Polizei rufen soll?
3. ob sie einfach nichts tun soll? D.h., ob sie eine Verpflichtung hat, die Polizei zu verständigen, oder ob sie sich strafbar macht, wenn etwas passiert, das sie hätte verhindern können?
4. Was hätte Frau Münch zu tun, wenn sie Fachkraft im ASD des Jugendamtes wäre und der Freund des Mädchens ihr Klient wäre?

Themengebiete / Hilfestellungen

Das Thema Schweigepflicht spielt im beruflichen Alltag eine große Rolle (→ LSA D.1 Sozialdatenschutz und Schweigepflicht). In der Sozialen Arbeit mit Klienten werden viele persönliche und intime Informationen über Klienten und ihre Familien bekannt. Beratung, Unterstützung und Hilfe ist nur dann adäquat möglich, wenn ein Vertrauensverhältnis zwischen den Beteiligten besteht und die Klienten sichergehen können, dass mit ihren Daten sorgsam umgegangen wird und Informationen vertraulich behandelt werden. Die Absicherung des Daten- und Vertrauensschutzes geschieht in rechtlicher Hinsicht auf verschiedenen Ebenen. Das Bundes- und die Landesdatenschutzgesetze schützen das Persönlichkeitsrecht eines jeden Einzelnen und regeln allgemein die Erhebung, Speicherung, Nutzung und Übermittlung von Daten außerhalb des privaten Bereichs. Für den großen Bereich des Sozialrechts gibt es spezifische Regelungen im SGB X, die durch Sonderregelungen in den einzelnen SGBs spezifiziert werden. Je nach Tätigkeitsbereich eines Sozialarbeiters sind aber auch besondere Datenschutz- und Verschwiegenheitsregelungen zu beachten (z.B. im Bereich der Straffälligenhilfe, Arbeit mit Migranten und Ausländern etc.). Nicht zuletzt enthalten in aller Regel die individuellen Arbeitsverträge Pflichten zur Verschwiegenheit. Aus der Sicht des Sozialarbeiters stellt sich vor allem die Frage nach den Konsequenzen der Verletzung von Verschwiegenheitspflichten. Besonders bedeutsam ist dabei die strafrechtliche Dimension der Schweigepflicht. Es gibt nur wenige im Gesetz explizit benannte Berufsgruppen, deren Verschwiegenheit von der Rechtsordnung ein so hoher Stellenwert eingeräumt wird, dass die Verletzung der Schweigepflicht unter Strafe gestellt wird – staatlich anerkannte Sozialarbeiter zählen dazu! In diesem Fallbeispiel wird ausschließlich die strafrechtliche Dimension der Schweigepflicht behandelt.

Lösung zu Frage 1: Inhalt der Schweigepflicht und Erlaubnisnormen

Eine Verletzung der Schweigepflicht nach § 203 Abs. 1 StGB liegt vor, wenn ein Berufsgeheimnisträger ein Geheimnis, das ihm im beruflichen Kontext anvertraut oder sonst bekannt geworden ist, unbefugt offenbart. Frau Münch ist als Sozialarbeiterin einer Familienberatungsstelle eines Wohlfahrtsverbandes und damit Geheimnisträgerin nach § 203 Abs. 1 Nr. 4 StGB. Als staatlich anerkannte Sozialarbeiterin ist sie aber auch Geheimnisträgerin nach § 203 Abs. 1 Nr. 5 StGB. Ihr wurde von Herrn Vogel ein Geheimnis, nämlich, dass seine Tochter schwanger ist und er den Freund der Tochter verprügeln werde, anvertraut. Wenn Frau Münch dieses Geheimnis ihrer Kollegin erzählt, offenbart sie dieses Geheimnis. Die Tatsache, dass die Kollegin ebenfalls der Schweigepflicht unterliegt, spielt keine Rolle.

Die Offenbarung wäre nur dann nicht unbefugt, wenn es eine Erlaubnisnorm gäbe. In der Praxis ist die wichtigste Erlaubnisnorm die Einwilligung der betreffenden Person. Herr Vogel hat aber kein Einverständnis zur Weitergabe seiner Information gegeben, im Gegenteil, er hat sich vor Bekanntgabe des Geheimnisses sogar ausdrücklich die Schweigepflicht von Frau Münch bestätigen lassen. Wenn keine Einverständniserklärung des Klienten vorliegt, müsste es eine gesetzliche Grundlage geben, die die Weitergabe der Information an die Kollegin erlaubt. Eine solche gibt es in diesem Fall jedoch nicht.

Frau Münch würde allerdings dann nicht unbefugt handeln, wenn sie sich auf rechtfertigenden Notstand nach § 34 StGB berufen könnte: Wenn eine gegenwärtige Gefahr für Leben, Leib, Freiheit, Ehre, Eigentum oder ein anders Rechtsgut vorliegt und diese Gefahr nicht anders als durch Offenbarung des Geheimnisses abgewendet werden kann. Außerdem muss bei Abwägung des Interesses an der Gefahrenabwehr und des Interesses an der Geheimhaltung, das Gefahrenabwehrinteresse wesentlich überwiegen, und die Offenbarung muss ein angemessenes Mittel sein, die Gefahr abzuwenden. Es liegt eine gegenwärtige Gefahr für Leib und Leben des jungen Mannes vor, schließlich ist Herr Vogel als gewaltbereit bekannt. Die Information der Kollegin ist jedoch nicht das einzige Mittel und schon gar nicht das angemessene Mittel, um diese Gefahr abzuwenden. Im Gegenteil, die Kollegin kann genauso wenig etwas tun, um die Tat zu verhindern wie Frau Münch. Durch die Information der Kollegin würde Frau Münch daher gegen ihre Schweigepflicht verstoßen.

Lösung zu Frage 2: Polizeimeldung

Es gilt grundsätzlich das unter 1. Gesagte, weil die Schweigepflicht prinzipiell auch gegenüber Behörden und der Polizei gilt. Allerdings wäre gegenüber der Polizei der Bruch der Schweigepflicht durch § 34 StGB gerechtfertigt, da die Polizei die zuständige Stelle zur Verhinderung von Straftaten ist und daher der Bruch der Schweigepflicht das angemessene Mittel ist, um die Gefahr abzuwenden.

Lösung zu Frage 3: Anzeigeverpflichtung und andere Gründe für den Bruch der Schweigepflicht

Wenn Frau Münch die Polizei verständigen darf, könnte man sich auch fragen, ob sie diese vielleicht sogar verständigen muss? Gibt es eine Anzeigeverpflichtung, wenn man als Sozialarbeiter von geplanten Straftaten erfährt? Diese gibt es nur nach § 138 StGB. Aus dem Straftatbestand der Nichtanzeige bestimmter schwerer Straftaten nach § 138 StGB ergibt sich eine Verpflichtung, die Polizei zu informieren, wenn man von dem Vorhaben oder der Ausführung dieser Straftaten Kenntnis erlangt und die Tat noch verhindert werden kann. Herr Vogel hat mit Verprügeln gedroht. Körperverletzung zählt nicht zu den in § 138 Abs. 1 und 2 StGB aufgezählten Straftaten, daher besteht diesbezüglich keine Anzeigeverpflichtung.

Hätte Herr Vogel mit „Umbringen" gedroht, wäre unter Umständen der Tatbestand des § 138 Abs. 1 Nr. 5 StGB erfüllt, d.h. in diesem Fall hätte Frau Münch nicht nur die Erlaubnis, die Polizei zu verständigen (siehe auch § 71 Abs. 1 S. 1 Nr. 1 SGB X), sondern sie wäre sogar verpflichtet, dies zu tun, und würde sich strafbar machen, wenn sie keine Anzeige erstattet.

Die Nichtanzeige bei der Polizei ist für Frau Münch nicht strafbar. Wie verhält es sich aber, wenn etwas passiert, das Frau Münch hätte verhindern können (z.B. der junge Mann wird schwer verletzt)? Eine mögliche Rechtsgrundlage für eine Verantwortlichkeit wegen Unterlassung einer Anzeige wäre in diesem Fall §§ 223, 13 StGB. § 13 Abs. 1 StGB stellt das Unterlassen unter Strafe, wenn der Täter (also in dieser Betrachtungsperspektive Frau Münch) dazu verpflichtet ist, einzuschreiten und den unerwünschten Erfolg der Tat zu verhindern (Garantenstellung). Frau Münch hätte die Möglichkeit, durch Verständigung der Polizei das Verprügeln und die Körperverletzung des jungen Mannes durch Herrn Vogel zu verhindern. Wenn sie die Polizei nicht verständigt, wäre sie aber nur strafbar, wenn sie eine Garantenstellung hätte, d.h. verpflichtet wäre, einzuschreiten. Diese Verpflichtung besteht für sie als Sozialarbeiterin in Bezug auf den jungen Mann nicht. Frau Münch kann daher in diesem Fall die Polizei verständigen (siehe Frage 2.), wenn sie es nicht tut, macht sie sich nicht strafbar und kann nicht zur Verantwortung gezogen werden, wenn der junge Mann tatsächlich verletzt wird.

Lösung zu Frage 4: Schweigepflicht versus Schutzauftrag

Als Jugendamtsmitarbeiterin wäre Frau Münch auch Amtsträgerin nach § 203 Abs. 2 S. 1 Nr. 1 StGB und auf alle Fälle weiterhin zur Verschwiegenheit verpflichtet. Wenn ihr allerdings als zuständige Fachkraft bekannt wird, dass ihr Klient – bei dieser Fallvariante der Freund der Tochter von Herrn Vogel – in Gefahr ist, muss sie ihrem Schutzauftrag nach § 8a SGB VIII nachkommen und die notwendigen Schritte setzen, um die Gefahr abzuwenden. Die Schweigepflicht kollidiert hier mit dem Schutzauftrag, und letzterer geht vor, weil er eine ausdrückliche Pflicht zum Einschreiten beinhaltet. D.h. Herrn Vogel gegenüber sollte Frau Münch ihre Verpflichtung zum Tätigwerden bekannt geben und den jungen Mann, dessen Eltern oder die Polizei verständigen.

3.1.3 Aufsichtspflicht

Fallschilderung

Der 7-jährige Markus ist ein sehr wildes und lebhaftes Kind. Er klettert gerne auf Bäume und Spielgeräte, hat aber Schwierigkeiten in der Bewegungskoordination. Er ist deswegen schon öfters abgestürzt und hat sich schon mehrmals verletzt. Die Eltern haben sowohl die Schule als auch den Jugendhilfeträger der Nachmittagsbetreuung in der Offenen Ganztagsschule schriftlich, und die zuständige Sozialarbeiterin Johanna, eine Mitarbeiterin des Trägers, mündlich auf diese Problematik hingewiesen. In der Teambesprechung wurden auch alle anderen Betreuer darüber informiert. Grundsätzlich gibt es eine Dienstanweisung des Trägers, dass beim Spielen auf dem Außengelände immer dann zwei Betreuer anwesend sein müssen, wenn mehr als ein Kind draußen spielt.

An einem Nachmittag beaufsichtigte Johanna mit ihrem erfahrenen Kollegen Gert (er arbeitet bereits seit 25 Jahren für die Einrichtung) die Kinder im Außenbereich. Es war abgesprochen, dass sich Johanna mehr um die ruhigeren und Gert mehr um die wilderen Kinder kümmern sollte, darunter auch Markus. Als Johanna gerade mit einem der ruhigeren Kinder beschäftigt war, kletterte Markus auf einen Kletterturm und stürzte ab. Der Kletterturm war in verkehrssicherem Zustand; der Sturz erfolgte wegen Markus´ Schwierigkeiten in der Bewegungskoordination. Johanna hatte sich darauf verlassen, dass ihr Kollege Gert auf die anderen Kinder – insbesondere auf Markus – aufpasst. Gert hatte aber – ohne Johanna Bescheid zu geben – das Außengelände verlassen, weil sein 6-jähriger Schützling Sophie Steine über den Zaun der Außenanlage geworfen und dabei ein parkendes Auto beschädigt hatte. Johanna hatte dies nicht sehen können, da das Außengelände über eine Ecke verläuft und von der Stelle, an der Johanna stand, nicht das ganze restliche Außengelände auf einen Blick überschaubar ist. Aus diesem Grund gibt es auch die Anordnung, dass immer zwei Mitarbeiter die Kinder auf dem Außengelände beaufsichtigen müssen. Bisher hat Gert sich immer an diese Anweisung gehalten. Es waren genügend Mitarbeiter zum Dienst eingeteilt, so dass ein Kollege ersatzweise hätte in den Außenbereich gehen können, wenn Gert Bescheid gesagt hätte.

Gert versuchte gerade die aufgebrachte Autobesitzerin Frau Plum zu beruhigen, als der Unfall mit Markus passierte. Sophie ist ein aufgewecktes, eigentlich aber eher vernünftiges Mädchen. Bisher gab es keine derartigen Vorfälle, dass von den Kindern Sachen über den Zaun geworfen worden sind. Es liegen auch keine Steine herum, sondern ein Kind hatte diese bei einem Ausflug gesammelt und in seinem Rucksack mitgenommen.

Sophie und das zweite, gleichaltrige Kind wollten ausprobieren, wie weit sie die Steine werfen können. Gert hatte den Kindern einen ungefährlichen Platz gezeigt, wo sie das Steinewerfen ausprobieren durften. Sodann hatte er sich für etwa 30 Minuten den anderen Kindern zugewandt. In dieser Zeit wollte Sophie ihrer Freundin zeigen, dass sie auch hoch, nämlich über den Zaun, werfen könne. Deshalb verließ sie mit ihrer Freundin den von Gert zugewiesenen Platz, ging zum Zaun und nutzte mehrere Minuten lang den unbeobachteten Moment, um das „Kunststück" auszuführen. Nun hat das Fahrzeug der Frau Plum auf der Motorhaube gleich mehrere Dellen. Der Sachschaden dürfte bei 2.000 € liegen.

Markus erlitt durch den Sturz schwere Kopfverletzungen. Die Ärzte teilen den Eltern mit, dass durch den Sturz das Gehirn derart beschädigt wurde, dass es sich nicht mehr vollständig regenerieren wird. Es wird eine Behinderung bleiben, aufgrund derer Markus später nicht dazu in der Lage sein wird, für sich selbst zu sorgen.

Fragen zur Haftung gegenüber beaufsichtigten Personen (Markus)

1. Übernimmt der Träger der gesetzlichen Unfallversicherung die Heilbehandlung und Folgekosten für Markus? Wenn ja, welche Leistungen sind zu erwarten?
2. Sind Gert, Johanna oder die Einrichtung gegen die Haftung auf Schadensersatz versichert?
3. Wer haftet zivilrechtlich und welche Folgen hat die Kostenübernahme durch die Unfallversicherung?
   a. Muss Sozialarbeiterin Johanna an Markus oder den Träger der Unfallversicherung Schadensersatz leisten?
   b. Muss Sozialarbeiter Gert an Markus oder den Träger der Unfallversicherung Schadensersatz leisten?
   c. Muss die Einrichtung an Markus Schadensersatz leisten?
4. Haben Johanna und/oder Gert arbeitsrechtliche Konsequenzen zu befürchten?
5. Haben sich Johanna und/oder Gert strafbar gemacht?

Fragen zur Haftung gegenüber Dritten (Frau Plum)

6. Kommt die Unfallversicherung für den Fahrzeugschaden auf?
7. Kommen Berufs- oder Betriebshaftpflichtversicherung für den Fahrzeugschaden auf?
8. Wer haftet zivilrechtlich?
   a. Muss Sozialarbeiterin Johanna Schadensersatz leisten?
   b. Muss Sozialarbeiter Gert Schadensersatz leisten?
   c. Muss die Einrichtung Schadensersatz leisten?
   d. Wie ist die Haftung untereinander geregelt, wenn neben einem Sozialarbeiter auch die Einrichtung haftet?
9. Haben Johanna und/oder Gert arbeitsrechtliche Konsequenzen zu befürchten?
10. Haben sich Johanna und/oder Gert strafbar gemacht?

Themengebiete / Hilfestellungen

Die Frage der Verantwortlichkeit von Sozialarbeitern im beruflichen Kontext führt in der Praxis oft zu Verunsicherung (→ LSA D.2 Soziale Arbeit in der Haftungsfalle). Die Angst davor, Fehler zu machen, die zu einem Schaden führen, für den man dann als Sozialarbeiter einstehen muss, kann das fachliche Handeln beeinflussen. Das Fallbeispiel soll deutlich machen, dass diese Angst in aller Regel unberechtigt ist.

Wenn fachliche Qualitätsstandards – also die „Regeln der jeweiligen Kunst" – und normativ vorgeschriebene Vorgehensweisen eingehalten werden, gibt es kein Haftungsrisiko! Die fachliche Begründung des Handelns und die Dokumentation (im Streitfall wichtig zu Beweiszwecken) sind der beste Schutz.

Selbst wenn Fehler passieren, sind die Folgen für den Einzelnen in aller Regel wirtschaftlich nicht gravierend, vor allem, wenn Versicherungen vorhanden sind, die den Schaden übernehmen. Zum professionellen Handeln gehört es, bei einem Schadensfall sofort die dafür infrage kommenden Versicherungen einzuschalten!

Das sensible Thema bedarf der ausführlichen Erörterung. Anders als in allen anderen Fallschilderungen haben wir hier zwei Fälle in einer Bearbeitung behandelt. In beiden Fällen geht es um die Verletzung der Aufsichtspflicht. In dem einen Fall (Markus) erleidet das zu beaufsichtigende Kind einen erheblichen Gesundheitsschaden. Davon zu unterscheiden ist der zweite Fall, in dem das aufsichtsbedürftige Kind (Sophie) selbst einen Schaden verursacht.

Lösung zu Frage 1: Eintritt und Umfang der Unfallversicherung

Die gesetzliche Unfallversicherung greift gem. § 7 SGB VII unter anderem bei Arbeitsunfällen. Was ein Arbeitsunfall ist, ist in § 8 Abs. 1 SGB VII geregelt. Es ist ein Unfall eines Versicherten infolge einer den Versicherungsschutz nach §§ 2, 3 oder 6 SGB VII begründenden Tätigkeit (versicherte Tätigkeit). Unfälle sind zeitlich begrenzte, von außen auf den Körper einwirkende Ereignisse, die zu einem Gesundheitsschaden oder zum Tod führen, § 8 Abs. 1 SGB VII.

Gem. § 2 Abs. 1 Nr. 8b SGB VII sind Schüler während der Teilnahme an Betreuungsmaßnahmen unmittelbar nach der Schule unfallversichert. Deshalb war Markus unfallversichert, als er während der Nachmittagsbetreuung in der OGS von dem Klettergerüst stürzte; der Sturz stellte einen sog. Arbeitsunfall dar. Der Unfall ist auch kausal für den Körperschaden, denn ohne den Sturz gäbe es die Verletzung und damit den Schaden nicht. Der Sturz ist daher sofort der Unfallversicherung zu melden, damit diese für den Schaden eintritt.

Der Träger der Unfallversicherung übernimmt gem. §§ 26 ff. SGB VII die Heilbehandlungskosten einschließlich Leistungen zur medizinischen Rehabilitation (§§ 27 ff. SGB VII), Leistungen zur Teilhabe am Arbeitsleben (§ 35 SGB VII) und am Leben in der Gemeinschaft (§§ 39 ff. SGB VII, z.B. Kraftfahrzeughilfe, Haushaltshilfe), Pflegegeld oder Stellung einer Pflegekraft (§ 44 SGB VII) sowie Geldleistungen (Verletzten- und Übergangsgeld gem. §§ 45 ff. SGB VII, Renten gem. §§ 56 ff. SGB VII, Abfindungen gem. §§ 75 ff. SGB VII). Für Markus besteht deshalb ein sehr umfassender Schutz (→ LSA B.5.3.4 Öffentliches Recht für Menschen mit Behinderung; → LSA Abb. 11: Reha-Träger).

Lösung zu Frage 2: Eintritt der Haftpflichtversicherungen

Neben der gesetzlichen Unfallversicherung kommen bei fehlerhaftem beruflichem Handeln bestimmte Haftpflichtversicherungen für den Schaden auf. Dies setzt voraus, dass entweder der Berufsrollenträger persönlich oder der Betrieb in Anspruch genommen ist. Inwieweit dies der Fall ist, klären wir in Frage 3. Wir ziehen das Kapitel „Haftpflichtversicherungen" wegen seiner Bedeutung im Schadensfall vor. Grundsätzlich gilt: Die zivilrechtliche Haftung (Frage 3) greift in vollem Umfang in das private Vermögen des Sozialarbeiters bzw. das Betriebsvermögen der Einrichtung. Weil zunehmend Schäden in erheblicher Höhe geltend gemacht werden, ist der Abschluss einer entsprechenden Versicherung mehr als ratsam.

Eine Haftpflichtversicherung trägt immer nur den Schaden eines anderen, nie den eigenen. Eine Pflicht zum Abschluss einer solchen Versicherung gibt es nur für den Betrieb eines Kraftfahrzeuges (Kfz-Haftpflichtversicherung) und für bestimmte Berufe (Ärzte, Rechtsanwälte), zu denen die Sozialarbeiter nicht gehören. Gert ist also gegen die Inanspruchnahme wegen eines beruflichen Fehlers grundsätzlich nicht versichert. Er oder die Einrichtung hatten jedoch gute Möglichkeiten, einen zivilrechtlichen Vertrag über eine Berufs- oder Betriebshaftpflichtversicherung abzuschließen:

Die Berufshaftpflichtversicherung wird auch als Vermögensschadenhaftpflichtversicherung bezeichnet. Sie tritt ein, wenn durch die berufliche Tätigkeit (eines Sozialarbeiters) ein Personen-, Sach- oder Vermögensschaden verursacht wurde. Bei Markus ist ein solcher Schaden eingetreten, also könnte ein Versicherungsfall vorliegen. Weil es keine Versicherungspflicht gibt, ist es zunächst einmal der Eigeninitiative von Gert überlassen, ob er eine solche Versicherung abschließt oder nicht. Die Beiträge sind äußerst günstig (ca. 100 € pro Jahr) und noch geringer, wenn Gert beispielsweise Mitglied in der Gewerkschaft der Sozialarbeiter ist und dann an einem Gruppenversicherungsvertrag teilnimmt. Üblicherweise umfasst die Versicherung auch eine selbstständige, nebenberufliche und ehrenamtliche Tätigkeit, und bei grober Fahrlässigkeit gibt es keinen Haftungsausschluss.[20] Das bedeutet: Obwohl Gert – wie unten beschrieben – grob fahrlässig gehandelt hat, übernimmt diese Haftpflichtversicherung den Schaden bis zur vereinbarten Deckungssumme.[21] Die Versicherung tritt aber nur ein, wenn Gert eine Versicherung vor Eintritt des Schadensfalles abgeschlossen hat.

Die Träger der freien Wohlfahrtspflege werden auf der Ebene der Rechtsbeziehung zum Leistungsträger zum Abschluss einer Betriebshaftpflichtversicherung verpflichtet (→ LSA C.1.2.1 Das sozialarbeiterische Dreieck von Rechtsbeziehungen). Der Versicherungsschutz umfasst die Freistellung des Betriebes von begründeten gesetzlichen Ansprüchen auf Schadensersatz. Die Reichweite dieser Versicherungen ist unterschiedlich groß. Bei Einrichtungen mit zahlreichen Mitarbeitern ist regelmäßig auch die Versicherung der Mitarbeiter enthalten, und zwar so umfassend, dass kein Regress gegen sie stattfinden muss oder darf.[22] Das ist aber keineswegs selbstverständlich und hängt von der Einrichtung ab. Deshalb ist es Sozialarbeitern dringend zu empfehlen, sich bei dem Arbeitgeber nach dem Haftpflichtversicherungsschutz zu erkundigen und sich – insbesondere bei einer Einrichtung mit nur wenigen Mitarbeitern – ggf. eine Kopie der

---

20 Umfang des Versicherungsschutzes bei Vertragsabschluss klären!
21 Die Deckungssumme liegt üblicherweise bei mehreren Millionen pro Schadensfall.
22 *Vothknecht*, Caritas 2008.

Versicherungsunterlagen aushändigen zu lassen. Vorsorglich ist der Abschluss einer eigenen Berufshaftpflichtversicherung zu empfehlen.

Abschließend muss hier der Hinweis erfolgen, dass der Schadensfall den Berufs- oder Betriebshaftpflichtversicherungen so früh wie möglich anzuzeigen ist.

Lösung zu Frage 3: Zivilrechtliche Haftung

Der Eintritt einer Haftpflichtversicherung setzt voraus, dass der Versicherte rechtlich für sein Verhalten oder das seiner Mitarbeiter einzustehen hat. Das wollen wir in der Frage 3 prüfen.

Gleichzeitig ist zu diskutieren, wie eigentlich der umfassende Schutz der Unfallversicherung (Frage 1) mit der persönlichen Verantwortung der Sozialarbeiter oder des Betriebes miteinander korrespondieren. Diesbezüglich ist vorab auf §§ 104, 105 SGB VII zu verweisen: Der umfassende Eintritt der Unfallversicherung schließt grundsätzlich die unmittelbare Haftung der Einrichtung oder ihrer Mitarbeiter gegenüber dem Geschädigten Markus aus. Für den Fall grober Fahrlässigkeit oder von Vorsatz kann die Unfallversicherung jedoch gem. § 110 SGB VII Regress bei dem Schädiger, also dem Betrieb oder seinem Mitarbeiter, nehmen. Auch insoweit müssen wir klären, wer haftet.

3.a Zivilrechtliche Haftung von Johanna

Rechtsgrundlage für eine zivilrechtliche Haftung von Johanna ist § 823 BGB (→ LSA D.2.3.4 zur Haftung aus Delikt). Die Vorschrift enthält zwei Anspruchsgrundlagen: In Absatz 1 sind die Rechtsgüter aufgelistet, die bei einer Verletzung zum Schadensersatz führen. In Absatz 2 wird auf Schutzgesetze verwiesen; dazu gehört insbesondere eine Strafrechtsnorm wie die Körperverletzung. Die Überprüfung der Strafbarkeit von Johanna beantworten wir in Frage 5. Würde sie sich strafbar gemacht haben, haftete sie (auch) nach § 823 Abs. 2 BGB.

Eine Haftung nach Absatz 1 ist dann gegeben, wenn Johanna den Tatbestand des § 823 Abs. 1 BGB erfüllt hat. Ihre Tathandlung liegt darin, dass sie nicht aufgepasst hat. Durch die gleichzeitige Beschäftigung mit einem anderen Kind bekam sie nicht mit, wie Markus auf den Turm kletterte. Durch diese Handlung, oder besser gesagt Unterlassung, ist eine Rechtsgutverletzung entstanden (Markus wurde am Körper verletzt). Es ist dadurch ein Schaden entstanden, denn Markus hat Verletzungen (Heilungskosten) und Schmerzen (Schmerzensgeld) erlitten. Kausalität zwischen Tathandlung und Rechtsgutverletzung bzw. Schaden ist gegeben, denn es kam zu den Verletzungen, weil Johanna nicht aufgepasst hatte. Hätte sie besser aufgepasst, wäre nichts passiert. Ihr Unterlassen der notwendigen Aufsicht ist auch rechtswidrig, weil sie sich nicht auf einen gesetzlichen Rechtfertigungsgrund (Notwehr, Nothilfe, Notstand, Selbsthilfe, §§ 227 bis 229 BGB) berufen kann.

Auf der Ebene des subjektiven Tatbestands muss sie schuldhaft, d.h. vorsätzlich oder zumindest fahrlässig gehandelt haben, damit eine Haftung eintritt. Vorsatz scheidet bei Johanna jedenfalls aus. Die Frage ist, ob ihr Fahrlässigkeit vorzuwerfen ist. Dies wäre dann der Fall, wenn sie die „im Verkehr erforderliche Sorgfalt außer Acht" gelassen hätte (§ 276 Abs. 2 BGB).

Die Absprache zwischen Gert und Johanna, die Aufsicht über die Gruppe zu teilen, ist nicht zu beanstanden. Es ist deshalb nicht sorgfaltswidrig gewesen, dass Johanna sich um ein anderes Kind gekümmert und nicht mitbekommen hat, als Markus auf den Turm kletterte. Johanna war allerdings entgegen der klaren Anweisung zum Zeitpunkt des Unfalls alleine im Außenbereich. Sie wusste dies nicht, weil ihr Kollege ihr nicht Bescheid gegeben hatte, dass er das Grundstück verlässt. Insofern ist es auch nachvollziehbar, dass sie keinen Kollegen zur ersatzweisen Beaufsichtigung hinzugezogen oder Markus und die anderen Kinder mit beaufsichtigt hat. Ihr ist daher keine Fahrlässigkeit vorzuwerfen. Johanna ist nicht zum Schadensersatz verpflichtet.

3.b Zivilrechtliche Haftung von Gert

Gert könnte ebenfalls gem. § 823 Abs. 1 BGB zur Leistung von Schadensersatz verpflichtet sein. Gert hat nicht aufgepasst und nicht Bescheid gegeben, dass er das Grundstück verlässt. Deshalb ist kein Kollege ersatzweise zur Aufsicht im Außenbereich herangezogen worden. Durch sein Unterlassen ist die Rechtsgutverletzung (Gesundheitsverletzung von Markus) entstanden. Auch ist der Schaden (Heilbehandlungskosten, Schmerzensgeld) dadurch entstanden. Kausalität zwischen Tathandlung und Rechtsgutverletzung bzw. Schaden sind gegeben, denn es kam zu den Verletzungen, weil Gert nicht aufgepasst hatte und nicht Bescheid gegeben hatte, dass er das Gelände verlässt. Auch das Unterlassen von Gert ist rechtswidrig, weil er sich nicht auf einen gesetzlichen Rechtfertigungsgrund berufen kann.[23] Gert handelte fahrlässig, da er die im Verkehr erforderliche Sorgfalt außer Acht gelassen hat, als er es unterließ, seine Kollegin zu informieren und für einen Ersatz zu sorgen, bevor er das Außengelände verlassen hat. Gert ist deshalb grundsätzlich zum Ersatz des Schadens verpflichtet, es sei denn, es greift für ihn ein Haftungsausschluss.

Zur Wahrung des Betriebsfriedens, und um sicherzustellen, dass der Arbeitgeber, der schon die Beiträge für die Unfallversicherung zahlt, nicht doppelt in Anspruch genommen wird, regeln die §§ 104, 105 SGB VII Haftungsausschlüsse. § 104 Abs. 1 SGB VII enthält einen Haftungsausschluss für den Unternehmer, wenn einer seiner Mitarbeiter verletzt wird. § 105 SGB VII regelt den Haftungsausschluss für die Mitarbeiter untereinander. Gert hat eine andere versicherte Person (Markus, vgl. Frage 1) verletzt. Der Haftungsausschluss greift gem. § 105 Abs. 1 SGB VII nur dann nicht, wenn es sich um einen Wegeunfall[24] gehandelt hat oder der Schädiger vorsätzlich handelte. Gert handelte nicht vorsätzlich. Er hat den Unfall nicht billigend in Kauf genommen. Ihm war die Gefahr nicht bewusst – jedenfalls ist davon auszugehen, weil der Sachverhalt diesbezüglich keine näheren Informationen enthält. Insofern ist die Haftung von Gert gem. § 105 Abs. 1 SGB VII ausgeschlossen.

Damit entfällt auch ein Schmerzensgeldanspruch von Markus gegen Gert.[25] Obwohl die Unfallversicherung nur materielle Schäden ausgleicht, hat der Gesetzgeber den Haftungsausschluss so weit ausgedehnt. Das macht insoweit Sinn, als mit dem Eintritt

---

23 Notwehr kommt nicht in Betracht, weil kein Angriff gegenüber Gert vorliegt. Nothilfe ist nicht einschlägig, weil der Schaden am Auto schon eingetreten war und insofern die Gefahr für das Eigentum des Autobesitzers nicht mehr gegenwärtig war. (Sollten noch Steine auf dem Außengelände gelegen haben, so hätte er die weitere Gefahr zumindest durch das Einsammeln der Steine beenden können.) Es handelte sich auch nicht um einen Notstand, weil eine gegenwärtige Gefahr nicht mehr vorlag. Davon abgesehen würde auch das Interesse des Autoeigentümers nicht dem Interesse der Kinder auf körperliche Unversehrtheit überwiegen. Es wäre also wichtiger auf die Kinder aufzupassen, als mit dem Eigentümer des Autos über den Schaden zu sprechen. Gert hätte mit letzterem auch noch warten können und müssen, bis ihn eine Kollegin oder ein Kollege im Außenbereich vertritt.

24 § 8 Abs. 2 SGB VII.

25 *OLG Thüringen*, Beschl. v. 27.05.2015 – 4 W 225/15.

der Unfallversicherung eine umfassende Regulierung des Unfallschadens gewährleistet ist.

Der Träger der Unfallversicherung kann allerdings gem. § 110 Abs. 1 SGB VII seinen Schaden von dem Unfallverursacher ersetzt verlangen, wenn dieser vorsätzlich oder grob fahrlässig gehandelt hat. Gert handelte – wie bereits dargelegt – nicht vorsätzlich. Grobe Fahrlässigkeit liegt vor, wenn die erforderliche Sorgfalt in ungewöhnlich hohem Maße verletzt wurde und dasjenige unbeachtet geblieben ist, was jedem hätte einleuchten müssen.[26] Es lag ein erhöhtes Risiko vor, weil sich Markus auf dem Außengelände befand und die Probleme von Markus dem Team bekannt waren. Es hätte jedem einleuchten müssen, dass es keine gute Idee ist, in einer solchen Situation das Gelände zu verlassen, ohne Bescheid zu geben, um sich einer nicht dringenden Situation zu widmen (die Passantin war unverletzt, so dass es diesbezüglich nicht auf die Minute ankam). Deshalb handelte Gert grob fahrlässig.

Der Unfallversicherungsträger kann daher den ihm entstandenen Schaden gem. § 110 Abs. 1 SGB VII von Gert ersetzt verlangen. Bei so schwerwiegenden Verletzungen, wie sie hier bei Markus angedeutet sind, liegt der Schaden im sechsstelligen Bereich!

3.c Zivilrechtliche Haftung der Einrichtung

Markus bzw. seine Eltern haben mit der Einrichtung einen Vertrag geschlossen (→ LSA C.1.2.1 Sozialarbeiterisches Leistungsdreieck). Wenn eine Vertragspflicht verletzt wurde, haftet der Vertragspartner für den daraus entstandenen Schaden. Anspruchsgrundlagen für eine solche Haftung der Einrichtung finden sich in § 280 BGB und in der Bestimmung über die Haftung für einen Erfüllungsgehilfen nach §§ 278, 280 BGB (→ LSA D.2.3.1 zur Haftung aus Vertrag).[27]

Nach § 280 BGB kann der Gläubiger eines Vertragsverhältnisses Schadensersatz verlangen, wenn der Schuldner eine Pflicht aus dem Vertrag verletzt. Der Träger des OGS-Angebotes hat mit Abschluss des Betreuungsvertrages mit den Eltern die Pflicht übernommen, das Kind zu betreuen. Die Eltern haben die Leitung ausdrücklich über die Besonderheiten ihres Sohnes informiert, und die erhöhte Betreuungsbedürftigkeit war Inhalt der Verpflichtung, deswegen wurden auch besondere Vorkehrungen getroffen. Diese Verpflichtung aus dem Vertrag wurde jedoch nicht erfüllt, und das Kind ist zu Schaden gekommen. Wenn dem Träger zumindest fahrlässiges Verhalten nachgewiesen werden kann, z.B. dass Verkehrssicherungspflichten nicht eingehalten wurden (d.h. die Pflicht, den Betrieb in einem verkehrssicheren Zustand zu halten und so zu führen, dass niemand geschädigt wird), oder Organisationspflichten vernachlässigt wurden (d.h. die Pflicht, Betriebsabläufe durch angemessene Organisations- und Personalplanung so zu gestalten, dass Schäden für Dritte ausgeschlossen sind, z.B. durch Bereitstellung genügend qualifizierten Personals, eindeutige Zuordnung von Verantwortlichkeiten, etc.), ist eine Haftung des Trägers für sein eigenes Verschulden zu bejahen. Der Sachverhalt lässt kein diesbezügliches Verschulden erkennen. Denn der Träger hat angeordnet, dass die Kinder im Außenbereich immer von zwei Mitarbeitern betreut werden. Dadurch ist der Träger seiner Organisationspflicht nachgekommen. Die Spielgeräte waren in einwandfreiem Zustand, so dass der Träger seiner Verkehrssicherungs-

---

26 *Röhl*, JZ 1974, 521 ff.
27 Aus Platzgründen wird hier auf die Darstellung der Haftung für den Verrichtungsgehilfen nach § 831 BGB verzichtet.

pflicht nachgekommen ist. Auch gab es genügend Personal, so dass dem Träger auch keine unzureichende Personalplanung vorgeworfen werden kann.

Der Schuldner eines Vertrages (Träger als Schuldner des Betreuungsvertrages) hat aber nicht nur für eigenes Verschulden einzustehen, sondern nach § 278 BGB auch für ein Verschulden der Person, derer er sich zur Erfüllung seiner Verbindlichkeit bedient, und zwar in gleichem Umfang wie für sein eigenes Verschulden. Der Träger hat die Erfüllung der vertraglichen Betreuungspflicht auf seine Mitarbeiter übertragen, daher haftet er für eine Fahrlässigkeit seiner Mitarbeiter. Die Haftung des Trägers tritt neben eine Eigenhaftung der Mitarbeiter nach § 823 BGB. Die persönliche Haftung von Johanna hatten wir soeben abgelehnt, aber das fahrlässige Verhalten von Gert bejaht. Dieses fahrlässige Verhalten von Gert wird dem Träger zugerechnet. Deshalb wäre die Haftung des Trägers gegeben, wenn nicht ein Haftungsausschluss greifen würde. Wie bereits in Frage 3b erläutert, ist in § 104 SGB VII ein Haftungsausschluss für Unternehmer geregelt. Da sie bereits die Beiträge für die Unfallversicherung leisten, sollen Unternehmer in den Fällen, in denen die Unfallversicherung greift, nicht noch darüber hinaus in Anspruch genommen werden können. Vor diesem Hintergrund ist die Haftung des Trägers der OGS in diesem Fall gem. § 104 Abs. 1 SGB VII ausgeschlossen.

Lösung zu Frage 4: Arbeitsvertragliche Konsequenzen

In Bezug auf den Arbeitsvertrag hat ein Arbeitnehmer nur Konsequenzen zu befürchten, wenn er Pflichten aus dem Arbeitsvertrag verletzt hat (→ LSA B.3.4 Arbeitsrecht).

Inhalt der Tätigkeit von Johanna und Gert für den Arbeitgeber ist die Betreuung von Kindern im Rahmen der Offenen Ganztagsschule. Sie verletzen ihre arbeitsvertragliche Pflicht, wenn sie nicht ausreichend aufpassen und ein Kind verletzt wird. Außerdem verletzen sie ihre arbeitsvertragliche Pflicht, wenn sie eine Anweisung des Arbeitgebers nicht befolgen. Es gab seitens des Arbeitgebers die klare Vorgabe, sich nur zu zweit mit den Kindern im Außenbereich aufzuhalten. Gegen diese Weisung haben beide verstoßen und dadurch ihre arbeitsvertragliche Pflicht verletzt. In Bezug auf Johanna haben wir aber dargelegt, dass sie dies nicht zu vertreten hat, da sie nicht wusste, dass Gert das Grundstück verlassen hatte. Sie hat daher keine arbeitsrechtlichen Konsequenzen zu befürchten. In Bezug auf Gert haben wir ein Verschulden hingegen bejaht.

Die rechtlichen Konsequenzen eines Verstoßes gegen arbeitsvertragliche Pflichten können eine Ermahnung durch den Arbeitgeber, eine förmliche Abmahnung als Vorstufe einer Kündigung und in letzter Konsequenz eine Kündigung sein. Welche dieser Maßnahmen der Arbeitgeber ergreift, hängt von der Schwere des Vorwurfs ab. Ist das Fehlverhalten derart schwerwiegend, dass dem Arbeitgeber eine weitere Zusammenarbeit – nicht einmal bis zum Ablauf der ordentlichen Kündigungsfrist – zuzumuten ist, so hat er die Möglichkeit, das Arbeitsverhältnis außerordentlich zu kündigen. Dies kann fristlos oder unter Einhaltung einer sog. sozialen Auslauffrist geschehen. Auch dies hängt von dem Schweregrad des Vorwurfs ab.

Die konkreten Umstände des Einzelfalls sind dabei immer zu berücksichtigen. Das bedeutet, dass immer berücksichtigt wird, wie lange das Arbeitsverhältnis schon besteht und wie sich der Arbeitnehmer bisher verhalten hat. Gert ist schon seit 25 Jahren für die Einrichtung tätig. Bisher hat er sich immer an die Weisungen seines Arbeitgebers gehalten. Aufgrund der schwerwiegenden Folgen würde es in diesem Fall nicht bei einer Ermahnung bleiben. Es würde eine Abmahnung ausgesprochen werden. Da er schon viele Jahre lang bewiesen hat, dass er ein zuverlässiger Mitarbeiter ist, wird dieses einmalige Fehlverhalten – auch wenn es gravierende Folgen hatte – aber nicht zu einer Kündigung führen.

Eine weitere arbeitsvertragliche Konsequenz könnte ein Regressanspruch des Arbeitgebers gegenüber dem Arbeitnehmer (Gert) sein. Da der Träger hier aber selbst nicht haftet, ist ihm kein Schaden entstanden, den er von Gert ersetzt verlangen könnte.

Lösung zu Frage 5: Strafrechtliche Verantwortlichkeit eines Mitarbeiters bzw. einer Mitarbeiterin

Rechtsgrundlage für eine Strafbarkeit wegen fahrlässiger Körperverletzung durch Unterlassen sind §§ 229, 13 StGB. Nach § 229 StGB ist strafbar, wer durch Fahrlässigkeit eine Körperverletzung einer anderen Person verursacht (→ LSA C.4.4.4 zur Körperverletzung).

Johanna und Gert haben durch ihre Unachtsamkeit die Verletzung von Markus verursacht. Allerdings geschah der Unfall nicht durch ein aktives Tun von Johanna oder Gert, sondern durch ein Unterlassen der Beaufsichtigung. Grundsätzlich ist Passivität nicht strafbar. Garantiere ich aber, z.B. durch einen Vertrag, etwas zu tun, damit kein Schaden eintritt (ich garantiere, die Kinder verletzen sich nicht), dann ist das Unterlassen dem aktiven Tun strafrechtlich gleichgestellt (sog. Garantenstellung, § 13 StGB; → LSA C.4.3.8 zur Garantenstellung).[28] Johanna und Gert waren aufgrund des Betreuungsvertrages für die Beaufsichtigung von Markus verantwortlich. Objektiv haben sie gegen diese Aufsichtspflicht verstoßen, denn sonst wäre es nicht zum Sturz gekommen.

Zu einer Strafbarkeit führt die Verletzung der Garantenstellung jedoch nur, wenn dies vorsätzlich oder fahrlässig geschah. Johanna handelte – wie bereits dargelegt – nicht fahrlässig (erst recht nicht vorsätzlich). Sie hat sich daher auch nicht strafbar gemacht. Gert handelte fahrlässig. Er handelte auch rechtswidrig und schuldhaft und hat sich insofern der fahrlässigen Körperverletzung gem. § 229 StGB strafbar gemacht.

Diese strafrechtliche Haftung bedeutet für ihn die Zahlung einer Geldstrafe an den Staat, sobald die Staatsanwaltschaft oder das Amtsgericht, Abteilung für Strafsachen, diese von ihm fordern (→ LSA C.4.3.9 zu den Rechtsfolgen einer Tat). Weitere Konsequenz aus dieser strafrechtlichen Haftung ist grundsätzlich auch die zivilrechtliche nach § 823 Abs. 2 BGB auf Schadensersatz und Schmerzensgeld gegenüber Markus. Auch insoweit besteht aber der Haftungsausschluss nach § 105 Abs. 1 SGB VII.

Lösung zu Frage 6: Eintritt der Unfallversicherung

Die Unfallversicherung tritt nicht ein, denn es handelt sich beim Schaden an Frau Plums Auto nicht um den Arbeitsunfall eines Versicherten, §§ 7 Abs. 1, 8 Abs. 1 SGB VII. Die Unfallversicherung ersetzt keine Sachschäden.

Lösung zu Frage 7: Eintritt der Haftpflichtversicherungen

Die Berufs- oder Betriebshaftpflichtversicherungen treten für Schäden ein, die aufgrund einer beruflichen oder betrieblichen Tätigkeit bei einem Dritten entstanden sind. Ein solcher Schaden ist durch die Beschädigung des Fahrzeuges von Frau Plum möglich.

---

28 *LG Bad Kreuznach*, Urt. v. 31.05.2012 – 1024 Js 6294/10 Ns.

Voraussetzung für die Eintrittspflicht ist, dass derartige Versicherungen überhaupt abgeschlossen sind. Zweitens muss eine berufliche oder betriebliche Haftung möglicherweise gegeben sein. Dieser Schadensfall muss drittens der Berufs- oder Betriebshaftpflichtversicherung unverzüglich angezeigt worden sein. Ob tatsächlich ein Haftungsfall eingetreten ist, klärt die Versicherung nach der Schadensanzeige selbst. Wir klären das mit der Antwort auf die Frage 8.

Lösung zu Frage 8: Wer haftet zivilrechtlich?

8.a Muss Sozialarbeiterin Johanna Schadensersatz leisten?

Schon im Fall Markus hatten wir eine Haftung von Johanna gem. § 823 Abs. 1 BGB verneint, denn sie hat nicht fahrlässig gehandelt. Das gleiche gilt wohl auch für den Schaden, den Sophie verursacht hat. Offensichtlich sollte Gert auf sie aufpassen. Der Außenbereich, in dem Sophie spielte, war für Johanna nicht einsehbar. Eben deshalb hatten sich Johanna und Gert die Aufsicht geteilt, und Gert sollte diesen Teil des Geländes beaufsichtigen. Eine Fahrlässigkeit ist Johanna nicht vorzuwerfen. Sie haftet nicht.

8.b Muss Sozialarbeiter Gert Schadensersatz leisten?

Eine Haftung von Gert nach § 823 Abs. 1 BGB ist gegeben, wenn er den Tatbestand erfüllt hat. Seine Tathandlung liegt darin, dass er es unterlassen hat, die Kinder vom Werfen der Steine über den Zaun abzuhalten. Durch diese Handlung, oder besser gesagt Unterlassung, ist eine Rechtsgutverletzung entstanden (Beschädigung des Eigentums von Frau Plum). Es ist dadurch ein Schaden entstanden, denn die Reparatur kostet ca. 2.000 €. Kausalität zwischen Tathandlung und Rechtsgutverletzung bzw. Schaden ist gegeben, denn hätte Gert besser aufgepasst, wäre nichts passiert. Sein Unterlassen der notwendigen Aufsicht ist auch rechtswidrig, weil er sich nicht auf einen gesetzlichen Rechtfertigungsgrund (Notwehr, Nothilfe, Notstand, Selbsthilfe, §§ 227 bis 229 BGB) berufen kann.

Auf der Ebene des subjektiven Tatbestands muss er schuldhaft, d.h. vorsätzlich oder zumindest fahrlässig gehandelt haben, damit eine Haftung eintritt. Vorsatz scheidet bei Gert jedenfalls aus. Die Frage ist, ob ihm Fahrlässigkeit vorzuwerfen ist. Dies wäre dann der Fall, wenn er die „im Verkehr erforderliche Sorgfalt außer Acht" gelassen hätte (§ 276 Abs. 2 BGB). Was das heißt, muss in jedem Einzelfall gesondert und präzise überprüft werden. Maßgeblich sind stets die Umstände des Einzelfalls, insbesondere Alter, Eigenart und Charakter der Aufsichtsbedürftigen, das örtliche Umfeld, das Ausmaß der drohenden Gefahren, die Vorhersehbarkeit des schädigenden Verhaltens sowie die Zumutbarkeit der Aufsichtsmaßnahme für den Aufsichtspflichtigen.[29]

Einerseits hatte Gert Sophie und ihrer Freundin einen Raum zugewiesen, wo sie mit ihrer Freundin Steine-weit-Werfen ausprobieren konnten. Er wird behaupten, Sophie sei ein vernünftiges Mädchen und bisher habe er sich bei ihr darauf verlassen können, dass sie seine Anweisungen befolgte. Schließlich habe er weder das Spielen mit Steinen verbieten noch sie aus dem Außenbereich entfernen wollen, denn Kinder benötigten eben gewisse Freiräume. Andererseits hat sich Sophie in diesem Fall offensichtlich gerade nicht an seine Anweisungen gehalten und den zugewiesenen Platz verlassen. Gert

---

29 *BGH*, Urt. v. 13.12.2012 – III ZR 226/12.; *OLG Düsseldorf*, Urt. v. 14.05.2014 – I-19 U 32/16, NJW-RR, 1496.

ließ die Kinder für etwa 30 Minuten allein spielen und hat nicht näher kontrolliert, ob die Kinder seine Anweisung auch einhalten. Hier wird man Gert vorwerfen müssen, beim ohnehin nicht ganz ungefährlichen Spiel mit Steinen nicht genug auf die beiden Kinder aufgepasst zu haben. Sie selbst sind mit 6 Jahren noch in einem Alter, in dem sie für einen Schaden nicht verantwortlich sind, denn sie haben das 7. Lebensjahr noch nicht vollendet (§ 828 Abs. 1 BGB). Je jünger aber die Kinder sind, desto sorgfältiger muss auch die Aufsicht geführt werden. Die Kinder in dieser Situation über den längeren Zeitraum von 30 Minuten lang unbeaufsichtigt zu lassen, ist kein sorgfältiges Verhalten. Mit anderen Worten: Gert hat fahrlässig gehandelt und haftet für den Schaden am Fahrzeug.

8.c Muss die Einrichtung Schadensersatz leisten?

Eine vertragliche Haftung der Einrichtung entfällt, weil zwischen Frau Plum und der Einrichtung kein Vertrag geschlossen wurde.

Eine gesetzliche Haftung aus § 823 Abs. 1 oder Absatz 2 BGB setzt die Handlung oder Unterlassung einer Person voraus. Die Einrichtung selbst hat kein Verhalten gezeigt; deshalb ist insoweit ihre Haftung ausgeschlossen.

Nach § 831 Abs. 1 S. 1 BGB haftet derjenige kraft Gesetzes, der jemanden zu einer Verrichtung bestellt, wenn dieser Verrichtungsgehilfe in Ausübung der Verrichtung einen Schaden verursacht. Gert soll im Auftrag der Einrichtung die OGS-Kinder beaufsichtigen und ist deshalb als Verrichtungsgehilfe bestellt. Bei dieser Tätigkeit ist Gert ein Fehler unterlaufen, der zu dem Fahrzeugschaden geführt hat. Deshalb haftet die Einrichtung auf Schadensersatz nach dieser Vorschrift. Allerdings trifft nach § 831 Abs. 1 S. 2 BGB die Ersatzpflicht nicht ein, wenn der Geschäftsherr – die Einrichtung – bei der Auswahl der bestellten Person und ihrer Leitung die erforderliche Sorgfalt angewendet hat. Die Einrichtung hat in Gert einen durchaus geeigneten Sozialarbeiter angestellt, denn er hat sich in den 25 Jahren seiner Tätigkeit stets an dienstliche Anweisungen gehalten. Auch die Leitung der Einrichtung erfolgte sorgfältig, denn durch die Anweisung, die Kinder im Außenbereich immer mit 2 Mitarbeitern zu begleiten, waren ausreichend Vorkehrungen getroffen. Mit dieser Argumentation kann die Einrichtung der Haftung entgegentreten und haftet im Ergebnis für den Verrichtungsgehilfen nicht.

Nach § 832 Abs. 2 BGB könnte die Einrichtung allerdings als Aufsichtspflichtiger haften. Anders als § 832 Abs. 1 BGB, der die Aufsichtspflicht kraft Gesetzes regelt – also die Haftung insbesondere der Eltern für ihr Kind – bildet Absatz 2 die Anspruchsgrundlage gegen diejenigen, die die Aufsicht durch Vertrag übernehmen. Die Einrichtung ist insoweit Vertragspartner der Eltern von Sophie und dem Grunde nach eintrittspflichtig. Das zu beaufsichtigende minderjährige Kind Sophie hat das Fahrzeug der Frau Plum beschädigt und ihr damit einen Schaden zugefügt. Damit ist die Haftung gegeben.[30]

Allerdings besteht die Eintrittspflicht nur in dem Maße, in dem auch ein gesetzlich Aufsichtspflichtiger haften würde (vgl. „Die gleiche Verantwortlichkeit trifft ..."). Ein gesetzlich Aufsichtspflichtiger kann nach § 832 Abs. 1 S. 2 BGB zwei Argumente vortragen, mit der er die Haftung ablehnen kann: Entweder belegt er, er habe der Auf-

---

30 Es kommt nicht darauf an, ob das Kind deliktsfähig ist und also schuldhaft (vorsätzlich oder fahrlässig) handeln kann. Gerade deliktsunfähige Personen bedürfen der Aufsicht. Die Haftung begründet den Ausgleich zwischen dem Geschädigten und dem Aufsichtspflichtigen.

sichtspflicht genügt oder er legt dar, dass der Schaden auch bei gehöriger Aufsichtsführung entstanden sein würde. Gert hat zwar erklärt, er habe den Kindern einen Platz zum Steinewerfen zugewiesen. Das reicht aber nicht, denn er hätte zumindest immer wieder einmal nach Sophie schauen müssen. Offenbar hat er sich hier eher darauf verlassen, dass Sophie sich bisher an seine Anweisungen gehalten hat. Das aber reicht für die Argumentation der Einrichtung nicht aus. Ebenso müsste diese schon detailliert darlegen, dass der Schaden auch bei voller Wahrnehmung der Aufsichtspflicht entstanden wäre. Das bedeutet: Es ist eben nicht so gewesen, dass es den beiden Kindern auch bei einer im Abstand von wenigen Minuten erfolgenden und damit hinreichenden Kontrolle hätte gelingen können, unbeobachtet Steine aus dem Rucksack zu nehmen, zum Zaun zu gehen und die Steine auf das Fahrzeug von Frau Plum zu werfen.[31] Dagegen spricht schon, dass es mehrere Steine waren, die die Motorhaube beschädigten. Schon der erste Aufprall dürfte zu hören gewesen sein, so dass die Einrichtung schon sehr genau darlegen müsste, dass Gert selbst bei sorgfältigem Verhalten diesen Schaden nicht hätte vermeiden können. Im Ergebnis also bleibt es bei der Haftung der Einrichtung.

Lösung zu Frage 9: Haben Johanna und/oder Gert arbeitsrechtliche Konsequenzen zu befürchten?

Johanna hat nicht gegen arbeitsrechtliche Pflichten verstoßen und deshalb auch keine Konsequenzen zu befürchten. Gert trifft hingegen ein fahrlässiges – wohl kein grob fahrlässiges – Verhalten. Die Verletzung der Aufsichtspflicht bezogen auf Sophie und ihre Freundin rechtfertigt für sich genommen eine Ermahnung, aber noch keine Abmahnung. Hier kommt aber hinzu, dass Gert, um Frau Plum zu beruhigen, dann auch noch den Außenbereich verlassen hat, ohne sich entgegen der Dienstanweisung um eine Vertretungsperson zu kümmern oder Johanna Bescheid zu geben. Gert muss damit rechnen, dass sein Verhalten insgesamt abgemahnt wird.

Lösung zu Frage 10: Haben sich Johanna und/oder Gert strafbar gemacht?

Durch den Vorfall des Steinewerfens ist es zu einer Sachbeschädigung an dem Fahrzeug der Frau Plum gekommen. Die Sachbeschädigung des § 303 StGB ist ein Vergehen, das nur bei Vorsatz unter Strafe gestellt ist. Das ergibt sich aus § 15 StGB und der Tatsache, dass eine Vorschrift fehlt, die – wie etwa bei der Körperverletzung (§ 229 StGB) auch fahrlässiges Verhalten strafrechtlich sanktioniert. Gert hatte sich lediglich fahrlässig verhalten, und Johanna trifft an der Entstehung des Fahrzeugschadens gar kein Verschulden. Strafrechtlich haften beide nicht.

---

31   *BGH*, Urt. v. 13.12.2012 – III ZR 226/12.

3.2. Arbeitshilfen

3.2.1 Schweigepflicht – Entbindung als Sozialarbeiter

Abbildung 17: Entbindung von der Schweigepflicht als Sozialarbeiter

Hiermit entbinde ich	
Name	
Vorname	
Geburtsdatum	
Anschrift	

die mich betreuende Einrichtung	
Juristische Person	
Straße, Hausnummer	
PLZ, Anschrift	

namentlich meine Sozialarbeiterin / mein Sozialarbeiter als Angestellte(r) dieser Einrichtung	
Name	
Vorname	
Kontaktdaten (Tel, Email)	

von der Schweigepflicht gegenüber	
den folgenden Personen:	
Name	
Vorname	
Kontaktdaten (Tel, Email)	
Name	
Vorname	
Kontaktdaten (Tel, Email)	

den folgenden Institutionen:	
Juristische Person	
Straße, Hausnummer	
PLZ, Anschrift	

Die Entbindung bezieht sich ausschließlich auf folgende Umstände:

Ort, Datum   Unterschrift

125

3.2.2 Schweigepflicht - Entbindung Ärzte

Abbildung 18: Entbindung von der ärztlichen Schweigepflicht

Hiermit erkläre ich	
Name	
Vorname	
Geburtsdatum	
Anschrift	

mich damit einverstanden, dass die mich betreuende Einrichtung	
Juristische Person	
Straße, Hausnummer	
PLZ, Anschrift	

namentlich meine Sozialarbeiterin / mein Sozialarbeiter als Angestellte(r) dieser Einrichtung	
Name	
Vorname	
Kontaktdaten (Tel, E-Mail)	

alle mich betreffenden

- Krankenblattunterlagen (Krankenblätter, Krankengeschichten, ärztliche Aufzeichnungen, Untersuchungsbefunde, Röntgenaufnahmen, Gutachten),
- Akten von Behörden und Versicherungsträgern aller Art, in denen sich Befunde und Beurteilungen befinden können,
- Behandlungs-und Befundberichte von Ärzten und Krankenhäusern, bei denen ich in Behandlung war oder bin

in Kopie gegen angemessene Kostenerstattung anfordern und sonstige Auskünfte einholen.

Zugleich werden alle mich behandelnden und untersuchenden Ärzte, Krankenhäuser, Gutachter, Versicherungsträger aller Art und Behörden von der Pflicht zur Verschwiegenheit entbunden.

Ort, Datum   Unterschrift

3.2.3 Sozialdatenschutz

Link: Informationen des Datenschutzbeauftragten	Letzter Zugriff
http://www.bfdi.bund.de/SharedDocs/Publikationen/Infobroschueren/INFO3.html?nn=5217204	08.07.2016

3.2.4 Arbeitsverträge, Kündigungen

Link: Muster für Arbeitsverträge, Kündigungen usw.	Letzter Zugriff
https://www.instaff.jobs/arbeitsvertrag	20.07.2016

Link: Arbeitsvertrag für im Sozialdienst der evangelischen Kirche tätige Sozialarbeiter	Letzter Zugriff
http://www.service-ekiba.de/html/media/dl.html?v=43047	20.07.2016

3.2.5 Tarifrecht

Link: Öffentlicher Dienst	Letzter Zugriff
http://oeffentlicher-dienst.info/tvoed/	08.07.2016

Link: Allgemeine Vertragsbedingungen des Deutschen Paritätischen Wohlfahrtsverbandes	Letzter Zugriff
http://www.der-paritaetische.de/uploads/tx_pdforder/AVB_Auflage10_web_01.pdf	20.07.2016

3.2.6 Kirchliches Arbeitsrecht der katholischen Kirche

Link: Grundordnung des kirchlichen Dienstes im Rahmen kirchlicher Arbeitsverhältnisse (inkl. KODA und MAVO)	Letzter Zugriff
http://www.dbk-shop.de/media/files_public/fogmnwtyj/DBK_1195000.pdf	08.07.2016

3.2.7 Kirchliches Arbeitsrecht der evangelischen Kirche

Link: Grundordnung der Evangelischen Kirche in Deutschland	Letzter Zugriff
https://www.ekd.de/EKD-Texte/loyalitaetsrichtlinie.html	08.07.2016

4. Soziale Arbeit im Bereich Bildung

4.1. Fälle mit Lösungen

4.1.1 Kindertagesbetreuung

Fallschilderung

Sie sind als Sozialarbeiterin beim Kinderschutzbund tätig und für die Ausbildung, Anerkennung und Begleitung von Tagesmüttern zuständig. Eines Tages meldet sich Frau Selters bei Ihnen. Sie ist alleinerziehende Mutter der neun Monate alten Laura. Frau Selters betreut seit einem Monat auch mehrere Stunden pro Tag die 4 Monate alte Mia, Tochter ihrer Freundin, die bald wieder Vollzeit arbeiten muss. Diese Tätigkeit macht Frau Selters so viel Spaß, dass sie gerne als Tagesmutter arbeiten möchte.

Aufgabe

Klären Sie Frau Selters über die gesetzlichen Voraussetzungen für Kindestagespflege auf und erklären Sie ihr, welche Schritte Frau Selters unternehmen muss, um Tagesmutter werden zu können.

Themengebiete / Hilfestellungen

Die Förderung von Kindern in Tageseinrichtungen und Kindertagespflege ist eine Aufgabe der Kinder- und Jugendhilfe und die grundsätzlichen Regelungen dazu finden sich im SGB VIII (→ LSA B.4.3.1 Frühe Bildung). Allerdings finden sich die konkreten Regelungen in den jeweiligen Landesausführungsgesetzen. In dieser Fallbearbeitung wird nicht auf landesspezifische Voraussetzungen eingegangen, sondern die Frage wird allgemein auf Basis des SGB VIII beantwortet. Es ist daher wichtig zu beachten, dass in einem Praxisfall immer die Landesgesetze heranzuziehen sind!

Lösung

§ 22 Abs. 1 S. 2 SGB VIII besagt, dass Kindertagespflege von einer geeigneten Tagespflegeperson in ihrem Haushalt oder im Haushalt des Personensorgeberechtigten geleistet wird, wobei eine nähere Abgrenzung zu einer Tageseinrichtung dem Landesrecht obliegt. Kindertagespflege ist in § 23 SGB VIII als rechtlich gleichwertige Alternative zur Betreuung von Kindern in Kitas ausgestaltet. Allerdings ist § 24 SGB VIII zu beachten, der festlegt, ab welchem Alter Kinder einen Anspruch auf Förderung in einer Kita oder in Kindertagespflege haben. Da Mias Mutter wieder Vollzeit arbeiten muss, hätte Mia einen Anspruch auf Förderung in einer Kita oder in Kindertagespflege, auch wenn sie noch nicht ein Jahr alt ist (§ 24 Abs. 1 S. 1 Nr. 2a SGB VIII).

Konkret umfasst die Förderung in Kindertagespflege die Verpflichtung des Jugendamtes, den Eltern eine geeignete Tagespflegeperson zu vermitteln und Kindertagespflegepersonen durch fachliche Beratung, Begleitung, Qualifizierung und Gewährung von Geldleistungen zu fördern.

Von besonderer Bedeutung, vor allem im Zusammenhang mit Frau Selters, ist die Frage der Eignung als Tagespflegeperson. § 23 Abs. 3 SGB VIII benennt folgende Kriterien,[32] die jeweils in den landesrechtlichen Regelungen noch näher spezifiziert sind:

---

32 *Lakies,* in: Münder, Frankfurter Kommentar zum SGB VIII. § 23 Rdnr. 15–18.

- Persönlichkeit: Zuverlässigkeit, Belastbarkeit, Verantwortungsbewusstsein, emotionale Stabilität etc.
- Sachkompetenz: fachliche, methodische, kooperative Schlüsselkompetenzen, konstruktiver Umgang mit Konflikten etc.
- Kooperationsbereitschaft mit Erziehungsberechtigten und anderen Tagespflegepersonen,
- Vorhandensein kindgerechter Räumlichkeiten: kindersichere Einrichtung, Hygiene, Ruhemöglichkeiten, ausreichend Platz etc.
- vertiefte Kenntnisse hinsichtlich der Anforderungen der Kindertagespflege durch Nachweis von qualifizierten Lehrgängen oder andere Nachweise (z.B. durch einschlägige Berufsausbildung wie Erzieherin, Kinderpflegerin): Grundwissen in Pädagogik, Gesundheitsvorsorge, gewaltfreie Erziehung, Kommunikation etc.

Die hier benannten Kompetenzen und Fähigkeiten werden – sofern die Tagespflegepersonen über keine entsprechende Grundausbildung, wie beispielsweise als Erzieher, verfügen – in aller Regel in entsprechenden Qualifizierungskursen erworben. Diese bereiten meist speziell auf die Tätigkeit als Tagespflegeperson vor.

Es ist auch möglich, dass Eltern sich eine Tagespflegeperson selbst organisieren, in diesem Fall wird das Jugendamt in aller Regel nur bei begründetem Anlass eine Überprüfung der Eignung vornehmen (§ 23 Abs. 1 SGB VIII). Dies ist schon mal ein wichtiger Hinweis für Frau Selters, da die Betreuung von Mia ja nicht durch Vermittlung des Jugendamtes erfolgt. Allerdings haben auch diejenigen, die auf eine solche „selbstorganisierte" Weise zur Tagespflegeperson wurden, Anspruch auf fachliche Beratung, Begleitung und Qualifizierung und auf laufende Geldleistungen.

Zu beachten ist jedoch, dass gemäß § 43 Abs. 1 SGB VIII eine Person, die ein oder mehrere Kinder außerhalb des Haushalts des Erziehungsberechtigten während eines Teils des Tages und mehr als 15 Stunden wöchentlich gegen Entgelt länger als drei Monate betreuen will, eine Pflegeerlaubnis des Jugendamtes benötigt. Keine Pflegeerlaubnis ist notwendig bei einer Betreuung des Kindes im Elternhaus, oder wenn die Betreuung unentgeltlich oder nur sehr kurz (unter drei Monate) erfolgt.

Eine Pflegeerlaubnis ist vom Jugendamt zu erteilen, wenn die Person für die Kindertagespflege geeignet ist, wobei dabei die bereits in § 23 Abs. 3 SGB VIII benannten Eignungskriterien überprüft werden. Außerdem ist ein aktuelles Führungszeugnis vorzulegen (§ 43 Abs. 2 SGB VIII). Die Erlaubnis befugt zur Betreuung von bis zu fünf gleichzeitig anwesenden, fremden Kindern. Im Einzelfall kann die Erlaubnis für eine geringere Zahl erteilt werden und das Landesrecht kann auch eine höhere Zahl vorsehen, wenn die Tagespflegeperson über eine pädagogische Ausbildung verfügt (§ 43 Abs. 3 SGB VIII). Sowohl die Vorgehensweisen im Hinblick auf die Überprüfung, Qualifizierung etc. als auch die formalen Regelungen beispielsweise hinsichtlich der Erteilung der Pflegeerlaubnis oder der Anzahl der maximal zu betreuenden Kinder variieren. Deswegen ist es wichtig, über die in der jeweiligen Kommune relevanten System- und Netzwerkkenntnisse zu verfügen.

Wenn Frau Selters also beruflich als Tagesmutter arbeiten und damit Geld verdienen will, braucht sie auf alle Fälle eine Pflegeerlaubnis.

Unabhängig davon, ob die Voraussetzungen für eine Erlaubniserteilung vorliegen, besteht für Tagespflegepersonen, die die Voraussetzungen nach § 23 SGB VIII erfüllen, ein Anspruch auf laufende Geldleistungen, die sich wie folgt zusammensetzen (§ 23 Abs. 2 SGB VIII):

■ Erstattung des Sachaufwandes der Pflegeperson,

■ leistungsgerechte Anerkennung ihrer Förderungsleistung (nach zeitlichem Umfang, Anzahl und Förderbedarf der betreuten Kinder),

■ Erstattung nachgewiesener Aufwendungen für eine Unfallversicherung und der hälftigen Erstattung nachgewiesener Aufwendungen für die Alterssicherung der Tagespflegeperson

■ hälftige Erstattung nachgewiesener Aufwendungen zu einer angemessenen Krankenversicherung und Pflegeversicherung.

Die Höhe der laufenden Geldleistungen wird je nach Landesrecht durch das Land oder die Kommune bestimmt. Dieser Anspruch der Kindertagespflegeperson besteht gegenüber dem Jugendamt, dies ist der finanzielle Träger. Die Tagespflegeperson fungiert als Leistungserbringerin, die Eltern müssen sich gemäß § 90 Abs. 1 S. 1 Nr. 3 SGB VIII und den entsprechenden landesrechtlichen Regelungen an den Kosten beteiligen. Das sozialarbeiterische Leistungsdreieck spielt hier also ebenfalls eine Rolle (→ C.1.1.1 Sozialarbeiterisches Dreiecksverhältnis in der Jugendhilfe, S. 174; → LSA C.1.2.1 Das sozialarbeiterische Dreieck von Rechtsbeziehungen).

Frau Selters sollte als ersten Schritt zum Jugendamt gehen und dort eine Pflegeerlaubnis beantragen. Dazu muss sie ein erweitertes polizeiliches Führungszeugnis (§ 72 a SGB VIII) und einen Gesundheitsnachweis vorlegen. Außerdem braucht sie eine Haftpflichtversicherung. Wenn sie nicht über eine pädagogische Ausbildung verfügt, muss sie eine Grundqualifizierung nachweisen, deren Umfang je nach Landesrecht variiert. Auf jeden Fall muss sie einen Erste-Hilfe-Kurs bei Säuglingen oder Kleinkindern nachweisen.[33] Es besteht eine Rentenversicherungspflicht gem. § 2 S. 1 Nr. 1 SGB VI.

4.1.2 Schulsozialarbeit

Fallschilderung

Die 14-jährige Maike wechselte vor einem Jahr aufgrund eines Umzugs ihrer Familie in eine andere Stadt von einer Realschule auf eine Gesamtschule. Sie hatte in der Schule immer gute Leistungen erbracht. Zunächst ging Maike gerne zur neuen Schule. Die Lehrer waren sehr bemüht sie in die neue Klasse zu integrieren. Maike tat sich aber schwer Anschluss in der neuen Klasse zu finden. Es gab nur ein Mädchen, mit dem sie sich auch außerhalb der Schule hin und wieder traf. Nach den Herbstferien ging sie nur mehr widerwillig in die Schule und benannte immer wieder Gründe, um daheim bleiben zu können. Sie äußerte häufig Bauch- und Kopfschmerzen und kam deswegen früher vom Unterricht nach Hause. Nach den Weihnachtsferien weigerte sie sich überhaupt in die Schule zu gehen.

---

33 s. dazu Bundesverband für Kindertagespflege (zuletzt besucht am 25.07.2016): http://www.bvktp.de/index.php?article_id=33.

Fragen

1. Welche rechtlichen Konsequenzen kann es haben, wenn Maike den Schulbesuch verweigert?
2. An wen können sich die Eltern wenden und wer kümmert sich um Schulverweigerer?

Themengebiete / Hilfestellungen

„300.000 Jugendliche verweigern den Schulbesuch" lautete eine Schlagzeile in den Medien im Jahr 2009.[34] Tatsächlich gibt es viele Kinder und Jugendliche, die aus den unterschiedlichsten Gründen die Schule nicht besuchen. Teilweise verweigern Eltern den Kindern den Schulbesuch aus pädagogischen oder religiösen Motiven, teilweise sind es aber auch die Kinder selbst, die nicht zur Schule gehen wollen oder können. Die Gründe dafür sind vielfältig. Schulverweigerung ist Gegenstand von Forschung, und viele Modellprojekte befassen sich mit der Prävention von Schulverweigerung und dem Umgang mit Schulverweigerern.[35] Für betroffene Familien stellt sich aber ganz konkret die Frage, an wen sie sich wenden sollen und welche Unterstützungsmöglichkeiten es gibt.

Lösung zu Frage 1: Recht auf Bildung und Schulpflicht

Jedes Kind hat ein Recht auf Bildung. Dies ergibt sich aus Art. 28 UN-Kinderrechtskonvention (GSA Nr. 105) und aus den Landesverfassungen der einzelnen Bundesländer, da das Schulrecht in der Gesetzgebungskompetenz der Bundesländer liegt.

In Deutschland gibt es aber nicht nur ein Recht auf Schulbildung, sondern es herrscht für alle Kinder im schulpflichtigen Alter Schulpflicht. So können Eltern und Schüler durch Zwangsmittel von der Schulaufsichtsbehörde zur Einhaltung der Schulpflicht gezwungen werden. Je nach Bundesland[36] reichen die schulrechtlichen Sanktionspaletten von Schulverweis, Abholen des Schülers von zu Hause durch das Ordnungsamt, Verhängung von Bußgeldern bis zur Einschaltung des Jugendamtes und in besonders schwerwiegenden Fällen, wenn eine Kindeswohlgefährdung vorliegt, kann es sogar zu familiengerichtlichen Maßnahmen, bis hin zum (teilweisen) Sorgerechtsentzug kommen (→ LSA B.4.3.2 Schulbildung).

Lösung zu Frage 2: Zuständigkeit und Schulsozialarbeit

Sowohl der Staat als auch die Eltern sind dafür verantwortlich, dass die Schulpflicht eingehalten wird. Wichtig wäre es, dass eine organische Abklärung der von Maike benannten Symptome erfolgt. Für Maike ist es bedeutungsvoll, dass sie sich ernst genommen fühlt und dass ihren Äußerungen Wertschätzung entgegengebracht wird. Darüber hinaus wäre es - auch durchaus parallel zur diagnostischen Abklärung – sinnvoll, dass die Eltern das Gespräch mit den Lehrern und der Schule suchen. Hier müsste es sowohl darum gehen, mögliche Ursachen für die Schulverweigerung zu eruieren als auch

---

34 http://www.welt.de/politik/deutschland/article4598602/300-000-Jugendliche-verweigern-den-Schulbes uch.html (zuletzt besucht: 25.7.2016).

35 http://www.bildungsserver.de/Schulabbruch-und-Schulverweigerung-Forschung-und-Praevention-9123.ht ml (zuletzt besucht: 25.7.2016).

36 Schulgesetze der einzelnen Bundesländer siehe: https://www.kmk.org/dokumentation-und-statistik/recht svorschriften-lehrplaene/uebersicht-schulgesetze.html (zuletzt besucht: 25.7.2016).

das weitere Vorgehen (konkret also die diagnostische Abklärung) miteinander zu besprechen. Darüber hinaus könnte der Kontakt zur Schulsozialarbeit aufgenommen werden, um in Erfahrung zu bringen, wie deren Unterstützungsmöglichkeiten aussehen. Die Schulsozialarbeit ist gesetzlich nicht beschrieben und deshalb höchst unterschiedlich ausgestaltet.[37]

Neben der Schule und den Schulbehörden ist es Aufgabe des Jugendamtes, die Eltern bei der Wahrnehmung ihrer Erziehungsaufgaben zu unterstützen (§ 1 Abs. 3 Nr. 2 SGB VIII). Insbesondere zur Unterstützung in Ausbildung und Schule normiert § 11 Abs. 3 Nr. 3 SGB VIII als einen Schwerpunkt der Jugendarbeit, die arbeitswelt- und schulbezogene Jugendarbeit. Nach § 13 Abs. 1 SGB VIII besteht eine besondere Unterstützungsverpflichtung gegenüber jungen Menschen, die zum Ausgleich sozialer Benachteiligungen oder zur Überwindung individueller Beeinträchtigungen in erhöhtem Maße auf Unterstützung angewiesen sind. Ihnen sind sozialpädagogische Hilfen anzubieten, die ihre schulische und berufliche Ausbildung, Eingliederung in die Arbeitswelt und ihre soziale Integration fördern. Eine wesentliche Rolle spielen dabei die freien Träger der Kinder- und Jugendhilfe, die die gesetzlich gebotene Vielfalt von Inhalten, Methoden und Arbeitsformen (§ 3 SGB VIII) durch unterschiedlichste und „maßgeschneiderte" Angebote für die verschiedenen Unterstützungsbedarfe verwirklichen können. Schulträger und Träger der Kinder- und Jugendhilfe sind daher dazu verpflichtet, zusammenzuarbeiten (§ 13 Abs. 4 und §§ 80, 81 SGB VIII), wobei die konkrete Ausgestaltung der Zusammenarbeit durch die Gesetzgeber der einzelnen Bundesländer geregelt ist.

Welche Angebote Maike und ihrer Familie eröffnet werden können, hängt stark von Maikes Hilfebedarf und den Möglichkeiten vor Ort ab. Typischerweise gibt es Einzelhilfeangebote und Beratung in der individuellen Problemsituation, aber auch sozialpädagogische Gruppenarbeitsangebote mit alternativen und außerschulischen Lernangeboten.[38]

4.1.3 Bildungs- und Teilhabepaket

Fallschilderung

Sie sind Schulsozialarbeiter, Ihnen fällt auf, dass ein Kind nie an Klassenausflügen teilnimmt und auch die Lehrer berichten, dass die Schulmaterialien mangelhaft sind. Die Klassenlehrerin hat der Mutter empfohlen, sich einmal bei Ihnen zu melden und sich über Unterstützungsmöglichkeiten zu informieren. In diesem Gespräch schildert die Mutter, dass der Vater vor einem Jahre arbeitslos geworden und mittlerweile auch schwer erkrankt sei. Die Familie müsse eisern sparen, um über die Runden zu kommen. Das Geld für teure Schulmaterialien und Klassenausflüge sei nicht vorhanden.

Fragen

1. Welche Unterstützungsmöglichkeiten kommen für die Familie infrage?
2. Was ist zu tun und wo sind Anträge zu stellen?

---

37 https://www.schulsozialarbeit.net (zuletzt besucht am 19.09.2016)
38 s. dazu Beispiele und weiterführende Hinweise (zuletzt besucht am 27.07.2016):
   https://www.jugendhilfeportal.de/suche/?tx_fkpcore_searchv 2%5Bq%5D=Schulverweigerung.

Themengebiete / Hilfestellungen

Bildung ist nicht nur ein Recht, sondern Bildung kostet auch Geld. Sozialarbeiter sind nicht nur in der Schulsozialarbeit mit der Frage konfrontiert, wie ihren Klienten bzw. den Kindern oder Enkelkindern ihrer Klienten Bildung und Teilhabe ermöglicht werden kann. Im Lehrbuch widmen wir uns in einem eigenen Kapitel dem Thema der Finanzierung von Bildung, da dieses für alle Bereiche der Sozialen Arbeit relevant ist (→ LSA B.4.4 Förderung und Unterstützung von Bildung; → FSA B.1.1.4 Grundsicherung und BAföG, S. 46).

Lösung zu Frage 1:

Seit 1.1.2011 gibt es für einkommensschwache Familien finanzielle Unterstützung für die Bildung und Ausbildung der Kinder durch das sog. „Bildungs- und Teilhabepaket".

Anspruchsberechtigt sind:

- Kinder, Jugendliche und junge Erwachsene, die ALG II oder Sozialgeld nach §§ 19 und 28 SGB II beziehen,
- Kinder, Jugendliche und junge Erwachsene, die Sozialhilfe nach § 34 SGB XII beziehen,
- Eltern, die Kindergeld nach dem Bundeskindergeldgesetz plus Kinderzuschlag oder Wohngeld beziehen (§ 6b BKGG; GSA Nr. 23),
- Kinder, Jugendliche und junge erwachsene Asylbewerber, die Leistungen nach dem Asylbewerberleistungsgesetz erhalten (§ 3 Abs. 3 AsylbLG; GSA Nr. 6).

Bei Schülern ist eine weitere Voraussetzung, dass sie eine allgemein- oder berufsbildende Schule besuchen und jünger als 25 Jahre sind (§ 28 Abs. 1 S. 2 SGB II).

Die Leistungen umfassen:

- Aufwendungen für Ausflüge: Kosten ein- und mehrtägiger Ausflüge von Schulen, Kitas und Kindertagespflege (z. B. Klassenfahrten), § 28 Abs. 2 SGB II, § 34 Abs. 2 SGB XII, § 6b Abs. 2 BKGG).
- Ausstattung mit persönlichem Schulbedarf: Zuschuss von 70 € zu Beginn des Schuljahres am 1. August und 30 € im Februar. Zum persönlichen Schulbedarf gehören z.B. Schulranzen, Schreib-, Rechen- und Zeichenmaterialien (§ 28 Abs. 3 SGB II, § 34 Abs. 3 SGB XII, § 6b Abs. 2 BKGG).
- Aufwendungen für Schülerbeförderung, die nicht auf andere Weise abgedeckt sind. In der Regel ist ein Eigenanteil von 5 € von den Eltern zu bezahlen (§ 28 Abs. 4 SGB II, § 34 Abs. 4 SGB XII).
- Lernförderung, wenn nur dadurch das wesentliche Lernziel erreicht werden kann. Voraussetzung ist, dass die Schule den Bedarf bestätigt und keine vergleichbaren schulischen Angebote bestehen (§ 28 Abs. 5 SGB II, § 34 Abs. 5 SGB XII, § 6b Abs. 2 BKGG).
- Mehraufwendungen für Mittagessen in der Kita, der Schule und in der Kindertagespflege: Einen Zuschuss für das gemeinsame Mittagessen gibt es dann, wenn Aufwendungen für ein gemeinschaftliches Mittagessen entstehen. (§ 28 Abs. 6 SGB II, § 34 Abs. 6 SGB II, § 6b Abs. 2 BKGG). Der verbleibende Eigenanteil der Eltern bzw. des Kindes liegt bei einem Euro pro Tag und Essen.

■ Für Leistungsberechtigte bis zur Vollendung des 18. Lebensjahres wird ein Bedarf zur Teilhabe am sozialen und kulturellen Leben in der Gemeinschaft von insgesamt bis zu 10 €/monatlich bezahlt für Mitgliedsbeiträge in den Bereichen Sport, Spiel, Kultur, Geselligkeit, Unterricht in künstlerischen Fächern (z.b. Musikunterricht) und vergleichbare angeleitete Aktivitäten der kulturellen Bildung und Teilnahme an Freizeiten. In Ausnahmefällen können noch weitere damit zusammenhängende Aufwendungen übernommen werden (z.b. Ausrüstungsgegenstände, Musikinstrumente etc.), (§ 28 Abs. 7 SGB II, § 34 Abs. 7 SGB XII, § 6b Abs. 2 BKGG).

In der Regel werden die Leistungen in Form von Sach- oder Dienstleistungen erbracht. Entweder werden personalisierte Gutscheine ausgegeben oder es werden die bedarfsdeckenden Leistungen direkt dem Leistungserbringer bezahlt. Nur die Leistungen für den persönlichen Schulbedarf und die Schülerbeförderung werden als Geldleistung erbracht (§ 28 Abs. 3 und 4 SGB II, § 34a Abs. 2 und 3 SGB XII).

Lösung zu Frage 2:

Die Bildungs- und Teilhabeleistungen müssen prinzipiell gesondert mit einem eigenen Formular beantragt werden (§ 37 SGB II, § 34a Abs. 1 SGB XII). Ausnahmen bestehen für Leistungen für den persönlichen Schulbedarf (§ 37 Abs. 1 Satz 2 SGB II bzw. § 34a Abs. 1 Satz 1 SGB XII) und für Asylbewerber, die Leistungen nach § 2 AsylbLG beziehen.

Für Empfänger von ALG II und Sozialgeld ist gem. § 19 Abs. 2 SGB II das Jobcenter zuständig, für die übrigen Personen das Sozialamt.

Mit der Familie sollte daher zunächst geklärt werden, ob sie überhaupt zum Kreis der Leistungsberechtigten gehören, d.h. ob sie ALG II, Sozialhilfe, Wohngeld oder Kinderzuschlag erhalten und ob sie überhaupt Anspruch auf Leistungen aus dem Bildungs- und Teilhabepaket haben könnten. Wenn sie zu den Leistungsberechtigten zählen, ist zu klären, zu welchem Kreis von Leistungsberechtigten sie gehören, denn davon hängt es ab, ob sie sich an das Jobcenter oder das Sozialamt wenden müssen. Dort erhalten sie ein Antragsformular und können einen Antrag auf Leistungen des Bildungs- und Teilhabepakets stellen. Die Leistungen für den persönlichen Schulbedarf müssten sie nicht gesondert beantragen. Im Gespräch wäre zu klären, ob sie für diese Dinge nicht bereits Leistungen erhalten haben. Bezüglich der Klassenausflüge muss die Familie darauf hingewiesen werden, dass sie den Antrag rechtzeitig stellen, d.h. bevor der Bedarf geltend gemacht wird, denn eine nachträgliche Erstattung ist nur ausnahmsweise möglich. Im Rahmen der berechtigten Selbsthilfe ist es seit 1.8.2013 möglich, dass Gelder nachträglich erstattet werden, wenn die Sach- oder Dienstleistungen, d.h. Gutscheine oder Direktzahlungen an Anbieter unverschuldet nicht rechtzeitig beantragt werden konnten, z.B. wenn ein Ausflug sehr kurzfristig angesetzt wurde (§ 30 SGB II, § 34 b SGB XII).

4.2. Arbeitshilfen

4.2.1 Bildung

Links	Letzter Zugriff
http://www.bildungsserver.de/	25.07.2016
Homepage des Bundesministeriums für Bildung und Forschung: https://www.bmbf.de/ und Homepages der jeweiligen Landesministerien.	

4.2.2 Schulsozialarbeit und Schulrecht

Link	Letzter Zugriff
https://www.kmk.org/dokumentation-und-statistik/rechtsvorschriften-lehrplaene/uebersicht-schulgesetze.html	25.07.2016
https://www.schulsozialarbeit.net	19.09.2016

4.2.3 Bildungs- und Teilhabepaket

Links	Letzter Zugriff
Bundesministerium für Arbeit und Soziales http://www.bmas.de/DE/Themen/Arbeitsmarkt/Grundsicherung/Leistungen-zur-Sicherung-des-Lebensunterhalts/Bildungspaket/bildungspaket.html	25.07.2016
Bundesministerium für Familie, Frauen, Senioren und Jugend: http://www.familien-wegweiser.de/wegweiser/stichwortverzeichnis,did=167908.html	25.07.2016

5. Soziale Arbeit mit Menschen und ihren Behinderungen

5.1. Fälle mit Lösungen

5.1.1 Mensch mit Gefühlen

Fallschilderung

Die 26-jährige Petra lebt nach dem Tod ihrer Eltern in einem Heim für geistig behinderte Menschen. Träger dieses Heimes ist die Lebenshilfe Düsseldorf e.V. Morgens fährt Petra wie viele ihrer Mitbewohnerinnen auch mit dem Bus der Einrichtung zu den 8 km entfernten Werkstätten der Caritas Neuss GmbH. Sie ist stolz darauf, dort Geld zu verdienen. Nachmittags gegen 16:00 Uhr wird die Gruppe zurück in das Heim gefahren, wo jeder der Bewohner über ein eigenes Zimmer verfügt. Dann wird gemeinsam gekocht, geputzt und die Freizeit gestaltet. Petra hat seit 6 Monaten einen Freund; sie hat sich in Karl verliebt, der ebenfalls in der Werkstatt arbeitet, aber in einem anderen Wohnheim wohnt.

Die Beziehung bereitet gewisse Probleme: In der Werkstatt halten Petra und Karl nun schon seit Wochen ihre Pausenzeiten nicht mehr ein; gelegentlich überziehen sie diese um mehr als 30 Minuten. Horst, Mitarbeiter des Sozialdienstes in der Werkstatt, überlegt, ob jetzt eine „Abmahnung" angemessen sei. Außerdem ist er sich nicht sicher, ob er das Thema Pausenzeiten bei dem nächsten Hilfeplangespräch, dass demnächst mit dem Leistungsträger (Landschaftsverband als überörtlicher Träger der Sozialhilfe) geführt wird, ansprechen muss.

Angelika, Sozialarbeiterin und Bezugsbetreuerin von Petra im Heim, hat gerade erfahren, dass Petra bereits die Pille nimmt, ohne ihrem Vater, der zugleich gerichtlich bestellter Betreuer ist, etwas davon zu sagen. Im Gespräch mit Petra wird deutlich, dass ihr Vater „streng verboten" hat, dass Karl und Petra miteinander schlafen, obwohl eine Nacht mit Karl im eigenen Zimmer Petras größter Wunsch ist ....

Fragen

1. Beschreiben Sie die Rechtsbeziehung zwischen Petra, der Werkstatt (Leistungserbringer) und dem finanziellen Träger (Leistungsträger), indem sie das sozialarbeiterische Leistungsdreieck auf die Situation anwenden. Ist der Leistungserbringer zur Abmahnung berechtigt?
2. Beschreiben Sie die Rechtsbeziehung zwischen Petra, dem Wohnheim (Leistungserbringer) und dem (Leistungsträger), indem sie das sozialarbeiterische Leistungsdreieck auf die Situation anwenden. Ist der Leistungserbringer dazu berechtigt, die Übernachtung von Karl zu untersagen?
3. Beschreiben Sie die Rechtsbeziehung zwischen Petra und ihrem Betreuer (der gleichzeitig ihr Vater ist). Gehen Sie davon aus, dass er auch für den Aufgabenkreis der Gesundheitssorge zuständig ist und ein Einwilligungsvorbehalt nicht besteht. Kann der Betreuer seiner Tochter die Nacht mit Karl verbieten?

Themengebiete / Hilfestellungen

Hier schildern wir den rechtlichen Rahmen einer jungen Frau, die aufgrund einer geistigen Behinderung in einem Wohnheim lebt, in einer Werkstatt arbeitet und einen gerichtlichen Betreuer hat. Wir reflektieren die Dreiecksverhältnisse der Sozialen Arbeit sowie die Befugnisse eines Betreuers (→ LSA C.1.2.1 Das sozialarbeiterische Dreieck von Rechtsbeziehungen; → LSA D.5 Betreuungswesen; → LSA D.6.1 und D.6.6 Fall-schilderung und -lösung zu Eingliederungshilfen).

Sexualität und Liebesbeziehungen von Menschen mit Behinderung sind in diesem Setting ein wichtiges Thema für die Soziale Arbeit. Ein Teil dieser Personengruppe muss begleitet und beschützt werden. Rechtlich sind die Verhältnisse eigentlich klar.[39]

Lösung zu Frage 1: Die Rechtsbeziehungen in der Werkstatt für Menschen mit Behinderung

Abbildung 19: Sozialarbeiterisches Leistungsdreieck in der Werkstattarbeit

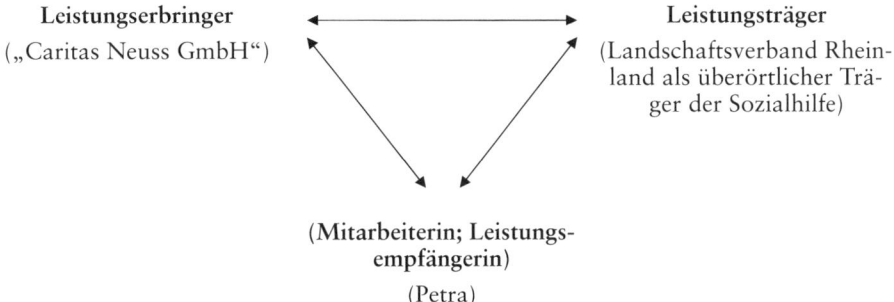

Leistungserbringer   Leistungsträger
(„Caritas Neuss GmbH")   (Landschaftsverband Rheinland als überörtlicher Trä-
ger der Sozialhilfe)

(Mitarbeiterin; Leistungsempfängerin)

(Petra)

- Die Behindertenwerkstatt wird von der Caritas Neuss GmbH geführt. Dies ist eine juristische Person des Zivilrechts.

- Petra ist dort Mitarbeiterin. Es besteht ein Arbeitsverhältnis zwischen der Lebenshilfe und ihr, d.h. sie hat feste Arbeitszeiten, bezieht ein monatliches Arbeitsentgelt und ist kranken- und rentenversichert. Insoweit findet Petra Arbeitsbedingungen wie auf dem allgemeinen Arbeitsmarkt vor. Den Mitarbeitervertrag kann sie selbst schließen, denn ein Einwilligungsvorbehalt gem. § 1903 BGB besteht nicht. Es ist Aufgabe ihres Betreuers, sie in allen Bereichen dieses Beschäftigungsverhältnisses zu unterstützen. Mit einer Abmahnung rügt der Arbeitgeber ein Verhalten, das im Wiederholungsfall zu einer Kündigung führen kann (→ LSA B.3.4.2 Beendigung des Arbeitsverhältnisses). Ein wiederholter Verstoß gegen die Arbeits-/Pausenzeiten rechtfertigt eine solche Abmahnung. Der Vertreter des Arbeitgebers ist rechtlich gesehen der Geschäftsführer der GmbH. Er und nicht Horst als Mitarbeiter des Sozialdienstes ist zu einer Abmahnung befugt. Horst ist hier in der Vermittlerrolle: Eine strenge Ermahnung ist sicher angesagt; erst in einem zweiten Schritt können auch rechtliche Konsequenzen gezogen werden.

- Die Besonderheit einer Werkstatt für Menschen mit Behinderung besteht in dem Auftrag, den sie von dem Träger der Leistungen zur Teilnahme am Arbeitsleben erhalten hat (§§ 136 SGB IX). Grundsätzlich kommen verschiedene Rehabilitationsträger für diese Leistung in Betracht, vgl. § 42 SGB IX. Hier ist es der Landschaftsverband Rheinland als überörtlicher Träger der Sozialhilfe, § 42 Abs. 2 Nr. 4, §§ 56, 75 ff., 97 SGB XII i.V.m. dem Ausführungsgesetz des Landes NRW zum SGB XII (§ 2a Abs. 1 Nr. 1a). Dieser hat mit der Caritas Neuss GmbH einen Vertrag ge-

39 *Clausen/Herrath*, Sexualität leben ohne Behinderung. *Schildmann* (Hrsg.), Normalität, Behinderung und Geschlecht.; *Suykerbuyk/Bosch/Humbert*, Begleitete Sexualität.

schlossen, mit dem die gesetzlichen Bestimmungen der WVO (GSA Nr. 118) umgesetzt, eine Zielvereinbarung getroffen und auch die Vergütung der Mitarbeiter (§ 43 SGB IX) geregelt wird. Diese Rechtsbeziehung zwischen Leistungsträger und Leistungserbringer manifestiert sich im Rahmen der Mitarbeit von Petra in der Hilfeplanung. Der Landschaftsverband ist in regelmäßigen Abständen über die Tätigkeit von Petra in der Werkstatt zu informieren; dies zu tun, ist ein klassisches Aufgabengebiet des Sozialdienstes einer Werkstatt. Es könnte also durchaus auch ein probates Mittel gegenüber Petra sein, wenn Horst die Überschreitung der Pausenzeit anlässlich eines Hilfeplangespräches thematisiert, um Petra auf ihre Pflichten als Mitarbeiterin hinzuweisen. Sofern dieses Verhalten ihre Entwicklung tatsächlich beeinträchtigt, ist auch von einer Berichtspflicht gegenüber dem Leistungsträger auszugehen. Dies gilt erst recht, wenn mit einer Abmahnung der Verlust des Arbeitsplatzes angedroht werden soll.

Lösung zu Frage 2: Die Rechtsbeziehungen im Wohnheim für Menschen mit Behinderung

Abbildung 20: Sozialarbeiterisches Leistungsdreieck in der stationären Behindertenhilfe

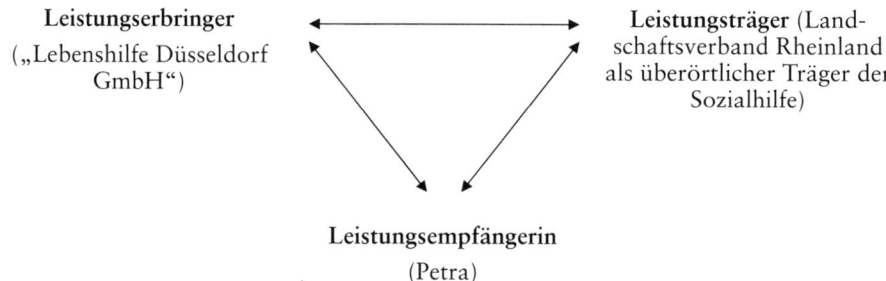

Leistungserbringer
(„Lebenshilfe Düsseldorf GmbH")

Leistungsträger (Landschaftsverband Rheinland als überörtlicher Träger der Sozialhilfe)

Leistungsempfängerin
(Petra)

- Das Behindertenwohnheim wird von der Lebenshilfe Düsseldorf GmbH geführt.
- Petra ist dort Bewohnerin. Es besteht ein Wohn- und Betreuungsvertrag zwischen der Lebenshilfe Düsseldorf GmbH und ihr, nach dem sie ein eigenes Zimmer bewohnt und an gemeinsam genutzten Räumen partizipieren kann. Die Besonderheit eines Behindertenwohnheims besteht in der Verpflichtung der Lebenshilfe Düsseldorf GmbH, neben der reinen Unterkunft auch Pflege- und Betreuungsleistungen zu erbringen. Der Vertrag muss deshalb die Anforderungen des WBVG (GSA Nr. 121) erfüllen. Auch diesen Vertrag kann Petra alleine schließen; da kein Einwilligungsvorbehalt angeordnet ist, dürfte sie geschäftsfähig sein (§ 4 Abs. 2 WBVG gilt nur für Geschäftsunfähige).
- Dieser Vertrag garantiert Petra Privatheit und Intimsphäre. Dazu gehört auch der Schutz von Petras Recht auf sexuelle Selbstbestimmung. Übernachtungen ihres Freundes sind deshalb grundsätzlich zulässig. Grenzen bestehen nur dort, wo die Lebenshilfe Düsseldorf GmbH Petra oder anderen Heimbewohnern gegenüber vertragliche Pflichten nicht einhalten könnte, etwa, wenn Petra sich selbst gefährden würde.
- Die Hilfen zu selbstbestimmtem Leben in betreuten Wohnmöglichkeiten sind Leistungen zur Teilhabe am Leben in der Gemeinschaft, § 55 Abs. 2 Nr. 6 SGB IX. Wie bei den Werkstätten kommen auch hier verschiedene Rehabilitationsträger für diese

Leistung in Betracht, vgl. §§ 5 Nr. 4, 6 Abs. 1 Nrn. 3, 5 bis 7 SGB IX. Hier ist es der Landschaftsverband Rheinland als überörtlicher Träger der Sozialhilfe, denn die Eingliederungshilfe für Menschen mit Behinderung umfasst auch die Unterbringung in stationären Einrichtungen (vgl. §§ 54, 55 SGB XII i.V.m. § 2a Abs. 1 Nr. 1a Ausführungsgesetz des Landes NRW zum SGB XII). Im Rahmen der Hilfeplanung werden die Notwendigkeit einer stationären Unterbringung von Petra sowie ihre Entwicklung regelmäßig überprüft. Die Tatsache, dass Petra seit 6 Monaten eine feste Beziehung führt, ist hier zu erwähnen; Details dazu gehören zu ihrer Privatsphäre.

Lösung zu Frage 3: Die Rechtsbeziehung zwischen Petra und ihrem Betreuer

Der Vater von Petra ist auch für ihre gesundheitlichen Angelegenheiten zuständig. Insoweit muss er wissen, ob Petra die Pille nimmt oder nicht.

> *„Der Betreuer hat die Angelegenheiten des Betreuten so zu besorgen, wie es dessen Wohl entspricht. Zum Wohl des Betreuten gehört auch die Möglichkeit, im Rahmen seiner Fähigkeiten sein Leben nach seinen eigenen Wünschen und Vorstellungen zu gestalten (§ 1901 Abs. 2 BGB)."*

Vor diesem Hintergrund muss Angelika klären, aus welchen Gründen der Vater den Geschlechtsverkehr mit Karl „strengstens verboten" hat. Ihr ausdrücklich erklärter Wille ist jedenfalls sehr ernst zu nehmen und die Rechtslage eindeutig: Nur das Wohl von Petra könnte gegen seine Einwilligung sprechen, eigene Wertvorstellungen des Betreuers hingegen nicht. Im Konfliktfall ist das Betreuungsgericht anzurufen.

5.1.2 Eingliederungshilfe und Grundsicherung

Fallschilderung

Gerd lebt nun schon seit 30 Jahren bei seinen Eltern. Er leidet an einer autistischen Erkrankung mit einer ausgeprägten Störung des Sozialverhaltens. Manchmal neigt er aus heiterem Himmel zur Gewaltanwendung, auch gegenüber ihm vertrauten Personen. Weil seine Eltern nun schon auf die 70 zu gehen, sehen sie sich gezwungen, für Gerd eine andere Lösung zu finden.

Da sie neben ihrem eigenen Haus noch über eine Eigentumswohnung in unmittelbarer Nähe verfügen, beantragen Sie bei dem Sozialhilfeträger die Grundsicherung für Menschen mit Erwerbsminderung und Eingliederungshilfe. Diese soll die Kosten für eine Begleitperson von Gerd umfassen. Es hat sich auch schon ein Anbieter gefunden, der in derartig schwierigen Fällen eine Rund-um-die-Uhr-Betreuung gewährleisten könnte. Damit Gerd aber auch sonst den nötigen Anschluss behält, wollen die Eltern, dass er weiterhin die Tagesklinik des Alexianer-Krankenhauses für psychisch kranke Menschen besucht. Die Tagesklinik ist dazu aber zukünftig nur bereit, wenn die Begleitperson während der gesamten Dauer des Aufenthalts Gerd zur Verfügung steht. Der Aufwand, der auf diese Weise betrieben wird, dürfte monatlich 5.000 € überschreiten.

Gerd ist mit dem Umzug in die neue Wohnung, nicht aber mit dem Aufenthalt in der Tagesklinik einverstanden. Deshalb haben sich die Eltern von Gerd an das Betreuungsgericht gewendet, und Gerd hat einen gerichtlich bestellten Betreuer mit den Aufgabenkreisen Aufenthaltsbestimmungsrecht und Gesundheitsfürsorge erhalten. Die finanziellen Fragen soll der Vater von Gerd weiterhin klären, und Gerd ist damit einverstanden.

Es kommt zum Hilfeplangespräch, an dem die folgenden Personen teilnehmen:

- Gerd,
- sein Betreuer,
- seine Eltern,
- der Vertreter des Betreuungsdienstes,
- die Begleitperson,
- ein Psychologe von der Tagesklinik des Alexianer-Krankenhauses,
- ein Sachbearbeiter des örtlichen Sozialamtes,
- eine Sozialarbeiterin als Vertreter des überörtlichen Trägers der Sozialhilfe. Sie hat zu dem Hilfeplangespräch eingeladen.

Das Hilfeplangespräch findet im Wohnzimmer der Eltern von Gerd statt. Diese fragen, ob sie sich an den Kosten beteiligen müssen und – falls ja – in welcher Höhe. In dem Hilfeplangespräch fragen sie auch danach, ob man ihnen die ortsübliche Miete für die Eigentumswohnung bezahlen würde; schließlich würden sie diese Wohnung vermieten können, wenn Gerd und sein Begleiter nicht dort lebten.

Das Gespräch führt zu dem Ergebnis, dass Gerd mit seinem Begleiter zu Beginn des kommenden Monats in die Eigentumswohnung seiner Eltern ziehen wird. Die Möbel werden von dort gestellt. Gerd findet sich auch dazu bereit, es noch einmal mit der Tagesklinik zu versuchen. Sein Begleiter wird dort ständig anwesend sein. Nun müssen die Beteiligten nur noch das Finanzielle regeln.

Fragen

1. Der örtliche Träger der Sozialhilfe entscheidet über die Grundsicherung. Nach welchen Vorschriften geschieht dies? Spielt ein Unterhaltsanspruch gegen die Eltern bei der Bewilligung eine Rolle? Können die Eltern erwarten, für den Mietausfall eine Entschädigung zu erhalten?
2. Der überörtliche Träger der Sozialhilfe entscheidet über Eingliederungshilfe. Dabei wird er zwischen dem Aufenthalt in der Tagesklinik und dem ambulant betreuten Wohnen zu differenzieren haben. Um welche Teilhabeleistungen handelt es sich jeweils?
3. Müssen die Eltern von Gerd wegen der Bewilligung von Grundsicherung bzw. Eingliederungshilfe damit rechnen, zu den Kosten herangezogen zu werden – ggf. wegen eines Unterhaltsanspruches aus übergegangenem Recht?

Lösung zu Frage 1: Grundsicherung und Unterhalt

Die Grundsicherungsleistungen richten sich nach §§ 41 ff. SGB XII, weil Gerd das 18. Lebensjahr vollendet hat, dauerhaft voll erwerbsgemindert ist und keine günstige Prognose besteht (§ 41 Abs. 3 SGB XII). Der Umfang der Leistungen ist in § 42 SGB XII angegeben. Danach kann Gerd den Regelsatz und einen eventuellen Mehrbedarf erwarten (→ B.1.1.6 Grundsicherung bei dauerhafter Erwerbsminderung, S. 52). In Bezug auf die Wohnung wollen die Eltern diese offensichtlich dem Sohn überlassen, also nicht an ihn vermieten. Sie wollen die Nähe zum eigenen Haus nutzen und fragen nur nach einer finanziellen Entschädigung für den Mietausfall. Derartiges ist im Recht der existenzsichernden Leistungen nicht vorgesehen. Im Gegenteil besteht für Gerd im Hinblick auf die Kaltmiete kein Bedarf, denn diesen decken die Eltern durch die Zurverfügungstellung der Wohnung. Also kann Gerd lediglich den Regel- und den Mehrbedarf sowie ggf. Nebenkosten als Grundsicherungsleistung erwarten.

Bei der Bewilligung von Grundsicherung spielt ein Unterhaltsanspruch von Gerd gegen seine Eltern grundsätzlich keine Rolle. Gem. § 43 Abs. 3 SGB XII wird vermutet, dass die Eltern kein Jahreseinkommen von über 100.000 € haben. Die Eigentumswohnung der Eltern und das eigene Haus bilden das Vermögen der Eltern. Daraus allein lassen sich noch keine Rückschlüsse auf ihr Einkommen ziehen; wenn aber bei dem Besuch im Wohnzimmer der Eltern auch sonst der Eindruck wohlhabender Verhältnisse entsteht, sind die Eltern gem. § 43 Abs. 4 SGB XII zur Auskunft verpflichtet. Erst wenn dadurch die Vermutung widerlegt ist, entfällt der Grundsicherungsanspruch von Gerd.

Lösung zu Frage 2: Teilhabeleistungen

Sowohl bei dem Aufenthalt in der Tagesklinik als auch bei der Begleitung von Gerd im Rahmen des ambulant betreuten Wohnens handelt es sich um Eingliederungshilfen nach §§ 53, 54 SGB XII. Es geht um die Teilhabe am Leben in der Gemeinschaft, denn Gerd soll nach dem Wunsch der Eltern nicht jeglichen Sozialkontakt verlieren.

Lösung zu Frage 3: Kostenbeteiligung

Eine Beteiligung der Eltern an den (enormen!) Kosten kommt im Rahmen des Übergangs von Unterhaltsansprüchen in Betracht (§ 94 Abs. 1 SGB XII). Grundsätzlich ist der Anspruch auf Kindesunterhalt gem. §§ 1601 bis 1603 BGB nicht auf ein bestimmtes Alter des Kindes begrenzt. Freilich ist ein volljähriges Kind nach dem Ende der ersten Ausbildung nicht bedürftig, da es selbst für seinen Unterhalt sorgen kann. Dies ist bei Gerd jedoch nicht gegeben.

Bei einer volljährigen unterhaltsberechtigten Person, die nach § 53 SGB XII behindert ist und nach dem Sechsten Kapitel Leistungen empfängt, geht der Unterhaltsanspruch gem. § 94 Abs. 2 S. 1 SGB XII nur in Höhe von bis zu 26 € monatlich über. Durch die Erhöhungen des Kindergeldes liegt der Betrag aktuell bei 32,08 €, s. § 94 Abs. 2 S. 3 SGB XII).[40]

5.1.3 Schwerbehinderung

Fallschilderung

Der am 12.07.2006 geborene André leidet an einer Muskeldystrophie Typ Duchenne, die zu einer rasch fortschreitenden Muskelschwäche und Atrophie der Muskulatur geführt hat. Weiter besteht eine Entwicklungsstörung vor allem des Sprechens oder der Sprache.

Mit Bescheid des Kreises Euskirchen vom 09.03.2014 waren der GdB von 100 und die Merkzeichen G, aG, B und H unbefristet festgestellt worden. Mit einem weiteren Bescheid vom 07.06.2016, der eine Rechtsmittelbelehrung enthält, wurde der GdB auf 80 gesenkt. Das Merkzeichen aG liege nicht mehr vor. Dagegen wollen die Eltern von André, der einen Rollstuhl benutzen muss, vorgehen. Sie glauben, in Zukunft weder

---

40 *Deutscher Verein für öffentliche und private Fürsorge e.V.*, Empfehlungen für die Heranziehung Unterhaltspflichtiger in der Sozialhilfe (SGB XII), http://tacheles-sozialhilfe.de/fa/redakteur/Infos_anderer/ DV_35-13_End__2_.pdf.

öffentliche Verkehrsmittel kostenlos noch einen Behindertenparkplatz in Anspruch nehmen zu können.

Fragen

1. Ist es rechtlich überhaupt zulässig, die „unbefristete" Feststellung eines Schwerbehindertengrades nachträglich abzuändern? Liegt nicht mit dem Bescheid vom 09.03.2014 ein bestandskräftiger Bescheid vor?
2. Hat ein rechtzeitig eingelegter Widerspruch gegen den Bescheid vom 07.06.2016 Aussicht auf Erfolg?

Themengebiete / Hilfestellung

Hier geht es um die Feststellung der Schwerbehinderung, die Merkzeichen und einen möglichen Nachteilsausgleich. Nebenbei erfahren wir, dass auch bestandskräftige Verwaltungsakte abgeändert werden können.

Lösung zu Frage 1: Aufhebung eines bestandskräftigen Bescheides

Die Bestandskraftfunktion eines Bescheides bedeutet eine Verbindlichkeit für den Staat und den Bürger (→ LSA C.3.2.3 Das typische Behördenhandeln durch Bescheid). Solange also der Bescheid vom 09.03.2014 nicht abgeändert wurde, galt sowohl für die Behörden als auch für André und seine Eltern ein Grad der Behinderung von 100 einschließlich der dort angegebenen Merkzeichen.

Ein Bescheid bleibt wirksam, solange er nicht zurückgenommen, widerrufen, anderweitig aufgehoben oder durch Zeitablauf oder auf andere Weise erledigt ist (§ 39 Abs. 2 SGB X). Es gibt also verschiedene Möglichkeiten, wie ein bestandskräftiger Bescheid unwirksam werden kann. Eine davon ist die Aufhebung als Folge geänderter tatsächlicher oder rechtlicher Verhältnisse. Liegen die Voraussetzungen nicht mehr vor, die zum Erlass des Bescheides geführt haben, kann also die Behörde ihn aufheben (§ 48 Abs. 1 SGB X). Hier wird festgestellt, dass bei André angeblich der Grad der Behinderung gesunken ist und die Voraussetzungen des Merkzeichens aG nicht mehr vorliegen. Wenn die Behörde recht behält, kann sie den ersten Bescheid insoweit abändern.[41]

Lösung zu Frage 2: Schwerbehinderung und Merkzeichen

Auch für die Feststellung des Grades der Behinderung und von Merkzeichen benötigen wir eine Anspruchsgrundlage. Sie finden wir im Recht der schwerbehinderten Menschen, Teil 2 von SGB IX. Gemäß § 69 Abs. 1 SGB IX stellen die zuständigen Behörden das Vorliegen einer Behinderung und den Grad der Behinderung fest. Ferner vergeben sie die Merkzeichen gemäß § 69 Abs. 4 SGB IX.

Für die Feststellung des Grades der Behinderung wird in § 69 Abs. 1 S. 5 SGB IX auf die VersMedV verwiesen (GSA Nr. 112). In Bezug auf den Schwerbehindertenausweis gilt die nach § 70 SGB IX ergangene SchwbAwV (GSA Nr. 81).

Die Feststellung des Grades der Behinderung ist in erster Linie die Entscheidung von Medizinern, aber die VersMedV kann uns hier schon einzelne Hinweise geben: Ziffer

---

41 *SG Aachen 12. Kammer, 01.03.2016 – S 12 SB 266/15.*

18.6 sieht für Krankheiten der Muskulatur mit schweren Auswirkungen (bis zur Geh- und Stehunfähigkeit und Gebrauchsunfähigkeit der Arme) einen Grad der Behinderung von 90-100 vor. Hinzu kommen die allgemeine Entwicklungs- und Sprachstörung. Insoweit müssen ein Einzel-GdB und anschließend ein Gesamt-GdB festgestellt werden (Ziffer 3). Hier kommt wohl ein Einzel-GdB von 20-40 für die Einschränkung der geistigen Leistungsfähigkeit im Schul- und Jugendalter in Betracht (3.4.2) und zusätzlich eine Artikulationsstörung (Ziffer 7.11), so dass für die Feststellung eines Gesamt-Grades der Behinderung von 100 durchaus Chancen bestehen.

Weniger erfolgreich dürfte das Bestreben sein, neben den bereits festgestellten Merkzeichen auch das Merkzeichen aG für die außergewöhnliche Gehbehinderung zu erreichen. Eine solche liegt gemäß der VersMedV Teil D 3b) nur vor, wenn das Gehvermögen auf das Schwerste beeinträchtigt ist. Allein das Angewiesen-Sein auf einen Rollstuhl genügt hier nicht.

Die Eltern haben allerdings übersehen, dass für die unentgeltliche Beförderung einer Begleitperson im Personennahverkehr die Feststellung dieses Merkzeichens nicht erforderlich ist. Hier genügt das Merkzeichen B, dass bereits festgestellt wurde, vgl. Teil D Ziffer 2 a) VersMedV.

5.2. Arbeitshilfen

5.2.1 Schwerbehindertenausweis

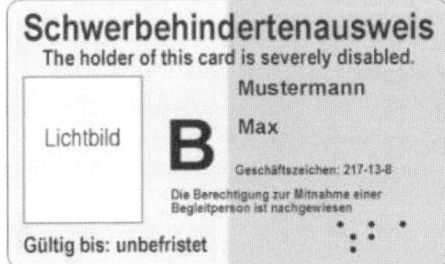

Auf der Rückseite oben rechts sehen Sie, dass in diesem Ausweis der Grad der Behinderung (GdB) mit 100 festgestellt wurde. Links davon stehen die Merkzeichen G und H.

5.2.2 Antrag auf Eingliederungshilfe nach § 35a SGB VIII und Diagnosebogen

Link	Letzter Zugriff
https://www.google.de/url?sa=t&rct=j&q=&esrc=s&source=web&cd=5&cad=rja&uact=8&ved=0CDgQFjAE&url=http%3A%2F%2Fwww.ism-mainz.de%2Ffileadmin%2FDateien%2FInstrumente____35a.doc&ei=ZyTuVJHhFcGgUsaNguAD&usg=AFQjCNGFT8IuMcX7jW7S104WQapRyZuseQ	14.04.2016

5.2.3 Formblatt zur individuellen Hilfeplanung

Link für ein Beispiel (LVR Rheinland)	Letzter Zugriff
http://www.lvr.de/media/wwwlvrde/formulare/727122dot.doc	20.07.2016

5.2.4 Formblatt: Auskunft zu den Einkommens- und Vermögensverhältnissen

Link für ein Beispiel (Landkreistag / Städtetag NRW)	Letzter Zugriff
http://www.lkt-nrw.de/Dox.aspx?docid=e22fcbf3-6a21-4049-ba75-bd08a8173606	23.07.2016

5.2.5 Muster eines Heimvertrages

Link für ein Beispiel: DRK Bischofswerda	Letzter Zugriff
http://www.wohnen-mit-behinderung.de/files/formulare/heimvertrag.pdf	23.07.2016

6. Soziale Arbeit mit kranken und pflegebedürftigen Menschen

6.1. Fälle mit Lösungen

6.1.1 Unterhalts- oder Sozialleistungen im Pflegeheim

Fallschilderung

In Ihrer Freizeit schauen Sie immer wieder einmal nach der alten Dame, Frau Merks, im Haus, die pflegebedürftig ist. Sie ist, das merken sie schnell, vereinsamt. Gerne würde Frau Merks in ein Seniorenheim gehen, aber dann – so behauptet sie – müsste ihre einzige Tochter für sie aufkommen. Diese hat selbst 3 minderjährige Kinder im Vorschulalter, die sie mit einem Nebenjob allein erzieht. In der Situation will sie ihrer Tochter nicht zur Last fallen, auch wenn diese ruhig mal etwas öfter als nur alle 2 Monate hereinschauen könnte. Frau Merks weiß, dass ein Heimaufenthalt „immens" teuer ist.

Fragen

1. Erläutern Sie, wie sich die Kosten des Aufenthaltes in einem Pflegeheim zusammensetzen!
2. Schildern Sie, wer dafür aufkommt. Ist die Angst von Frau Merks begründet, dass ihre Tochter für ihren Heimaufenthalt bezahlen müsste?

Themengebiete / Hilfestellungen

Mit diesem Fall wiederholen und vertiefen wir das schon ganz zu Beginn des Lehrbuches geschilderte System der drei Säulen und des Netzes mit doppeltem Boden. Zugleich geben wir eine Übersicht über die Kostentragung im Falle des Aufenthaltes in einem Seniorenheim.[42]

Lösung zu Frage 1: Kosten eines Pflegeheimes

Die Kosten eines Seniorenheimes setzen sich im Wesentlichen aus drei Teilen zusammen (§ 82 SGB XI):

- Die Pflegevergütung
- Die Kosten der Unterkunft und Verpflegung („Hotelkosten")
- Die Investitionskosten: Das sind die Ausgaben, die der Betreiber eines Pflegeheimes für die Anschaffung oder Miete des Grundstückes sowie des Gebäudes einschließlich des Inventars aufwendet (§ 82 Abs. 2 und 3 SGB XI).

Die Ausbildungsvergütung, also das „Gehalt", das das Heim an seine Auszubildenden zahlt (§ 82a SGB XI), haben wir hier aus Gründen der Vereinfachung weggelassen.

Lösung zu Frage 2: Prüfschema finanzielle Leistungen bei Heimkosten

Wenn finanzielle Leistungen des Staates erforderlich werden, hatten wir von einem Drei-Säulen-System und einem Netz mit doppeltem Boden gesprochen. Dieses Schema kann für die Klärung der Frage nach der Übernahme von Heimkosten eingesetzt werden:

---

42 *Stock*, RDG 2016, 64.

Abbildung 21: Prüfschema für finanzielle Leistungen / Drei Säulen und Netz mit doppeltem Boden

Private Sicherung	Steuerfinanzierte Geldleistungen	Geldleistungen der Sozialversicherungsträger
Eigene Sicherung ■ Einkommen ■ Vermögen Unterhaltsansprüche ■ gegenüber Partnern ■ gegen Eltern ■ gegen Kinder	■ Kindergeld ■ Elterngeld ■ Wohngeld ■ Pflegewohngeld ■ BAföG ■ Berufsausbildungsbeihilfe ■ Unterhaltsvorschuss ■ usw.	■ Krankenversicherung ■ Pflegeversicherung ■ Arbeitslosenversicherung ■ Rentenversicherung ■ Unfallversicherung
Existenzsichernde Leistungen (=Grundsicherung)		
SGB II für Erwerbsfähige und ihre Familien Grundsicherung für Arbeitssuchende ALG II und Sozialgeld		SGB XII für Erwerbsunfähige und im Alter Grundsicherung im Alter und bei Erwerbsminderung Hilfe zum Lebensunterhalt

Mit diesem Schema kann ein Sozialarbeiter mögliche finanzielle Ansprüche auf finanzielle Leistungen prüfen:

Private Sicherung

Auszugehen ist zunächst von dem Prinzip der Selbstbestimmtheit und Eigenverantwortlichkeit. Wer sich in einer wirtschaftlichen Notlage befindet, muss zunächst einmal selbst für sich sorgen. Er muss also primär sein eigenes Einkommen und Vermögen zur Überwindung der Notlage einsetzen. Unter dem Einkommen versteht man die monatlichen Einnahmen (Arbeitseinkünfte, Kindergeld, Mieteinnahmen usw.); Vermögen hingegen ist das im Laufe der Zeit gebildete Kapital (Haus, Bank- und Sparguthaben, Lebensversicherungen usw.).

Auf den Fall bezogen bedeutet dies: Frau Merks muss die Heimkosten zunächst einmal aus ihrem eigenen Einkommen und Vermögen bestreiten. Wenn Sie Grundbesitz oder Wertpapiere besitzt, könnte sie diese verkaufen, um die Heimkosten zu bezahlen. Voraussetzung dafür ist, dass sie zum einen ein Heim findet, das zur Aufnahme bereit ist. Zum anderen muss natürlich das Geld auch für einen längerfristigen Heimaufenthalt reichen. Das wird dauerhaft wohl nur unter Inanspruchnahme aller weiteren Säulen des Sozialsystems gelingen.

Zwischen Ehepartnern und Kindern besteht der wechselseitige Wille, füreinander Verantwortung zu tragen. Deshalb geht es in der Säule der privaten Sicherung auch darum, ob und inwieweit Partner – auch gleichgeschlechtliche – oder eng miteinander verwandte Personen finanziell füreinander einzustehen, also Unterhalt zu gewähren haben.

Auf den Fall bezogen bedeutet dies: Die Tochter von Frau Merks ist ihrer Mutter grundsätzlich zum sog. Elternunterhalt verpflichtet, wenn die Mutter bedürftig und die Tochter leistungsfähig ist (§§ 1601 – 1603 BGB). Die Leistungsfähigkeit der Tochter kann hier stark infrage gestellt werden, denn unterhaltspflichtig ist nicht, wer unter Berücksichtigung seiner sonstigen Verpflichtungen außerstande ist, ohne Gefährdung seines eigenen angemessenen Unterhalts den Unterhalt zu gewähren (§ 1603 Abs. 1 BGB). In der Rangfolge mehrerer Unterhaltsberechtigter stehen die minderjährigen Kinder auf Platz 1 und die Eltern auf Platz 6 (§ 1609 BGB; → LSA B.2.6.4 Verwandtenunterhalt). Das bedeutet: Die Tochter muss zunächst einmal für ihre Kinder und ihren eigenen angemessenen Unterhalt sorgen, bevor sie zur Übernahme der Heimkosten ihrer Mutter verpflichtet werden kann. Dabei ist der angemessene Selbstbehalt gegenüber Eltern mit 1.800 € einschließlich Warmmiete recht großzügig bemessen. (Auch das nach Abzug des Kindesunterhalts und dieses Freibetrages verbleibende Einkommen steht nur zur Hälfte zur Verfügung: Düsseldorfer Tabelle (Abschnitt D.I.; Stand: 01.01. 2016; GSA Nr. 29; → B.2.2.1 Düsseldorfer Tabelle, S. 106)

Weil Frau Merks Junior alleinerziehend ist und nur einen Nebenjob hat, ist die Befürchtung von Frau Merks unbegründet. Sie muss eher nicht damit rechnen, dass ihre Tochter zusätzlich noch für ihre Heimkosten bezahlen muss.

Steuerfinanzierte Geldleistungen

In der zweiten Säule der steuerfinanzierten staatlichen Leistungen finden wir in Nordrhein-Westfalen das sog. Pflegewohngeld als Investitionskostenförderung für Pflegeheime. Diese erhalten für Bewohner, deren eigenes Einkommen und Vermögen nicht ausreicht, um die Heimkosten zu tragen (1. Säule), diese Förderung.[43] Weil es das Pflegewohngeld in den meisten anderen Bundesländern so nicht mehr gibt, wird an dieser Stelle nicht näher darauf eingegangen.

Geldleistungen der Pflegeversicherung

Wer über finanzielle Hilfen beraten will, muss die möglichen Geldleistungen der 5 gesetzlichen Sozialversicherungen kennen. Hier kommt allein die Pflegeversicherung infrage. Das SGB XI sieht für die stationäre Aufnahme in Pflegeheimen z.T. beträchtliche Geldleistungen vor (§ 43 SGB XI). Deren Höhe ist abhängig von dem Pflegegrad des jeweiligen Bewohners. Frau Merks muss also einen Antrag auf Feststellung des Pflegegrades stellen. Nach der Überprüfung durch den MDK erhält sie einen Bescheid darüber. Dann weiß Frau Merks schon eher, ob und wie viel die Pflegekasse für die Aufnahme in das Seniorenheim bezahlen würde. Zwei Hinweise müssen Sie Frau Merks allerdings geben: zum einen deckt der von der Pflegekasse gezahlte Betrag häufig nicht einmal die Pflegevergütung vollständig ab. Sie muss also damit rechnen, weitere Geldquellen in Anspruch zu nehmen. Zum anderen betont der Gesetzgeber neuerdings den Grundsatz „ambulant vor stationär". Das bedeutet: Gemeinsam mit Frau Merks und der Pflegeversicherung sollten sie prüfen, welche ambulanten Unterstützungsmöglichkeiten bestehen. Der Anspruch auf die vollstationäre Pflege entsteht erst, wenn ambulante oder teilstationäre Pflege nicht möglich ist oder wegen der Besonderheit des Einzelfalles nicht in Betracht kommt.

Grundsicherungsleistungen

Neben den 3 Säulen kann das System existenzsichernder Leistungen als Netz mit doppeltem Boden bezeichnet werden: Wer nicht ausreichend Unterstützung durch eigene,

---

43 § 14 Abs. 3 APG NRW i. V. m. der DVO zu diesem Gesetz.

staatliche oder Leistungen der Sozialversicherungen erhält, kann Leistungen des Job-centers oder des Sozialamtes erwarten. Für Frau Merks kommt die Grundsicherung im Alter infrage, § 41 SGB XII. Darüber werden allerdings nur der Regelsatz, der Mehrbedarf und im Falle der stationären Unterbringung nur die Unterkunftskosten übernommen, die bei einem Einpersonenhaushalt durchschnittlich anfallen (§ 42, insb. Nr. 4 SGB XII). Der Bewohner einer stationären Einrichtung hat darüber hinaus Anspruch auf einen weiteren notwendigen Lebensunterhalt im Sinne eines Barbetrages („Taschengeld", § 27b Abs. 2 SGB XII).

Hilfe zur Pflege

Die hier beschriebenen staatlichen Leistungen einschließlich der Grundsicherung und der Leistung der Pflegeversicherung haben gemeinsam, dass die Beträge gedeckelt sind. Das heißt: Es gibt jeweils nur einen festen Betrag als Pflegewohngeld, für die vollstationäre Pflege und die Grundsicherung. Wenn nun Frau Merks ihr Einkommen bis auf das ihr zustehende „Taschengeld" voll einsetzt, kein Vermögen vorhanden und die Tochter nicht leistungsfähig ist, kann zuletzt das Sozialamt im Rahmen der Hilfe zur Pflege für die restlichen Kosten in Anspruch genommen werden. Die Bestimmungen der §§ 61 ff. SGB XII ähneln denjenigen der Pflegeversicherung. Das ist der Grund, warum die Sozialhilfeträger bei den Vereinbarungen der Pflegeversicherungen mit den Seniorenheimen „mit am Tisch sitzen" (§ 75 Abs. 5 SGB XII).

Abbildung 22: Sozialarbeiterisches Leistungsdreieck in der stationären Pflege

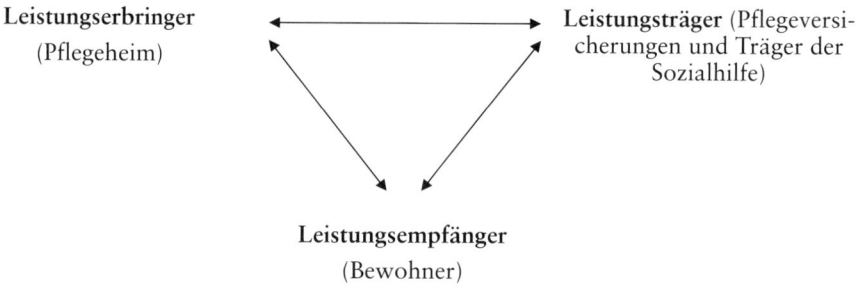

Auch für die Hilfe zur Pflege gilt der Grundsatz „ambulant vor stationär" (§ 13 SGB XII) und, da es sich um eine Leistung der Sozialhilfe handelt, müssen Einkommen und Vermögen des Antragstellers und seines Ehe- oder Lebenspartners in den Grenzen der §§ 85, 90 ff. SGB XII voll eingesetzt werden. Gleichwohl fängt die Hilfe zur Pflege im Notfall alle restlichen Heimkosten auf.

Die Sorge von Frau Merks, dass ihre Tochter zur Finanzierung ihres Heimaufenthaltes herangezogen würde, ist eher unbegründet. Klärungsbedürftig hingegen ist, ob ein stationärer Aufenthalt wirklich notwendig ist oder nicht besser professionelle ambulante Hilfen ausreichen. Es könnte auch im Sinne von Frau Merks sein, so lange wie möglich in ihrer Wohnung zu bleiben.

6.1.2 Heimkostenberechnung

Fallschilderung

Als Sozialarbeiterin sind sie bei dem Sozialdienst eines Seniorenheimes in Bochum angestellt. Neben der Betreuung der Bewohner und der Organisation der ehrenamtlich Tätigen gehört es zu ihren Aufgaben, Erstaufnahmegespräche zu führen und dabei auch über die entstehenden Kosten zu informieren.

Sie sprechen mit dem verwitweten Herrn Moser, der bis Ende des Jahres 2016 in seiner eigenen Wohnung lebte. Herr Moser bezieht Renten i.H.v. insgesamt 1.000 € und verfügt über ein Sparbuch, das 5.000 € ausweist.

Herr Moser ist pflegebedürftig nach Pflegegrad III. Bisher hat ihn seine Tochter Ute gepflegt, die noch bei ihm wohnt. Weil die Pflege zu Hause nicht mehr zu leisten ist, wird für Herrn Moser ab dem 01.04.2017 der Heimaufenthalt erforderlich. Ute will in der Eigentumswohnung wohnen bleiben. Sie rechnet damit, dann selbst Grundsicherungsleistungen in Anspruch nehmen zu müssen.

Es entstehen die folgenden monatlichen Heimkosten:

- Investitionskosten: monatlich 800 €
- Pflegesatz: monatlich 2.200 €
- Unterkunftskosten: monatlich 1.000 €.

Der monatliche Gesamtaufwand beträgt also 4.000 €. Die durchschnittliche Warmmiete eines Einpersonenhaushalts im Gebiet des Sozialhilfeträgers beträgt 290 €.

Fragen

Welche Unterstützung kann Herr Moser im ersten Monat der Heimunterbringung erwarten in Bezug auf

1. das Pflegegeld?
2. das Pflegewohngeld?
3. die Grundsicherung im Alter bzw. Hilfe zum Lebensunterhalt?
4. die Hilfe zur Pflege?

Behandeln Sie, wo es passt, auch die Fragen der Familienangehörigen von Herrn Moser:

a) Kann Ute in der Eigentumswohnung wohnen bleiben? Gehen Sie davon aus, dass es sich um eine kleine Wohnung handelt.
b) Muss Herr Moser einen Teil der Heimkosten von seinem Sparguthaben bestreiten?
c) Muss sich die Tochter an den Heimkosten beteiligen?

Themengebiete / Hilfestellungen

Mit diesem Fall werden wir nach den grundsätzlichen Ausführungen im vorigen Fall konkret. Wir berechnen, wer wie viel für den Aufenthalt von Herrn Moser bezahlen muss und inwiefern die Familie davon betroffen ist. Wir gehen – ähnlich wie bei den Grundsicherungsleistungen (→ B.1.1.5 Grundsicherung im Alter, S. 51) – so vor, dass wir zunächst den generellen Bedarf und dann die Bedürftigkeit prüfen.

Lösung zu Frage 1: Pflegeversicherung

- Bedarf: Die vollstationäre Pflege wird von der Pflegeversicherung mit einem Pauschalbetrag je nach Pflegegrad übernommen, § 43 SGB XI.

- Bedürftigkeit: Es handelt sich um eine Versicherungsleistung. Herr Moser hat für den Fall der Pflegebedürftigkeit Beiträge entrichtet. Nun ist der Fall eingetreten. Deshalb kann die Leistung nicht abhängig gemacht werden von dem Einkommen oder Vermögen des Herrn Moser oder seiner Familie. Da Herr Moser in den Pflegegrad III eingestuft wurde, erhält er 1.262 € monatlich (§ 43 Abs. 2 S. 2 Nr. 2 SGB XI).

Lösung zu Frage 2: Pflegewohngeld

- Bedarf: Durch das Pflegewohngeld übernimmt das Land NRW die Investitionskosten des Heimes, § 14 Abs. 3 APG NRW. Dies sind im vorliegenden Fall 800 € monatlich.

- Bedürftigkeit: Die wirtschaftlichen Verhältnisse werden entsprechend den Regeln des SGB XII geprüft – mit folgenden Besonderheiten, die das APG vorsieht:
  - Der Vermögensfreibetrag liegt bei 10.000 €. Herr Moser kann bezogen auf das Pflegewohngeld den Sparbetrag von 5.000 € behalten.
  - Gemäß § 90 Abs. 2 N. 8 SGB XII ist ein angemessenes Hausgrundstück nicht zu berücksichtigen, wenn die nachfragende Person es selbst oder zusammen mit Angehörigen bewohnt und es nach ihrem Tod von den Angehörigen bewohnt werden soll. Die Eigentumswohnung ist eine solche Immobilie; sie ist eher klein und wird von der Tochter bewohnt werden. Deshalb ist sie für das Pflegewohngeld nicht zu berücksichtigen.
  - Einkommen und Vermögen von unterhaltspflichtigen Angehörigen wird praktisch nicht berücksichtigt, da ihr Einkommen auf unter 100.000 € jährlich vermutet wird. Also spielt es für das Pflegewohngeld von Herrn Moser keine Rolle, ob seine Tochter ihn noch unterstützen kann, was augenscheinlich ohnehin nicht der Fall ist.
  - Die unabhängig von den Investitionskosten verbleibenden Heimkosten (Pflegekosten, Hotelkosten nach Abzug des Beitrags der Pflegversicherung) werden vom Einkommen abgezogen. Faustformel: Sind die Heimkosten ohne Investitionskosten und Festbetrag der Pflegeversicherung höher als das monatliche Einkommen, besteht ein Anspruch auf das Pflegewohngeld. Im vorliegenden Fall betragen die Heimkosten ohne die Investitionskosten 3.200 €. Davon sind 1.262 € abzuziehen. Den Differenzbetrag von 1.938 € kann Herr Moser von seinem Einkommen nicht bestreiten, denn er bezieht insgesamt nur 1.000 € monatlich. Deshalb hat Herr Moser Anspruch auf das Pflegewohngeld.
  - Antwort: Herrn Moser steht das Pflegewohngeld in Höhe von 800 € zu.

Lösung zu Frage 3: Grundsicherung im Alter

Im Hinblick auf die Grundsicherung nach §§ 41 ff. SGB XII besteht dauerhaft kein Anspruch, weil Herr Moser den hier maßgeblichen Bedarf (Regelsatz 404 €, Warmmiete 290 € gem. § 42 Nr. 4 SGB XII, Taschengeld 109,08 €) von 803,08 € durch sein verbleibendes Einkommen (1.000 € - 109,08 € = 890,92 €) selbst decken kann. (→ B.

1.1.5 Grundsicherung im Alter, S. 51; → Abbildung 12: SGB XII: Tabelle zur Grundsicherung mit Geldbeträgen, S. 75).

Insoweit kommt es nicht darauf an, dass Herr Moser im ersten Monat seines Aufenthaltes zusätzlich noch über ein Vermögen verfügt, das er teilweise aufbrauchen muss.

Lösung zu Frage 4: Hilfe zur Pflege

Auch bei der Hilfe zur Pflege, §§ 61 ff. SGB XII, ist zunächst das volle Einkommen und Vermögen einzusetzen, bevor das Sozialamt die restlichen Heimkosten übernimmt. Für die Hilfe zur Pflege ergibt sich dies aus dem allgemeinen Grundsatz des Nachrangs der Sozialhilfe, § 2 Abs. 1 SGB XII.

Das gesamte verwertbare Vermögen ist einzusetzen, § 90 Abs. 1 SGB XII.

- Davon ausgenommen ist das sog. angemessene Hausgrundstück – siehe oben – und
- ein kleinerer Barbetrag gem. § 90 Abs. 2 Nr. 9 SGB XII. Seine Höhe ist in der dazu gehörenden Verordnung festgelegt (GSA Nr. 109). Nach § 1 Abs. 1 S. 1 a) dieser Verordnung liegt der Freibetrag im Fall von Herrn Moser bei 2.600 €.
- Da er ein Sparbuch in Höhe von 5.000 € besitzt, muss er erst 2.400 € verbrauchen, bevor er Hilfe zur Pflege in Anspruch nehmen kann.
- Das bedeutet: wenn man von dem Gesamtbetrag der Heimkosten in Höhe von 4.000 € den Betrag der Pflegeversicherung (1.262 €) und das Pflegewohngeld (800 €) abzieht, verbleiben noch 1.938 €. Diesen Betrag muss Herr Moser im ersten Monat der Heimunterbringung selbst übernehmen.
- Herr Moser kann insoweit keine Hilfe zur Pflege beanspruchen.

Der Vollständigkeit halber soll hier noch auf das Einkommen eingegangen werden. Auch dieses ist gem. §§ 82, 88 Abs. 1 S. 2 SGB XII voll einzusetzen. Heimbewohnern wie Herrn Moser verbleibt nur ein „Taschengeld" gem. § 27b Abs. 2 SGB XII in Höhe von derzeit 109,08 €. Das bedeutet:

- Hilfe zur Pflege gem. §§ 61 ff. SGB XI würde Herr Moser im Hinblick auf die ungedeckten Heimkosten nur nach dem Einsatz des verwertbaren Resteinkommens erhalten. Dies sind 87,84 € (siehe Lösung zu Frage 3: 890,92 € - 803,08 €).
- Ungedeckt sind bislang noch 1.047,08 € (4.000 € – 1.262 € – 800 € – 803,08 € – 87,84 €). Diesen Betrag muss das Sozialamt aufbringen, nachdem das Vermögen des Herrn Moser aufgebraucht ist.

Hilfe zur Pflege erhält nur, wer keinen entsprechenden Unterhalt erhält, § 2 Abs. 1 SGB XII. Ute zahlt nichts und muss auch nichts zahlen, da sich Herr Moser derzeit selbst helfen kann. Das Sozialamt wird gem. § 94 Abs. 1 S. 1 SGB XII demnächst prüfen, ob ein Unterhaltsanspruch des Herrn Moser gegen seine Tochter besteht. Bezieht Ute selbst Sozialhilfeleistungen, entfällt diese Prüfung von vornherein, § 94 Abs. 1 S. 2 SGB XII.

Ergebnis

Im ersten Monat der Heimunterbringung kann Herr Moser 1.262 € von seiner Pflegeversicherung und 800 € Pflegewohngeld erwarten. Ein Sozialhilfeanspruch besteht im ersten Monat nicht. Seine Tochter wird in der Eigentumswohnung wohnen bleiben können und keinen Unterhalt zahlen müssen.

6.2. Arbeitshilfen

6.2.1 Pflegereform 2016/17

Link: Übersicht	Letzter Zugriff
http://www.kv-media.de/pflegereform-2016-2017.php	23.07.2016

6.2.2 Individueller Hilfe- und Versorgungsplan

Link: Beratungsgrundlage eines Pflegestützpunktes (nach altem Recht)	Letzter Zugriff
http://www.lkt-nrw.de/Dox.aspx?docid=d8b3588b-dd48-4be1-aad1-26e7542822b3	23.07.2016

6.2.3 Pflegesatzvereinbarung zwischen Leistungserbringer und Leistungsträger

Link: Beispiel Sachsen	Letzter Zugriff
http://www.lvhs-sachsen.de/vertraege/vertrag/SGBXI-stat/Heim.pdf	23.07.2016

7. Soziale Arbeit mit Migranten und Flüchtlingen

7.1. Fälle mit Lösungen

7.1.1 Eigenständiges Aufenthaltsrecht

Fallschilderung

Die türkische Staatsangehörige Ayse, die aus einem Dorf im Südosten der Türkei stammt, ist nach der Eheschließung mit einem deutschen Staatsangehörigen im Besitz einer Aufenthaltserlaubnis gem. § 28 Abs. 1 Nr. 1 AufenthG, gültig für drei Jahre. Bereits zwei Jahre nach Erteilung dieser Aufenthaltserlaubnis hält Ayse die ständigen Schläge ihres Mannes nicht mehr aus und zieht gemeinsam mit dem inzwischen geborenen halbjährigen Sohn zu einer Freundin. Sie meldet sich dort an und beantragt Leistungen des Jobcenters. Nachdem die Ausländerbehörde von der Ummeldung erfahren hat, erlässt sie nach Anhörung einen Bescheid, in dem die Aufenthaltserlaubnis gem. § 7 Abs. 2 S. 2 AufenthG auf das Datum der Zustellung dieser Verfügung befristet wird. Gleichzeitig wird Ayse aufgefordert, binnen drei Monaten das Land zu verlassen. Sollte sie dieser Ausreiseaufforderung nicht nachkommen, wird ihr die Abschiebung angedroht. Der Bescheid ist mit einer Rechtsmittelbelehrung versehen, wonach Ayse die Möglichkeit der Klage vor dem Verwaltungsgericht binnen eines Monats nach Zustellung des Bescheides hat.

Fragen

1. Welche rechtlichen Schritte sind zu ergreifen? Auf welche Fristen muss dabei geachtet werden?
2. Kann Ayse für sich und ihren Sohn trotz Bezuges von Grundsicherungsleistungen ein Bleiberecht beanspruchen?

Themengebiete / Hilfestellungen

Einen Fall zum Familiennachzug haben wir bereits im Lehrbuch geschildert und gelöst (→ LSA D.7 Familiennachzug). Jetzt thematisieren wir inhaltlich das Staatsangehörigkeitsrecht und das eigenständige Aufenthaltsrecht. Hier muss man auch das Familienrecht kennen. Besonders wichtig in der Migrationsberatung sind Hinweise auf die Einhaltung von Fristen und die rechtzeitige Antragstellung. Deshalb bezieht sich die erste Frage auf das Verfahren (→ LSA C.3.2.3 zum Verwaltungsverfahren; → C.3.3 Der Verwaltungs- bzw. Sozialgerichtsprozess).

Lösung zu Frage 1: Rechtliche Schritte im Ausländerrecht

- Ayse sollte vorsichtshalber einen Rechtsanwalt konsultieren. Auch ein Fachanwalt für Ausländer- und Asylrecht kann über die Beratungs- und die Prozesskostenhilfe finanziert werden (→ LSA C.2.3.1 Beratungshilfe; → LSA C.2.3.2 Prozesskostenhilfe).
- Die Klage gegen den Bescheid muss spätestens 1 Monat nach Zustellung bei dem Verwaltungsgericht eingereicht sein.
- Eine solche Klage hat keine aufschiebende Wirkung (§ 84 AufenthG). Deshalb bleibt die Aufforderung, die BRD innerhalb von drei Monaten zu verlassen, auch nach Erhebung der Klage bestehen. Es ist nicht damit zu rechnen, dass das Verwal-

tungsgericht bis zum Ablauf dieser Ausreisefrist über die Klage entscheidet. Deshalb muss Ayse zusätzlich ein gerichtliches Eilverfahren mit dem Ziel einleiten, die aufschiebende Wirkung der Klage herzustellen (→ LSA C.3.3.2 Einstweiliger Rechtsschutz). Erst dann ist die Ausreiseverpflichtung aufgeschoben. Auch dieses gerichtliche Eilverfahren sollte bereits jetzt und keinesfalls nach Ablauf der Frist zur Ausreise eingeleitet werden.

■ Mit der Trennung von ihrem Mann dürfte auch das von dem Bestehen der ehelichen Lebensgemeinschaft abgeleitete Aufenthaltsrecht von Ayse abgelaufen sein. Deshalb muss Ayse zusätzlich bei dem Ausländeramt eine neue Aufenthaltserlaubnis beantragen. Als Grund dafür kann sie die Begründung eines eigenständigen Aufenthaltsrechts (§ 31 AufenthG) oder auch das Aufenthaltsrecht wegen der Personensorge für ihren Sohn angeben (§ 28 Abs. 1 Nr. 3 AufenthG).

Lösung zu Frage 2: Aufenthaltsrechte

■ Ein Bleiberecht für Ayses Sohn besteht ohne Weiteres, wenn er deutscher Staatsangehöriger ist. Er ist das Kind eines deutschen Vaters und einer türkischen Mutter. Damit erwirbt der Sohn von Ayse durch die Geburt die deutsche Staatsangehörigkeit nach § 4 Abs. 1 S. 2 StAG (→ LSA B.7.3.2 Staatsangehörigkeitsrecht). Eine Vaterschaftsfeststellung nach dem zweiten Halbsatz dieser Vorschrift ist in diesem Fall nicht erforderlich, weil die Ehe nach deutschem Recht anerkannt ist und damit das Kind als eheliches Kind vom Vater abstammt (§ 1592 Nr. 1 BGB) (→ LSA B.2.5.1 Abstammung).

■ Das eigenständige Aufenthaltsrecht des Ehegatten, d.h. von Ayse, besteht in der Regel erst, wenn die eheliche Lebensgemeinschaft (nicht zu verwechseln mit der Ehe im Rechtssinn!) seit mindestens drei Jahren rechtmäßig im Bundesgebiet bestanden hat (§ 31 Abs. 1 Nr. 1 AufenthG). Hier wurde die eheliche Lebensgemeinschaft bereits nach 2 Jahren durch die Trennung beendet (→ LSA B.2.4.1 Getrenntleben).

 – Von dem Erfordernis des Bestehens einer Lebensgemeinschaft für die Dauer von drei Jahren kann jedoch gem. § 31 Abs. 3 AufenthG abgesehen werden, wenn die Rückkehrverpflichtung für Ayse eine besondere Härte bedeuten würde. Insoweit käme es auf die Situation in ihrem Heimatdorf an, die Ayse bei einer Rückkehr vorfinden würde.

 – Als zweiten, davon unabhängigen Grund nennt die Vorschrift eine so klare Beeinträchtigung der schutzwürdigen Belange, dass das Festhalten an der ehelichen Lebensgemeinschaft nicht mehr zumutbar ist. Das ist insbesondere bei häuslicher Gewalt in der Ehe der Fall. Ayse musste offenbar ständig Schläge ihres Ehemannes erleiden; insoweit ist von einem solchen Fall unzumutbarer Härte auszugehen.

 – Schließlich zählt auch das Kindeswohl zu den schutzwürdigen Belangen, die einen Grund für das Vorliegen einer besonderen Härte bilden könnten. Der Kontakt zum Vater wäre bei einer Rückkehr in die Türkei erschwert.

 – Die Inanspruchnahme von SGB II Leistungen durch Ayse und ihren Sohn steht der Annahme eines eigenständigen Aufenthaltsrechts nicht entgegen. Die Bestimmung des § 31 Abs. 2 S. 4 AufenthG ist insoweit streng zu lesen (kann … versagt werden), denn zum einen geht es um die Vermeidung von Missbrauch. Dafür bestehen im Fall von Ayse keine Anhaltspunkte. Zum anderen schließt eine schuldhafte Inanspruchnahme von SGB II Leistungen („aus einem von ihm zu vertretenden Grunde") das eigenständige Aufenthaltsrecht aus. Davon kann hier keine Rede sein, denn die Aufnahme einer Erwerbstätigkeit ist für die alleinerziehende Mutter eines halbjährigen Kindes schon vom Gesetz her (§ 10 Abs. 1 Nr. 3 SGB II) nicht zumutbar.

– Der Antrag von Ayse auf Erteilung einer eigenständigen Aufenthaltserlaubnis hat deshalb klare Aussicht auf Erfolg. Die nachträgliche Befristung der ursprünglich erteilten Aufenthaltserlaubnis hätte deshalb nicht vorgenommen werden dürfen, weil es sich um eine Ermessensvorschrift handelt und die Ausländerbehörde von sich aus hätte prüfen müssen, ob nicht aus anderen Gründen ein Anspruch auf Erteilung oder Verlängerung der Aufenthaltserlaubnis bestand.

■ Nach § 28 Abs. 1 S. 1 Nr. 3 AufenthG ist dem ausländischen Elternteil eines minderjährigen Deutschen zur Ausübung der Personensorge die Aufenthaltserlaubnis zu erteilen. Das Personensorgerecht steht auch nach der Trennung beiden Eltern zu, also auch Ayse. Es liegt auf der Hand, dass sie dieses im Falle der Rückkehr in die Türkei nicht mehr ausüben könnte. Nachdem Ayses Sohn deutscher Staatsangehöriger ist, kann sie ihr Aufenthaltsrecht zusätzlich noch von diesem ableiten. Auch insoweit ist der Bezug von SGB II Leistungen unschädlich (§ 28 Abs. 1 S. 2 AufenthG).

■ Ergebnis: Der Bescheid der Ausländerbehörde ist offensichtlich rechtswidrig. Deshalb haben der Antrag auf Herstellung der aufschiebenden Wirkung, die Klage und auch der Antrag auf Erteilung einer Aufenthaltserlaubnis von Ayse Erfolg. Für die Kosten der beiden Gerichtsverfahren wird die Ausländerbehörde aufkommen, weil sie die Prozesse verliert (→ LSA C.3.3.1 Gerichtskosten und Rechtsanwaltsgebühren).

7.1.2 Unbegleiteter Minderjähriger Flüchtling

Fallschilderung

Der 15-jährige Ali wurde von der Polizei Köln am Hauptbahnhof aufgegriffen. Er behauptet, auf dem Weg nach Paris zu sein. Sein Vater wurde in Syrien vor Wochen verhaftet. Ali glaubt, dass er ermordet wurde. Er ist mit seiner Mutter und seinem älteren Bruder aus Angst vor Verfolgung durch das Regime geflüchtet. Sie wurden allerdings getrennt. Schlepper haben der Familie versprochen, sie nach Frankreich zu bringen. Ali wurde in einem LKW versteckt, er weiß nicht, wie lange er unterwegs war, jedenfalls wurde er gestern am Bahnhof abgesetzt und man sagte ihm, er sei jetzt in Paris. Er ist völlig verzweifelt. Die Polizei verständigt das JA. Dem zuständigen Sozialarbeiter Klaus gegenüber äußert Ali, dass er keinesfalls auch nur eine Nacht in Köln bleiben möchte, er möchte mit dem nächsten Zug nach Paris. Das macht Ali sehr deutlich: Falls er den Kontakt zu Klaus verlieren würde und z.B. einem anderen Ort zugewiesen würde, rechnen alle Beteiligten damit, dass Ali dort nicht eintrifft, sondern sich direkt auf den Weg nach Frankreich machen würde. Was ist zu tun? Gehen Sie davon aus, dass landesrechtliche Vorschriften für die Inobhutnahme von UMF noch nicht in Kraft sind.

Fragen

1. Nennen Sie die Anspruchsgrundlage für die vorläufige Inobhutnahme eines minderjährigen Flüchtlings!
2. Welches Jugendamt ist für die vorläufige Inobhutnahme zuständig?

3. Was muss während der nächsten 7 Werktage während der vorläufigen Inobhutnahme geschehen? (Wie) kann der Wunsch von Ali auf Weiterreise nach Frankreich erfüllt werden?
4. Was muss ein Vormund in Bezug auf die ausländerrechtliche und schulische Situation beachten?

Themengebiete / Hilfestellungen

Wie schon der im Lehrbuch geschilderte Fall sind die beiden jetzt folgenden Fälle geeignet, sich einen Überblick über „das Flüchtlingsproblem" aus rechtlicher Sicht zu verschaffen. Der Schwerpunkt der Bearbeitung liegt jeweils in den für die Soziale Arbeit relevanteren Fragen der Versorgung. Wir haben bewusst keine Prüfung der Voraussetzungen für die Anerkennung als Asylberechtigter oder Flüchtling bzw. zum subsidiären Schutz vorgenommen, weil wir hier noch stärker die Rechtsanwälte in der Verantwortung sehen.

Lösung zu Frage 1: Inobhutnahme

Rechtsgrundlage für das Tätigwerden des JA: § 42a SGB VIII.

Ali ist ein ausländischer Jugendlicher, der unbegleitet nach Deutschland gekommen ist. Weder Personensorgeberechtigte noch Erziehungsberechtigte halten sich im Inland auf. Das Jugendamt ist daher berechtigt und verpflichtet, den Jugendlichen vorläufig in seine Obhut zu nehmen (§ 42a Abs. 1. S. 1 SGB VIII).

Lösung zu Frage 2: Zuständigkeit

Zuständig für die vorläufige Inobhutnahme ist nach § 88a SGB VIII das Jugendamt Köln, da sich Ali dort tatsächlich aufhält.

Lösung zu Frage 3: Schritte während der ersten 7 Tage

- Offenbar ist eine Altersfeststellung bei Ali schon erfolgt (§ 42f SGB VIII), denn Ali wird als 15-jährig bezeichnet.
- Nach § 42a Abs. 1 SGB VIII hat das Jugendamt Ali in einer geeigneten Einrichtung bzw. bei einer geeigneten Person vorläufig unterzubringen, ihm die Möglichkeit zu geben (falls vorhanden) eine Person seines Vertrauens zu benachrichtigen und vorläufig für seinen notwendigen Unterhalt und Krankenhilfe zu sorgen. Es besteht außerdem ein Notvertretungsrecht des Jugendamtes, d.h. es sind alle Rechtshandlungen vorzunehmen, die zu Alis Wohl erforderlich sind (§ 42a Abs. 3 SGB VIII).
- Ali ist über alle Schritte und Einschätzungen für ihn verständlich zu informieren und daran zu beteiligen. In aller Regel ist dazu die Beziehung eines Dolmetschers notwendig.
- Das JA hat der nach Landesrecht für die Verteilung der UMF zuständigen Stelle (i.d.R. Landesjugendamt) innerhalb von sieben Werktagen ab Beginn der Maßnahme die vorläufige Inobhutnahme und die Einschätzung, ob die Durchführung der Verteilung möglich ist, mitzuteilen (§ 42a Abs. 4 SGB VIII).
- Diese Einschätzung bezieht sich u.a. auf die Frage, ob das Wohl des Kindes oder des Jugendlichen durch die Durchführung des Verteilungsverfahrens gefährdet würde und ob sich eine mit dem Kind oder dem Jugendlichen verwandte Person im Inland

oder im Ausland aufhält. Dementsprechend besteht schon bei der vorläufigen Inobhutnahme die Verpflichtung, der Annahme von Ali nachzugehen, dass sich seine Mutter oder sein älterer Bruder in Frankreich aufhalten könnten. Wenn dies kurzfristig zu keinem Ergebnis führt, hat Ali deutlich gemacht, dass er sich jeglicher Zuweisung an einen anderen Ort in Deutschland entziehen würde, falls er seine Bezugsperson verlieren würde. Weil Ali dann erneut auf sich allein gestellt sein würde, läge eine Kindeswohlgefährdung vor. Das JA kann unter diesen Umständen zum jetzigen Zeitpunkt kein Verteilungsverfahren einleiten und muss dies dem Landesjugendamt entsprechend mitteilen.

- Mit der Anzeige des Ausschlusses des Verteilungsverfahrens endet die vorläufige Inobhutnahme (§ 42a Abs. 6 SGB VIII), und das Jugendamt Köln muss diese als Inobhutnahme nach § 42 SGB VIII weiterführen. Neben einem Clearingverfahren zur Feststellung von Alis Bedarf ist dafür zu sorgen, dass für Ali ein Vormund bestellt wird (§ 42 Abs. 3 S. 4 SGB VIII).

Lösung zu Frage 4: Ausländerrechtliche und schulische Situation

Ausländerrechtlich ist der Aufenthalt von Ali vorläufig, bis die Familie u.U. zusammengeführt werden kann, zu sichern. Nicht bei jedem Jugendlichen ist eine Asylantragstellung empfehlenswert.[44] Ali stammt jedoch aus Syrien; damit ist sicher, dass er in Deutschland einen Schutzstatus erhalten wird. Deshalb ist bereits das Jugendamt im Rahmen der Notfallvertretung, spätestens jedoch der eingesetzte Vormund dazu berechtigt und verpflichtet, einen Asylantrag zu stellen.

Die Schulpflicht richtet sich nach dem jeweiligen Landesrecht. In Nordrhein-Westfalen besteht sie für Ali, sobald er einer Gemeinde zugewiesen und solange sein Aufenthalt gestattet ist. Für ausreisepflichtige (d.h. geduldete) ausländische Kinder und Jugendliche besteht die Schulpflicht bis zur Erfüllung ihrer Ausreisepflicht (§ 34 Abs. 6 SchulG NRW).

7.1.3 Erwachsener Flüchtling

Fallschilderung

Fallabwandlung: Stellen Sie sich vor, Ali wäre nicht 15, sondern 18 Jahre alt, also volljähriger Erwachsener. Unterstellen Sie, das Jugendhilferecht wäre nicht mehr anwendbar.

Fragen

1. Ali wird in Kürze auf Bundes-, Landes- und Kommunalbehörden treffen. Wer ist für was zuständig?
2. Ali will wissen, wie lange er sich in einer Erstaufnahmeeinrichtung aufhalten muss, ob er dann arbeiten darf und wie er ansonsten gesundheitlich und wirtschaftlich versorgt ist?
3. Die gleichen Fragen wie zu Ziffer 2 stellt er für den Fall, dass er sich nach einer entsprechenden Zuweisung in der Gemeinschaftsunterkunft seiner Zuweisungsgemeinde aufhalten muss.

---

44 *Schwarz*, ANA-ZAR 2016, 15.

Lösung zu Frage 1: Zuständige Bundes-, Landes- und Kommunalbehörden

■ Die Polizei ist eine Landesbehörde, die selbstständige Polizeipräsidien unterhält. Nach § 19 Abs. 1 AsylG ist sie dazu verpflichtet, jeden, der um Asyl nachsucht, an die zuständige oder nächstgelegene Aufnahmeeinrichtung weiterzuleiten. Das geschieht in der Praxis häufig durch Transport nach dort oder ein Zugticket. Zuvor muss eine erkennungsdienstliche Behandlung (Foto und alle Fingerabdrücke) durchgeführt werden, §§ 19, 16 AsylG. Eine Zurückschiebung, § 19 Abs. 3, oder Inhaftnahme, Abs. 4, erfolgt in der Regel nicht durch die Polizei, sondern durch die Ausländerbehörde.

■ Eine Erstaufnahmeeinrichtung ist die Einrichtung eines Bundeslandes zur Aufnahme von Asylbewerbern und Flüchtlingen (§ 44 AsylG).

■ Eine Landesbehörde prüft die Verteilung des Asylbegehrenden zunächst bundesweit nach dem Königsberger Schlüssel (§ 45 AsylG).

■ Von der zuständigen Landesbehörde erfolgt sodann die landesinterne Verteilung und Zuweisung zu einer bestimmten Kommune (Stadt oder Gemeinde; § 50 AsylG).

■ Die Kommune (Stadt oder Gemeinde) unterhält die Gemeinschaftsunterkünfte und erbringt die Leistungen nach dem AsylbLG (§ 53 AsylG; §§ 10, 10a AsylbLG).

■ Die Ausländerbehörde (in NRW: auf Kreisebene) ist zuständig für die Erteilung einer Aufenthaltsgestattung während des Asylverfahrens (§ 55 AsylG) und für die Ausstellung eines Passes sowie eines Aufenthaltstitels nach erfolgreichem Abschluss dieses Verfahrens (§ 25 AufenthG). Bei erfolglosem Asylverfahren stellt sie eine Duldung aus und ist für die Ausreise verantwortlich (§ 60a AufenthG; §§ 57 ff. AufenthG).

■ Das Bundesamt für Migration und Flüchtlinge ist diejenige Bundesbehörde, die alle Asylanträge entgegennimmt, die Anhörungen durchführt und über Asyl, Flüchtlingsstatuts oder subsidiären Schutz entscheidet. Die Behörde unterhält Außenstellen in der Nähe der Erstaufnahmeeinrichtungen (§§ 14, 23 AsylG).

Lösung zu Frage 2: Situation in der Erstaufnahmeeinrichtung

■ Die Verpflichtung zum Wohnen in Erstaufnahmeeinrichtungen besteht für die Dauer von 6 Wochen, längstens jedoch bis zu 6 Monaten (§ 47 Abs. 1 AsylG). Diese Verpflichtung gilt auch für Ali, da er nicht aus einem sicheren Drittstaat kommt (Abs. 1a).

■ Solange die Verpflichtung besteht, in einer Erstaufnahmeeinrichtung zu wohnen, ist eine Erwerbstätigkeit verboten (§ 61 Abs. 1 AsylG).

■ In den (Erst-) Aufnahmeeinrichtungen wird der notwendige Bedarf in Form der Sachleistung erbracht (§ 3 AsylbLG).

■ Die gesundheitliche Versorgung ist eingeschränkt (§ 4 AsylbLG).

Lösung zu Frage 3: Situation in der Gemeinschaftsunterkunft

■ Die Verpflichtung zum Wohnen in einer Gemeinschaftsunterkunft steht für die Dauer des noch laufenden Asylverfahrens im Ermessen der Behörden (§ 53 AsylG). Sie entfällt, nach Ablauf von drei Monaten (§ 61 Abs. 1b AufenthG; beachte aber die weiteren Absätze der Vorschrift).

■ Nach Ablauf von 3 Monaten kann eine (nachrangige) Arbeitserlaubnis bei der Ausländerbehörde beantragt werden. Sie wird für eine bestimmte Tätigkeit bei einem
bestimmten Arbeitgeber erteilt, wenn nicht vorrangig andere Arbeitsplatzbewerber
eingestellt werden können (§ 61 Abs. 2 AsylG i. V. m. § 32 BeschV (GSA Nr. 15).

■ Grundleistungen nach § 3 AsylbLG beziehen die Leistungsberechtigten (§ 1) für die
Dauer der ersten 15 Monate. Bei einer Unterbringung außerhalb von Aufnahmeeinrichtungen – also auch in Gemeinschaftsunterkünften – werden Regelsätze gezahlt,
§ 3 Abs. 2 AsylbLG. Diese sind viel geringer als die Regelsätze des SGB XII. Nach
15 Monaten besteht gem. § 2 AsylbLG ein Anspruch auf die Leistungen nach
SGB XII, d.h. auf die Grundsicherungsleistungen wie bei deutschen Staatsangehörigen auch.

■ Auch hinsichtlich der gesundheitlichen Versorgung gelten die restriktiven Bestimmungen nur für die ersten 15 Monate (§§ 4, 2 AsylbLG).

7.2. Arbeitshilfen

7.2.1 Internet-Zugänge zum Ausländer- und Asylrecht

http://auslaender-asyl.dav.de/ana_zar.html	Deutscher Anwaltverein, Arbeitsgemeinschaft für Ausländer- und Asylrecht, Anwaltsnachrichten als Anhang zur ZAR, Zeitschrift für Ausländer- und Asylrecht
www.asyl.net	Informationsverbund Asyl & Migration
http://www.info4alien.de/	Private Homepage
http://www.migrationsrecht.net/	Betreiber: Dr. Klaus Dienelt, Richter am Verwaltungsgericht Darmstadt
http://www.ecoi.net/	European Country of Origin Information Network: hervorragende Länderauskünfte
http://www.unhcr.de/	UN Refugee Agency
http://eur-lex.europa.eu/de/index.htm	Zugang zum EU-Recht
http://curia.europa.eu/jurisp/cgi-bin/form.pl?lang=de	Zugang zum EUGH
http://www.coe.int/T/D/Menschenrechtsgerichtshof/	Zugang zum EGMR
http://www.ecre.org /	European Council on Refugees and Exiles (ECRE) is a pan-European network of non-governmental organisations, concerned with the needs of all individuals seeking refuge and protection within Europe.
http://www.integration-in-deutschland.de/	Seite des Bundesamtes für Migration und Flüchtlinge
http://www.b-umf.de	Bundesverband unbegleitete minderjährige Flüchtlinge

8. Soziale Arbeit mit Straftätern und Opfern von Gewalttaten

8.1. Fälle mit Lösungen

8.1.1 Jugendhilfe im Strafverfahren / Jugendgerichtshilfe

Fallschilderung

Abbildung 23: Muster einer Anklageschrift

Staatsanwaltschaft

Aktenzeichen: ...

An das
Amtsgericht – Jugendschöffengericht

Anklageschrift

1. Der Alexander Klein, geb. am .... in ..., wohnhaft..., ledig, Staatsbürgerschaft....

2. der Olaf Conrady, geb. am .... in ..., wohnhaft..., ledig, Staatsbürgerschaft....

3. der David Mareno, geb. am .... in ..., wohnhaft..., ledig, Staatsbürgerschaft....

4. der Fritz Hermann, geb. am .... in..., wohnhaft..., ledig, Staatsbürgerschaft....

werden angeklagt,

in .... am ....

als Heranwachsende gemeinschaftlich eine fremde bewegliche Sache einem anderen in der Absicht weggenommen zu haben, dieselbe sich rechtswidrig zuzueignen, wobei die Täter gewerbsmäßig stahlen.

Am Tattage gegen 00.45 Uhr trafen die Angeschuldigten am.... in... auf die Zeugen Niklas F. und Murat S. Der Angeschuldigte Mareno verwickelte die Zeugen in ein Gespräch, legte den Arm um die Schultern des N. und fragte diesen: „Hey, wer bist du?" Als dieser antwortete, er sei der Murat aus Nürnberg, rief der Angeschuldigte seinen Mittätern zu: „Hey, wir sind Bayern", woraufhin alle vier Täter einstimmten und dies mehrfach riefen. Nunmehr trat der Angeschuldigte Klein hinzu und entwendete die Geldbörse aus der Gesäßtasche des Niklas F., woraufhin sich sofort alle vier entfernten. Kurze Zeit später erkannte der Zeuge Murat S., dass der Angeschuldigte Klein eine Geldbörse in den Händen hielt und diese gemeinsam mit dem Angeschuldigten Conrady sichtete. Die Angeschuldigten wollten sich durch den Diebstahl der Geldbörse eine nicht nur vorübergehende Einkommensquelle verschaffen.

Vergehen, strafbar gemäß §§ 242, 243 Abs. 1 Ziff. 3, 25 Abs. 2 StGB, §§ 1, 105 JGG

Beweismittel:

I. Einlassung der Angeschuldigten

II. Zeugen: Daniel N...... und Klaus S....

Wesentliches Ergebnis der Ermittlungen:

Die Angeschuldigten sind bereits vielfach strafrechtlich in Erscheinung getreten.

Unmittelbar nach der Tat, nachdem Niklas F. und Murat S. entdeckt hatten, dass die Geldbörse entwendet worden war, liefen sie hinter den Angeschuldigten her, welche daraufhin gemeinsam flüchteten, wobei sie Mülltonnen umwarfen. Mareno ergriff eine am Boden liegende Glasflasche und drohte den Verfolgern damit, woraufhin diese von einem weiteren Vorgehen zunächst absahen.

Es wird beantragt,

das Hauptverfahren vor dem Amtsgericht – Jugendschöffengericht – in .... zu eröffnen

Staatsanwalt

Fragen

Verfassen Sie eine Stellungnahme der Jugendhilfe im Strafverfahren / Jugendgerichtshilfe nach § 38 Abs. 2 JGG zum 18-jährigen Fritz Hermann.

Themengebiete / Hilfestellungen

Die Mitwirkung in Verfahren nach dem Jugendgerichtsgesetz ist in § 52 SGB VIII als Aufgabe des Jugendamtes festgelegt. Demnach haben die Fachkräfte der – häufig als eigener Dienst im Jugendamt organisierten – Jugendhilfe im Strafverfahren[45] in allen Stadien eines Jugendgerichtsverfahrens nach JGG mitzuwirken. Dabei soll die Jugendhilfe im Strafverfahren frühzeitig prüfen, ob für den Jugendlichen oder jungen Volljährigen Leistungen der Jugendhilfe in Betracht kommen, damit allenfalls ein Absehen von der Verfolgung nach § 45 JGG oder eine Einstellung des Verfahrens nach § 47 JGG erfolgen kann (→ LSA D.8 Soziale Arbeit mit jugendlichen Straftätern).

In aller Regel erhält die Jugendhilfe im Strafverfahren vom Jugendgericht tatsächlich nur die Anklageschrift der Staatsanwaltschaft zugestellt mit der Aufforderung zur Stellungnahme. Das heißt, es liegen zunächst keine weiteren Informationen vor. Erst durch die Gespräche mit dem Jugendlichen und seinen Erziehungsberechtigten bzw. mit dem jungen Volljährigen müssen alle weiteren relevanten Informationen i.S.d. § 38 Abs. 2 S. 1 und 2 JGG gesammelt werden, damit die Jugendhilfe im Strafverfahren die erzieherischen, sozialen und fürsorgerischen Gesichtspunkte im Verfahren zur Geltung bringen kann. In dem Gespräch bzw. den Gesprächen geht es darum, die Persönlichkeit, die Entwicklung und Umwelt des Jugendlichen/Heranwachsenden zu erforschen. In der Stellungnahme muss sich die Jugendhilfe im Strafverfahren auch zu den Maßnahmen äußern, die zu ergreifen sind. Da es sich bei Fritz Hermann um einen Heranwachsenden handelt, geht es auch darum, i.S.d. § 105 JGG zu beurteilen, ob Jugendstrafrecht oder Erwachsenenstrafrecht anzuwenden ist. Es muss daher eine Einschätzung erfolgen, ob unter Gesamtwürdigung der Persönlichkeit des Täters, er zum Zeitpunkt der Tat nach seiner sittlichen und geistigen Entwicklung noch einem Jugendlichen gleichstand, oder ob es sich nach der Art, den Umständen oder den Beweggründen der Tat um eine Jugendverfehlung handelt.

Daher sind weitere Informationen nötig, um eine Stellungnahme verfassen zu können:

Gegen Fritz Hermann ist beim Jugendschöffengericht ein weiteres Verfahren wegen Inverkehrbringen von Falschgeld anhängig. Mitangeklagt sind auch dort seine Freunde Olaf Conrady und David Mareno. Aufgrund dieser Straftat wurde Fritz Hermann am ... vorläufig festgenommen und am ... aus dem Polizeigewahrsam entlassen. Zwei Jahre vor der Tat gab es bereits drei Verfahren wegen Diebstahls, bei denen von der Staatsanwaltschaft gemäß § 45 Abs. 2 JGG von der Strafverfolgung abgesehen wurde. Vor einem Jahr wurde ein Verfahren vom Jugendgericht wegen Fahrens ohne Fahrerlaubnis nach Erteilung einer Weisung gemäß § 47 JGG eingestellt.

Es erfolgten drei Gespräche mit Fritz Hermann im Jugendamt und es wurden folgende Informationen festgehalten:

Fritz Hermann wurde am .... in .... geboren. Seine Mutter, Beate Hermann (geb. ...), sei Heilpädagogin. Sie arbeite seit ... in einem integrativen Kindergarten in ... Zu seinem Vater konnte Fritz keine Angaben machen – er wusste nur, dass dieser mit Vornamen Hans heißt. Fritz berichtet weiter, dass die Eltern nicht verheiratet gewesen seien und der Kontakt zwischen seinen Eltern nach Schilderungen der Mutter direkt nach der Geburt abgebrochen sei. Er habe außerdem eine ältere Schwester Monika (geb. ...). Sie absolviere gerade ein Vorpraktikum in einem Kindergarten und möchte dann

---

[45] Der Begriff „Jugendhilfe im Strafverfahren" ersetzt vermehrt die im JGG verwendete Bezeichnung Jugendgerichtshilfe.

Lehramt studieren. Die Schwester wohne schon in einer eigenen Wohnung. Fritz wohne zusammen mit seiner Mutter in einer Mietswohnung. Dort habe er ein eigenes Zimmer. Seine Mutter sei für ihn eine Vertrauensperson. In seiner Kindheit und Jugend habe er die Mutter nie als streng erlebt – vielmehr habe sie angekündigte Strafen nur selten umgesetzt. Auf Nachfrage hierzu schilderte er, dass sie – wenn er beispielsweise Absprachen nicht eingehalten oder gegen Regeln verstoßen habe – enttäuscht gewesen sei, sonst sei aber nichts passiert. Genauso habe sie auch bei den Straftaten reagiert: Kurz geschimpft und dann sei alles wie immer gewesen. Zu seiner Schwester habe er ein gutes Verhältnis und regelmäßig Kontakt. Dass er keinen Kontakt zu seinem Vater habe, störe ihn überhaupt nicht – er habe auch kein Interesse daran, ihn kennenzulernen. Fritz erzählt auf Nachfrage, dass seine Mutter seit 8 Jahren einen festen Freund habe. Mit dem Partner der Mutter hätte er fast nix zu tun, da dieser eine eigene Wohnung im Nachbarort habe. Insgesamt habe er eigentlich nur mit Frauen zu tun: Mit seiner Mutter und seiner Schwester, früher mit Lehrerinnen usw. Männer gebe es wenige in seinem Umfeld. Er habe zwar einen Onkel und einen Opa – beide sehe er aber nur selten bei Familienfeiern.

In seiner Kindheit habe es seiner Einschätzung nach keine gravierenden Auffälligkeiten gegeben. Diesbezüglich berichtete er, dass er drei Jahre lang den Kindergarten besucht habe und dann „ganz normal" in die Grundschule gekommen sei. Von der Grundschule sei er auf die Gesamtschule gewechselt. Diese habe er im Sommer .... mit dem Erwerb eines Hauptschulabschlusses nach Klasse 10 verlassen. Da er seinen Hauptschulabschluss verbessern wollte, habe er ein einjähriges Werkstattjahr über den Bildungsträger Youngtimes GmbH angeschlossen. Er berichtet, dass das auch gelungen sei und er seinen Abschluss verbessern konnte. Anschließend habe er – weil er die Bewerbungsfristen um einen Ausbildungsplatz versäumt habe - ein Praktikum als Maurer angefangen. Das sei aber nichts für ihn gewesen, weswegen er es nach vier Monaten wieder beendet habe. Im letzten Sommer ... habe er sich dann beim Berufskolleg angemeldet, um dort seinen Realschulabschluss zu erlangen. Allerdings habe er dort oft gefehlt – das frühe Aufstehen sei schwierig für ihn. Deswegen habe er nun an die Abendschule gewechselt, um den Realschulabschluss dort zu erlangen. Eigentlich wollte er nach dem Besuch des Berufskollegs eine Ausbildung machen. Wegen der hohen Fehlzeiten dort (von 100 Fehlstunden, 25 unentschuldigte Fehlstunden) habe er jedoch keine Ausbildungsstelle bekommen.

Zu seinen sozialen Kontakten schildert Fritz Herman, dass er insgesamt viele Bekannte und fünf beste Freunde (zwei davon sind mit angeklagt – David Mareno und Olaf Conrady) habe. Mit diesen verbringe er auch seine freie Zeit oder er spiele Dart in einem Verein. Außerdem habe er schon seit zwei Jahren eine feste Freundin, die im August eine Ausbildung zur Kosmetikerin anfange. Fritz Hermann berichtet, dass er und seine Freundin – sobald er auch Geld verdiene, zusammenziehen möchten. Deswegen sei es ihm wichtig, den Schulbesuch nun hinzubekommen. Fritz berichtete außerdem, dass er am Wochenende gelegentlich bei Partys Alkohol trinke – das komme etwa zweimal im Monat vor. Erfahrungen mit Drogen habe er noch nicht gemacht.

Hinsichtlich der Tat berichtete Fritz, dass ihm bewusst gewesen sei, dass die Straftaten Konsequenzen mit sich bringen werden. Trotzdem habe er sich am ... und am ... an weiteren Straftaten beteiligt.

Fritz beschreibt, dass es ihm und der Mutter finanziell gut gehe. Festes Taschengeld habe er noch nie bekomme. Er trage aber schon lange Zeitungen aus und bekomme dort monatlich 110 €. Wenn er Geld für Kleidung oder Schulsachen braucht, bekomme er dies von seiner Mutter.

Lösung: Stellungnahme der Jugendhilfe im Strafverfahren

Abbildung 24: Muster einer Stellungnahme der Jugendgerichtshilfe

Jugendamt

Jugendgerichtshilfe

Aktenzeichen: ...

Amtsgericht
Abteilung Jugendschöffengericht

Datum

In der Strafsache

gegen Alexander Klein u.a.

hier: Angeklagter Fritz Hermann, geb. am .... in ...,

wohnhaft: ....

Aktenzeichen:

Stellungnahme der Jugendgerichtshilfe im Strafverfahren:

Der folgende Bericht beruht auf drei Gesprächen mit Fritz Hermann, die am ..., am .... und am .... im Jugendamt ... stattgefunden haben.

Aktuelle Situation:

Fritz Hermann wurde am ... in .... geboren. Er ist das jüngste Kind von Beate Hermann (geb. ...). Frau Hermann ist Heilpädagogin und arbeitet seit ... in einem integrativen Kindergarten in .... Zu seinem Vater konnte Fritz Hermann lediglich mitteilen, dass dieser mit Vornamen Hans heißt. Die Eltern seien nicht verheiratet gewesen und bereits nach der Geburt habe es keinen Kontakt mehr zum Kindesvater gegeben. Seine ältere Schwester Monika (geb. ...) absolviert derzeit ein Vorpraktikum in einem Kindergarten, mit dem Ziel, im kommenden Wintersemester Lehramt zu studieren.

Finanzielle und wohnräumliche Situation:

Die finanzielle Situation der Familie beschrieb Fritz Hermann als gut. Festes Taschengeld habe er noch nie bekommen. Allerdings gehe er schon lange einem Aushilfsjob (Zeitungen austragen) nach, in dem er monatlich 110 € verdiene. Bei Bedarf erhalte er von seiner Mutter zusätzlich Geld für Kleidung.

Fritz lebt zusammen mit seiner Mutter in einer Mietswohnung. Dort stehe ihm ein eigenes Zimmer zur Verfügung. Seine Schwester würde bereits in einer eigenen Wohnung in ... wohnen.

Familiäre Beziehungen:

Im Gespräch beschreibt Fritz Hermann das Verhältnis zu seiner Mutter als gut – er bezeichnet diese als Vertrauensperson. Zu seiner älteren Schwester habe er ein gutes Verhältnis und es bestehe regelmäßiger Kontakt zu ihr.

Zu seinem Vater habe Fritz Hermann keinen Kontakt und von seiner Seite bestehe auch kein Interesse daran, seinen Vater kennenzulernen. Frau Hermann, die Mutter von Fritz, lebt nach Informationen von Fritz seit 8 Jahren in einer festen Partnerschaft. Zu deren Partner habe Fritz aber wenig Kontakt, da dieser nicht im gemeinsamen Haushalt lebe.

Fritz Hermann benannte keine weiteren männlichen Bezugspersonen. Er habe zwar einen Onkel und einen Opa – diese sehe er allerdings nur unregelmäßig auf Familienfeiern.

Das Erziehungsverhalten seiner Mutter beschrieb Fritz Hermann als nicht streng und wenig konsequent. Bei Regelverstößen oder Straftaten habe sie lediglich mit Enttäuschung reagiert. Auch auf die bereits verhandelten Straftaten habe sie „nur" durch kurzfristiges Schimpfen reagiert.

In seiner Kindheit habe es keine gravierenden Auffälligkeiten gegeben.

Freizeitverhalten:

In Bezug auf seine außerfamiliären sozialen Kontakte gab Fritz Hermann an, dass er viele Bekannte habe und fünf beste Freunde (dazu zählen die Mitangeklagten David Mareno und Olaf Conrady). Seit zwei Jahren habe er eine feste Freundin. Diese beginne am 01.08 ... eine Ausbildung zur Kosmetikerin.

In seiner Freizeit spiele er Dart in einem Verein und verbringe Zeit mit seinen Freunden.

Fritz Hermann, berichtet weiter, dass er lediglich am Wochenende zu Feierlichkeiten (etwa zweimal im Monat) Alkohol trinke. Erfahrungen mit Drogen habe er noch nicht gemacht.

Schulische/berufliche Entwicklung:

Fritz Hermann hat drei Jahre den Kindergarten (in...) besucht. 20 ... wurde er altersgerecht in die Grundschule (...) eingeschult. Von der Grundschule ist er 20 ... auf die Gesamtschule in ... gewechselt. Diese hat er im Sommer 20 ... mit dem Erwerb eines Hauptschulabschlusses verlassen. Im Anschluss hieran hat er ein Praktikum als Maurer angefangen – dieses jedoch nach vier Monaten beendet, da er festgestellt habe, dass dieser Beruf nichts für ihn sei.

Im Sommer 20 ... wechselte Fritz Hermann auf das Berufskolleg nach ... mit dem Ziel, seinen Realschulabschluss zu erlangen. Allerdings sei ihm das frühe Aufstehen schwergefallen, weswegen hohe Fehlzeiten entstanden seien.

Aufgrund dieser hohen Fehlzeiten (von 100 Fehlstunden, 25 unentschuldigte Fehlstunden) habe er keine Ausbildungsstelle erhalten, weswegen er sich nun auf der Abendschule angemeldet habe – weiterhin mit dem Ziel, seinen Realschulabschluss zu erzielen.

Zur Tat möchte sich Fritz H. in der Hauptverhandlung äußern.

Beurteilung:

Zum Tatzeitpunkt des zu verhandelnden Strafverfahrens (Aktenzeichen ...) war Fritz Hermann 18 Jahre und 4 Monate alt. Folglich handelt es sich um einen Heranwachsenden. Fritz Hermann macht augenscheinlich den Eindruck einer altersgerechten körperlichen Entwicklung. Allerdings weisen die skizzierten biografischen Entwicklungen darauf hin, dass mit hoher Wahrscheinlichkeit, Reifeverzögerungen vorliegen. Im Gespräch und anhand der geschilderten Entwicklungsverläufe wird deutlich, dass Fritz Hermann nach seiner geistigen und sittlichen Entwicklung eher einem Jugendlichen gleichsteht.

Im Hinblick auf typische Entwicklungsaufgaben im Jugendalter (hier Bezugnahme auf Entwicklungsaufgaben nach Hurrelmann, Klaus; Bauer, Ullrich (2015): Einführung in die Sozialisationstheorie. Das Modell der produktiven Realitätsverarbeitung. 11., vollst. überarb. Aufl. Weinheim: Beltz.) wird deutlich, dass Fritz diese noch nicht umfassend bewältigt hat. So ist beispielsweise hinsichtlich der *Entwicklung einer intellektuellen und sozialen Kompetenz* festzustellen, dass Fritz Schwierigkeiten im Erwerb schulischer und beruflicher Qualifikationen aufweist – hier findet er sich noch in einem Findungsprozess und scheint Unterstützung in der Entwicklung und Realisierung geeigneter Perspektiven (die mittelfristig zu einer eigenständigen beruflichen Existenz beitragen) zu benötigen.

Auch im Hinblick auf seine *Handlungsmuster zur Nutzung des Warenmarktes* hat er – so zeigen die Straftaten - noch keinen verantwortungsvollen und gesellschaftskompatiblen Weg gefunden. Diese Problematik hängt sicher auch mit den zuvor beschriebenen unklaren – und bisher sehr wechselhaften – beruflichen Perspektiven zusammen. Zudem ist Fritz Hermann – abgesehen von seinem kleinen Nebenjob, den er zuverlässig wahrzunehmen scheint – finanziell von seiner Mutter abhängig. Darüber hinaus wird hier auch deutlich, dass Fritz Hermann in der *Entwicklung eines eigenen Werte- und Normsystems* noch nicht abschließend gereift ist. Die vergangenen Jahre sind scheinbar durch eine Ziel- und Orientierungslosigkeit geprägt. Es entstand im Gespräch jedoch der Eindruck, dass er sich zunehmend mit diesen Dingen auseinandersetzt und sich darüber bewusst wird, dass er für ein gelingendes gesellschaftliches Miteinander ein straffreies Leben führen möchte. In diesem Zusammenhang benennt er vor allem die Beziehung zu seiner Freundin als etwas, das ihm einen Anreiz gibt, bald „auf eigenen Beinen zu stehen" und Verantwortung für sein Leben zu übernehmen.

Vor diesem Hintergrund wird angeregt, Jugendstrafrecht gemäß § 105 JGG zur Anwendung kommen zu lassen.

Obgleich Fritz Hermann in den vergangenen Jahren mehrfach strafrechtlich in Erscheinung getreten ist, entstand im letzten Gespräch der Eindruck, dass er sich zunehmend mit den Taten auseinandersetzt. Zudem scheint ihm bewusst zu werden, dass er seinen Wunsch, bald mit seiner Freundin zusammenzuziehen, nur realisieren kann, wenn er über eine gute berufliche Perspektive verfügt. Der Ausbildungsbeginn seiner Freundin scheint hier ein Ansporn zu sein. Insofern kann aus hiesiger Sicht durchaus von einer positiven Sozialprognose ausgegangen werden. Allerdings entsteht auch der Eindruck, dass Fritz Hermann Unterstützung in der Realisierung seiner Vorhaben benötigt.

Entscheidungsvorschlag:

Aus diesen Gründen wird im Falle einer Verurteilung eine Schuldfeststellung gem. § 27 JGG angeregt. Als Weisungen werden vorgeschlagen:

- ◼ die Ableistung von Sozialstunden (Umfang ca. 100 Stunden in drei Monaten),
- ◼ die Unterstellung eines Betreuungshelfers
- ◼ regelmäßiger Schulbesuch

Mit freundlichen Grüßen

Unterschrift

8.1.2 Bewährungshilfe

Fallschilderung

Herr Klein wurde Ihnen als Fachkraft der Bewährungshilfe als zu betreuender Klient übergeben. Er ist mit Unterbrechung seit 2008 ihrer Dienststelle zur Bewährung unterstellt, vor allem wegen diverser Diebstahls- und Körperverletzungsdelikte. Seit 2011 konsumiert er nach eigenen Angaben Cannabis. Nach dem Verlust einer Arbeitsstelle und häuslichen Problemen kam es zu weiteren Verurteilungen und verstärktem Drogenkonsum. Im Jahr 2012 absolvierte Herr Klein erfolgreich eine sechsmonatige Drogenentwöhnungstherapie. Nur kurze Zeit später erlitt er einen Rückfall. Seitdem konsumiert er Alkohol und Cannabis sowie aktuell auch synthetische Drogen wie Amphetamine, PEP, und Ecstasy. Nach eigenen Angaben konsumiert er fast täglich. Nur ganz selten gebe es Tage, an denen er keine Rauschmittel einnehme. Nach einer neuerlichen Verurteilung 2015 wegen Diebstahls wurde Herrn Klein erneut auferlegt, eine stationäre Drogenentwöhnungstherapie anzutreten. Zudem muss er regelmäßige Drogenscreenings auf Anordnung der Bewährungshilfe vorlegen. Aktuell ist ein weiteres Verfahren wegen Sachbeschädigung anhängig, der Termin der Hauptverhandlung steht bereits fest.

Bisher ist Folgendes über Herrn Klein bekannt:

Herr Klein ist 23 Jahre alt. Bei ihm wurde im Jugendalter eine starke Lese- und Rechtschreibschwäche sowie eine ADHS diagnostiziert. Dem Klienten fällt es sehr schwer, eine längere Zeit still zu sitzen und zuzuhören – was vor allem in Gesprächen deutlich wird. Zudem ist Herr Klein – bedingt durch seine ADHS Erkrankung – häufig sehr nervös. In aller Regel beruhigt er sich vor Gesprächen durch den Konsum entsprechender Rauschmittel. Wenn er dies einmal nicht tut, tritt die erhöhte Nervosität und Unruhe besonders hervor.

Herr Klein hat in seiner Jugend eine Förderschule besucht. Er verfügt jedoch weder über einen Schulabschluss noch über eine abgeschlossene Berufsausbildung. Zurzeit bezieht er Leistungen vom Jobcenter. Er bekommt nach eigenen Angaben ca. 400 € monatlich ALG II. Von 2008 bis 2010 ist Herr Klein einer Teilzeitbeschäftigung bei einer Garten- und Landschaftsbaufirma nachgegangen. Diese Arbeit hat ihm Freude gemacht. Herr Klein kann sich bis heute nicht erklären, warum er von dieser Firma die Kündigung erhalten hat. Der Verlust dieser Tätigkeit hat ihn in eine Krise gestürzt. Zudem musste er auf Anordnung des Jobcenters an verschiedenen Maßnahmen teilnehmen, um wieder ins Arbeitsleben zu gelangen. Allerdings hat er diese Maßnahmen alle vorzeitig abgebrochen. Durch seine Lese- und Rechtschreibschwäche fällt es ihm schwer, Schriftstücke zu verstehen und sich selbstständig um Dinge zu kümmern, wie z.B. Bewerbungen zu schreiben. In der Folge ist es ihm bisher nicht gelungen, eine neue

Arbeitsstelle zu finden. An Weiterbildungsmaßnahmen zeigt Herr Klein kein Interesse – ihn schreckt die Tatsache ab, dort mehrere Stunden aufmerksam zuhören zu müssen.

Herr Klein lebt mit seinem Vater, seiner um ein Jahr älteren Schwester und der gemeinsamen Stiefmutter zusammen in einer Mietwohnung. Seine leibliche Mutter ist im Jahr 2010 gestorben – zu ihr bestand nach Angaben von Herrn Klein nie viel Kontakt. Herr Klein berichtet von einer Alkoholsucht der Stiefmutter. Diese werde oft aggressiv, wenn sie getrunken habe und manchmal käme es auch zu Handgreiflichkeiten. Das Verhältnis zu seinem Vater, welcher früher in der Metallverarbeitung tätig war, ist sehr eng. Er kümmert sich um alle Angelegenheiten des Herrn Klein. Auch dann, wenn er kein Geld mehr zur Verfügung hat, springt der Vater ein und unterstützt ihn finanziell.

Herr Klein kommt grundsätzlich gut mit seinem Vater aus. Dieser sei sehr nachgiebig und nach wie vor sei es so, dass Herr Klein seinen Willen bei ihm durchsetzen könne. Der Vater wendete sich einmal telefonisch an Sie und berichtete, dass sich Herr Klein zunehmend aggressiv verhalten würde, wenn er seine Forderungen nicht bekomme und die Atmosphäre stetig angespannt sei. Die Schwester von Herrn Klein ist chronisch erkrankt und verbringt die meiste Zeit im häuslichen Umfeld. Häufig stehen Arzttermine an, zu denen der Vater sie fahren muss. Zudem benötigt die Schwester viel Pflege und Unterstützung. Dies bedeutet für den Vater, dass er hochbelastet ist und wenig freie Zeit hat. In der Familie scheint es insgesamt viele Probleme und Streitigkeiten zu geben. Herr Klein halte sich deswegen die meiste Zeit bei seiner Freundin auf. Zuhause fühle er sich nicht mehr wohl. Seine Freundin ist 37 Jahre alt und hat ein vierjähriges Kind, welches Herr Klein nach eigenen Erzählungen morgens in den Kindergarten bringt. Seine Lebensgefährtin lebt in einer Eigentumswohnung im gleichen Ort wie Herr Klein. In der Vergangenheit habe er auch öfter bei Freunden übernachtet, die ebenfalls Drogen konsumieren würden. Allerdings habe er diese Kontakte nunmehr abgebrochen, da diese alle kriminell seien.

Herr Klein geht keinen Hobbys oder anderen Freizeitbeschäftigungen nach.

Aktuell legte Herr Klein erstmals ein negatives Ergebnis eines Drogenscreenings vor. In diesem Zusammenhang äußerte er große Angst vor einer Inhaftierung bzw. dem Widerruf der laufenden Bewährungen, deswegen wolle er nun von den Drogen „weg kommen". Er betont, dass es ihm wichtig sei, für seine Lebensgefährtin und deren Kind da zu sein. Deswegen beabsichtige er nun, eine stationäre Langzeittherapie anzutreten. Der starke Drogenkonsum belaste ihn sehr, zumal er wegen der Neben- und Wechselwirkungen deswegen seine ADHS-Medikamente nicht mehr eingenommen habe. Bisher war es ihm nicht möglich, länger als zwei bis drei Tage ohne den Konsum von Rauschmitteln auszukommen. Allerdings sei dies sehr kostspielig, weswegen er häufig kein Geld für andere Dinge habe. Im Hinblick auf seine komplexen Problemlagen bewertet Herr Klein die Drogensucht als schwerwiegendstes Problem, weswegen er dieses – trotz der damit verbundenen Herausforderungen – als Erstes angehen wolle. Viele der anderen Probleme würden sich dann sicher einfacher lösen lassen.

Fragen

1. In welchen Fällen ist die Strafaussetzung zur Bewährung möglich? Wie lange ist die Bewährungszeit und unter welchen Umständen kann die Bewährung widerrufen werden?

2. Aufgrund welcher Rechtsgrundlage werden Sie als Bewährungshelfer für Herrn Klein tätig? Was sind ihre gesetzlichen Aufgaben?
3. Wie gehen Sie in diesem Fall weiter vor?

Themengebiete / Hilfestellungen

Die Bewährungshilfe ist ein Teil des Aufgabenbereichs der allgemeinen sozialen Dienste der Justiz (→ LSA D.9 Soziale Arbeit mit verurteilten Straftätern). Es handelt sich dabei um Soziale Arbeit mit verurteilten Straftätern, die vom Gericht die Weisung erhalten haben, sich einem Bewährungshelfer zu unterstellen. Die Arbeit mit diesen Klienten erfolgt daher häufig in einem Zwangskontext.

Lösung zu Frage 1: Voraussetzungen der Strafaussetzung zur Bewährung

Prinzipiell ist eine Strafaussetzung zur Bewährung möglich bei einer Verurteilung zu einer Freiheitsstrafe von nicht mehr als einem Jahr, wenn zu erwarten ist, dass die Verurteilung als Warnung für den Verurteilten genügt, damit er künftig keine Straftaten mehr begeht. Dabei sind die Persönlichkeit des Verurteilten, sein Vorleben, die Umstände seiner Tat, sein Verhalten nach der Tat, seine Lebensverhältnisse und die Wirkungen der Strafaussetzung zu berücksichtigen (§ 56 Abs. 1 StGB). Bei einer Verurteilung zu einer Freiheitsstrafe unter 2 Jahren, und wenn zusätzlich nach Gesamtwürdigung der Tat und der Persönlichkeit des Täters besondere Umstände beim Täter vorliegen, kann ebenfalls die Strafe zur Bewährung ausgesetzt werden (§ 56 Abs. 2 StGB). Nach Verbüßung von 2/3 einer verhängten Freiheitsstrafe, mindestens aber Verbüßung von 2 Monaten, kann der Strafrest mit Einwilligung des Verurteilten zur Bewährung ausgesetzt werden, wenn dies unter Berücksichtigung des Sicherheitsinteresses der Allgemeinheit verantwortet werden kann (§ 57 Abs. 1 StGB). Nach Verbüßung der Hälfte, mindestens aber Verbüßung von 6 Monaten, kann ebenfalls der Strafrest zur Bewährung ausgesetzt werden, wenn bei einem Ersttäter die verhängte Freiheitsstrafe zwei Jahre nicht übersteigt, oder in allen übrigen Fällen die Gesamtwürdigung von Tat, Persönlichkeit des Verurteilten und seine Entwicklung während des Strafvollzugs ergibt, dass besondere Umstände vorliegen (§ 57 Abs. 2 StGB). Bei einer lebenslangen Freiheitsstrafe ist die Aussetzung der Vollstreckung des Strafrestes zur Bewährung möglich, wenn 15 Jahre verbüßt wurden, nicht die besondere Schwere der Schuld des Verurteilten die Vollstreckung gebietet, es im Sicherheitsinteresse der Allgemeinheit verantwortet werden kann und der Verurteilte einwilligt (§ 57a StGB).

Die Bewährungszeit wird vom Gericht festgelegt und liegt zwischen 2 und 5 Jahren (§ 56a StGB). Wenn es während der Bewährungszeit zu einer neuerlichen Straftat oder zu einem gröblichen oder beharrlichen Verstoß gegen Auflagen oder Weisungen kommt, kann die Strafaussetzung widerrufen werden (§ 56f StGB).

Lösung Frage 2: Rechtsgrundlagen und Aufgaben der Bewährungshilfe

Nach § 56d Abs. 1 StGB unterstellt das Gericht einen Verurteilten für die Dauer oder einen Teil der Bewährungszeit der Aufsicht und Leitung eines Bewährungshelfers, wenn dies angezeigt ist, um ihn von Straftaten abzuhalten. Der Bewährungshelfer wird vom Gericht bestellt, dieses kann ihm für seine Tätigkeit auch Anweisungen erteilen (§ 56d Abs. 4 StGB).

Herr Klein hat bereits einige Vorstrafen und wurde bereits mehrmals zu Bewährungsstrafen verurteilt. Er ist noch unter 27 Jahren und dies bedeutet, dass nach § 56d Abs. 2 StGB das Gericht in der Regel eine Bewährungsweisung erteilt, wenn es eine Freiheitsstrafe von mehr als 9 Monaten aussetzt.

Die Aufgaben der Bewährungshilfe sind in § 56d Abs. 3 StGB geregelt: Der Bewährungshelfer oder die Bewährungshelferin stehen dem Verurteilten helfend und betreuend zu Seite. Gleichzeitig haben die Bewährungshelfer aber auch Kontrollfunktionen: Sie müssen im Einvernehmen mit dem Gericht die Erfüllung der gerichtlichen Auflagen überwachen und über die Lebensführung des Verurteilten in Zeitabständen, die das Gericht bestimmt, berichten. Gröbliche oder beharrliche Verstöße gegen Auflagen, Weisungen, Anerbieten oder Zusagen muss der Bewährungshelfer dem Gericht mitteilen.

Lösung Frage 3: Fachliches Vorgehen

Die Klärung der persönlichen und sozialen Situation des Klienten ist bereits weitgehend erfolgt. Nun gilt es den aktuellen und zukünftigen Hilfe-, Betreuungs- und Beratungsbedarf abzuklären.

Beeinträchtigende Faktoren sind bei Herrn Klein vor allem seine ADHS Erkrankung und seine Lese- und Rechtschreibschwäche, denn diese stellen vor allem auf dem Arbeitsmarkt eine große Schwierigkeit dar. Es fällt ihm schwer Bewerbungen zu schreiben oder generell sitzende Tätigkeiten auszuführen und sich lange zu konzentrieren. Daher gibt er an, in diesem Bereich Unterstützung zu brauchen. Seine Arbeit im Garten- und Landschaftsbau hat ihm gut gefallen und er zeigt sich in praktischen und handwerklichen Tätigkeiten sehr motiviert, das stellt eine Ressource für eine künftige Berufstätigkeit war. Zurzeit stellt allerdings der massive Drogenkonsum des Klienten eine große Beeinträchtigung dar. Allerdings zeigt Herr Klein eine hohe Motivation, seine Situation zu verändern. Er hat den Kontakt zu seinen drogenabhängigen Freunden abgebrochen und er konnte bereits ein negatives Drogenscreening-Attest vorlegen. Förderliche Faktoren scheinen hier vor allem seine Lebensgefährtin und deren Tochter zu sein. Im Hinblick auf seine weitere Perspektive sticht hier ins Auge, dass er zunehmend Verantwortung übernehmen möchte. Er steigt aus seinem noch eher einem Jugendlichen ähnelndem Leben bei den (Stief-)Eltern aus und beginnt stattdessen, ein eigenes Familienleben aufzubauen. Hiermit läutet er einen wichtigen Entwicklungsschritt ein, der für ihn motivierend und anspornend ist, etwas zu verändern (→ LSA B.2.2 zur Aufgabe der Sozialen Arbeit bei der Begleitung von Veränderungs- und Bewältigungsprozessen). Er traut sich nun sogar zu, die Herausforderungen einer Drogentherapie zu meistern. Darüber hinaus gelingt es Herrn Klein, seine Anliegen und Wünsche zu formulieren – die Arbeitsbeziehung zum Bewährungshelfer scheint vertrauensvoll zu sein.

Aufbauend auf einer solchen individuellen Kontextualisierung, der Analyse der Problemsituation und der Analyse vorhandener Ressourcen, gilt es nun, Arbeitshypothesen als Grundlage für das weitere Vorgehen zu formulieren. Arbeitshypothesen sind dabei als eine vorläufige, im weiteren Verlauf zu überprüfende Annahme, welche Aspekte ursächlich für die von den Adressaten als veränderungsbedürftig definierte Situation sein könnten, zu verstehen. Arbeitshypothesen in diesem Verständnis dienen der Anregung weiterer, handlungsleitender, Ideen. Hierbei gehen wir davon aus, dass Hypothesen nie wahr, sondern bestenfalls brauchbar und nützlich sein können. Die Bestätigung oder Ablehnung liegt bei Adressaten. Zudem können diese jederzeit verworfen, modifiziert oder ersetzt werden. Im vorliegenden Fall könnten folgende Arbeitshypothesen angenommen werden:

- Herr Kleins bisherige Entwicklung war durch sein eher jugendliches Leben im Haushalt seines Vaters, der Stiefmutter und der Schwester geprägt – ein Ausstieg aus den bisherigen Mustern war in diesem Kontext wenig reizvoll.

- Durch die Beziehung zu seiner Lebensgefährtin und das Gefühl, eine wichtige Bezugsperson für deren Tochter zu sein, hat sich Herr Klein mit einer anderen Lebensperspektive auseinandergesetzt. Der Wunsch danach, eine eigene Familie zu haben und für diese zu sorgen spornt Herrn Klein an, sich den von ihm definierten veränderungsbedürftigen Problemlagen (allen voran seinem Drogenkonsum) zuzuwenden.

Bezugnehmend auf die Bewährungsauflagen, aber auch durch Herrn Klein selbst benannt, wäre es (aktuell) ein zentrales Ziel in der Arbeit mit dem Klienten, ihn durch Vermittlung in eine Therapie, Erarbeitung einer Tagesstruktur und Beratung und Unterstützung auf dem Weg zu einem straffreien und drogenfreien Leben zu begleiten. In der Folge könnte auch das Risiko des Widerrufes der Bewährungen reduziert beziehungsweise abgewendet werden.

Mögliche Zielvereinbarungen – die selbstverständlich mit Herrn Klein gemeinsam zu entwickeln wären – auf diesem Weg könnten sein:

- Herr Klein hält die regelmäßigen Gesprächstermine mit der Bewährungshilfe verlässlich ein.

- Herr Klein meldet sich telefonisch, sofern er vereinbarte Termine nicht einhalten kann.

- Herr Klein kommt ohne vorherigen Drogenkonsum zu den vereinbarten Gesprächsterminen.

- Mögliche Überlastungen in der Gesprächssituation, die sich infolge des drogenfreien Erscheinens ergeben können, spricht Herr Klein an, damit eine Pause erfolgen kann.

- Herr Klein nimmt die Termine in der Drogenberatungsstelle verlässlich wahr und nimmt die dortige Unterstützung zur neuerlichen Aufnahme in einer Drogenentwöhnungsklinik an.

- Herr Klein teilt seine Termine in der Drogenberatungsstelle der Bewährungshilfe mit.

- Herr Klein legt einmal monatlich ein Drogenscreening vor.

Herr Klein muss darüber aufgeklärt werden, dass Konsequenzen folgen, sofern er sich nicht an die Vereinbarungen hält. Er wird darauf hingewiesen, dass regelmäßige Mitteilungen an das zuständige Gericht erfolgen müssen und dieses über den Entwicklungsstand informiert werden muss. Sollte die Einhaltung der Bewährungsauflagen nicht erfolgen, droht ihm der Widerruf der Bewährung, was zur Folge haben kann, dass er die Freiheitsstrafe in einer JVA verbüßen muss.

Die hier – beispielhaft – formulierten Arbeitshypothesen und Ziele gilt es kontinuierlich zu überprüfen und ggf. zu verändern oder auch zu verwerfen. Sie stellen zudem auch eine wichtige Basis zur späteren Evaluation der Hilfe dar.

8.1.3 Strafvollzug

Fallschilderung

Der 30-jährige Herr Most wurde mit Urteil der großen Strafkammer des Landgerichts 2013 wegen sexuellen Missbrauchs und Vergewaltigung von Schutzbefohlenen (§§ 174 Abs. 1, 176 Abs. 1, 176a Abs. 2 Nr. 1, 177 Abs. 1 Nr. 1, Abs. 2 Nr. 1 StGB) in acht Fällen zu fünf Jahren Freiheitsstrafe verurteilt.

Aus der Urteilsbegründung sind folgende Informationen über den Verurteilten bekannt: Herr Most wuchs bei seinen Eltern auf, zu denen er bis heute ein gutes Verhältnis hat. Die Familie lebte in einem ländlichen Bereich. Nach dem Besuch des örtlichen Kindergartens und regulärer Einschulung wechselte er wegen einer Lernbehinderung auf eine Sonderschule. Nach der 10. Klasse erwarb er den Sonderschulabschluss. Im Anschluss wollte Herr Most den Hauptschulabschluss nachholen. Allerdings brach er den Schulbesuch nach kurzer Zeit ab. Auch eine sich hieran anschließende Berufsausbildung als Lagerist brach er ab. Zuletzt war er bis zu seiner Festnahme als Hilfskoch tätig und verdiente 1.200 € netto. Seine sexuelle Entwicklung verlief nach eigenen Schilderungen unauffällig. Ab dem 14. Lebensjahr hatte er einige mehrmonatige Beziehungen zu Frauen. Mit 24 Jahren lernte er Frau Ludwig kennen, die er ein Jahr später heiratete. Frau Ludwig brachte ihre damals 4-jährige Tochter Nadine mit in die Ehe. Während der Ehe wurde ein gemeinsames Kind geboren. Das Verhältnis zur Stieftochter Nadine sei von Anfang an sehr eng gewesen – so habe Nadine immer den Kontakt zu Herrn Most gesucht und sich beispielsweise gewünscht, dass dieser sie ins Bett bringe, nicht die Mutter. Bei Nadine wurde während des Kindergartenbesuches eine Entwicklungsverzögerung festgestellt, weswegen Nadine eine Förderschule mit dem Schwerpunkt „emotionale Entwicklung und Lernen" besuchte. Herr Most habe sich, als Nadine 11 Jahre alt wurde, in sie verliebt. In dieser Zeit begann auch die sexuelle Annäherung an sie. Da auch die Beziehung zu seiner Ehefrau nicht mehr harmonisch und sexuell wenig befriedigend verlief, habe er sich zunehmend ausgemalt, wie es wäre, eine Partnerschaft mit Nadine zu haben. Die Gefühle zu ihr seien immer stärker geworden und er habe eine gemeinsame Zukunft mit Nadine geplant. Im Verlauf der folgenden eineinhalb Jahre kam es zu mindestens 8 sexuellen Übergriffen bis hin zur Vergewaltigung des Mädchens. Herr Most hatte die Taten eingestanden. Aufgrund eingeschränkter Aussagetüchtigkeit von Nadine hätten die Taten nicht festgestellt werden können. In einem psychiatrischen Gutachten wurde ihm volle Schuldfähigkeit im Tatzeitpunkt und eine leicht unterdurchschnittliche Intelligenz im Sinne einer Lernbehinderung attestiert. Eine Störung der sexuellen Orientierung im Sinne einer Pädophilie konnte nicht festgestellt werden. Die Einlassungen des Herrn Most bezüglich schädlicher Auswirkungen des sexuellen Missbrauchs und die Verhinderung zukünftiger Straftaten bewertete der Sachverständige als „formelhafte Formulierungen" mit dem Eindruck einer weiterhin engen emotionalen Bindung an das Tatopfer. Hinweise auf Suchtmittel- oder Schuldenproblematik lagen nicht vor, es gab keine weiteren Eintragungen im Bundeszentralregister.

Herr Most befand sich zunächst sechs Monate in Untersuchungshaft, danach für kurze Zeit im geschlossenen Vollzug einer JVA und anschließend in einer sozialtherapeutischen Abteilung einer JVA. Aus dem Bericht des psychologischen Dienstes der JVA ist bekannt, dass Herr Most mittlerweile von Frau Ludwig geschieden ist. Nadine lebt in einem Wohnheim für junge Menschen mit Behinderung. Besuche und Telefonate zu seinem Kind wurden von der Mutter und vom Jugendamt nicht erlaubt.

Das Vollzugsverhalten von Herrn Most wird als freundlich bis hin zu unterwürfig beschrieben. Kontakte zu Mitgefangenen existieren eher oberflächlich. Seine Veränderungs- und Mitarbeitsbereitschaft wirkt glaubwürdig und belastbar. Im Gespräch mit seinem Therapeuten wirkt Herr Most selbst unsicher und ängstlich. Mittlerweile benennt er differenziert und ausführlich seine Scham und die Betroffenheit über die abgeurteilten sexuellen Übergriffe. Immer wieder betont er, dass er Nadine geliebt habe und all das nur deswegen geschehen sei. Er bedaure es, dass er sich damals nicht unter Kontrolle gehabt habe. Herr Most leide darunter, dass er keinen Kontakt zu seinem Kind hat. In diesem Zusammenhang erlebe er seine geschiedene Frau als wenig zugänglich – durch das Kontaktverbot fühle er sich diskreditiert und neuerlich verurteilt.

In der sozialtherapeutischen Abteilung ist Herr Most in einer Wohngruppe mit elf anderen Männern untergebracht. Er ist – obgleich die Kontakte eher oberflächlich sind - in der Gruppe integriert. Zudem wirkt er in der Interaktion mit den anderen zunehmend selbstbewusster. In der Freizeit spielt er mit Mitbewohnern Würfelspiele oder Skat. Herr Most arbeitet in der Wäscherei der JVA und wird dort als außerordentlich zuverlässig wahrgenommen. Allerdings fällt er immer wieder durch seine moralisierende und rationalisierende Haltung und die starke Bewertung durch richtig und falsch auf. Seit einem Jahr nimmt er an der Behandlungsgruppe für Sexualstraftäter teil. Zudem nahm er eineinhalb Jahre eine psychotherapeutische Einzelbehandlung wahr. In der Gesprächstherapie geht es häufig um das Kontaktverbot zu seinem leiblichen Kind und um die Bearbeitung der Geschehnisse mit dem Tatopfer. Herr Most hat durch eine engagierte Auseinandersetzung einen veränderten Blick auf die Ereignisse: Er ordnet seinen Wunsch, eine Beziehung mit Nadine einzugehen heute selbst als unangemessen ein – er habe sich damals von einem Wunschtraum leiten lassen, ohne über die Konsequenzen nachzudenken. Er habe damals auch nicht darüber nachgedacht, dass er Nadines Abhängigkeit und ihre Zugewandtheit ausgenutzt hat. Aufgrund familiärer Feierlichkeiten erfolgte bereits einmal eine Behandlungsausführung von Herrn Most. Flucht- oder Missbrauchsabsichten waren während der Ausführung nicht erkennbar.

Nach ca. eineinhalb Jahren wurde die tiefenpsychologisch fundierte Einzeltherapie erfolgreich abgeschlossen. Die Gruppenmaßnahme für Sexualstraftäter ist noch nicht beendet. In drei Monaten wird Herr Most zwei Drittel seiner Freiheitsstrafe verbüßt haben.

Fragen

1. Warum befindet sich Herr Most in einer sozialtherapeutischen Abteilung der JVA?
2. Welche Vollzugslockerungen sind bei Herrn Most denkbar? Wie begründen Sie als Sozialarbeiter des ASD der Justiz diese?
3. Wie beurteilen Sie die Chancen auf vorzeitige Entlassung?

Themengebiete / Hilfestellungen

Strafvollzug ist seit 2006 in der Gesetzgebungskompetenz der Bundesländer. Die Fragen in diesem Fall werden jedoch anhand des StVollzG (GSA Nr. 100) des Bundes beantwortet, da sich die Landesgesetze weitgehend daran orientieren (→ LSA D.9.3.3 Soziale Dienste in den Justizvollzugsanstalten; → LSA D.8.4.2 Besonderheiten des Jugendstrafvollzugs). Die einzelnen Strafvollzugsgesetze sind weitgehend einheitlich. Im Bereich des offenen Vollzugs und der Vollzugslockerungen gibt es allerdings unterschiedliche Akzente in den einzelnen Bundesländern, auf die hier nicht näher eingegangen wird.

Lösung zu Frage 1: Vollzug in einer sozialtherapeutischen Anstalt

§ 9 StVollzG sieht vor, dass bei einer Verurteilung wegen bestimmter Sexualstraftaten (§§ 174 bis 180 und 182 StGB), der Gefangene in eine sozialtherapeutische Anstalt zu verlegen ist, wenn er zu einer zeitigen Freiheitsstrafe von mehr als zwei Jahren verurteilt wurde und die Behandlung in einer sozialtherapeutischen Anstalt angezeigt ist. Nach der Aufnahme des Gefangenen in der JVA hat eine Behandlungsuntersuchung zu erfolgen, und bei Gefangenen, die wegen eines der genannten Sexualdelikte verurteilt wurden, ist besonders gründlich zu prüfen, ob die Verlegung in eine sozialtherapeutische Anstalt angezeigt ist (§ 6 Abs. 2 S. 2 StVollzG). Wenn die Freiheitsstrafe mehr als zwei Jahre beträgt, ist jeweils nach Ablauf von sechs Monaten neu über den Verbleib in der sozialtherapeutischen Anstalt zu entscheiden (§ 7 Abs. 4 StVollzG). Der Vollzug kann auch in einer sozialtherapeutischen Abteilung einer JVA stattfinden (§ 123 Abs. 2 StVollzG).

Herr Most wurde zu einer Freiheitsstrafe von fünf Jahren wegen mehrerer der in § 9 StVollzG aufgezählten Sexualdelikte verurteilt. Es musste daher im Rahmen der Erstellung des Vollzugsplanes auch geprüft werden, ob die Verlegung in eine sozialtherapeutische Anstalt infrage kommt (§ 7 Abs. 2 Nr. 7 StVollzG). Seine Zuweisung zur Wohngruppe und Behandlungsgruppe erfolgte genauso im Rahmen des Vollzugsplanes wie sein Arbeitseinsatz in der Wäscherei und die therapeutischen Behandlungsmaßnahmen (§ 7 Abs. 2 Nr. 3, 4 und 6 StVollzG).

Lösung zu Frage 2: Vollzugslockerungen

In der Fortschreibung des Vollzugsplanes ist auch über Lockerungen des Vollzugs zu entscheiden (§ 7 Abs. 2 Nr. 7 StVollzG). Als Vollzugslockerungen kommen nach § 11 Abs. 1 StVollzG folgende Möglichkeiten in Betracht:

- Außenbeschäftigung: eine regelmäßige Beschäftigung außerhalb der Anstalt unter Aufsicht
- Freigang: eine regelmäßige Beschäftigung außerhalb der Anstalt ohne Aufsicht
- Ausführung: Verlassen der Anstalt für eine bestimmte Tageszeit unter Aufsicht
- Ausgang: Verlassen der Anstalt für eine bestimmte Tageszeit ohne Aufsicht

Die Lockerungen dürfen mit Zustimmung des Gefangenen angeordnet werden, wenn nicht zu befürchten ist, dass der Gefangene sich dem Vollzug der Freiheitsstrafe entziehen wird oder die Lockerungen des Vollzuges zu Straftaten missbrauchen werde (§ 11 Abs. 2 StVollzG).

Herr Most hatte bisher eine begleitete Ausführung aus Anlass einer familiären Feierlichkeit. Als nächste Stufe wäre daher denkbar, ihm einen unbeaufsichtigten Ausgang zu gewähren.

Eine weitere Vollzugslockerung wäre eine Verlegung in den offenen Vollzug (§ 10 StVollzG). Gegen diese Möglichkeit spricht derzeit jedoch noch die Tatsache, dass bisher erst eine Ausführung erfolgte. Zunächst sollten daher Ausgänge erfolgreich verlaufen, dann wäre der offene Vollzug die nächste Stufe der Vollzugslockerung.

Lösung zu Frage 3: Vorzeitige Haftentlassung

Eine vorzeitige Haftentlassung wäre möglich, wenn das Gericht die Vollstreckung des Rests der Freiheitsstrafe zur Bewährung aussetzen würde. Gemäß § 57 Abs. 1 StGB kann das Gericht dies anordnen, wenn zwei Drittel der verhängten Freiheitsstrafe, mindestens aber zwei Monate verbüßt wurden, dies unter Berücksichtigung des Sicherheitsinteresses der Allgemeinheit verantwortet werden kann, und die verurteilte Person einwilligt. Bei dieser Entscheidung muss das Gericht die Persönlichkeit der verurteilten Person, ihr Vorleben, die Umstände ihrer Tat, das Gewicht des bei einem Rückfall bedrohten Rechtsguts, das Verhalten der verurteilten Person im Vollzug, ihre Lebensverhältnisse und die Wirkungen berücksichtigen, die von der Aussetzung für sie zu erwarten sind.

Herr Most hat während des Vollzugs eine positive Entwicklung durchlaufen, die aber noch nicht abgeschlossen ist. Seine Lebensverhältnisse sind noch nicht geklärt. Es gab bisher erst eine Vollzugslockerung. § 15 StVollzG sieht aber vor, dass zur Vorbereitung einer Entlassung Vollzugslockerungen anzuordnen sind. Diese Vollzugslockerungen müssen erst vollzogen werden. Der Zeitraum von drei Monaten ist dazu nicht ausreichend. Daher stehen die Chancen auf vorzeitige Haftentlassung nach Verbüßung von zwei Dritteln der Freiheitsstrafe für Herrn Most schlecht.

8.2. Arbeitshilfen

8.2.1 Opferschutz

Link	Letzter Zugriff
Merkblatt für Opfer einer Straftat: http://www.bmjv.de/SharedDocs/Publikationen/DE/Opfermerkblatt.pdf?__blob=publicationFile&v=7	01.08.2016
Opferfibel des Bundes: http://www.bmjv.de/SharedDocs/Publikationen/DE/Opferfibel.pdf?__blob=publicationFile&v=9	12.7.2016
Opferschutz in den Bundesländern: siehe Homepages der einzelnen Landesjustizministerien	

8.2.2 Jugendgerichtshilfe

Link	Letzter Zugriff
Deutsche Vereinigung für Jugendgerichte und Jugendgerichtshilfen e.V. (DVJJ): http://bag-juhis.dvjj.de/	12.07.2016

8.2.3 Straffälligenhilfe

Link	Letzter Zugriff
Bundesarbeitsgemeinschaft für Straffälligenhilfe: www.bag-s.de	12.07.2016
Fachverband für Soziale Arbeit, Strafrecht und Kriminalpolitik: www.dbh-online.de	

8.2.4 Bewährungshilfe

Link	Letzter Zugriff
Arbeitsgemeinschaft deutscher Bewährungshelferinnen und Bewährungshelfer e.V.: http://www.bewaehrungshilfe.de/	12.07.2016

C. Allgemeine Rechtsgrundlagen für die Soziale Arbeit

1. Das Rechtssystem im Allgemeinen

1.1. Fälle mit Lösungen

1.1.1 Sozialarbeiterisches Dreiecksverhältnis in der Jugendhilfe

Fallschilderung

Franziska ist ein 6-jähriges Mädchen aus Bochum mit Asperger-Autismus, das demnächst die Grundschule besuchen soll. Die Eltern, das Ehepaar Schmitz, haben beim Jugendamt der Stadt Bochum einen Antrag auf eine Schulbegleitung gem. § 35a SGB VIII gestellt. Sie haben auch schon einen Verein gefunden, der solche Schulbegleiter einsetzt. Es ist der Verein „Hilfe für das Autistische Kind (HAK) e.V.", ein anerkannter Träger der freien Jugendhilfe. Bei einem ersten Gespräch hat der Geschäftsführer, Herr Markus, seine Angestellte Monika vorgestellt, die als Erzieherin auch gleich einen „guten Draht" zu Franziska herstellen konnte.

Kurz vor der Einschulung findet bei dem Jugendamt ein Hilfeplangespräch statt, an dem neben Franziska und ihren Eltern auch Monika und ihr Chef teilnehmen. Auf der Seite des Jugendamtes führt die Sozialarbeiterin Krause das Gespräch. Sie stellt auch noch Herrn Pasch von der Leistungsabteilung des Jugendamtes vor.

Das Gespräch verläuft aus der Sicht der Eltern von Franziska zufriedenstellend, weil sich Frau Krause sehr verständnisvoll gezeigt habe. Sie erklärte, sie habe die Voraussetzungen des § 35a SGB VIII geprüft und könne ihr Vorliegen bestätigen. Herr Markus hingegen sieht als Ergebnis des Gesprächs die Bemerkung des Herrn Pasch kritisch, gerade habe der Sozialdezernent der Stadt wieder einmal von Leistungskürzungen gesprochen.

Die Eheleute Schmitz fragen Herrn Markus, wie sie erfahren, ob die Schulbegleitung befürwortet wird. Herr Markus fragt sich, welchen Betrag er für die Fachleistungsstunden von Monika abrechnen kann, falls sie als Schulbegleiterin eingesetzt wird.

Fragen

1. Zeichnen Sie zunächst das sozialarbeiterische Leistungsdreieck auf. Welche natürlichen oder juristischen Personen sind unmittelbar beteiligt? Beschreiben Sie die Rechtsbeziehungen nach den Schenkeln des Leistungsdreiecks
   a. das Verhältnis zwischen Klientin Franziska und dem Leistungserbringer HAK e.V.,
   b. das Verhältnis zwischen Klientin Franziska und dem finanziellen Träger Stadt Bochum,
   c. das Verhältnis zwischen dem Leistungserbringer HAK e.V. und dem finanziellen Träger Stadt Bochum.
2. Präzisieren Sie es, indem Sie in einer zweiten Zeichnung alle Beteiligten einzeichnen, also auch Franziska und ihre Eltern, den Verein, seine Organe und Angestellten sowie die innere Struktur der Stadt Bochum. Beschreiben Sie die Rechtsbeziehungen in jedem Eckpunkt des Leistungsdreieckes

   a. das Verhältnis zwischen der Leistungsempfängerin Franziska und ihren Eltern,

   b. das Verhältnis zwischen dem Leistungserbringer HAK e.V., seiner Mitglieder-versammlung, dem Vorstand, der Geschäftsführung und der Angestellten Franziska,

   c. das Verhältnis zwischen Dezernent, Jugendamtsleiter und den Abteilungen Hilfeplanung und Leistungsabteilung.

3. Wie erfahren die Eltern von Franziska, ob die Schulbegleitung bewilligt wird?

4. Wie kann Herr Markus ermitteln, welcher Betrag für die Fachleistungsstunde ihm zusteht?

Themengebiete / Hilfestellungen

Mit diesem Fall möchten wir die Kenntnisse über das sozialarbeiterische Leistungsdreieck in der Jugendhilfe vertiefen. Zugleich stellen wir natürliche und juristische Personen dar. Wir differenzieren zwischen der Rechtsträgerschaft und der Vertretungsberechtigung für den Rechtsträger.

Schließlich geht es um Grundlagen des Zivilrechts, d.h. die Bedeutung des Lebensalters und eines Vertragsschlusses, sowie um Grundlagen des öffentlichen Rechts, d.h. die Bewilligung einer Leistung durch Bescheid.

In diesem Fall unterstellen wir das Vorliegen der Voraussetzungen für die Jugendhilfe. Die Anspruchsgrundlage des § 35a SGB VIII, die Voraussetzungen und die Rechtsfolgen dieser Vorschrift haben wir in einem gesonderten Fall behandelt (→ LSA B.6 Eingliederungshilfen für Menschen mit Behinderung).

Lösung zu Frage 1

Abbildung 25: Sozialarbeiterisches Leistungsdreieck in der Jugendhilfe

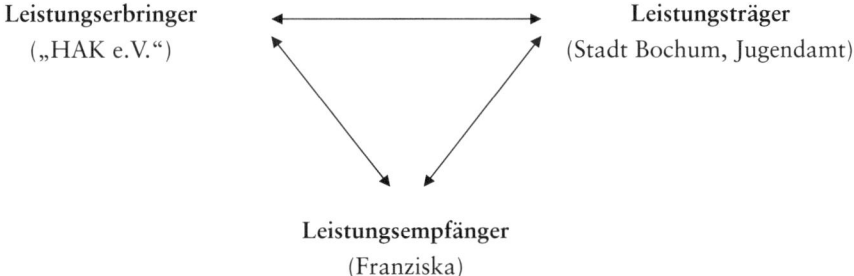

   Leistungserbringer   Leistungsträger

     („HAK e.V.")   (Stadt Bochum, Jugendamt)

                           Leistungsempfänger

                             (Franziska)

Dargestellt sind die im Leistungsdreieck unmittelbar Beteiligten:

■ Franziska ist, obwohl erst 6 Jahre alt, als natürliche Person des Privatrechts die Person, um die es geht. Sie ist, juristisch betrachtet, diejenige, die den Anspruch nach § 35a SGB VIII innehat. Wörtlich heißt es dort: „Kinder oder Jugendliche haben Anspruch ...". Es sind also nicht Franziskas Eltern, die diesen Anspruch innehaben.

■ Leistungserbringer ist der Verein HAK e.V. Er verpflichtet sich sowohl gegenüber Franziska als auch gegenüber dem Jugendamt, eine Schulbegleitung für das Mädchen zur Verfügung zu stellen. Es sind also weder Herr Markus noch Monika unmittelbar an dem Dreieck beteiligt. So ist beispielsweise der Verein auch verpflichtet, eine Schulbegleitung für Franziska sicherzustellen, wenn Monika krank oder in Urlaub ist.

■ Finanzieller Träger ist die Stadt Bochum als Körperschaft des öffentlichen Rechts. Diese juristische Person ist – juristisch gesprochen – der Anspruchsgegner, der die Eingliederungshilfe nach § 35a SGB VIII zu erbringen hat.

Die Rechtsbeziehung zwischen Franziska und der Stadt Bochum ist eine öffentlich-rechtliche. Die Stadt Bochum stellt ihr gegenüber per Bescheid fest, ob die geforderte Leistung (Eingliederungshilfe in Form der Schulbegleitung) erbracht wird, weil die Anspruchsvoraussetzungen des § 35a SGB VIII erfüllt sind. Wir unterstellen dies, weil Frau Krause sich entsprechend geäußert hat.

Die Rechtsbeziehung zwischen Franziska und dem Verein HAK e.V. ist eine privatrechtliche, weil sich hier zwei Personen des Privatrechts – eine natürliche und eine juristische Person – gegenüberstehen. Zwischen ihnen besteht ein Vertrag, auch wenn er nur mündlich geschlossen ist, nach dem sich HAK e.V. dazu verpflichtet, Monika zur Schule zu begleiten. Ob es sich um eine Begleitung nur auf dem Weg oder auch innerhalb der Schule handelt, welche Zeiten vereinbart sind usw. – das genau sind die Inhalte der vertraglichen Absprache. Monika erfüllt diesen Vertrag für HAK e.V.; deshalb spricht man auch von dem Erfüllungsgehilfen gem. § 278 BGB.

Die Rechtsbeziehung zwischen HAK e.V. und der Stadt Bochum ist eine öffentlich-rechtliche. HAK e.V. ist als freier Träger der Jugendhilfe staatlich anerkannt, verfügt also insoweit über einen entsprechenden Bescheid. Hier treffen also eine juristische Person des Privatrechts und eine juristische Person des öffentlichen Rechts aufeinander. Es ist üblich und gesetzlich vorgesehen, dass beide über die konkrete Erbringung einer Leistung der Jugendhilfe einen Vertrag schließen.

Lösung zu Frage 2

Abbildung 26: Diverse Rechtsbeziehungen im Leistungsdreieck

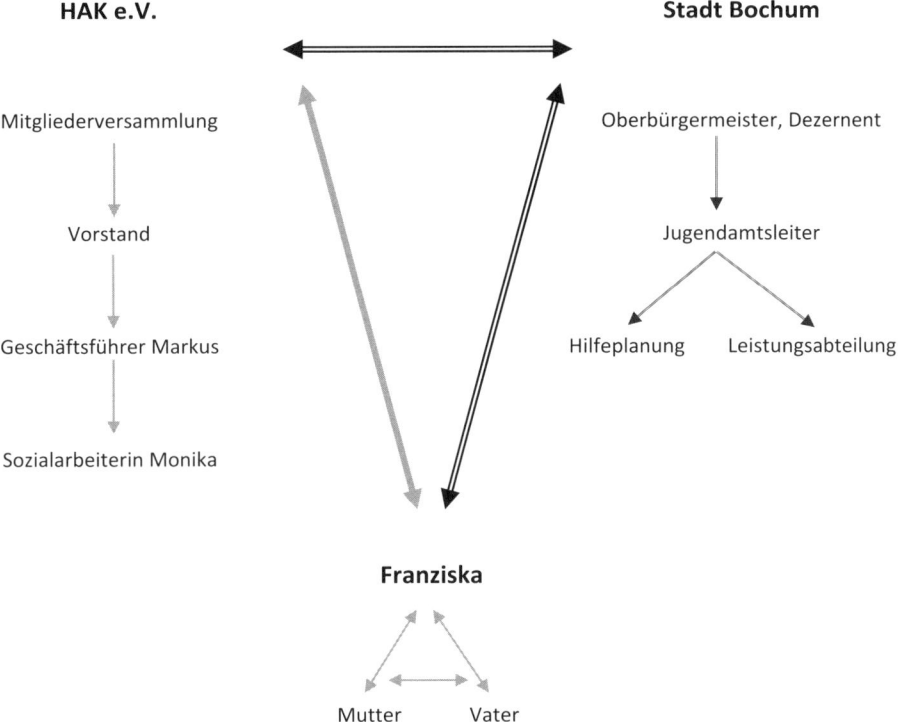

a) Franziska ist Inhaberin des Anspruchs auf Eingliederungshilfe.

– Sie ist – zivilrechtlich gesehen – rechtsfähig (§ 1 BGB) und beschränkt geschäftsfähig i.S.d. § 106 BGB. Das kleine Dreieck drückt die familienrechtlichen Rechtsbeziehungen aus: Das Ehepaar Schmitz übt die elterliche Sorge gem. §§ 1626 ff. BGB gemeinsam aus.

– Franziska wird an dem Verfahren bei dem Jugendamt beteiligt. Ihre Beteiligungsfähigkeit ergibt sich aus § 10 Nr. 1 SGB X. Ihr Recht auf Beteiligung ergibt sich aus § 8 SGB VIII.

– Das bedeutet aber nicht, dass Franziska schon dazu in der Lage wäre, selbst einen Antrag auf Eingliederungshilfe zu stellen – oder diesen etwa zurückzunehmen. Diese Fähigkeit zur Vornahme von Verfahrenshandlungen ist in § 11 SGB X geregelt. Nach § 11 Abs. 1 Nr. 2 SGB X haben beschränkt Geschäftsfähige dieses Recht nur, wenn es ihnen durch Vorschriften des öffentlichen Rechts zuerkannt wurde. Eine solche Handlungsfähigkeit räumt § 36 Abs. 1 SGB I Jugendlichen erst nach Vollendung des 15. Lebensjahres ein. Da Franziska erst 6 Jahre alt ist, bleibt es daher bei der allgemeinen Regel, dass die Eltern das Kind gemeinsam vertreten, § 1629 BGB. Als Sorgeberechtigte stellen die Eltern also den Antrag für Franziska und sind ebenso wie sie an dem Verfahren beteiligt, § 36 Abs. 1 SGB VIII.

b) Der HAK e.V. ist eine juristische Person des Zivilrechts. Er erhält seine Rechtsfähigkeit durch die Eintragung in das Vereinsregister, §§ 21, 55 BGB.

- Ein (eingetragener) Verein besteht immer aus einer Mitgliederversammlung als oberstem Gremium und einem Vorstand, der den Verein nach außen vertritt, § 26 BGB. Das bedeutet: grundsätzlich werden alle Verträge des Vereins (Mietverträge, Arbeitsverträge) von dem Vorstand als Vertreter des Vereins geschlossen.

- Viele Vereine haben neben dem Vorstand auch einen Geschäftsführer. Es handelt sich aber nur dann um ein vertretungsberechtigtes Organ des Vereins, wenn die Position des Geschäftsführers ausdrücklich in der Vereinssatzung aufgeführt oder dieser als Besonderer Vertreter gem. § 30 BGB bestellt ist. Ebenso kann der Vorstand dem Geschäftsführer für einzelne Rechtsgeschäfte Vollmacht erteilen.

- Monika ist eine Angestellte des Vereins HAK e.V. Ihren Arbeitsvertrag wird ein vertretungsberechtigtes Mitglied des Vorstands unterschrieben haben.

- Herr Markus als Geschäftsführer von HAK e.V. könnte vom Vorstand dazu bevollmächtigt sein, den Verein gegenüber der Stadt Bochum oder auch gegenüber Monika, Franziska und ihren Eltern zu vertreten.

c) Die Stadt Bochum ist als Körperschaft des öffentlichen Rechts rechtsfähig. Das ergibt sich aus der Gemeindeordnung des Landes NRW.

- Dort ist auch geregelt, dass grundsätzlich der Bürgermeister der gesetzliche Vertreter der Gemeinde ist.

- Es entspricht lediglich der inneren Struktur dieser Verwaltungsbehörde, dass der Bürgermeister einige Dezernenten (Beigeordnete) in den Verwaltungsvorstand beruft (hier: Sozialdezernent), denen diverse Ämter (Sozialamt, Jugendamt, Schulamt) unterstellt sind, die wiederum aus einzelnen Abteilungen (Leistungsabteilung, Sozialraumabteilung) bestehen.

Lösung zu Frage 3

Nach einer Antragstellung ist jede Behörde dazu verpflichtet, das Verfahren durch Erlass eines Bescheides abzuschließen, § 9 VwVfG bzw. § 8 SGB X. Also erfahren Franziska und ihre Eltern durch einen Verwaltungsakt, ob der Antrag auf Eingliederungshilfe bewilligt oder versagt wird. Der Hilfeplan nach § 36 Abs. 2, 3 SGB VIII ersetzt den Erlass eines Bescheides nicht.

Wird die Hilfe verweigert, besteht die Möglichkeit, gegen den ablehnenden Bescheid Widerspruch einzulegen. Die Frist hierfür beträgt einen Monat, wenn der Bescheid eine ordnungsgemäße Rechtsmittelbelehrung enthält.

Die Frist beginnt mit der Zustellung. Die Zustellung erfolgt an Franziska, vertreten durch ihre sorgeberechtigten Eltern.

Lösung zu Frage 4

Angesprochen ist die Rechtsbeziehung zwischen dem Verein HAK e.V. und der Stadt Bochum. HAK ist ein anerkannter Träger der freien Jugendhilfe gem. § 75 SGB VIII. Werden Dienste der Träger der freien Jugendhilfe in Anspruch genommen, dann sollen Vereinbarungen zwischen dem Leistungserbringer und dem finanziellen Träger geschlossen werden, § 77 SGB VIII. Herr Markus muss sich also um eine Leistungsvereinbarung mit der Stadt Bochum bemühen. HAK e.V. ist als anerkannter freier Träger der Jugendhilfe höchstwahrscheinlich Mitglied im DPWV (Deutscher Paritätischer Wohlfahrtsverband). Dort kann sich Herr Markus neutrale Informationen darüber einholen, wie hoch der Satz für eine Facharbeitsstunde für Sozialarbeiterinnen wie Monika sein darf, die als Schulbegleiterin arbeitet. Möglicherweise hat dieser übergeordnete Trägerverband sogar einen Rahmenvertrag mit dem übergeordneten Trägerverband der Stadt Bochum (Deutscher Städte- und Gemeindebund) geschlossen, aus dem sich Anhaltspunkte für einen angemessenen Stundensatz ergeben. Empfehlungen können auch bei der AGJ oder den beiden Landschaftsverbänden in NRW als überörtliche Träger der Jugendhilfe erfragt werden.

Es handelt sich um ambulante Jugendhilfe. Für stationäre oder teilstationäre Hilfeleistungen gelten die §§ 78a ff. SGB VIII als speziellere Vorschriften.

1.1.2 Antragstellung, Rechtsberatung – aber wie und wo?

Fallschilderung

Stellen Sie sich vor, Sie sind befreundet mit Sabine und Joachim Müller. Beide haben sich in Dortmund einen Lebenstraum verwirklicht und gemeinsam einen renovierungsbedürftigen Altbau für 75.000 € gekauft, den sie mühselig renovieren. Das Geld dafür haben sie aus einer Erbschaft bezahlt. Sabine ist Architektin, Joachim ist Bildhauer; sein Atelier befindet sich auch in diesem Altbau.

Sabine und Joachim haben eine dreijährige Tochter Valerie und als „Pflegekind" den 5-jährigen Antoine, der französischer Staatbürger ist. Die Familie hat Antoine, den Neffen von Joachim, vor 5 Jahren bei sich aufgenommen, nachdem Antoines Eltern bei einem Verkehrsunfall ums Leben gekommen sind. Eine Vormundschaft o.ä. ist nicht eingerichtet. Kontakt zum Jugendamt gab es bisher keinen.

Leider geht es der Familie wirtschaftlich nicht gut. Joachim verdient mit der Bildhauerei im Durchschnitt gerade einmal 500 € monatlich (Sozialabgaben und Steuern sind schon abgezogen), mehr kann er einfach nicht erwirtschaften. Das Architekturbüro, in dem Sabine bis vor Kurzem halbtags gearbeitet hat, musste ihr aus wirtschaftlichen Gründen kündigen. Deshalb bezieht sie statt des monatlichen Bruttolohns von 1.500 € nur noch ALG I i.H.v. 730 € monatlich netto. Dazu kommt das Kindergeld für Valerie.

Nun befindet sich die Familie in einem Dilemma, denn selbst wenn sie den sanierungsbedürftigen Altbau verkaufen wollten, finden Sabine und Joachim dafür kurzfristig keinen Käufer. Von dem restlichen Ersparten – immerhin 20.000 € – könnten sie das Haus halbwegs fertigstellen. Aber wovon soll die Familie in den kommenden 3 Monaten, die sie dafür sicher benötigt, leben? Immerhin betragen die Nebenkosten für Grundsteuer, Müllgebühren usw. monatlich ca. 250 €.

Fragen

1. Warum sollte ein Sozialarbeiter seinen Klienten bei finanziellen Engpässen grundsätzlich zur baldigen Antragstellung raten?
2. Bei welchen Behörden könnte man Anträge auf finanzielle Unterstützung für Sabine, Joachim und Valerie und für Antoine stellen?
3. Was gibt es dabei in Bezug auf Antoine grundsätzlich zu bedenken?

4. Verschaffen Sie sich einen Überblick zur Frage, wie existenziell diese Familie eigentlich bedroht ist. Dazu stellen Sie sich die Frage, ob existenzsichernde Leistungen infrage kommen, indem Sie – ohne die Voraussetzungen im Einzelnen zu prüfen - eine Bedarfsberechnung vornehmen.

5. Wie und wo können Sabine und Joachim schnell Rechtsberatung für ihre Probleme in Anspruch nehmen? Gibt es dafür Voraussetzungen?

6. Versuchen Sie, der Familie die weitere Vorgehensweise aufzuzeigen. Trotz aller offenen Rechtsfragen, die nach der Fallbearbeitung noch verbleiben, wird die Familie wissen wollen, was jetzt zuerst zu tun ist. Wichtige Dinge sollte sie zuerst klären.

Themenstellung / Lösungshinweise

Diesen Fall schildern wir, um aufzuzeigen, wie einfach und gleichermaßen komplex unser Rechtssystem ist.

Für Sozialarbeiter gibt es ein paar Grundregeln, die hier dargestellt werden können, und die beherrscht werden sollten. Andererseits ist reflektiertes Vorgehen – auch in diesem Fall - gefragt. Manchmal lauern Gefahren, wo die Klienten sie nicht vermutet hätten!

Zum reflektierten Vorgehen gehört, die Schilderung eines Falles mit anderen, ähnlich gelagerten Fällen zu vergleichen. Sabine und Joachim schildern eine „Existenznot", die – verglichen mit anderen Fällen – so groß vielleicht nicht ist.

Spätestens bei der Lösung zur dritten Frage wird Ihnen bewusst werden, dass es nicht die Aufgabe von Sozialarbeitern sein kann, alle Rechtsprobleme zu lösen, die aus einem Sachverhalt entstehen können. Aber Sozialarbeiter sollten wissen, wo es – und unter welchen Voraussetzungen – Rechtshilfe gibt. Und vielleicht auch Prioritäten setzen können, die die Klienten oftmals nicht so auf dem Schirm haben.

Lösung zu Frage 1

Als Antwort auf Frage 1 weisen wir auf einige Grundsätze hin:

- Geld gibt es erst ab Antragstellung. Nur ausnahmsweise kann eine Behörde eine finanzielle Unterstützung auch rückwirkend für den Zeitpunkt vor Antragstellung bewilligen.
- Antragsteller ist diejenige Person, die einen Anspruch hat oder zu haben glaubt. Das können auch Kinder sein. Nicht geschäftsfähige Personen müssen sich bei der Antragstellung vertreten lassen. Ein Sozialarbeiter stellt für seine Klienten selbst keine Anträge, auch nicht als „Bevollmächtigter" (es sei denn, er ist zum Vormund oder Betreuer bestellt).
- Jede Behörde ist grundsätzlich dazu verpflichtet, über jeden bei ihr gestellten Antrag selbst zu entscheiden und den Antragsteller davon in Kenntnis zu setzen. Sie muss binnen 3 Monaten einen Bescheid erlassen.
- Bescheide sind nur ausnahmsweise gebührenpflichtig.

Diese Grundsätze erläutern wir in unserem Lehrbuch.

Lösung zu Frage 2

Ausgehend von Antwort 1 lohnt sich die Antragstellung bezogen auf finanzielle Unterstützung gleich bei mehreren Behörden gleichzeitig. Um keine Möglichkeit auszulassen, wäre eine Vorgehensweise nach dem 3-Säulen-Modell und dem Netz mit doppeltem Boden ratsam. Wir stellen uns vor, dass die privaten Mittel (Säule 1) erschöpft sind und Leistungen von Sozialversicherungen (Säule 3) bis auf das bereits gezahlte ALG I nicht in Betracht kommen. Es bleiben die folgenden staatlichen Leistungen:

1. Familienkasse: Laut Sachverhalt beziehen Sabine und Joachim das Kindergeld nur für Valerie. Kindergeld kann es aber auch für Pflegekinder wie Antoine geben – auch solche mit ausländischer Staatsangehörigkeit. Zuständige Behörde ist die Familienkasse der örtlichen Agentur für Arbeit.

2. Jugendamt: Sabine und Joachim könnten für Antoine einen Anspruch auf Hilfe zur Erziehung in Vollzeitpflege geltend machen, § 33 SGB VIII.

3. Wohngeldstelle: Wohngeld gibt es nicht nur für Mieter, sondern auch für Hauseigentümer als Lastenausgleich, §§ 1, 4 WoGG.

4. Wohnbauförderung: Für die Altbausanierung könnte es einen Zuschuss aus Fördermitteln geben, z.B. für das Energiesparen. Das wird Sabine, die Architektin, selbst wissen.

Für existenzsichernde Leistungen zuständig sind:

5. Jobcenter: Sabine und Joachim können einen Anspruch auf ALG II geltend machen. Auch Selbstständige wie Joachim können diese Leistung in Anspruch nehmen. Valerie könnte zum Bezug von Sozialgeld berechtigt sein.

6. Sozialamt: Das örtliche Sozialamt ist für die Hilfe zum Lebensunterhalt zuständig. Hier könnte ein Antrag für Antoine zu stellen sein, denn ein Pflegekind ist nicht Mitglied einer Bedarfsgemeinschaft i.S.v. § 7 Abs. 3 SGB II. Damit gehört Antoine zu derjenigen Personengruppe, der Hilfe zum Lebensunterhalt zustehen könnte.

Lösung zu Frage 3

1. Antoine ist minderjährig. Seine rechtliche Vertretung ist nicht geklärt. Also muss, bevor für ihn überhaupt ein Antrag gestellt werden kann, das Familiengericht Sabine, Joachim oder beide zum Vormund bestellen. Diese Antragstellung hat Vorrang. Es darf noch nicht einmal der Anschein einer Kindesentführung (§ 235 StGB!) im Raum stehen.

2. Antoine ist französischer Staatsangehöriger. Für Staatsangehörige aus der Europäischen Union gilt zwar grundsätzlich das Freizügigkeitsrecht, § 2 Abs. 4 FreizügG/EU. Für einen Aufenthalt, wie hier, von länger als 3 Monaten besteht dieses Recht nur ausnahmsweise, weil Antoine nicht Familienangehöriger i.S.d. § 3 Abs. 2 FreizügG/EU ist. Deshalb ist – ebenso vorrangig – erst mit dem Ausländeramt zu klären, ob und inwieweit Antoine sich in der BRD aufhalten darf. Dies dürfte von der familienrechtlichen Entscheidung abhängen.

3. Das Recht auf Partizipation an staatlichen Leistungen folgt erst aus dem Aufenthaltsrecht. Die Bestimmungen dazu, mit welchem Aufenthaltsstatus welche staatliche oder existenzielle Leistung in Anspruch genommen werden kann, finden sich in den jeweiligen Gesetzen. Weitere Ausführungen in der Lösung zu Frage 6.

Lösung zu Frage 4

Um einen ersten Überblick über die wirtschaftliche Situation zu erhalten, hilft es, die SGB II Tabelle auszufüllen. Antoine wird hier ungeachtet der Frage, ob er selbst einen Anspruch hat, wie ein eigenes Kind mitgerechnet.

§§ SGB II / Personen	Sabine	Joachim	Antoine	Valerie	Gesamt
ALG II/Sozialgeld §§ 19, 20 Abs. 5 SGB II; Anlage § 28 SGB XII	364 €	364 €	237 €	237 €	1.202 €
zzgl. **Mehrbedarfe** § 21 Abs. 3 Nr. 1; Alleinerziehende mit einem Kind U7 oder 2-3 Kinder U16					
oder **Mehrbedarfe** § 21 Abs. 3 Nr. 2; Alleinerziehende mit U18 j. Kindern, wenn dadurch mehr als Abs. 3 Nr. 1					
zzgl. **Unterkunft und Heizung,** § 22	62,50 €	62,50 €	62,50 €	62,50 €	250 €
Genereller Bedarf	426,50 €	426,50 €	299,50 €	299,50 €	1.452 €
abzgl. **Einkommen** (brutto), §§ 11, 11a	- 730 €	- 500 €			- 1.230 €
zzgl. Steuern und Sozialabgaben, § 11b: Abs. 1 S. 1 Nr. 1-2	./.	./.			
zzgl. Grundfreibetrag für Erwerbstätige oder Einzelnachweis, § 11b Abs. 2 S. 1 oder Abs. 1 S. 1 Nrn. 3-5	./.	+ 100 €			+ 100 €
zzgl. Freibetrag für Erwerbstätige, § 11b Abs. 3 S. 1 Nr. 1		+ 80 €			+ 80 €
zzgl. Freibetrag für Erwerbstätige, § 11b Abs. 3 S. 1 Nr. 2					
zzgl. Unterhaltsverpflichtungen, § 11b Abs. 1 S. 1 Nr. 7					
zzgl. Betrag bei Ausbildungsförderung, § 11b Abs. 1 S. 1 Nr. 8					
abzgl. **Kindergeld** § 11 Abs. 1 S. 4			K 1 - 190 €	K 2 - 190 €	- 380 €
Individueller Bedarf ohne Bedarfe für Bildung + Teilhabe, § 28	- 303,50 €	106,50 €	109,50 €	109,50 €	22 €
abzgl. **Vermögen** § 12: Sparvermögen, Abs. 2 S. 1 Nr. 1, 1a, S. 2	Mindestfreibetrag pro Person: 3.100 € x 4 =				12.400 €

Personen §§ SGB II	Sabine	Joachim	Antoine	Valerie	Gesamt
Altersvorsorge, Abs. 2 S. 1 Nr. 2 u. 3, S. 2					
Anschaffungen, Abs. 2 S. 1 Nr. 4	Freibetrag pro Person: 750 € x 4 =				3.000 €
Individueller Bedarf	Wohl kein Bedarf, da Vermögen 20.000 € vorhanden				- 4.600 €

Stand: 01.01.2016

Erläuterungen:

- Wir haben in dieser Tabelle den individuellen Bedarf getrennt nach Einkommen und Vermögen dargestellt.
- Das ALG I von Valerie ist steuerfrei. Die Sozialabgaben werden unmittelbar von der Agentur für Arbeit entrichtet. Da sie nicht erwerbstätig ist, erhält sie keine Grundfreibeträge, wie Joachim.
- Wenn Antoine wie ein eigenes Kind gerechnet wird, kann der Bezug von Kindergeld unterstellt werden.
- Allein aus dem Einkommen verbleibt ein Bedarf von 22 € monatlich, der theoretisch vom Jobcenter gefordert werden könnte.
- Dringend muss dieser Bedarf jedenfalls nicht gedeckt werden, denn noch ist genügend Vermögen vorhanden, dass diesen Bedarf decken könnte. Allerdings haben wir in der Tabelle nur den Mindestfreibetrag an Vermögen eingesetzt. Das Jobcenter würde sicher den Freibetrag nach dem Lebensalter von Valerie und Joachim ausrechnen. Wenn Joachim 31 und Valerie 26 Jahre alt wäre, (30 + 25 = 55 vollendete Lebensjahre x 150 € = 8.250 € zzgl. 3.100 € für die Kinder), wäre der Vermögensfreibetrag 14.450 €.

Lösung zu Frage 5

1. Grundsätzlich ist jede Behörde dazu verpflichtet, den Bürger über seine sozialen Rechte und Pflichten zu beraten. Zuständig ist die Behörde, bei der der Bürger einen Antrag stellen will, § 14 SGB I.
2. Die Kommunen unterhalten einen Allgemeinen Sozialen Dienst (ASD), der meistens eine Abteilung des Jugendamtes ist. Hier geht es eher um Fragen der Kinder- und Jugendhilfe, seltener um allgemeine Sozialberatung, also auch Beratung in SGB II-/XII oder ausländerrechtlichen Fragen. In dem vorliegenden Fall ist eine umfassende Sozialberatung erforderlich.
3. Allgemeine Sozialdienste (ASD) bieten auch die Träger der freien Wohlfahrtspflege an. Dazu gehört die Sozialberatung. Diese Beratung ist neutraler, weil sie unabhängig von staatlichen Einrichtungen gewährt wird. Sie ist in der Regel kostenlos.
4. Beratungshilfe ist die außergerichtliche Beratung oder Vertretung durch einen Rechtsanwalt. Sie wird auf Antrag durch das Amtsgericht gewährt, indem ein Berechtigungsschein ausgestellt wird. Gem. § 1 Abs. 1 BerHG müssen 3 Voraussetzungen vorliegen. U.a. muss es dem Ratsuchenden nicht möglich gewesen sein, auf andere Weise Hilfe zu erhalten. Das ist erst der Fall, wenn der Ratsuchende einen

der oben unter 1 bis 3 genannten Stellen erfolglos aufgesucht oder bereits einen ablehnenden Bescheid erhalten hat, gegen den ein Rechtsmittel einzulegen wäre. Beratungshilfe darf man nicht mutwillig in Anspruch nehmen.

Lösung zu Frage 6

1. Primär klarzustellen ist die rechtliche Situation von Antoine. Zunächst einmal muss geklärt werden, wer das Sorgerecht für den 5-Jährigen hat. Beide können als Vormund bestellt werden. Dazu müssen sich Sabine und Joachim an das Vormundschaftsgericht wenden, §§ 1773, 1774 BGB. Zugleich sollten sie bei dem Jugendamt vorsprechen, denn dieses wirkt bei der Entscheidung des Familiengerichts mit, § 162 FamFG. Es handelt sich um einen internationalen Sorgerechtsfall. Das Bundesamt für Justiz in Bonn kann insoweit hilfreiche Informationen geben und Kontakte (nach Frankreich) herstellen.

2. Es ist die ausländerrechtliche Situation von Antoine zu klären, siehe Lösung zu Frage 3.

3. Nachdem die familien- und ausländerrechtliche Situation von Antoine geklärt ist, können Sabine und Joachim für ihn Sozialleistungen beanspruchen. Wichtig dürfte zunächst sein, dass Antoine mitversichert in der Familienversicherung ist (§ 10 Abs. 4 SGB V). In Deutschland ist darüber hinaus an Kindergeld (§§ 63 Abs. 1 S. 1 Nr. 1, 32 Abs. 1 Nr. 2 EStG), Hilfe zur Erziehung in Vollzeitpflege (§ 33 SGB VIII), Wohngeld (§ 5 Abs. 1 S. 2 Nr. 5 WoGG) zu denken. Es ist ferner zu klären, ob Antoine ein Erbe in Frankreich hat oder von dort Sozialleistungen (Waisenrente?) beziehen kann.

4. Erst wenn Antoines Situation geklärt ist, kann es um die finanziellen Angelegenheiten der Familie Müller gehen.

1.2. Arbeitshilfen

1.2.1 Beratungshilfe-Formular

Link	Letzter Zugriff
https://www.justiz.nrw.de/WebPortal/BS/formulare/beratungshilfe/AG_I_1.pdf	01.08.2016

1.2.2 Prozesskostenhilfe-Formular

Link	Letzter Zugriff
http://www.bmjv.de/DE/Service/Formulare/prozesskostenhilfe.html	01.08.2016

1.2.3 Broschüre zu Beratungs- und Prozesskostenhilfe

Link	Letzter Zugriff
http://www.bmjv.de/SharedDocs/Publikationen/DE/Beratungs_PKH_2016.pdf?__blob=publicationFile&v=7	01.08.2016

2. Zivil- und Zivilverfahrensrecht

2.1. Fälle mit Lösungen

2.1.1 Geschäftsfähigkeit, Deliktsfähigkeit und rechtliche Betreuung

Fallschilderung

Die 30-jährige Eva ist von Geburt an leicht geistig behindert, ihre Intelligenz ist gemindert. Seit ihrem 18. Lebensjahr ist ihre Mutter ihre gesetzliche Betreuerin für den Aufgabenkreis Vermögenssorge. Eva beschäftigt sich gerne mit dem Computer, und eines Tages bestellt sie im Internet einen neuen Fernseher für 1.000 €. Ihre Ersparnisse betragen nur 900 €. Sie weiß, dass das teuer ist, dass sie nicht so viel Geld hat und dass ihre Mutter dagegen ist, sie will den Fernseher trotzdem kaufen.

Einige Zeit nach diesem Vorfall erkrankt Eva an Schizophrenie und hat schwere Wahnvorstellungen. Im Zuge einer Halluzination gerät sie in Panik und wirft einen Stuhl aus dem Fenster. Dieser landet im Garten des Nachbarn und zerstört dessen Gartenbank. Der Schaden beträgt 200 €.

Die Mutter, die selbst gesundheitlich angeschlagen ist, sieht sich nicht mehr in der Lage, weiter die Betreuung für ihre Tochter zu führen. In der Familie gibt es keine geeigneten Personen, die die Betreuung übernehmen könnten. Sie möchte, dass ein Berufsbetreuer bestellt wird.

Fragen:

1. Warum ist Evas Mutter ihre gesetzliche Betreuerin?
2. Ist der Kaufvertrag, den Eva abgeschlossen hat, wirksam?
3. Was kann die Mutter rechtlich tun, um in Zukunft Bestellungen zu verhindern?
4. Müssen Eva oder ihre Mutter den Schaden an der Gartenbank ersetzen?
5. Wie wird man Berufsbetreuer?

Themengebiete / Hilfestellungen

In diesem Fall geht es um die Frage der rechtlichen Handlungsfähigkeit von Menschen. Jeder Mensch ist von Geburt an rechtsfähig, d.h. Träger von Rechten und Pflichten. § 1 BGB verleiht allen Menschen diese Rechtsfähigkeit, egal ob sie alt, jung, gesund oder krank sind. Allerdings kann nicht jeder Mensch selbst rechtlich handeln bzw. für seine Handlungen rechtlich zur Verantwortung gezogen werden. Die Frage der Geschäftsfähigkeit und der Deliktsfähigkeit spielen eine wichtige Rolle, vor allem in der Sozialen Arbeit, wenn bei Klienten aufgrund ihres Alters oder ihres Gesundheitszustandes fraglich ist, ob sie selbst am Rechtsleben teilnehmen können (→ LSA C.2.2 zur Rechts- und Handlungsfähigkeit; → LSA D.5 Betreuungswesen). In der Fallschilderung wurde bewusst die Mutter als gesetzliche Betreuerin gewählt und nicht eine Berufsbetreuerin. Tatsächlich werden nämlich etwas mehr als die Hälfte aller Betreuungen von ehrenamtlichen Betreuern,[1] insbesondere von Familienmitgliedern geführt. Die Fragen 2 bis 4 wären aber genauso zu beantworten, wenn Eva eine Berufsbetreuerin hätte. Frage 5 geht genauer darauf ein, warum die Berufsbetreuung ein interessantes Berufsfeld für Sozialarbeiter ist.

---

1 http://www.bundesanzeiger-verlag.de/betreuung/wiki/Betreuungszahlen (Aufruf: 25.7.2016).

Lösung zu Frage 1: Warum ist Evas Mutter ihre gesetzliche Betreuerin?

§ 1896 Abs. 1 S. 1 BGB normiert, dass für den Fall, dass eine volljährige Person aufgrund einer psychischen Krankheit oder einer körperlichen, geistigen oder seelischen Behinderung ihre Angelegenheiten ganz oder teilweise nicht besorgen kann, das Betreuungsgericht für sie von Amts wegen oder auf Antrag der betroffenen Person einen Betreuer bestellt.

Eva ist von Geburt an leicht geistig behindert, es wurde eine Intelligenzminderung diagnostiziert und sie ist offensichtlich aufgrund dieser Behinderung nicht in der Lage, ihre Angelegenheiten zu besorgen. Als sie noch minderjährig war, war ihre Mutter ihre gesetzliche Vertreterin nach § 1629 Abs. 1 S. 1 BGB, wie das alle sorgeberechtigten Eltern für ihre minderjährigen Kinder sind. Nachdem Eva jedoch mit 18 volljährig geworden war, endete die gesetzliche Vertretung der Eltern. Da sie selbst aufgrund ihrer Behinderung ihre Angelegenheiten nicht regeln kann, war eine Betreuerbestellung gemäß § 1896 Abs. 1 S. 1 BGB notwendig. Ihre Mutter wurde vom Betreuungsgericht deshalb als Betreuerin bestellt, weil § 1897 BGB anordnet, dass eine geeignete natürliche Person zu bestellen ist, und zwar möglichst die Person, die die betroffene Person vorschlägt. Schlägt die betroffene Person niemanden vor, „so ist bei der Auswahl des Betreuers auf die verwandtschaftlichen und sonstigen persönlichen Bindungen des Volljährigen, insbesondere auf die Bindungen zu Eltern (...) Rücksicht zu nehmen" (§ 1897 Abs. 5 BGB).

Lösung zu Frage 2: Ist der Kaufvertrag, den Eva abgeschlossen hat, wirksam?

Der Kaufvertrag über den Fernseher wäre nicht wirksam, wenn Eva geschäftsunfähig wäre. Nach § 104 Nr. 2 BGB ist eine erwachsene Person dann geschäftsunfähig, wenn sie „sich in einem die freie Willensbestimmung ausschließenden Zustand krankhafter Störung der Geistestätigkeit befindet, sofern nicht der Zustand seiner Natur nach ein vorübergehender ist". Eva ist zwar schon von Geburt an leicht geistig behindert und ihre Intelligenz ist gemindert, aber dadurch befindet sie sich nicht in einem die freie Willensbestimmung ausschließenden Zustand krankhafter Störung der Geistestätigkeit. Ihre Beeinträchtigung ist nicht so ausgeprägt, dass sie nicht zur Willensbildung fähig wäre. Sie wusste bei der Internetbestellung genau, dass sie einen Fernseher kaufen möchte, sie wusste auch, dass sie sich diesen nicht leisten kann, und dass ihre Mutter dagegen ist. All das spricht dafür, dass sie im Zeitpunkt der Bestellung geschäftsfähig war. Deshalb ist die Bestellung von Eva, d.h. ihre Willenserklärung wirksam, und der Vertrag wirksam zustande gekommen.

Die Tatsache, dass Eva eine gesetzliche Betreuerin hat, schränkt ihre Geschäftsfähigkeit nicht ein. Sie darf daher selbsttätig Geschäfte abschließen. Eine Einschränkung der Geschäftsfähigkeit wäre nur gegeben, wenn das Gericht einen Einwilligungsvorbehalt nach § 1903 BGB angeordnet hätte.

An dieser Stelle wird auf die Frage, ob sie den Kaufvertrag erfüllen muss, und auf die Möglichkeiten des Widerrufs bei Fernabsatzgeschäften (§§ 312c ff. BGB) nicht näher eingegangen (→ LSA C.2.2.6 Wichtige Verträge in der Praxis der Sozialen Arbeit).

Lösung zu Frage 3: Was kann die Mutter rechtlich tun, um in Zukunft Bestellungen zu verhindern?

Wenn die Mutter in Zukunft Bestellungen verhindern möchte, müsste sie beim Betreuungsgericht die Anordnung eines Einwilligungsvorbehaltes anregen. Einen Einwilligungsvorbehalt darf das Gericht nur anordnen, wenn dies zur Abwendung einer erheblichen Gefahr für die Person oder das Vermögen des Betreuten erforderlich ist (§ 1903 Abs. 1 S. 1 BGB). Folge eines Einwilligungsvorbehaltes wäre, dass für Willenserklärungen des Betreuten, die den Aufgabenkreis des Betreuers betreffen, die Einwilligung des Betreuers notwendig ist. Eine Ausnahme wären nur Willenserklärungen, die dem Betreuten lediglich einen rechtlichen Vorteil bringen.

Das Betreuungsgericht müsste also im Falle von Eva prüfen, ob die Voraussetzungen des § 1903 Abs. 1 BGB vorliegen, nämlich ob der Einwilligungsvorbehalt zur Abwendung einer erheblichen Gefahr für die Person oder das Vermögen der Betreuten erforderlich ist. Dies wäre wohl zu bejahen, wenn Eva häufig solche Bestellungen tätigt und dadurch ihre finanzielle Situation gefährdet.

Wenn ein Einwilligungsvorbehalt angeordnet ist und Eva trotzdem Bestellungen tätigt, kommt ohne Einwilligung der Mutter als Betreuerin kein wirksamer Vertrag zustande. Der Einwilligungsvorbehalt bewirkt, dass Eva in ihrer rechtlichen Handlungsfähigkeit einem beschränkt geschäftsfähigen Kind gleichgestellt wird.

Lösung zu Frage 4: Müssen Eva oder ihre Mutter den Schaden an der Gartenbank ersetzen?

Die Anspruchsgrundlage für Schadensersatz aufgrund einer unerlaubten Handlung ist § 823 BGB.

§ 823 Abs. 1 BGB besagt, dass derjenige, der vorsätzlich oder fahrlässig das Leben, den Körper, die Gesundheit, die Freiheit, das Eigentum oder ein sonstiges Recht eines anderen widerrechtlich verletzt, dem Geschädigten den daraus entstandenen Schaden ersetzen muss.

Eva hat den Stuhl aus dem Fenster geworfen, d.h. sie hat eine Tathandlung gesetzt, die die Gartenbank und damit das Eigentum des Nachbarn beschädigt hat. Diese Handlung ist die Ursache für die Rechtsgutverletzung und für den Schaden von 200 €. Eva hat auch widerrechtlich gehandelt, weil kein Rechtfertigungsgrund für ihre Tathandlung (Notwehr, Notstand, Einwilligung des Nachbarn) vorliegt. Es stellt sich aber die Frage, ob Eva zum Zeitpunkt der Tat deliktsfähig war. § 827 S. 1 BGB normiert nämlich, dass derjenige, der „im Zustand der Bewusstlosigkeit oder in einem die freie Willensbestimmung ausschließenden Zustand krankhafter Störung der Geistestätigkeit einem anderen Schaden zufügt", für den Schaden nicht verantwortlich ist. Eva hat die Tat in Panik während einer akuten Halluzination begangen. Sie war zu diesem Zeitpunkt in einem die freie Willensbestimmung ausschließenden Zustand krankhafter Störung der Geistestätigkeit und damit nicht deliktsfähig. Der Nachbar kann daher von Eva keinen Schadensersatz verlangen.

Der Nachbar kann aber auch keinen Schadensersatz von Evas Mutter verlangen. Als Anspruchsgrundlage käme allenfalls eine Haftung wegen Verletzung der Aufsichtspflicht nach § 832 BGB infrage (→ B.3.1.3 Frage 8.c Muss die Einrichtung Schadensersatz leisten? S. 123; → LSA D.2.3 Zivilrechtliche Verantwortlichkeit). Die Mutter ist aber nur Betreuerin für Vermögensangelegenheiten, und es obliegt ihr keine Aufsichtspflicht über Eva. Daher haftet auch die Mutter nicht für den Schaden.

Lösung zu Frage 5: Wie wird man Berufsbetreuer?

§ 1897 Abs. 6 S. 1 BGB ordnet an, dass Personen, die Betreuungen „in einer Berufsausübung" führen, nur dann zum Betreuer bestellt werden sollen, wenn kein geeigneter ehrenamtlicher Betreuer zur Verfügung steht. Der Grund dafür liegt in § 1836 BGB, einer Bestimmung des Vormundschaftsrechts, die aufgrund eines Verweises in § 1908i Abs. 1 BGB auch für das Betreuungsrecht gilt: Grundsätzlich soll eine Betreuung unentgeltlich geführt werden. Eine entgeltliche Führung von Betreuungen setzt voraus, dass das Betreuungsgericht die Berufsmäßigkeit feststellt (§ 1836 Abs. 1 BGB). Eine nähere Regelung dazu findet sich in § 1 des Gesetzes über die Vergütung von Vormündern und Betreuern (VBVG, GSA Nr. 116). Das Betreuungsgericht kann die Berufsmäßigkeit feststellen, wenn mindestens 10 Betreuungen geführt oder in absehbarer Zeit geführt werden sollen, oder wenn das Führen von Betreuungen mindestens 20 Wochenstunden in Anspruch nimmt. Das Betreuungsgericht wird dabei von der Betreuungsbehörde (angesiedelt auf der Ebene der örtlichen Träger der Sozialhilfe) unterstützt. § 8 Betreuungsbehördengesetz (BtBG, GSA Nr. 17) überträgt der Betreuungsbehörde die Aufgabe, geeignete Betreuer zu gewinnen und dem Betreuungsgericht vorzuschlagen. Dies bedeutet, dass die fachliche Auswahl, ob jemand Berufsbetreuer werden kann, der Betreuungsbehörde obliegt. Das Gesetz selbst gibt keine Qualifikationsanforderungen vor. Das VBVG differenziert nur in der Höhe der Vergütung nach der Qualifikation des Berufsbetreuers (§ 3 VBVG). In der Praxis bewirbt man sich daher bei der zuständigen Betreuungsbehörde, die die Geeignetheit feststellt. 80% aller Berufsbetreuer weisen dabei eine akademische Ausbildung auf.[2] Die Qualitätsanforderungen der Betreuungsbehörden entsprechen inhaltlich häufig jenen, die im Studium der Sozialen Arbeit vermittelt werden.[3]

2.1.2 Mietvertrag

Fallschilderung

Frau Jordan betreut als Sozialpädagogische Familienhilfe Familie Turmer. Frau Turmer ist völlig verzweifelt und zeigt Frau Jordan ein Schreiben des Vermieters, datiert vom 15.4., das sie am 20.4 erhalten hat. In dem Schreiben kündigt der Vermieter den Mietvertrag fristlos wegen wiederholten Zahlungsverzugs und eines Mietrückstandes von 1.000 €. Der Brief enthält die Aufforderung bis 31.5. die Wohnung zu räumen und geräumt dem Vermieter zu übergeben.

Fragen

1. Welche Fragen sollte Frau Jordan der Familie stellen?
2. Was kann Familie Turmer tun, um den Verlust der Wohnung zu verhindern?

---

2 http://www.bundesanzeiger-verlag.de/betreuung/wiki/Berufsbetreuer (Aufruf: 25.7.2016).
3 Weiterführende Hinweise siehe auf der Homepage der Berufsverbände der Berufsbetreuer: http://bdb-ev.de und http://www.bvfbev.de. (Aufruf 25.07.2016)

Themen / Hilfestellungen

Sozialarbeiter sind häufig mit Klienten in prekären finanziellen Situationen befasst (→ LSA B.1 Soziale Arbeit mit Menschen in finanziellen Problemlagen). Besonders hellhörig sollten Sozialarbeiter werden, wenn ihre Klienten Mietschulden haben, denn Mietschulden sind nicht nur häufig ein Hinweis auf weitere Schulden, Mietschulden können zu Wohnungsverlust und Obdachlosigkeit führen. Mietschulden können existenzbedrohend sein. Sozialarbeiter sollten daher in der Lage sein, die Situation der Klienten einzuschätzen. Es geht nicht darum, vertiefte Mietrechtskenntnisse zu erwerben, sie sollten aber wissen, wann tatsächlich Wohnungslosigkeit droht und wie man das verhindern kann (→ LSA C.2.2.6 zu Mietverträgen).

Lösung zu Frage 1: Voraussetzungen für eine fristlose Kündigung des Vermieters

Um einschätzen zu können, ob die fristlose Kündigung des Vermieters möglich ist, sollte Frau Jordan folgende Fragen stellen:

- Seit wann besteht das Mietverhältnis?
- Wie hoch ist die vertragliche Miete?
- Wie viel Miete wurde bezahlt?
- Seit wann gibt es Mietrückstände, wie hoch sind diese?
- Hat die Familie schon etwas unternommen, um den Mietrückstand zu begleichen?
- Gibt es Forderungen der Familie Jordan gegen den Vermieter?

Die ersten vier Fragen sind wichtig, weil gemäß § 543 Abs. 2 Nr. 3 BGB der Vermieter die Wohnung wegen Mietschulden (= wichtiger Grund) fristlos kündigen kann, wenn der Mieter an zwei aufeinanderfolgenden Zahlungsterminen mit mehr als einer Monatsmiete im Rückstand ist, oder in einem Zeitraum von mehr als zwei Monaten der Rückstand die Summe von zwei Monatsmieten erreicht. Monatsmiete meint übrigens Kaltmiete plus Nebenkostenvorauszahlung.

Wenn also z.B. die Miete 500 € beträgt, sind zwei Varianten denkbar, die dem Vermieter eine fristlose Kündigung der Familie Turmer erlauben:

1. Familie Turmer muss zwei Monate hintereinander mit mindestens 501 € im Rückstand sein, damit eine fristlose Kündigung des Vermieters zulässig ist.
2. Familie Turmer hat über einen längeren Zeitraum hinweg (mehr als zwei Monate) einen Rückstand von 1.000 € angehäuft.

Sollten diese Voraussetzungen nicht erfüllt sein, wäre die Kündigung nicht wirksam. Sollte aber eine der beiden Varianten vorliegen, wäre zwar die Kündigung wirksam, aber das bedeutet noch nicht automatisch, dass der Wohnungsverlust droht. Um das beurteilen zu können, sind die Antworten auf die letzten beiden Fragen von Frau Jordan notwendig (siehe Antwort zu Frage 2).

Lösung zu Frage 2: Verhinderung von Wohnungsverlust

Zunächst wäre abzuklären, ob Verhandlungen mit dem Vermieter sinnvoll sind. Vielleicht wäre dieser bereit, die Kündigung zurückzunehmen, wenn es wichtige Gründe für den Zahlungsverzug gibt (finanzieller Engpass wegen unerwarteter Ausgaben, Notfall etc.) und die Aussicht besteht, dass in Zukunft die Miete vertragsgemäß bezahlt und der Mietrückstand beglichen werden kann. Viele Vermieter sind dann auch bereit, für die Bezahlung des Mietrückstandes Stundungen oder Ratenzahlungen zu akzeptieren.

Eine Möglichkeit, die Familie Turmer nicht mehr hat, die man aber wissen sollte, ist, dass gemäß § 543 Abs. 2 S. 2 BGB eine Kündigung ausgeschlossen ist, wenn der Mieter *vor* Zugang des Kündigungsschreibens den gesamten Mietrückstand begleicht. Für Bezieher von ALG II oder SGB XII Leistungen gibt es die Möglichkeit, dass Mietschulden vom Jobcenter in Form eines Darlehens (§ 22 Abs. 8 SGB II) oder vom Sozialamt als Beihilfe oder als Darlehen (§ 36 Abs. 1 SGB XII) übernommen werden, wenn Wohnungslosigkeit droht. Daher sollte man sich frühzeitig, möglichst vor Erhalt des Kündigungsschreibens um Finanzierungsmöglichkeiten für die Begleichung des Mietrückstandes kümmern.

Die letzte Frage von Frau Jordan zielt darauf ab zu prüfen, ob die Voraussetzungen für eine Aufrechnung mit Forderungen der Familie Turmer gegen den Vermieter nach § 543 Abs. 2 S. 3 BGB bestehen. Wenn ein fälliger Gegenanspruch des Mieters gegen den Vermieter besteht (z.B. Familie Turmer hat eine Reparaturrechnung bezahlt, die eigentlich der Vermieter bezahlen müsste), wird durch eine unverzügliche Aufrechnungserklärung nach Zugang des Kündigungsschreibens die Kündigung des Vermieters unwirksam.

Sollten alle diese Möglichkeiten bei der Familie Turmer nicht zutreffen, und ist die Kündigung tatsächlich wirksam, dann hätte die Familie die Möglichkeit, entweder die Wohnung innerhalb der vom Vermieter gesetzten Frist zu räumen oder mit dem Vermieter eine längere Räumungsfrist auszuhandeln. Diese Möglichkeit ist nur realistisch, wenn die Familie eine andere Wohnung in Aussicht hat. Wenn die Familie nach Wirksamwerden der Kündigung noch immer in der Wohnung wohnt, tut sie dies ohne Mietvertrag und schuldet dem Vermieter eine Nutzungsentschädigung in der Höhe der vereinbarten Miete. Der Vermieter kann dann beim Amtsgericht eine Räumungsklage einbringen, um die Räumung zu erreichen.

Mit Zustellung der Räumungsklage an die Familie Turmer räumt das Gesetz dieser eine „Schonfrist" ein: § 569 Abs. 3 Nr. 2 BGB gibt dem Mieter die Möglichkeit, die Räumung wegen des Mietrückstandes zu verhindern, wenn der Mieter innerhalb von zwei Monaten ab Zustellung der Räumungsklage den gesamten Mietrückstand und die fällige Nutzungsentschädigung bezahlt, oder sich eine öffentliche Stelle zur Übernahme der Mietschulden bereiterklärt. Damit sind das Jobcenter oder das Sozialamt gemeint. Diese werden vom Gericht auch von der Räumungsklage informiert (§ 22 Abs. 9 SGB II und § 36 Abs. 2 SGB XII). Wenn Familie Turmer keinen Anspruch auf die Leistungen nach § 22 SGB II oder § 36 SGB XII hat, wäre es spätestens zu diesem Zeitpunkt sinnvoll abzuklären, ob es Hilfe aus dem privaten Umfeld, einen Lohnvorschuss des Arbeitgebers oder Gelder von Hilfseinrichtungen für solche Fälle (z.B. Stiftungsgelder) gibt, um den Mietrückstand innerhalb der Schonfrist zu bezahlen.

Wenn nicht ohnehin mit dem Vermieter eine längere Räumungsfrist ausgehandelt werden kann, kann man versuchen im Gerichtsprozess einen Antrag zu stellen, dass das Gericht eine den Umständen angemessene Räumungsfrist gewährt (§ 721 Abs. 1 ZPO). Selbst eine vom Gericht festgesetzte Räumungsfrist kann verlängert werden, wenn der Antrag spätestens zwei Wochen vor Ablauf der Räumungsfrist gestellt wird (§ 721 Abs. 3 ZPO). Die Räumungsfrist kann so bis zu einem Jahr ab Rechtskraft des Urteils verlängert werden (§ 721 Abs. 5 ZPO).

Selbst nach Ablauf der Räumungsfrist, wenn also die Zwangsräumung droht, besteht in besonderen Härtefällen die Möglichkeit, Vollstreckungsschutz nach § 765a ZPO beim Vollstreckungsgericht durch Aufschub oder Einstellung der Räumung zu stellen, wenn die Räumung eine sittenwidrige Härte für die Familie Turmer darstellen würde (z.B. bei einer schweren Erkrankung, Suizidgefahr, einer bevorstehenden Entbindung, oder wenn ohnehin eine Ersatzwohnung kurzfristig in Aussicht steht etc.).

Für Frau Jordan und Familie Turmer bedeutet dies: Der Brief enthält zwar schlechte Nachrichten und zwingt die Familie zum Tätigwerden, aber es droht kein unmittelbarer Wohnungsverlust am 31.5.

2.1.3 Mahnbescheid

Fallschilderung

Frau Gruber kommt in die Sozialberatungsstelle und zeigt Ihnen einen Mahnbescheid des AG Euskirchen. Darin wird sie aufgefordert 800 € plus 200 € Kosten zu bezahlen. Sie erzählt, dass sie bei der Firma Schuster eine neue Waschmaschine gekauft habe. Sie wisse, dass sie die Rechnung der Firma Schuster nicht habe bezahlen können, weil sie das dafür gesparte Geld plötzlich in eine unerwartete Autoreparatur habe stecken müssen. Sie könne nach wie vor nicht bezahlen und das habe sie der Firma Schuster auch mitgeteilt, aber „die" hätten auf alle ihre Schreiben nicht reagiert. Sie habe den Brief vor ca. 12 Tagen erhalten und jetzt wisse sie nicht, was sie tun solle.

Fragen

1. Klären Sie Frau Gruber über ihre Möglichkeiten auf.
2. Was raten Sie ihr?

Themengebiete / Hilfestellungen

Das Mahnverfahren ist ein vereinfachtes Verfahren zur raschen und kostengünstigen Durchsetzung offener Geldforderungen. Dabei handelt es sich um ein standardisiertes und formularmäßiges Verfahren (→ LSA C.2.3.2 Mahnverfahren - Mahnbescheid). Es spielt in der Praxis eine wichtige Rolle. Der Erhalt eines Mahnbescheides ist meist weniger bedrohlich, als das von Klienten oft empfunden wird, wenn sie Post von Gerichten erhalten. Jedoch ist es wie bei allen behördlichen Schreiben wichtig zu wissen, wie man darauf reagieren und was man tun soll.

Lösung zu Frage 1: Mahnverfahren

Wichtig zu wissen ist zunächst, dass ein Mahnbescheid nichts anderes ist als eine vom Gläubiger initiierte Aufforderung des Gerichts an den Schuldner den genannten Betrag innerhalb von 14 Tagen zu bezahlen oder sich zu verteidigen. Der Mahnbescheid wird vom Gericht erlassen, ohne dass dieses inhaltlich geprüft hat, ob die Forderung tatsächlich zu Recht besteht (§ 692 ZPO, GSA Nr. 122).

Der Schuldner kann innerhalb der 14 Tage ab Erhalt des Schreibens einen Widerspruch gegen den Mahnbescheid einlegen, damit wird der Gläubiger gezwungen, vom zuständigen Gericht überprüfen zu lassen, ob der Anspruch tatsächlich besteht (§§ 694–698 ZPO).

Wenn der Schuldner binnen 14 Tagen ab Erhalt des Schreibens nicht reagiert, kann der Gläubiger beantragen, dass das Gericht einen Vollstreckungsbescheid erlässt (§ 699 ZPO). Ein Vollstreckungsbescheid ermöglicht bereits Zwangsvollstreckungsmaßnahmen gegen den Schuldner. Gegen einen Vollstreckungsbescheid kann der Schuldner jedoch binnen zwei Wochen nach dessen Zustellung Einspruch erheben. Der Einspruch bewirkt ebenfalls, dass der Gläubiger gezwungen wird, seinen Anspruch vom zuständigen Gericht überprüfen zu lassen (§ 700 ZPO).

Wurde kein Widerspruch erhoben und beantragt der Antragsteller auch nicht binnen 6 Monaten den Erlass eines Vollstreckungsbescheids, so wird der Mahnbescheid unwirksam (§ 701 ZPO).

Lösung zu Frage 2: Rat an die Schuldnerin

Frau Gruber gibt ganz klar an, dass sie die Waschmaschine gekauft hat. Das bedeutet, die Hauptforderung der Firma Schuster besteht auf alle Fälle zu Recht. Die Kosten von 200 € scheinen allerdings sehr hoch und aufklärungsbedürftig. In diesem Fall würde es aber keinen Sinn machen einen Widerspruch gegen den Mahnbescheid einzulegen. Ein Gerichtsverfahren würde nur noch weitere Kosten zur Folge haben. Es wäre daher sinnvoll mit Frau Gruber folgendes Vorgehen zu besprechen: Sie sollte sich auf alle Fälle mit dem Gläubiger, der Firma Schuster, in Verbindung setzen, damit diese nicht sofort nach Ablauf der Widerspruchsfrist einen Vollstreckungsbescheid beantragt. Der Firma Schuster sollte die Situation geschildert werden und die Bereitschaft zur Bezahlung der Hauptforderung mitgeteilt werden, am besten mit einem Vorschlag, wie diese beglichen werden kann (Ersuchen um Ratenzahlung, Stundung etc.). Um die Kompromissbereitschaft des Gläubigers zu erhöhen, ist es sinnvoll, ihm Umstände mitzuteilen, die ihn davon überzeugen, dass er tatsächlich sein Geld erhalten wird (z.B. dass Zahlungen erwartet werden oder Sonderzahlungen des Arbeitgebers dafür verwendet werden sollen etc.).

Bezüglich der Kosten sollte der Gläubiger aufgefordert werden, diese aufzuschlüsseln, damit von Fachleuten (Rechtsanwalt, Verbraucherzentrale etc.) überprüft werden kann, ob sie tatsächlich zu Recht verlangt werden.

Sollte die Firma Schuster darauf nicht eingehen und ein Vollstreckungsbescheid auf ihren Antrag hin vom Gericht erlassen werden, könnte Frau Gruber immer noch dagegen einen Einspruch erheben und vom Gericht prüfen lassen, ob sie tatsächlich sämtliche Kosten bezahlen muss.

2.2. Arbeitshilfen

2.2.1 Vorsorgevollmacht, Patientenverfügung, Betreuungsverfügung

Link	Letzter Zugriff
http://www.bmjv.de/SharedDocs/Publikationen/DE/Betreuungsrecht.pdf;jsessionid=25C6E2 9422EB7F53870771BC3AF998C9.1_cid297?__blob=publicationFile&v=10	25.07.2016

2.2.2 Räumungsklage

Link	Letzter Zugriff
https://www.justiz.nrw.de/BS/formulare/zivilsachen/ziv_zwischentext/raeumungsklage/raeu mungsklage.pdf	25.07.2016

2.2.3 Anträge im Mahnverfahren

Link	Letzter Zugriff
http://www.mahngerichte.de/verfahren/verfahrensablauf/mbantrag.htm	25.07.2016

2.2.4 Anträge im Zwangsvollstreckungsverfahren

Link	Letzter Zugriff
https://www.justiz.nrw.de/BS/formulare/zwangsvollstreckung_pfaendung/index.php	25.07.2016

2.2.5 Formulare für das Verbraucherinsolvenzverfahren

Link	Letzter Zugriff
http://www.bmjv.de/SharedDocs/Downloads/DE/Formulare/Verbraucherinsolvenzverfahren _und_Restschuldbefreiungsverfahren.pdf?__blob=publicationFile&v=2	25.07.2016

3. Verwaltungs- und Sozialrecht

3.1. Fälle mit Lösungen

3.1.1 Bescheid ohne Rechtsmittelbelehrung mit Konsequenzen

Fallschilderung

Die Studentin der Sozialen Arbeit Anna betreut seit Sommer 2016 ehrenamtlich ihre Nachbarin, eine 85-jährige Dame, die noch in ihrer eigenen Wohnung wohnt. Am 12.10.2016 händigt Frau Menger, so heißt die Dame, Anna einen „Brief" der Pflegekasse vom 20.07.2016 aus, in dem etwa Folgendes geschrieben steht:

> *„Sehr geehrte Frau Menger,*
>
> Sie haben bei uns am 01.06.2016 den Antrag auf Feststellung der Pflegebedürftigkeit und Bewilligung von Pflegegeld gestellt. Nach Überprüfung durch den Medizinischen Dienst der Krankenkassen müssen wir Ihnen mitteilen, dass eine Pflegebedürftigkeit (noch) nicht besteht. Deshalb können wir Ihnen gegenüber auch noch keine Leistungen erbringen.
>
> Sollte sich Ihr Gesundheitszustand, was wir nicht hoffen, in Zukunft verschlechtern, können Sie sich gerne wieder an uns wenden. Sie wissen: Ihre Pflegekasse ist stets für Sie da!
>
> Mit freundlichen Grüßen ... "

Anna, die gerade eine Rechtsvorlesung besucht hat, ist geradezu empört über ein solches Schreiben. Sie ist sich sicher, dass Frau Menger schon seit Sommer 2016 die Voraussetzungen für die Pflegestufe I (ab 01.01.2017: der Pflegekategorie II) erfüllt und ihr deshalb ein Anspruch auf Pflegegeld für selbst beschaffte Pflegekräfte gem. § 37 SGB XI zusteht.

Frau Menger hingegen dachte, bisher hätte alles schon seine Richtigkeit gehabt. Sie hat den Brief vor Monaten erhalten und nur aufbewahrt, weil sie sich ja ggf. dort wieder melden sollte. Weil in letzter Zeit ihre gesundheitlichen Beschwerden zugenommen haben, wollte sie Anna fragen, ob Anna nicht – wie in dem Brief der Pflegekasse empfohlen – für sie ab November 2016 einen neuen Antrag stellen könne.

Fragen

1. Könnte es sich bei dem Schreiben der Pflegekasse um einen Bescheid handeln? Woran erkennen Sie das?
2. Kann der Brief vom 20.07.2016 noch überprüft werden?
3. Welche Konsequenzen hätte es, wenn Frau Menger keinen neuen Antrag stellen, sondern den ersten Antrag überprüfen lassen würde und recht bekäme? Wie viel mehr Geld würde sie – dank Anna – erhalten?
4. Ist es rechtlich zulässig, wenn nicht Frau Menger selbst der Pflegekasse schreibt, sondern Anna „in Vertretung" von Frau Menger?

Lösung zu Frage 1

Einen Bescheid erkennen Sie an drei *äußeren Merkmalen:*

- Er stammt von einer Behörde. Im vorliegenden Fall handelt es sich um ein Schreiben der Pflegekasse. Das erste äußere Merkmal ist deshalb erfüllt.

- Meistens ist er als Bescheid (oder auch Widerspruchsbescheid) bezeichnet. Das ist aber nicht immer so. Im vorliegenden Fall fehlt die Überschrift „Bescheid". Dies ist aber kein zwingendes Merkmal.

- Meistens enthält ein Bescheid eine Rechtsmittelbelehrung. Das ist aber nicht immer so. Im vorliegenden Fall fehlt auch eine Rechtsmittelbelehrung. Auch dies ist kein zwingendes Merkmal.

Hier ist also nur eines von drei äußeren Merkmalen eines Bescheides erfüllt. Deshalb muss geprüft werden, ob es sich *inhaltlich* um einen Bescheid handelt.

Betrachten wir den Ablauf eines Verwaltungsverfahrens, dann ist der Bescheid inhaltlich von einem bloßen Anhörungsschreiben zu unterscheiden. In einem Anhörungsschreiben teilt die Behörde lediglich ihre Absicht mit, in Zukunft eine bestimmte Entscheidung zu treffen, also z.B. einen Antrag abzulehnen oder eine belastende Maßnahme (z.B. Ausweisung eines Ausländers) zu treffen. Mit einem Bescheid legt sich die Behörde fest: Sie bewilligt oder lehnt einen Antrag ab. Ein Bescheid ist also die Mitteilung einer Entscheidung.

Im vorliegenden Fall stellt die Pflegekasse fest, dass Frau Menger die Voraussetzungen für eine Pflegebedürftigkeit nicht erfüllt. Sie lehnt Leistungen der Pflegeversicherung ab. Damit entscheidet sich die Pflegekasse und kündigt nicht lediglich eine Entscheidung an. Deshalb handelt es sich um einen Bescheid.

Lösung zu Frage 2

Gegen einen ablehnenden Bescheid kann man Widerspruch einlegen. Das ergibt sich im Verwaltungsrecht aus § 79 VwVfG und §§ 68 ff. VwGO bzw. im Sozialrecht aus § 62 SGB X und §§ 78 ff. SGG. Das SGB X findet Anwendung, wenn es sich um eine Sache handelt, die (später) vor den Sozialgerichten ausgetragen werden müsste. Das ist bei Streitigkeiten um die Pflegeversicherung gem. § 51 Abs. 1 Nr. 2 SGG der Fall. Es finden also die Vorschriften des § 62 SGB X und §§ 78 ff. SGG Anwendung.[4]

Der Widerspruch gegen einen Bescheid ist allerdings in der Regel nur innerhalb eines Monats nach Bekanntgabe zulässig. Das ergibt sich aus § 84 Abs. 1 SGB X (und im Verwaltungsrecht aus § 70 VwGO). Weil Frau Menger den Brief vom 20.07.2016 schon vor Monaten erhalten und Anna ihn erst im Oktober zu sehen bekommen hat, könnte diese Widerspruchsfrist abgelaufen sein. Dann wäre der Brief nicht mehr überprüfbar, und Frau Menger könnte lediglich einen neuen Antrag stellen.

Die Frist zur Einlegung eines Rechtsmittels beginnt allerdings nur dann zu laufen, wenn der Bürger vorher ordnungsgemäß und vollständig über die Möglichkeit der Einlegung eines Rechtsmittels informiert wurde. Das versteht sich eigentlich von selbst. Es ist aber auch in § 66 Abs. 1 SGG (§ 58 VwGO) ausdrücklich so geregelt. Diese Vorschrift gilt auch für das Widerspruchsverfahren, § 84 Abs. 2 S. 3 SGG (§ 70 Abs. 2 VwGO).

Ist die Rechtsmittelbelehrung unterblieben oder unrichtig erteilt worden, dann kann der Bürger gleichwohl nicht zeitlich unbegrenzt Rechtsmittel einlegen. In einem solchen Fall ist die Frist zur Einlegung des Rechtsmittels auf 1 Jahr begrenzt. Das ergibt sich aus § 66 Abs. 2 SGG (§ 58 Abs. 2 VwGO).

---

4 Die parallelen Vorschriften des VwVfG und der VwGO werden in der Falllösung angegeben, um in Fällen, bei denen das Verwaltungsrecht anzuwenden ist, diese zu kennen.

Weil der Brief keine Rechtsmittelbelehrung enthält und seit der Bekanntgabe noch kein Jahr vergangen ist, kann Frau Menger noch gegen den Bescheid vom 20.07.2016 Widerspruch einlegen.

Lösung zu Frage 3

Wenn Frau Menger gegen den Bescheid vom 20.07.2016 Widerspruch einlegte und Recht bekäme, dann wird die Feststellung getroffen, dass sie ab Antragstellung (01.06.2016) in die Pflegestufe I einzustufen ist. Von diesem Zeitpunkt an wäre Pflegegeld nach § 37 Abs. 1 S. 3 Nr. 1d) SGB XI zu bewilligen. Dies sind im Jahr 2016 monatlich 244 €.

Das Pflegegeld für die Monate Juni bis Oktober 2016 beträgt insgesamt 1.220 €. Dieser Betrag ist nachzuzahlen, wenn der Widerspruch erfolgreich ist. Darüber erhält Frau Menger einen Widerspruchsbescheid. Würde Frau Menger keinen Widerspruch einlegen, sondern ab November einen neuen Antrag stellen, dann würde ihr dieser Betrag entgehen.

Fazit: Die Rechtskenntnisse einer Sozialarbeiterin wie Anna erweisen sich gelegentlich als Geldquelle für die Klienten ...

Lösung zu Frage 4

Den Rechtsanspruch auf das Pflegegeld haben die Pflegebedürftigen selbst, nicht die Pflegekräfte. Das ergibt sich klar aus der Formulierung der Anspruchsgrundlage § 37 Abs. 1 S. 1 SGB XI.

Frau Menger könnte Anna damit beauftragen, für sie diesen Anspruch durchzusetzen, indem sie ihr eine Vollmacht erteilt. Mit der schriftlichen Vollmacht wäre Anna dazu berechtigt, alle Verfahrenshandlungen vorzunehmen; sie könnte also Widerspruch einlegen oder diesen auch (aus welchem Grund auch immer) später zurücknehmen. Das alles ergibt sich aus § 13 SGB X (oder für das Verwaltungsrecht aus § 14 VwVfG). Dabei gibt es noch eine Besonderheit: Wenn Anna die schriftliche Vollmacht vorgelegt hat, muss sich die Behörde an sie wenden, einen Bescheid muss sie an Anna zustellen (§ 7 Abs. 1 S. 2 VwZG).

Frau Menger könnte Anna aber auch als ihren Beistand einsetzen. Dann würde Anna Frau Menger lediglich begleiten oder Schreibdienste leisten, hätte aber nicht so umfassende Rechte wie eine Bevollmächtigte. Das ergibt sich ebenfalls aus § 13 SGB X (oder für das Verwaltungsrecht aus § 14 VwVfG).

In beiden Fällen – ob als Bevollmächtigte oder als Beistand – erbringt Anna eine Rechtsdienstleistung, weil sie eine konkrete Angelegenheit wahrnimmt, und eine rechtliche Überprüfung des Einzelfalles der Frau Menger vorgenommen hat, § 2 RDG. Im Rahmen der Nachbarschaftshilfe oder im Familienkreis ist eine solche unentgeltliche Tätigkeit von Anna nicht verboten (§ 3 RDG), sondern gem. § 6 Abs. 1 RDG erlaubt (→ LSA B.3.5.4 Soziale Arbeit und Rechtsberatung).

Die Antwort lautet also: Ja, Anna kann Frau Menger im Rahmen der Nachbarschaftshilfe vertreten.

3.1.2 Rechtsbehelfsfrist bei Rückforderung von Sozialleistungen

Sozialarbeiter Franz betreut eine 18-Jährige, die schon im Sommer zu Hause ausgezogen ist und nun in einer eigenen Wohnung lebt. Seit Juli 2015 bezieht Mona, so heißt die junge Frau, erstmals Leistungen des Jobcenters. Franz hatte ihr bei der Antragstellung geholfen und den Bezug von Kindergeld angegeben. Der Bewilligungsbescheid vom 25.06.2015 umfasst den Zeitraum bis zum 30.06.2016.

Bei seinem letzten Gespräch vor Weihnachten, genau gesagt am 20.12.2015, zeigt Mona ihrem Betreuer einen Brief dieser Behörde. Sie hatte ihn schon länger bei sich, aber sich bisher noch nicht getraut, ihn ihrem Betreuer zu zeigen. Der Brief ist auf den 22.11. datiert und enthält die Information, bei Mona habe man nicht berücksichtigt, dass sie selbst das Kindergeld von 190 € monatlich bezogen habe. Das Jobcenter schreibt, es hebe den Bewilligungsbescheid rückwirkend ab dem 01.07.2015 auf und bewillige auch in Zukunft bis zum 30.06.2016 monatlich 190 € weniger ALG II. Vorwurfsvoll schreibt das Jobcenter weiter, Mona habe doch merken müssen, dass sie zu viel ALG II beziehe. Schließlich habe sie selbst bei der Antragstellung den Bezug von Kindergeld angegeben. Die Bedarfsberechnung sei dem ursprünglichen Bescheid beigefügt gewesen, und dabei sei das Kindergeld nicht abgezogen worden. Mona habe grob fahrlässig und zu Unrecht Leistungen bezogen. Sie wird aufgefordert, insgesamt 1.140 € bis zum Jahresende zurückzuzahlen. Das ist der Kindergeldbetrag für die 6 Monate von Juli bis Dezember 2015. Der Brief enthält eine ordnungsgemäße Belehrung, Mona könne gegen diesen Bescheid innerhalb eines Monats nach Bekanntgabe Widerspruch einlegen. „Schöne Bescherung", sagt Franz. Mona sagt, das Geld habe sie jeden Monat „voll" ausgegeben und auch gar nicht gewusst, dass das Kindergeld auf den Bezug von ALG II angerechnet würde. Den Bescheid vom 25.06.2015 habe sie nie wirklich gelesen und sich nur gefreut, als das Geld auf dem Konto gewesen sei.

Fragen

1. Kann Mona noch einen Rechtsbehelf einlegen? Wie lange hat sie dafür Zeit?
2. Ist die Aufhebung des ursprünglichen Bescheides rechtmäßig oder rechtswidrig?
3. Ist es rechtlich zutreffend, von Mona die Erstattung des Betrages zu verlangen?
4. Wie kann Mona einen Zahlungsaufschub erreichen für den Fall, dass sie zahlen muss, dazu aber nicht bis zum Jahresende in der Lage ist?
5. Nehmen Sie an, Franz sei sich bei der Beantwortung der Fragen nicht sicher. Kann Mona einen Anwalt beauftragen, alles Notwendige für sie in die Wege zu leiten? Was kostet sie das?

Themenstellung / Lösungshinweise

Die erste Frage betrifft die Berechnung der Rechtsbehelfsfrist. Gerade vor Weihnachten ist wegen der Feiertage auf die Einhaltung der Frist zu achten.

Mit der zweiten und der dritten Frage geht es um die Aufhebung bestandskräftiger Bescheide sowie die Erstattung zu Unrecht gezahlter Leistungen. Die zweite Frage betrifft die Aufhebung des ursprünglichen Bescheides. Es könnte sich um den Widerruf oder die Rücknahme eines Bescheides handeln. Die Erstattung betrifft den zurückliegenden Zeitraum von Juli bis Dezember 2015. In Frage 3 ist danach gefragt, ob auch bezogene Leistungen zurückgefordert werden können.

Frage 4 ist auf jeden Fall zu beantworten, auch wenn man der Ansicht ist, der Erstattungsanspruch bestehe nicht. Davon muss Mona erst einmal das Jobcenter überzeugen! Deshalb stellt sich die Frage, ob ein Rechtsbehelf die Erstattungspflicht aufschiebt oder was Mona sonst noch tun kann, um aus der Misere herauszukommen.

Wir haben schon im Lehrbuch darauf hingewiesen, dass gerade im Fall der Aufhebung und Rückforderung von Leistungen die Beauftragung eines Anwalts sinnvoll sein kann. Frage 5 fragt nach dem finanziellen Risiko für Mona.

Lösung zu Frage 1

Schon nach den 3 äußeren Merkmalen steht für Franz fest, dass es sich bei dem Brief des Jobcenters um einen Bescheid handelt: er stammt von einer Behörde, ist mit „Bescheid" überschrieben und enthält eine ordnungsgemäße Rechtsbehelfsbelehrung. Auch inhaltlich ist klar, dass sich die Behörde bereits entschieden hat und es sich nicht bloß um ein Anhörungsschreiben handelt (→ LSA Abb. 40: Die drei äußeren Merkmale eines Bescheides).

Wie auch die Rechtsbehelfsbelehrung besagt, kann Mona binnen eines Monats Widerspruch einlegen. Mona ist volljährig und deshalb handlungsfähig. Der Widerspruch ist bei der Behörde einzulegen, die den Bescheid erlassen hat.

Gefragt ist, wie lange Mona noch Zeit hat, diesen Widerspruch einzulegen. Die Frist beginnt eigentlich mit der Bekanntgabe, d.h. mit dem Zeitpunkt, zu dem der Brief in Monas Briefkasten lag. Daran wird sich Mona nicht mehr genau erinnern können. Deshalb sollte sich Franz hier an die Drei-Tages-Fiktion erinnern (→ LSA C.3.2.3 Der Ablauf des Verwaltungsverfahrens): Der Brief gilt drei Tage, nachdem er zur Post gegeben wurde, als bekannt gegeben. Wenn man davon ausgeht, dass der Brief an dem Tag zur Post gegeben wurde, auf den er datiert ist (22.11.2015), wurde er Mona am 25.11.2015 bekannt gegeben, von diesem Tage an läuft die Monatsfrist. Damit wäre Fristablauf der 25.12., der erste Weihnachtstag. Weil Feiertage für den Fristablauf nicht mitzählen (also auch der 26.12.) und Sonntage auch nicht (27.12.2015), ist Fristablauf Montag, der 28.12.2015. Mona hat also bis zum 28.12.2015 Zeit, den Widerspruch einzulegen. An diesem Tage muss der Widerspruch bei dem Jobcenter eingehen.

Lösung zu Frage 2

Die Rechtmäßigkeit eines Bescheides setzt voraus, dass die zuständige Behörde den Bescheid in der richtigen Form und in dem richtigen Verfahren erlassen hat. Daran bestehen keine Zweifel. Selbst wenn das Jobcenter die Anhörung von Mona bisher unterlassen hätte, ließe sich das nachholen, indem Mona nun Widerspruch einlegen kann.

Die materielle Rechtmäßigkeit des Aufhebungsbescheides setzt eine Ermächtigungsgrundlage und das Vorliegen der darin genannten Anspruchsvoraussetzungen voraus. Anspruchsgrundlage für die Rücknahme rechtswidriger begünstigender Verwaltungsakte ist § 45 SGB X. Diese allgemeine Vorschrift ist ergänzt durch Spezialvorschriften, so dass richtige Anspruchsgrundlage § 40 SGB II, § 330 Abs. 2 SGB III i.V.m. § 45 Abs. 2 S. 3 Nr. 3 SGB X ist.

Hiernach ist ein Verwaltungsakt, der ein Recht oder einen rechtlich erheblichen Vorteil begründet oder bestätigt hat (begünstigender Verwaltungsakt), soweit er rechtswidrig ist, auch nachdem er unanfechtbar geworden ist, mit zwingender Rechtsfolge auch mit Wirkung für die Vergangenheit zurückzunehmen. Die ursprüngliche Bewilligung von

ALG II Leistungen ist ein Mona begünstigender Verwaltungsakt, denn ihr wurden Leistungen gewährt. Der Bescheid datiert auf den 25.06.2015 und ist bestandskräftig, denn ein Widerspruch wurde dagegen nicht eingelegt. Diese ursprüngliche Bewilligung ist rechtswidrig, denn offensichtlich wurde bei der ursprünglichen Bedarfsberechnung der Kindergeldbezug nicht vom Bedarf abgezogen. Zwingende Rechtsfolge ist die Aufhebung auch für die Vergangenheit.[5]

Lösung zu Frage 3

Die Erstattungsforderung ist rechtlich zutreffend, wenn es dafür eine Ermächtigungsgrundlage gibt und die dort genannten Voraussetzungen vorliegen.

Auch hier kann § 40 SGB II, § 330 Abs. 2 SGB III i.V.m. § 45 Abs. 2 S. 3 Nr. 3 SGB X als Anspruchsgrundlage für die Erstattung genannt werden. Es kommen allerdings noch § 40 SGB II und § 50 Abs. 1 SGB X hinzu, denn jetzt geht es um die Rückzahlungsverpflichtung von Mona. Eigentlich folgt diese bereits aus § 50 Abs. 1 SGB X, denn nach der Aufhebung ist die Erstattungspflicht zwingend vorgesehen. Wir geben die Antwort auf diese Frage mehr aus didaktischen Gründen separat:

§ 45 Abs. 2 S. 1 SGB X besagt, dass ein rechtswidriger begünstigender Verwaltungsakt nicht zurückgenommen werden darf, soweit der Begünstigte auf den Bestand des Verwaltungsaktes vertraut hat und sein Vertrauen unter Abwägung mit dem öffentlichen Interesse an einer Rücknahme schutzwürdig ist. Das Vertrauen ist in der Regel schutzwürdig, wenn der Begünstigte erbrachte Leistungen verbraucht oder eine Vermögensdisposition getroffen hat, die er nicht mehr oder nur unter unzumutbaren Nachteilen rückgängig machen kann. Auf Vertrauen kann sich der Begünstigte nicht berufen, soweit

1. er den Verwaltungsakt durch arglistige Täuschung, Drohung oder Bestechung erwirkt hat,

2. der Verwaltungsakt auf Angaben beruht, die der Begünstigte vorsätzlich oder grob fahrlässig in wesentlicher Beziehung unrichtig oder unvollständig gemacht hat, oder

3. er die Rechtswidrigkeit des Verwaltungsaktes kannte oder infolge grober Fahrlässigkeit nicht kannte; grobe Fahrlässigkeit liegt vor, wenn der Begünstigte die erforderliche Sorgfalt in besonders schwerem Maße verletzt hat.

Zunächst lässt sich sagen, dass Mona weder bei der Antragstellung manipuliert noch unrichtige oder unvollständige Angaben gemacht hat (Ziff. 1 und 2). Auch kannte sie bis zum Bescheid vom 22.11.2015 die Rechtswidrigkeit des Ursprungsbescheides nicht, denn sie sagt, sie habe gar nicht gewusst, dass das Kindergeld angerechnet wird. Das kann man ihr, die mit 18 Jahren wohl zum ersten Mal einen Antrag gestellt hat, erst einmal glauben. Ebenso dürfte richtig sein, dass sie das Geld jeden Monat „voll" ausgegeben, also verbraucht hat. Damit verbleibt die Frage, ob Mona grob fahrlässig gehandelt hat und deshalb nicht auf die Bestandskraft des Bescheides vertrauen durfte. Das Gesetz differenziert offensichtlich zwischen leichter und grober Fahrlässigkeit.

---

5 Ergänzung: Man könnte auch darüber nachdenken, ob nicht § 48 SGB X die richtige Anspruchsgrundlage sei, denn immerhin handelt es sich um einen Bescheid mit Dauerwirkung. Diese Vorschrift betrifft jedoch nur die Änderung der Verhältnisse während des Bewilligungszeitraums und nicht die Situation, dass der Bescheid bereits zum Zeitpunkt seines Erlasses rechtswidrig war. *LSG Niedersachsen-Bremen*, Urt. v. 11.06.2014 – L 13 AS 334/11.; *LSG NRW*, Urt. v. 09.11.2015 – L 19 AS 924/15.

Wirft man Mona nur leichte Fahrlässigkeit vor, dann könnte sie das Geld behalten, und der Aufhebungs- und Erstattungsbescheid wäre rechtswidrig. Grobe Fahrlässigkeit setzt voraus, dass Mona die erforderliche Sorgfalt in besonders schwerem Maße verletzt hat. Die Rechtsprechung verlangt von dem Bürger, dass er (auch wenn es schwerfällt) die ihn betreffenden Bescheide liest. Das gilt auch für die volljährige Mona. Wenn sie etwas nicht verstanden hätte, musste sie sich Hilfe holen, z.B. bei Franz, der vielleicht schon bei grober Durchsicht erkennen konnte, dass das Kindergeld nicht abgezogen war. Einfach den Bescheid nicht zu beachten, werten erfahrungsgemäß die meisten Richter als grobe Fahrlässigkeit. Damit sind die Aufhebungs- und Erstattungsforderung rechtmäßig und Monas Chancen auf einen erfolgreichen Widerspruch gering.

Gegen das Vorliegen grober Fahrlässigkeit ließe sich allerdings auch mit den besonderen Umständen von Mona argumentieren: Sie ist jung und bei der Erstantragstellung sowie dem Umgang mit Behörden unerfahren. Wenn Franz und Mona noch weitere, besondere Umstände schildern können, die Monas Verhalten erklären, ließe sich manch ein Richter vielleicht überzeugen, dass ein Fall grober Fahrlässigkeit nicht vorlag.

Hier wird die Auffassung vertreten, dass die Rückerstattung des zu viel gezahlten Kindergeldes verlangt werden kann.

Lösung zu Frage 4

Franz muss wissen, ob ein Widerspruch aufschiebende Wirkung hätte. Dann wäre die Zahlungsverpflichtung aufgeschoben.

Gem. § 39 Nr. 1 SGB II haben Bescheide des Jobcenters, mit denen Leistungen der Grundsicherung zurückgenommen werden, keine aufschiebende Wirkung. Damit besteht die Verpflichtung für Mona weiter, bis zum 31.12.2015 zurückzuzahlen, selbst wenn sie gegen den Bescheid vom 22.11.2015 Widerspruch einlegt.

Um dieser Zahlungsverpflichtung zu entgehen, könnte neben dem Widerspruch ein gerichtliches Eilverfahren eingeleitet werden. Ziel eines solchen Verfahrens ist es, die aufschiebende Wirkung des Widerspruchs herzustellen, § 86b Abs. 1 S. 1 Nr. 2 SGG. Die Erfolgsaussichten eines solchen Verfahrens sind jedoch begrenzt. Allein die Tatsache, dass Mona nicht zahlen kann, ist kein Argument. Es müssen also schon besondere zusätzliche Umstände vorgetragen werden, die den Anordnungsanspruch begründen.

Zudem muss der Anordnungsgrund dargelegt werden. Vor der Einleitung eines gerichtlichen Eilverfahrens sollten Mona und Franz mindestens mit dem Jobcenter reden und versuchen, dort einen Zahlungsaufschub zu erreichen. Das Jobcenter hat die Möglichkeit, die Vollstreckung der Geldforderung bis zum Erlass eines Widerspruchsbescheides auszusetzen. Damit entfällt das Eilbedürfnis, der Anordnungsgrund. Ebenso könnte eine Vereinbarung helfen, vorläufig bis zur Entscheidung des Widerspruchs nur den Leistungsbezug ab Januar 2016 (z.B. um 50 € monatlich) zu kürzen. Dies entspräche einer Aufrechnung gem. § 43 SGB II.[6]

---

6 Obwohl es sich um eine existenzsichernde Leistung handelt, ist das Jobcenter in den dort genannten Grenzen zur Aufrechnung berechtigt.

Lösung zu Frage 5

Für die außergerichtliche Beratung und Vertretung im Widerspruchsverfahren kann Mona einen Anwalt beauftragen. Sie sollte vorher bei der Rechtsantragstelle des Amtsgerichts (nicht: Sozialgericht) einen Berechtigungsschein einholen, § 6 BerHG. Die Beratungshilfegebühr bei einem Anwalt beträgt 15 €, die Mona selbst aufbringen muss.

Sollten Mona und Franz ein gerichtliches Eilverfahren anstreben, besteht dafür kein Anwaltszwang. Sie können einen solchen Antrag bei dem zuständigen Sozialgericht auch selbst stellen. Es entstehen keine Gerichtskosten.

Für die Durchführung eines gerichtlichen Eilverfahrens ist die anwaltliche Vertretung dringend zu empfehlen. Der Anwalt kann zugleich mit dem Eilantrag bei dem Sozialgericht Prozesskostenhilfe beantragen und muss dafür ein von Mona unterschriebenes Formular sowie den letzten Bewilligungsbescheid des Jobcenters vorlegen.[7]

3.1.3 Ein gerichtliches Eilverfahren

Fallschilderung

Die 1982 geborene Frau Kunkel wohnt mit ihrer 2010 geborenen Tochter Vera zusammen. Beide sind deutsche Staatsangehörige und beziehen seit Längerem Leistungen zur Sicherung des Lebensunterhalts vom Jobcenter. Zuletzt wurden ihr mit Bescheid vom 17.12.2015 Leistungen für die Zeit vom 1. Januar bis zum 30. Juni 2016 in Höhe von 912,40 EUR für April und von 919 EUR für Mai und Juni 2016 bewilligt. Dabei wurden für Frau Kunkel ein Mehrbedarf für Alleinerziehende sowie bei Vera Kindergeld von 190 EUR monatlich und Unterhaltsvorschussleistungen von 145 EUR monatlich berücksichtigt.

Mitte März teilte Frau Kunkel dem Jobcenter mit, dass ihr 1987 geborener Ehemann, ein US-amerikanischer Staatsangehöriger und Vater von Vera, der Mitglied der amerikanischen Streitkräfte (gewesen) sein soll, bei ihnen eingezogen sei. Frau Kunkel wurde sodann vom Jobcenter aufgefordert, ab April 2016 einen Weiterbewilligungsantrag zu stellen. Außerdem wurde ihr mitgeteilt, dass die Leistungen ab April 2016 vorläufig eingestellt werden. Bei einer Vorsprache am 22. März 2016 sind vom Jobcenter zudem verschiedene Unterlagen zur Prüfung der Anspruchsvoraussetzungen angefordert worden, die noch nicht vorgelegt wurden.

Am selben Tag, dem 22.03.2016, sucht Frau Kunkel die Beratungsstelle auf und erklärt, ursprünglich seien ihr Leistungen bis Juni 2016 bewilligt worden. Diese seien nun entzogen worden. Die Entscheidung über die Weiterbewilligung der Leistungen solle vier bis sechs Wochen dauern. Sie habe kein Geld und keine finanziellen Reserven und müsse den Lebensunterhalt für sich und ihre Familie bestreiten. Zudem sei die Miete fällig. Das Jobcenter habe erklärt, jedenfalls erst einmal definitiv nichts zahlen zu wollen.

---

7 Für das Prozesskostenhilfe-Prüfungsverfahren kann der Anwalt die Hälfte der Gebühren des Gerichtsverfahrens verlangen. Da auch für ein Eilverfahren die Hälfte der Gebühren des Hauptsacheverfahrens verlangt werden dürfen, handelt es sich um $1/4$ der sog. Mittelgebühr, Ziff. 3338 des RVG-Vergütungsverzeichnisses. Das sind 75 € zzgl. MwSt. Darauf kann der Anwalt gem. § 49b Abs. 1 S. 2 BRAO ausnahmsweise auch ganz verzichten.

Fragen

1. Was raten Sie Frau Kunkel, wie kann sie kurzfristig finanzielle Leistungen von dem Jobcenter erhalten?
2. Kann Frau Kunkel für die einzuleitenden Schritte anwaltliche Hilfe in Anspruch nehmen?

Themenstellung / Lösungshinweise

Mit diesem Fall wollen wir die Voraussetzungen und die Reichweite eines gerichtlichen Eilverfahrens erläutern (→ LSA C.3.3.2 Einstweiliger Rechtsschutz). Wir wollen zweitens die Voraussetzungen von Beratungs- und Prozesskostenhilfe darstellen (→ LSA C. 2.3 Beratungs- und Prozesskostenhilfe).

Diesem Fall liegt eine gerichtliche Entscheidung zugrunde. Wir drucken diese Entscheidung mit unseren Erläuterungen in den Arbeitshilfen ab, damit sie auch den Text derartiger Entscheidungen nachvollziehen können.

Lösung zu Frage 1

Frau Kunkel ist zu empfehlen, ein gerichtliches Eilverfahren einzuleiten, denn offensichtlich sind alle Bemühungen erfolglos gewesen, das Jobcenter wenigstens für den Monat April zu weiteren Zahlungen zu bewegen.

Ein gerichtliches Eilverfahren hat stets zwei Voraussetzungen. (Zum besseren Verständnis haben wir die Vorschriften weggelassen, aus denen sich dies ergibt. Sie sind in der Arbeitshilfe nachzulesen):

Der Anspruchsteller muss einen Anordnungsanspruch glaubhaft machen. Das heißt: Im Rahmen einer summarischen Prüfung kann der Anspruchsteller eine Anspruchsgrundlage nennen und darlegen, dass die Anspruchsvoraussetzungen für den Bezug einer Leistung vorliegen. In der Sache also muss sein Begehren erfolgversprechend sein.

Der Anspruchsteller muss einen Anordnungsgrund glaubhaft machen. Das ist das Eilbedürfnis, mit dem das Gericht dazu verpflichtet werden soll, möglichst sofort eine vorläufige Entscheidung zu treffen. Bei diesem Aspekt ist zu berücksichtigen, dass das Gericht im Eilverfahren nicht über das Bestehen oder Nichtbestehen des Anspruchs komplett entscheidet. Diese Entscheidung bleibt der Hauptsache vorbehalten. Das Gericht trifft nur – wegen des Anordnungsgrundes – eine vorläufige Regelung.

Im konkreten Fall bedeutet dies Folgendes: Frau Kunkel kann in einem gerichtlichen Eilverfahren durchsetzen, dass das Jobcenter die Leistungen für sich selbst und ihre Tochter erst einmal weiterzahlt. Dafür spricht vor allem, dass diese Leistungen ja bisher bis zum 30.06. bewilligt sind und diese Bewilligung auch noch nicht per Bescheid aufgehoben ist. Insoweit hat Frau Kunkel jedenfalls einen Anordnungsanspruch.

Weil die Beratung am 22.03.2016 stattfindet und Frau Kunkel offensichtlich am Monatsende kein Geld mehr zur Verfügung hat, liegt auch ein Anordnungsgrund vor. Sie weiß schließlich nicht, wovon sie u.a. die Miete zahlen soll. Deshalb ist die Sache eilig.

Mit einer vorläufigen Regelung wird das Gericht entscheiden, dass Frau Kunkel und ihre Tochter das Geld bis zu einer Klärung weiter erhalten. Die Hauptsache ist damit nicht vorweggenommen. Die Hauptsache wird ganz sicher zu einer Neuberechnung führen, denn es entfällt der Betrag des Mehrbedarfs für Alleinerziehende. Im Hauptsacheverfahren muss darüber hinaus später geklärt werden, ob ihr Mann noch Angehöriger der amerikanischen Streitkräfte ist, von dort Einkommen bezieht, oder ob Frau Kunkel nicht für ihn als (neues) Mitglied der Bedarfsgemeinschaft einen Anspruch auf ALG II geltend machen kann. Das aber ist nicht Gegenstand des gerichtlichen Eilverfahrens.

Lösung zu Frage 2

Für die Durchführung eines gerichtlichen Verfahrens kann man Prozesskostenhilfe beantragen. Darüber entscheidet das Gericht, das in der Sache, d.h. über den Klageantrag entscheiden soll (Hier: § 73a SGG i.V.m. §§ 114 ff. ZPO).

Ein gerichtliches Eilverfahren ist ein separates Gerichtsverfahren, das parallel neben einem Hauptsacheverfahren verläuft. Ob sich das Hauptsacheverfahren noch im Verwaltungsverfahren befindet oder (ebenfalls) schon bei Gericht anhängig ist, spielt keine Rolle: Es gibt auch für die Durchführung eines gerichtlichen Eilverfahrens Prozesskostenhilfe unter den 2 allgemein geltenden Voraussetzungen:

Die Sache muss Aussicht auf Erfolg haben. Das gerichtliche Eilverfahren mit dem Antrag, Frau Kunkel und ihrer Tochter vorläufig die Leistungen des Jobcenters weiterzuzahlen, ist erfolgversprechend.

Der Antragsteller muss nach seinen persönlichen und wirtschaftlichen Verhältnissen nicht dazu in der Lage sein, für die Kosten des Verfahrens aufzukommen. Dazu muss Frau Kunkel ein Formular ausfüllen. Ihre Angaben, dass das Jobcenter die Zahlung eingestellt hat, muss sie glaubhaft machen.

Weil beide Voraussetzungen für die Bewilligung von Prozesskostenhilfe vorliegen, kann sie einen Anwalt beauftragen. Dieser wird also zwei Anträge stellen:

1. Die Zahlungen an Frau Kunkel und ihre Tochter sollen vorläufig weitergezahlt werden.
2. Frau Kunkel und ihrer Tochter wird Prozesskostenhilfe bewilligt und ein Rechtsanwalt ihrer Wahl beigeordnet.

Wir haben die Entscheidung des Gerichts in diesem Fall in den Arbeitshilfen abgedruckt. Die Antragstellerin hatte keinen Anwalt beauftragt. Sie hat ihren Antrag offensichtlich bei der Rechtsantragstelle des Gerichts selbst gestellt. Das ist zulässig: Vor den Gerichten erster Instanz (Ausnahme: Familiengericht) besteht kein Anwaltszwang.

3.2. Arbeitshilfen

3.2.1 Formulare im sozialgerichtlichen Verfahren

Link	Letzter Zugriff
https://www.justiz.nrw.de/BS/formulare/sozialgerichtliches_verfahren/index.php	01.08.2016

3.2.2 Ein verwaltungsgerichtliches (BAföG-) Urteil mit Erläuterungen

Urteil erster Instanz im Original	Unsere Erläuterungen
Urteil des Verwaltungsgerichts München vom 22.10.2015, Aktenzeichen: M 15 K 15.2827	Wir stellen hier ein Urteil zu einem BAföG-Fall dar. Der Aufbau eines solchen

Urteil erster Instanz im Original	Unsere Erläuterungen
	Urteils ist bei den Sozialgerichten entsprechend.
Orientierungssatz (Keine) Nachfrist für die Vorlage der Eignungsbescheinigung nach § 48 BAföG	Der **Leit- oder Orientierungssatz** gibt an, worum es geht. Der Kläger wollte BAföG für das fünfte und sechste Semester beanspruchen.
Tenor I. Die Klage wird abgewiesen. II. Der Kläger hat die Kosten des Verfahrens zu tragen. Gerichtskosten werden nicht erhoben. III. Die Kostenentscheidung ist vorläufig vollstreckbar. Der Kläger darf die Vollstreckung durch Sicherheitsleistung oder Hinterlegung in Höhe des vollstreckbaren Betrags abwenden, wenn nicht der Beklagte vorher Sicherheit in gleicher Höhe leistet.	Als **Tenor** bezeichnet man den Kern der gerichtlichen Entscheidung. I. Hier befindet sich die Entscheidung zur Hauptsache. II. Dies ist die Kostenentscheidung. Es trägt derjenige die Kosten, der den Prozess verliert. Gerichtskosten fallen in BAföG-Sachen nicht an. Wenn der Kläger einen Anwalt beauftragt hat, muss er diesen selbst bezahlen (Es sei denn, das Gericht hätte ihm Prozesskostenhilfe bewilligt). Die Kosten der Gegenseite muss er in jedem Fall tragen. III. Die Entscheidung ist noch nicht endgültig. Deshalb wird hier im Hinblick auf die Kosten eine vorläufige Entscheidung getroffen.
Tatbestand Der Kläger begehrt die Gewährung von Ausbildungsförderung für das fünfte und sechste Fachsemester seines Studiums der Politischen Wissenschaft an der Hochschule für Politik	Im **Tatbestand** wird der Sachverhalt geschildert. Im ersten Satz wird das Ziel der Klage beschrieben.
Der Kläger, der am ... in ...Spanien geboren ist und die deutsche Staatsangehörigkeit besitzt, hat seine Schulbildung in Frankreich erworben. Im Wintersemester 2012/13 nahm er das Studium mit der Fachrichtung Politische Wissenschaft an der Hochschule für Politik ... auf. Im Sommersemester 2013 war er ausweislich des Bescheids der Hochschule für Politik ... vom 15. Mai 2013 von der Verpflichtung zum ordnungsgemäßen Studium beurlaubt. Für sein Studium in den ersten vier Fachsemestern gewährte der Beklagte dem Kläger Ausbildungsförderung.	Der Kläger ist ein Student; der Beklagte ist das für BAföG zuständige Studentenwerk
Am 31. März 2015 beantragte der Kläger Ausbildungsförderung für sein fünftes und sechstes Semester im Bewilligungszeitraum 04/2015 bis 03/2016. Auf dem hierzu eingereichten Formblatt 5 „Leistungsbescheinigung nach § 48 BAföG" konnte die Hochschule für Politik ... am 15. April 2015 nicht bestätigen, dass der Kläger die bei geordnetem Verlauf seiner Ausbildung bis zum Ende des vierten Fachsemesters üblichen Leistungen erbracht hat. Es wurde vielmehr vermerkt, dass dem Kläger drei Grundkurs- und zwei Proseminarscheine fehlten.	Das Verwaltungsverfahren, um das es hier geht, beginnt mit der **Antragstellung**. Der Kläger erläutert, warum er die erforderliche Bescheinigung über den Studienverlauf nicht vorlegen konnte.
Mit Schreiben vom ... Mai 2015 teilte der Kläger mit, dass er bei der Hochschule für Politik ... eine Verlängerung seiner Grundstudienzeit beantragt habe, da er im ersten Semester dem Unterricht wegen Sprachschwierigkeiten nicht habe folgen können. Aus diesem Grund sei er bereits ein Semester beurlaubt gewesen und besuche seitdem einmal in der Woche einen Kurs in der Universität, um sein Sprachniveau mündlich und schriftlich an das akademische Niveau anzupassen, was ihm zwischenzeitlich gelungen sei. Hierzu legte der Kläger ein Schreiben der Prüfungskanzlei der	

Urteil erster Instanz im Original	Unsere Erläuterungen
Hochschule für Politik ... vom 24. April 2015 vor, nach dem seine Grundstudienzeit um ein Semester verlängert wurde.	
Mit Bescheid vom 10. Juni 2015 lehnte der Beklagte den Antrag auf Ausbildungsförderung ab, da der Kläger den Leistungsnachweis i.S.d. § 48 Abs. 1 BAföG nicht vorgelegt habe. Es lägen auch keine Gründe vor, dem Kläger für die Vorlage dieses Leistungsnachweises eine Nachfrist gemäß § 48 Abs. 2 i.V.m. § 15 Abs. 3 Nr. 1 BAföG zu gewähren, da fehlende Sprachkenntnisse nach Tz. 15.3.3a BAföG-VwV keinen schwerwiegenden Grund für die Gewährung einer Förderung über die Förderungshöchstdauer hinaus darstellten. Schwerwiegende Gründe müssten vom Gewicht her mit den anderen Gründen des § 15 Abs. 3 BAföG vergleichbar und ebenso unvermeidlich sein, z.B. eine Erkrankung.	Das Verwaltungsverfahren endet mit einem ablehnenden **Bescheid.** Die Behörde begründet die Ablehnung und zitiert dabei sowohl das Gesetz als auch eine untergesetzliche Verwaltungsvorschrift (Diese kann man im Internet finden). Im Normalfall schließt sich an den Bescheid das **Vorverfahren** an, d.h. der Kläger hätte binnen eines Monats Widerspruch einlegen und die Behörde durch Widerspruchsbescheid entscheiden müssen. Dieses verwaltungsrechtliche Vorverfahren ist in Bayern für BAföG-Sachen gem. Art. 15 AG VwGO Bay abgeschafft.
Hiergegen erhob der Kläger am ... Juli 2015 zur Niederschrift Klage und beantragte, den Bescheid vom 10. Juni 2015 aufzuheben und den Beklagten zu verpflichten, ihm entsprechend seinem Antrag vom 31. März 2015 weiter Ausbildungsförderung zu gewähren.	**Klageantrag** des Klägers
Die Ablehnung der Gewährung von Ausbildungsförderung über das vierte Semester hinaus sei nicht gerechtfertigt und bringe seine Familie in erhebliche finanzielle Bedrängnis. Auch der Prüfungsausschuss der Hochschule für Politik ... habe seine Zustimmung zur Verlängerung der Grundstudienzeit um ein Semester erteilt. Das Jobcenter ... gehe ebenfalls davon aus, dass sein Studium förderfähig sei und ziehe die „vermeintliche" Ausbildungsförderung in Höhe von 422 € von den Leistungen für seine Familie ab. Hierzu legte er einen Bescheid des Jobcenters ... vom 18. Juni 2015 vor, nach welchem dem Antrag des Klägers auf Leistungen zur Sicherung des Lebensunterhalts nach dem SGB II nicht entsprochen werden könne, da der Kläger dem Grunde nach Anspruch auf Ausbildungsförderung habe und somit die Voraussetzungen für den Leistungsausschluss nach § 7 Abs. 5 SGB II weiterhin erfüllt seien. Hiergegen hat die Familie des Klägers (seine beiden Eltern und sieben Geschwister) beim Sozialgericht ... am 1. Juli 2015 Antrag auf einstweiligen Rechtsschutz gestellt.	Ausführungen des Klägers. Das Jobcenter lehnte Leistungen des SGB II ab. Ein vor dem Sozialgericht geführtes gerichtliches Eilverfahren verlief erfolglos.
Der Beklagte hat beantragt, die Klage abzuweisen. Es sei jedem Studierenden an einer deutschen Hochschule zuzumuten, sich vor Studienaufnahme um ausreichende Deutschkenntnisse zu bemühen (vgl. Tz. 15.3.3a BAföGVwV).	**Klageabweisungsantrag des Beklagten** Ausführungen des Beklagten
Mit Beschluss vom 30. September 2015 wurde der Rechtsstreit zur Entscheidung auf den Einzelrichter übertragen (§ 6 Abs. 1 VwGO). Wegen der weiteren Einzelheiten wird auf die Gerichts- und die vorgelegte Behördenakte Bezug genommen (§ 117 Abs. 3 Satz 2 VwGO).	Verfahrensablauf bei dem Verwaltungsgericht und Verweis auf die Behördenakten. Die zwingend vorgeschriebene Verhandlung hat am 22.10.2015 stattgefunden, s.u.
Entscheidungsgründe	In den Entscheidungsgründen trägt das Gericht die Begründung seiner Entscheidung vor.

Urteil erster Instanz im Original	Unsere Erläuterungen
Über den Rechtsstreit konnte aufgrund der mündlichen Verhandlung vom 22. Oktober 2015 entschieden werden, obwohl der Kläger nicht erschienen ist. Denn in der Ladung zur mündlichen Verhandlung wurde darauf hingewiesen, dass auch im Falle des Nichterscheinens der Beteiligten verhandelt und entschieden werden kann (§ 102 Abs. 2 VwGO).	Hier finden sich Ausführungen zu dem prozessualen Vorgehen des Gerichts. Der Kläger ist zum Termin nicht erschienen.
Der Kläger hat keinen Anspruch auf die Gewährung von Ausbildungsförderung für das fünfte und sechste Semester seines Studiums der Politischen Wissenschaft an der Hochschule für Politik ... (§ 113 Abs. 5 Satz 1 VwGO). Der Bescheid des Beklagten vom 10. Juni 2015 erweist sich als rechtmäßig und verletzt den Kläger nicht in seinen Rechten.	Hier befindet sich die zentrale Feststellung des Gerichts.
Gemäß § 48 Abs. 1 BAföG wird Ausbildungsförderung für den Besuch einer Hochschule vom fünften Fachsemester an nur von dem Zeitpunkt ab geleistet, in dem der Auszubildende ■ entweder das Zeugnis über eine bestandene Zwischenprüfung, die vor dem Ende des vierten Semesters abgeschlossen worden ist (§ 48 Abs. 1 Satz 1 Nr. 1 BAföG), ■ eine nach Beginn des vierten Fachsemesters ausgestellte Bescheinigung der Ausbildungsstätte darüber, dass er die bei geordnetem Verlauf der Ausbildung jeweils bis zum Ende des jeweils erreichten Fachsemesters üblichen Leistungen erbracht hat (§ 48 Abs. 1 Satz 1 Nr. 2 BAföG) oder ■ einen nach Beginn des vierten Semesters ausgestellten Nachweis über die erworbene Anzahl der nach dem europäischen System zur Anrechnung von Studienleistungen (ECTS) üblichen Leistungen (§ 48 Abs. 1 Satz 1 Nr. 3 BAföG) vorlegt. Der gemäß § 48 Abs. 1 BAföG vom fünften Fachsemester an vorzulegende Eignungsnachweis ist eine unerlässliche konstitutive Förderungsvoraussetzung, die neben den sonstigen Förderungsvoraussetzungen erfüllt sein muss, um einen weiteren Förderungsanspruch zu begründen (BVerwG, U.v. 16.11.1978 – V C 38.77 – BVerwGE 57, 79). Im Falle des Klägers konnte die Hochschule für Politik ... am 15. April 2015 auf dem Formblatt 5 nicht bestätigen, dass der Kläger die bei geordnetem Verlauf seiner Ausbildung bis zum Ende des vierten Fachsemesters üblichen Leistungen i.S.d. § 48 Abs. 1 Satz 1 Nr. 2 BAföG erbracht hat. Sie hat vielmehr vermerkt, dass dem Kläger drei Grundkurs- sowie zwei Proseminarscheine fehlten.	**Anspruchsgrundlage** und Schilderung der **Anspruchsvoraussetzungen**
Da es sich bei dem streitgegenständlichen Bewilligungszeitraum 04/2015 bis 03/2016 um das fünfte bzw. sechste Fachsemester des Klägers handelt, kommt mangels der Vorlage der Leistungsbescheinigung i.S.d. § 48 Abs. 1 Satz 1 Nr. 2 BAföG eine Weiterförderung nur in Betracht, wenn die Voraussetzungen des § 48 Abs. 2 BAföG vorliegen. Danach kann das Amt für Ausbildungsförderung die Vorlage der Bescheinigung nach § 48 Abs. 1 BAföG zu einem entsprechend späteren Zeitpunkt zulassen, wenn Tatsachen vorliegen, die voraussichtlich eine spätere Überschreitung der Förderungshöchstdauer nach § 15 Abs. 3 BAföG oder eine Verlängerung der Förderungshöchstdauer nach § 15a Abs. 3 BAföG rechtfertigen. Ungeachtet des Wortlauts „kann" ist der Zeitpunkt der Vorlage des Leistungsnachweises bei Vorliegen der gesetzlichen Voraussetzungen zwingend hinauszuschieben (Rothe/Blanke, BAföG, Stand Mai 2015, § 48 Rn. 36).	Nachdem die Anspruchsvoraussetzungen nicht vorliegen, prüft das Gericht, ob ein **Ausnahmefall** vorliegt.
Im Falle des Klägers liegen keine Tatsachen vor, die voraussichtlich eine Überschreitung der Förderungshöchstdauer nach § 15	Das wird unter Bezugnahme auf Entscheidungen anderer Gerichte verneint.

Urteil erster Instanz im Original	Unsere Erläuterungen
Abs. 3 BAföG rechtfertigen. Von den in § 15 Abs. 3 BAföG enumerativ aufgezählten Gründen kommt hier nur das Vorliegen schwerwiegender Gründe i.S.d. § 15 Abs. 3 Nr. 1 BAföG in Betracht. Ein schwerwiegender Grund ist gegeben, wenn Tatsachen vorliegen, die für die Verzögerung des erfolgreichen Abschlusses innerhalb der Förderungshöchstdauer von erheblicher Bedeutung sind und die die Förderung über die Förderungshöchstdauer hinaus unter Beachtung ihres Zwecks rechtfertigen. Schwerwiegende Gründe liegen dann nicht vor, wenn die Verzögerung der Ausbildung auf Umstände zurückzuführen ist, deren Einwirkung auf den weiteren Ausbildungsgang nicht zwangsläufig waren, weil es dem Auszubildenden zuzumuten war, den Eintritt der Umstände oder die Verzögerung der Ausbildung zu verhindern (HessVGH, U.v. 26.2.2003 – 5 UE 467/02 – juris Rn. 27 unter Hinweis auf BVerwG, U.v. 28.6.1995 – 11 C 25.94 – FamRZ 1995, 1383). Dabei ist zu berücksichtigen, ob es dem Auszubildenden unter Beachtung des Zwecks der Ausbildungsförderung zuzumuten war, den Eintritt des verzögernd wirkenden Umstandes oder die Verzögerung als solche zu verhindern oder durch vermehrten Fleiß auszugleichen (HessVGH a.a.O. Rn. 30).	
Im Falle des Klägers ist davon auszugehen, dass es ihm zuzumuten gewesen wäre, die sprachbedingte Verzögerung im Studienablauf zu verhindern. Aus dem in § 1 BAföG verankerten Grundsatz der Nachrangigkeit der staatlichen Ausbildungsförderung folgt auch die Verpflichtung des Auszubildenden, seine Ausbildung umsichtig zu planen und zügig und zielstrebig durchzuführen (z.B. BayVGH, B.v. 4.10.2015 – 12 C 14.2417 – juris Rn. 18; Ramsauer/Stallbaum/Sternal, BAföG, 4. Auflage 2005 § 1 Rn. 16). Bezogen auf den Kläger, der seine Schuldbildung nach der Angabe im Lebenslauf offensichtlich im nicht deutschsprachigen Ausland erworben hat, bedeutet die vom Gesetz vorgesehene Obliegenheit zur vorausschauenden und umsichtigen Planung der Ausbildung, dass er sich vor Aufnahme seines Studiums hätte vergewissern müssen, dass seine deutschen Sprachkenntnisse die Anforderungen an ein deutsches Hochschulstudium, insbesondere das der politischen Wissenschaft, erfüllen. Wie der Kläger selbst angibt, hat er demgegenüber zunächst das Studium aufgenommen und sich erst im darauffolgenden Semester beurlauben lassen, um seine deutschen Sprachkenntnisse dem akademischen Niveau anzupassen. Dadurch ist er ein Semester in Rückstand geraten. Dies hätte er vermeiden können, indem er sich vor Aufnahme des Studiums seiner deutschen Sprachkenntnisse vergewissert hätte. Die Verzögerung der Ausbildung wäre somit vom Kläger zu verhindern gewesen. Dementsprechend stellt Tz. 15.3.3a BAföG-VwV klar, dass fehlende Sprachkenntnisse keinen schwerwiegenden Grund i.S.d. § 15 Abs. 3 Nr. 1 BAföG für die Gewährung einer Förderung über die Förderungshöchstdauer hinaus darstellen.	
Schließlich liegen auch die Voraussetzungen des § 48 Abs. 2 i.V.m. § 15a Abs. 3 BAföG für eine Zulassung des Leistungsnachweises zu einem späteren Zeitpunkt nicht vor. § 15a Abs. 3 BAföG sieht nur in bestimmten Fällen eine Verlängerung der Förderungshöchstdauer vor, wenn ein Studiengang Sprachkenntnisse über die Sprachen Deutsch, Englisch, Französisch oder Latein hinaus voraussetzt. Da es hier gerade um die Sprachkenntnisse in Deutsch geht, ist die Ausnahmeregelung des § 15a Abs. 3 BAföG im Fall des Klägers nicht anwendbar.	
Nach alledem ist der Beklagte nicht verpflichtet, die Vorlage der Leistungsbescheinigung nach § 48 Abs. 2 BAföG ein Semester später, also zum Ende des fünften anstatt zum Ende des vierten Fachsemesters, zuzulassen und dem Kläger für das fünfte und sechste	Zusammenfassung

Urteil erster Instanz im Original	Unsere Erläuterungen
Fachsemester seines Studiums der Politischen Wissenschaft Ausbildungsförderung zu bewilligen.	
Die Klage ist daher mit der Kostenfolge des § 154 Abs. 1 VwGO abzuweisen. Die Gerichtskostenfreiheit beruht auf § 188 Satz 2 VwGO, die Entscheidung über die vorläufige Vollstreckbarkeit auf § 167 VwGO i.V.m. §§ 708 ff. ZPO.	Begründung der Entscheidungen II. und III. des Tenors.

3.2.3 Ein sozialgerichtlicher Beschluss im Eilverfahren (SGB II)

Beschluss erster Instanz im Original	Unsere Erläuterungen
SG Augsburg, Beschl. v. 30.03.2016 – S 8 AS 312/16 ER -	Wir stellen hier einen gerichtlichen Eilbeschluss zu einem SGB II – Fall vor. Der Aufbau eines solchen Beschlusses ist bei den Verwaltungsgerichten entsprechend.
Leitsatz	Der **Leit- oder Orientierungssatz** gibt an, worum es geht.
Keine vorläufige Leistungseinstellung gerechtfertigt bei offener Bedürftigkeitsprüfung	Das Jobcenter hat die Leistungen eingestellt, obwohl die Bedürftigkeitsprüfung noch nicht abgeschlossen war.
Tenor	Als **Tenor** bezeichnet man den Kern der gerichtlichen Entscheidung.
1. Der Antragsgegner wird im Wege der einstweiligen Anordnung verurteilt, den Antragstellerinnen die mit Bescheid vom 17. Dezember 2015 bewilligten Leistungen zur Sicherung des Lebensunterhalts mit einem monatlichen Abzug von 40 EUR weiterhin zu erbringen.	Hier befindet sich die Entscheidung. Mit der Bezeichnung „im Wege der einstweiligen Anordnung" wird deutlich, dass es sich um eine vorläufige Regelung durch ein gerichtliches Eilverfahren handelt.
2. Im Übrigen wird der Antrag auf einstweiligen Rechtsschutz abgelehnt.	Das Gericht hat die bisherigen Leistungen entgegen dem Antrag um 40 € monatlich gekürzt. Insoweit hat es den Antrag abgelehnt.
3. Der Antragsgegner hat die außergerichtlichen Kosten der Antragstellerinnen zu erstatten.	Dies ist die Kostenentscheidung. Es trägt derjenige die Kosten, der den Prozess verliert. Wenn die Antragstellerinnen einen Anwalt beauftragen, sind dies Kosten, die außerhalb des Gerichts anfallen. Bei diesem Tenor hat das Jobcenter auch seine Kosten zu tragen.
Gründe	
I.	Tatbestand
Die Antragstellerinnen (Ast) begehren im Wege der einstweiligen Anordnung weiterhin laufende Leistungen zur Sicherung des Lebensunterhalts nach dem Zweiten Buch Sozialgesetzbuch – Grundsicherung für Arbeitsuchende – (SGB II).	Im ersten Satz wird das Ziel des gerichtlichen Eilverfahrens beschrieben.
Die 1982 geborene Antragstellerin zu 1 (Ast 1) wohnt zusammen mit ihrer 2010 geborenen Tochter, der Antragstellerin zu 2 (Ast 2). Beide sind deutsche Staatsangehörige und beziehen seit Längerem Leistungen zur Sicherung des Lebensunterhalts vom Antragsgegner (Ag). Zuletzt wurden den Ast mit Bescheid vom 17. Dezember 2015 Leistungen für die Zeit vom 1. Januar bis zum 30. Juni 2016 in Höhe von 912,40 EUR für April und von 919 EUR für Mai und Juni 2016 bewilligt. Dabei wurden für die Ast 1 ein Mehrbedarf für Alleinerziehende sowie bei der Ast 2 Kindergeld von 190 EUR monat-	Antragstellerin zu 1 ist die Mutter (ALG II-Bezieherin), Antragstellerin zu 2 ist die Tochter (Sozialgeld). Antragsgegner ist das Jobcenter.

Beschluss erster Instanz im Original	Unsere Erläuterungen
lich und Unterhaltsvorschussleistungen von 145 EUR monatlich berücksichtigt.	
Mitte März teilte die Ast 1 dem Ag mit, dass ihr 1987 geborener Ehemann, ein US-amerikanischer Staatsangehöriger und Vater der Ast 2, der Mitglied der amerikanischen Streitkräfte (gewesen) sein soll, bei ihnen eingezogen sei.	
Die Ast wurden sodann vom Ag aufgefordert, ab April 2016 einen Weiterbewilligungsantrag zu stellen. Außerdem wurde ihnen mitgeteilt, dass die Leistungen ab April 2016 vorläufig eingestellt werden. Bei einer Vorsprache am 22. März 2016 sind vom Ag zudem verschiedene Unterlagen zur Prüfung der Anspruchsvoraussetzungen angefordert worden, die noch nicht vorgelegt wurden.	
Ebenfalls am 22. März 2016 hat sich die Ast 1 an das Sozialgericht Augsburg gewandt und für sich und die Ast 2 einstweiligen Rechtsschutz beantragt. Ursprünglich seien ihnen Leistungen bis Juni 2016 bewilligt worden. Diese seien nun entzogen worden. Die Entscheidung über die Weiterbewilligung der Leistungen solle vier bis sechs Wochen dauern. Sie habe kein Geld und keine finanziellen Reserven und müsse den Lebensunterhalt für sich und ihren Mann bestreiten. Zudem sei die Miete fällig.	
Für die Antragstellerin wird beantragt (sinngemäß):	Antrag der Antragstellerinnen
Der Antragsgegner wird im Wege der einstweiligen Anordnung verpflichtet, dem Antragsteller laufende Leistungen zur Sicherung des Lebensunterhalts zu bewilligen.	
Für den Antragsgegner wird beantragt,	Abweisungsantrag des Antragsgegners (Jobcenters)
den Antrag abzulehnen.	
Die angeforderten Unterlagen seien zur Prüfung der Einkommens- und Vermögensverhältnisse des Ehemanns der Ast 1 notwendig und lägen bisher nicht vor. Ohne die Unterlagen könne keine Entscheidung bezüglich eines Leistungsanspruchs ab April 2016 getroffen werden.	Ausführungen des Antragsgegners
Zur Ergänzung des Sachverhalts wird auf den Inhalt der Gerichts- und Behördenakten Bezug genommen.	Verfahrensablauf bei dem Verwaltungsgericht und Verweis auf die Behördenakten. In gerichtlichen Eilverfahren finden nur ausnahmsweise mündliche Verhandlungen statt. Hier war das nicht geboten.
II.	Entscheidungsgründe
Gegenstand des Verfahrens ist das Begehren der Ast nach einstweiliger Weiterzahlung der bereits bewilligten Leistungen. Für den Ehemann der Ast 1 ist kein Antrag gestellt worden, weder ausdrücklich noch so, dass dies aus dem Vorbringen zu schließen wäre. Dass die mit Bescheid vom 17. Dezember 2015 bis einschließlich Juni 2016 bewilligten Leistungen so weiter erbracht werden sollen, entnimmt das Gericht der Antragsbegründung, zumal dieses Begehren auch interessengerecht ist.	Hier legt das Gericht den Eilantrag aus. Es geht nicht um eine Neuberechnung ab April 2016 einschließlich eines möglichen Bedarfs für den Ehemann, sondern um die vorläufige Weiterzahlung der bisherigen Leistungen.
Der so verstandene Antrag auf Erlass einer einstweiligen Anordnung ist zulässig.	Zunächst folgen Ausführungen des Gerichts zur Zulässigkeit.
Zugunsten der Ast geht das Gericht davon aus, dass für die Ast 2 wirksam einstweiliger Rechtsschutz beantragt werden konnte. Im Hinblick auf die Regelung des § 1629 Abs. 1	Dabei wird familienrechtlich geklärt, ob die Antragstellerin ihre Tochter alleine vertreten kann.

Beschluss erster Instanz im Original	Unsere Erläuterungen
Satz 3 des Bürgerlichen Gesetzbuches (BGB) nimmt das Gericht an, dass – jedenfalls für das vorliegende Verfahren – die Ast 1 ihre Tochter alleine vertreten kann.	Anspruchsteller sind Mutter und Tochter. Um den Anspruch der Tochter durchzusetzen, muss die Mutter (allein-) vertretungsberechtigt sein; der Ehemann hat das Verfahren offenbar nicht betrieben. Diese Vertretungsberechtigung entnimmt das Gericht § 1626 Abs. 1 S. 3 BGB.
Ferner handelt es sich nicht um einen Fall des § 86b Abs. 1 des Sozialgerichtsgesetzes (SGG), also einen Fall, in dem Widerspruch oder Anfechtungsklage keine aufschiebende Wirkung haben und in der Hauptsache eine Anfechtungsklage statthaft wäre. Die vorläufige Zahlungseinstellung nach § 40 Abs. 2 Nr. 4 SGB II, § 331 des Dritten Buches Sozialgesetzbuch – Arbeitsförderung – (SGB III) stellt keinen Verwaltungsakt i.S.d. § 31 des Zehnten Buches Sozialgesetzbuch - Sozialverwaltungsverfahren und Sozialdatenschutz – (SGB X) dar. Denn dabei wird gerade kein Bescheid erteilt und der Betroffene kann sich gegen die einstweilige Zahlungseinstellung mittels isolierter Leistungsklage wenden (vgl. BayLSG, Beschluss vom 15. Juli 2015, L 11 AS 353/15 B ER).	Hier erörtert das Gericht, ob eine vorläufige Zahlungseinstellung ein Verwaltungsakt ist. Ein Widerspruch dagegen könnte aufschiebende Wirkung haben, so dass dann prozessual ein anderer Antrag hätte gestellt werden müssen. Im Ergebnis aber wird der Charakter eines Verwaltungsaktes bei einer bloßen Zahlungseinstellung verneint.
Der Antrag hat in der Sache zum größten Teil Erfolg.	Hier beginnen die inhaltlichen Ausführungen.
Nach § 86b Abs. 2 Satz 1 SGG kann das Gericht der Hauptsache auf Antrag eine einstweilige Anordnung in Bezug auf den Streitgegenstand treffen, wenn die Gefahr besteht, dass durch eine Veränderung des bestehenden Zustands die Verwirklichung eines Rechts des Antragstellers vereitelt oder wesentlich erschwert werden könnte (Sicherungsanordnung). Einstweilige Anordnungen sind nach § 86b Abs. 2 Satz 2 SGG auch zur Regelung eines vorläufigen Zustands in Bezug auf ein streitiges Rechtsverhältnis zulässig, wenn eine solche Regelung zur Abwendung wesentlicher Nachteile nötig erscheint (Regelungsanordnung).	
Der Erlass einer einstweiligen Anordnung setzt voraus, dass der Antragsteller das Bestehen eines zu sichernden Anspruchs, den sogenannten Anordnungsanspruch, sowie die Notwendigkeit einer vorläufigen Regelung, den sogenannten **Anordnungsgrund**, glaubhaft macht, § 86b Abs. 2 Satz 4 SGG i.V.m. § 920 der Zivilprozessordnung (ZPO). Voraussetzung für den Erlass einer einstweiligen Anordnung ist somit, dass dem Antragsteller ohne eine entsprechende Regelung schwere und unzumutbare, anders nicht abwendbare Nachteile entstehen, zu deren nachträglicher Beseitigung die Entscheidung in der Hauptsache nicht mehr in der Lage ist. Eine solche Eilbedürftigkeit liegt nur dann vor, wenn dem Antragsteller ein Abwarten der Entscheidung in der Hauptsache nicht zugemutet werden kann (**Anordnungsgrund**) und wenn ihm aufgrund der glaubhaft gemachten Tatsachen bei summarischer Prüfung der Rechtslage ein materiell-rechtlicher Anspruch auf die begehrte Handlung bzw. Unterlassung zusteht (Anordnungsanspruch). Dabei stehen Anordnungsanspruch und Anordnungsgrund nicht isoliert nebeneinander, sondern es besteht zwischen ihnen eine Wechselbeziehung in dem Sinne, dass sich die Anforderungen an dem Anordnungsanspruch mit zunehmender Eilbedürftigkeit und Schwere des drohenden Nachteils (dem Anordnungsgrund) verringern und umgekehrt. Denn Anordnungsanspruch und Anordnungsgrund bilden aufgrund ihres funktionalen Zusammenhangs ein bewegliches System (vgl. HessLSG, Beschluss vom 27. März 2009, L 3 U 271/08 B ER).	Anordnungsanspruch: Bestehen des Rechts Anordnungsgrund: Eilbedürfnis

Beschluss erster Instanz im Original	Unsere Erläuterungen
Nach diesen Maßstäben liegen Anordnungsanspruch und -grund vor und es ist eine einstweilige Regelung gerechtfertigt.	
Ein Anordnungsanspruch ergibt sich aus der Leistungsbewilligung an die Ast mit Bescheid vom 17. Dezember 2015. Diese reicht noch bis Juni 2016 und ist nicht aufgehoben oder abgeändert worden.	Inhaltlich liegt ein Anordnungsanspruch vor.
Für das Gericht ist es wenigstens offen, eher fraglich, ob die Voraussetzungen für die vom Ag vorgenommene einstweilige Zahlungseinstellung gegeben sind. Derzeit ist es lediglich so, dass unklar ist, ob und über welches Einkommen und Vermögen der Ehemann des Ast 1 verfügt. Eine noch offene Situation stellt aber keine Tatsachen dar, welche zu einem geringeren Leistungsanspruch führen. Es ist eben noch nicht nachgewiesen oder zumindest wahrscheinlich, dass die Bedürftigkeit der Ast i.S.d. SGB II ganz oder zum Teil entfallen ist. Das wird vielmehr weiter zu ermitteln sein. Dass die Ast 2 bislang Unterhaltsvorschussleistungen bezogen hat, kann auch so gedeutet werden, dass ihr Vater unterhaltsrechtlich nicht leistungsfähig war. Das wiederum würde gegen relevante Mittel zur Verringerung der Bedürftigkeit der Bedarfsgemeinschaft sprechen.	... weil eine noch offene Situation vorliegt, ... eher anzunehmen ist, dass der Vater nicht zahlen kann ...
Im Rahmen des summarischen Verfahrens ist weiter nicht anzunehmen, dass Leistungen an die Ast aufgrund von Art. 13 Abs. 1 des Zusatzabkommens zu dem Abkommen zwischen den Parteien des Nordatlantikvertrages über die Rechtsstellung ihrer Truppen hinsichtlich der in der Bundesrepublik Deutschland stationierten ausländischen Truppen (NATO-TrStatZAbk, Gesetz vom 18. August 1961, BGBl. II, S. 1183) ausgeschlossen sind. Zum einen geht das Gericht davon aus, dass der Ehemann der Ast 1 seit der Übersiedlung nach Deutschland nicht mehr Mitglied der amerikanischen Streitkräfte ist. Zum anderen hat der Ag den Ast als Angehörigen auch bislang trotzdem Leistungen bewilligt.	... und auch kein Geld von den amerikanischen Streitkräften zu erwarten ist.
Der Anordnungsgrund ist ebenfalls zu bejahen, da es sich um existenzsichernde Leistungen handelt und den Ast außer dem Kindergeld und – soweit noch geleistet – dem Unterhaltsvorschuss aktuell keine Einnahmen zur Verfügung stehen.	Es liegt ein Anordnungsgrund (Eilbedürfnis) vor, weil die Existenz der Antragstellerinnen nicht gesichert ist.
Sein Regelungsermessen gemäß § 86b Abs. 2 SGG übt das Gericht dahingehend aus, dass der Ag verurteilt wird, die mit Bescheid vom 17. Dezember 2015 bewilligten Leistungen vorläufig weiterhin zu erbringen. Allerdings erscheint ein Abschlag von 40 EUR monatlich angezeigt, weil nach dem Einzug des Ehemanns der Ast 1 die Unterkunftskosten nunmehr zu dritteln sind. Der Wegfall des Mehrbedarfs für Alleinerziehende wird durch den zu erwartenden Wegfall der Unterhaltsvorschussleistungen aufgewogen. Ein weiterer Abschlag ist nicht angezeigt, weil zumindest nach dem Vortrag der Ast 1 diese auch für ihren Mann aufkommen muss.	Hier wird noch einmal deutlich, dass es sich nur um eine vorläufige Regelung handelt. Das Gericht nimmt eine Kürzung von 40 € monatlich vor, weil die Antragstellerinnen selbst demnächst weniger an Unterkunftskosten zu zahlen haben. Ob und in welcher Höhe Mutter, Tochter und Vater demnächst, d.h. in der Hauptsache Leistungen des Jobcenters beziehen können, wird nicht entschieden, aber es wird eine Tendenz angedeutet.
Die Kostenentscheidung beruht auf der entsprechenden Anwendung der §§ 183, 193 SGG.	

D. Musterklausuren

1. Erläuterung

Die Fälle und Lösungen der vorangegangenen Kapitel haben unterschiedliche Längen und Schwierigkeitsgrade. Abschließend präsentieren wir zwei Klausurfälle mit Lösungen.

Diese Aufgaben haben wir in einem Bachelorstudiengang der Sozialen Arbeit gestellt. Das Modul Recht in diesem Studiengang hat einen Workload von 360 Stunden, davon die Hälfte Lehrveranstaltungen mit Vorlesungen bzw. Übungen in Gruppen. Über zwei Semester ergeben sich 12 ETCS-Creditpoints.

Die Klausuren bestanden aus drei Teilen, die gleich gewichtet wurden:

		Maximale Punktzahl
Teil A	33 von 100 Fragen aus dem Fragenkatalog zu allen Handlungsfeldern. [1]	33
Teil B	Eine Fallschilderung aus den Handlungsfeldern 1, 5, 6, oder 7	33
Teil C	Eine Fallschilderung aus den Handlungsfeldern 2, 3, 4 oder 8	33
Gesamtpunktzahl		99

Die Klausur war bestanden, wenn mindestens 50,5 Punkte erreicht wurden. Die Durchschnittsnote lag in den vergangenen zwei Jahren bei 2,3; die Durchfallquote zwischen 5 % (2014) und 10 % (2015).

Maximale Prozentzahl	Minimale Prozentzahl	Note	
99,00	96,0	1	sehr gut
95,5	90,0	1,3	sehr gut -
89,5	85	1,7	gut +
84,5	80	2	gut
79,5	75	2,3	gut -
74,5	70	2,7	befriedigend +
69,5	65	3	befriedigend +
64,5	60	3,3	befriedigend -
59,5	55	3,7	ausreichend +
54,5	50,5	4	ausreichend
50 und darunter	50 und darunter	5	nicht bestanden

Da die Fragen im Lehrbuch gestellt sind, haben wir hier nur die Teile B und C ausgearbeitet. Als Hilfsmittel waren eine Gesetzessammlung und ein Taschenrechner erlaubt. Auf dem Arbeitsbogen war anzugeben, welchen Stand die Gesetzessammlung hatte.

Nach den beiden Aufgabenstellungen stellen wir eine vollständige Lösung der Teile B und C vor. Vorangestellt ist ein Hinweis auf die angesprochenen Kapitel dieser Fallsammlung und des Lehrbuchs (LSA).

---

1 LSA E Wiederholungsfragen.

2. Klausur 1

2.1. Teil B. Fall aus den Handlungsfeldern 1, 5, 6 oder 7

Fallschilderung

Familie Rombach lebt in bescheidenen wirtschaftlichen Verhältnissen. Frau Rombach hat einen Minijob mit einem Einkommen von 450 €. Herr Rombach arbeitet als Aushilfsfahrer und erhält dafür 1000 € netto. Beide haben 3 gemeinsame Kinder, die 2008, 2011 und 2013 geboren sind. Frau Rombach hat darüber hinaus noch eine Tochter aus 1. Ehe, für die sie monatlich 100 € Unterhalt bezahlt; das Kindergeld für dieses Kind steht ihr nicht zur Verfügung. Diese Tochter kommt alle 2 Wochen zu Besuch.

Die Wohnung der Familie Rombach kostet 1.000 € kalt zuzüglich 100 € für die Heizung monatlich. Familie Rombach hat einen VW-Golf, der 1993 gebaut wurde und 250.000 km gefahren ist. Er ist schätzungsweise noch 1.200 € wert. Herr Rombach hat von seiner Mutter 9.000 € geerbt, die er auf einem Sparbuch angelegt hat.

Fragen

1. Nennen Sie die Anspruchsgrundlagen und -voraussetzungen zum Bezug von ALG II!
2. Nennen Sie Anspruchsgrundlagen und -voraussetzungen zum Bezug von Sozialgeld!
3. Führen Sie eine Bedarfsberechnung nach der beigefügten Tabelle durch! Wie viel Geld kann die Familie Rombach von dem Jobcenter erwarten?
4. Wie hoch ist der Gesamtbetrag, den diese Familie zur Verfügung hat?

Hilfsmittel 1: Bedarfsberechnungstabelle mit Regelsätzen und Beträgen

→ Abbildung 10: SGB II: Tabelle zur Grundsicherung mit Geldbeträgen, S. 71

Hilfsmittel 2: Tabelle zum Ausfüllen

→ Abbildung 11: SGB II: Tabelle zur Grundsicherung als Arbeitsvorlage, S. 74

2.2. Teil C. Fall aus den Handlungsfeldern 2, 3, 4 oder 8

Fallschilderung

Marion und Peter erwarten ein gemeinsames Kind. Marion ist allerdings noch mit Horst verheiratet, den sie vor 17 Jahren geheiratet hat und mit dem sie den Sohn Lukas (15 Jahre) hat. Die beiden haben sich vor 5 Jahren getrennt. Lukas lebt bei seiner Mutter und besucht seinen Vater in unregelmäßigen Abständen. Das Verhältnis zwischen Marion und Horst ist sehr angespannt und Marion möchte sich nun scheiden lassen.

Lukas hat grundlos einem Mitschüler durch einen Faustschlag ein blaues Auge geschlagen.

Fragen

Beantworten Sie die Fragen unter Bezugnahme auf die einschlägigen Gesetzesbestimmungen:

1. Wer ist Vater des Babys, wenn es geboren wird?
2. Wer hat das Sorgerecht für Lukas?
3. Wo kann Marion sich über Scheidung beraten lassen, aufgrund welcher Rechtsgrundlage? Was ist das Ziel einer solchen Beratung?
4. Hat sich Lukas strafbar gemacht? Welche strafrechtlichen Sanktionen sind in seinem Fall denkbar

2.3. Lösung von Teil B.

Es handelt sich um einen „klassischen" Fall der Grundsicherung für Erwerbsfähige.

Der „Fall Malzahn" wurde lediglich mit abgeänderten Beträgen als Klausuraufgabe gestellt. Da der Parallelfall bereits ausgearbeitet ist, wird hier auf die Darstellung einer Lösung verzichtet. (→ B.1.1.2 Grundsicherung für Erwerbsfähige, S. 34).

2.4. Lösung von Teil C.

Themengebiete

In diesem Fall werden folgende Themen angesprochen, die in LSA ausführlich behandelt werden und zu denen es auch in FSA weitere Fallbeispiele gibt:

- Abstammung: LSA B.2.5.1 und FSA B.2.1.2
- Sorgerecht: LSA B.2.6.2 und FSA B.2.1.4
- Trennungs- und Scheidungsberatung: LSA B 2.4.5 und FSA B.2.1.1
- Jugendstrafrecht: LSA D.8 und FSA B.8.1.1

Lösung zu Frage 1: Vaterschaft

Rechtsgrundlage: § 1592 BGB

Nach § 1592 Nr. 1 BGB ist Vater eines Kindes der Mann, der zum Zeitpunkt der Geburt mit der Mutter des Kindes verheiratet ist. Marion ist mit der Geburt Mutter des Babys (§ 1591 BGB). Zum Zeitpunkt der Geburt ist Marion allerdings noch mit Horst verheiratet, daher ist auch er der Vater des Kindes.

Lösung zu Frage 2: Sorgerecht

Rechtsgrundlage: § 1626 BGB

Nach § 1626 Abs. 1 BGB haben die Eltern die Pflicht und das Recht für das minderjährige Kind zu sorgen (elterliche Sorge). Eltern von Lukas sind Marion nach § 1591 BGB und Horst nach § 1592 Nr. 1 BGB, weil er auch zum Zeitpunkt der Geburt von Lukas vor 15 Jahren schon mit Marion verheiratet war. Sie haben daher das gemeinsame Sorgerecht.

Lösung zu Frage 3: Trennungs- und Scheidungsberatung

Anspruchsgrundlage: § 17 SGB VIII

Gemäß § 17 Abs. 1 Nr. 3 und Abs. 2 SGB VIII haben Mütter und Väter, wenn sie für ein Kind sorgen, gegenüber dem Jugendamt einen Anspruch auf Beratung im Falle von Trennung und Scheidung, um Bedingungen für eine dem Wohl des Kindes förderliche Wahrnehmung der Elternverantwortung zu schaffen. Marion ist Mutter von Lukas, dieser lebt bei ihr und sie sorgt für ihn. Sie kann sich daher an das Jugendamt wenden. In der Beratung sollen die Eltern unter angemessener Beteiligung des Kindes darin unterstützt werden, ein einvernehmliches Konzept für die Wahrnehmung der elterlichen Sorge und der elterlichen Verantwortung zu finden (§ 17 Abs. 2 SGB VIII).

Lösung zu Frage 4: Jugendstrafrecht

Rechtsgrundlage: § 223 Abs. 1 StGB i.V.m. § 1 JGG

Lukas hat den objektiven Tatbestand des § 223 Abs. 1 StGB erfüllt, weil er eine andere Person, nämlich seinen Mitschüler durch den Faustschlag ins Gesicht körperlich misshandelt und am Körper verletzt hat (der Mitschüler hat ein blaues Auge erlitten). Lukas hat bewusst auf den Mitschüler eingeschlagen, er hat damit auch billigend in Kauf genommen, dass dieser verletzt wird. Er hat daher vorsätzlich gehandelt und somit ist auch der subjektive Tatbestand erfüllt. Die Tat war rechtswidrig, aus dem Sachverhalt ergeben sich keine Anhaltspunkte dafür, dass ein Rechtfertigungsgrund vorliegen könnte. Lukas handelte auch schuldhaft, Entschuldigungsgründe liegen ebenfalls keine vor. Allerdings ist Lukas 15 Jahre alt und damit Jugendlicher i.S.d. § 1 Abs. 2 JGG. Daher ist das Jugendgerichtsgesetz auf ihn anzuwenden und er ist jugendgerichtlich verantwortlich, wenn er gemäß § 3 S. 1 JGG zur Zeit der Tat nach seiner sittlichen und geistigen Entwicklung reif genug war, das Unrecht der Tat einzusehen und nach dieser Einsicht zu handeln. Aus dem Sachverhalt ergeben sich keine Hinweise darauf, dass das nicht der Fall wäre, daher ist er strafrechtlich verantwortlich für eine Körperverletzung nach § 223 Abs. 1 StGB. Als Sanktionen kennt das JGG Erziehungsmaßregeln (Weisungen, Anordnung von bestimmten Hilfen zur Erziehung), Zuchtmittel (Verwarnung, Auflagen, Jugendarrest) und die Jugendstrafe. Für Lukas kommen als Sanktionen am ehesten Erziehungsmaßregeln infrage (z.B. die Weisung, einen Täter-Opfer-Ausgleich durchzuführen nach § 10 Abs. 1 S. 1 Nr. 7 oder einen sozialen Trainingskurs – Anti-Gewalttraining nach § 10 Abs. 1 S. 1 Nr. 6 JGG zu besuchen).

3. Klausur 2

3.1. Teil B. Fall aus den Handlungsfeldern 1, 5, 6 oder 7

Fallschilderung

Isabel Lange studiert Soziale Arbeit und beginnt demnächst ihr Praxisprojekt. Sie wird in einer Gemeinschaftsunterkunft für Flüchtlinge der Stadt Aachen arbeiten. Im Rahmen einer Hospitation hat sie schon Samia kennengelernt, eine 30-jährige Frau aus Pakistan. Samia, die gebrochen englisch spricht, erzählt, dass sie gemeinsam mit ihrem Ehemann zuerst in Hannover in einer Erstaufnahmeeinrichtung gewesen sei. In einem Nebengebäude hätten sie gemeinsam einen Asylantrag gestellt, aber dann seien sie getrennt worden, obwohl Samia im dritten Monat schwanger ist. Sie und ihr Ehemann seien nur religiös und nicht staatlich miteinander verheiratet. Samia zeigt Isabel einen

Zuweisungsbescheid der Bezirksregierung Arnsberg (zuständige Behörde für die landesinterne Verteilung), wonach sie in einer Gemeinschaftsunterkunft der Stadt Aachen wohnen muss. Isabel erkennt sofort, dass die Frist, gegen diese Entscheidung vorzugehen, bereits abgelaufen ist. Samia hat kürzlich erfahren, dass ihr Mann nach Düsseldorf zugewiesen wurde und sofort mit ihm Kontakt aufgenommen. Weil dort auch die Familie des Mannes lebt, soll Samia nach Düsseldorf ziehen. Nun stellen sich für sie viele Fragen; Isabel versucht sie unter Zuhilfenahme des Gesetzes so weit wie möglich zu lösen: (Geben Sie also nach Möglichkeit die Paragrafen an).

Fragen

1. Aus welcher Vorschrift ergibt sich, dass Samia zunächst in einer Gemeinschaftsunterkunft in Aachen wohnen bleiben muss?
2. Gemeinsam mit ihr will Isabel die landesinterne Verteilung überprüfen lassen.
   a. Was ist zu tun?
   b. Können Sie die Bezirksregierung Arnsberg auf eine Vorschrift aufmerksam machen, die sie vielleicht nicht beachtet hat?
3. Inwiefern ist die gesundheitliche Versorgung von Samia während der Schwangerschaft gewährleistet?
4. Kann Samia Grundleistungen nach § 3 AsylbLG oder Grundsicherungsleistungen nach § 2 AsylbLG beziehen? Worin besteht der Unterschied?
5. Wie läuft das weitere Asylverfahren ab?
   a. Womit muss Samia demnächst rechnen?
   b. Skizzieren Sie die inhaltliche Entscheidung des Bundesamtes für Migration und Flüchtlinge, ohne auf Besonderheiten (z.B. des Familienasyls) einzugehen.
6. Kann Samia auf Kosten des Staates für die außergerichtliche Beratung und Vertretung einen Rechtsanwalt beauftragen? Wo ist das zu beantragen?

3.2. Teil C. Fall aus den Handlungsfeldern 2, 3, 4 oder 8

Fallschilderung

Eva und Max Müller sind seit 16 Jahren verheiratet und Eltern der beiden Kinder Paul (15 Jahre) und Julia (8 Jahre). Max ist vor 6 Monaten zu seiner neuen Freundin gezogen und möchte sich von Eva trennen. Eva ist am Boden zerstört und verwehrt Max den Kontakt zu seinen Kindern und jegliche Information über die Kinder mit der Begründung, er habe sich bisher auch nie um sie gekümmert. Sie redet den Kindern gegenüber schlecht über Max und behauptet, er wolle von ihnen nichts mehr wissen. Tatsächlich war Max beruflich immer viel unterwegs, allerdings hat er sich in seiner Freizeit viel mit den Kindern beschäftigt und sich um deren schulische Belange gekümmert (mit den Kindern gelernt, Elternabende besucht etc.). Die Kinder konnten seine neue Freundin noch nicht kennenlernen, weil Eva dies verbot. Die Kinder hatten immer ein sehr inniges Verhältnis zu ihrem Vater und leiden sehr unter der Trennung. Sie vermissen ihren Vater einerseits, andererseits sind sie wütend auf ihn. Julia äußert immer wieder, dass sie ihren Papa sehen möchte, Paul hingegen lehnt jeglichen Kontakt ab, er fühlt sich von seinem Vater im Stich gelassen.

Paul hat genug von den familiären Schwierigkeiten und schließt sich einer Clique Jugendlicher an. Mit seinen Freunden raucht und trinkt er regelmäßig und schwänzt permanent die Schule und verhält sich seinen Mitschülern gegenüber so aggressiv, dass bereits ein Schulverweis angedroht wurde. Seine Mutter Eva ist so sehr mit sich und ihren eigenen Problemen beschäftigt, dass sie sich überhaupt nicht um Paul kümmert. Erst durch eine Strafanzeige wird sie aufgeschreckt: Paul soll beobachtet haben, dass sein 17-jährigen Freund und Cousin Karl ein Mofa geklaut hat. Karl ist der Sohn von Evas Schwester Sabine. Eva will auf keinen Fall, dass sich irgendjemand in ihr Familienleben einmischt. Sie meint eine Tracht Prügel wird ausreichen, dass Paul „wieder vernünftig" wird.

Fragen

Beantworten Sie folgende Fragen unter Bezugnahme auf die einschlägigen Gesetzesbestimmungen:

1. Von wem und wie kann Herr Müller bezüglich der Kontakte zu seinen Kindern außergerichtliche Beratung und Hilfe bekommen?
2. Hätte ein Antrag von Herrn Müller auf gerichtliche Regelung des Umgangsrechts Erfolg?
3. Was würden Sie als zuständige/r SozialarbeiterIn des Jugendamtes in Bezug auf Paul unternehmen? (Auf konkrete Hilfen ist nicht einzugehen.)
4. Kann Paul im Strafverfahren gegen Karl die Aussage als Zeuge nach § 52 Abs. 1 Nr. 3 StPO verweigern?
5. Karl erhält eine Einladung zu einem Gespräch beim Jugendamt. Er fragt sich warum?

3.3. Lösung von Teil B.

Themengebiete

Dieser Fall war darauf angelegt, theoretisch erworbenes Wissen vor allem zum Flüchtlingsrecht zu präsentieren und/oder eine Arbeit anhand der einschlägigen Vorschriften anzufertigen. Nachdem sich das AsylG in 2015 und 2016 mehrfach geändert hat, sollten die Kandidaten die ihnen jeweils zur Verfügung stehende Gesetzesfassung anwenden.

■ Zu Flüchtlingsthemen: LSA B.7.3.5 und FSA B.7.1.3
■ Zu Fragen der Bestandskraft von Bescheiden: LSA C.3.2.3 und FSA B.1.1.7
■ Zu Beratungshilfe: LSA C.2.3.1 und C.2.3.2; FSA C.1.1.2

Lösung zu Frage 1: Unterbringung in Gemeinschaftsunterkunft

Die Verpflichtung zum Wohnen in Gemeinschaftsunterkünften ergibt sich aus § 53 Abs. 1 AsylG.

Lösung zu Frage 2: Überprüfung der landesinternen Verteilung

a. Grundsätzlich ist ein Zuweisungsbescheid ein Verwaltungsakt, gegen den es möglich ist, ein Rechtsmittel einzulegen. Hier hat Isabell sofort erkannt, dass die dafür vorgesehene Frist abgelaufen ist. Deshalb besteht nur die Möglichkeit, einen neuen Antrag zu stellen mit dem Begehren, die erste Zuweisungsentscheidung aufzuheben und Samia der Stadt Düsseldorf zuzuweisen.

b. Die Bezirksregierung Arnsberg ist auf die Vorschrift des § 50 Abs. 4 S. 5 AsylG aufmerksam zu machen, wonach die Haushaltsgemeinschaft von Familienangehörigen zu berücksichtigen ist. Weil Samia und ihr Ehemann zuerst in Hannover in einer Erstaufnahmeeinrichtung gewohnt haben, ist von einer Haushaltsgemeinschaft und dem Bestehen der Ehe in Pakistan auszugehen (§ 26 Abs. 1 Nr. 2 AsylG). Sobald das Kind geboren ist, dürfte sein Asylantrag gemeinsam mit demjenigen der Eltern zu behandeln sein (§ 26 Abs. 2 AsylG). Selbst wenn man nicht von einer staatlich anzuerkennenden Ehe ausgehen würde, liegen jedenfalls gem. § 50 Abs. 4 S. 5 AsylG sonstige humanitäre Gründe von vergleichbarem Gewicht vor, denn offensichtlich werden Samia und ihr Lebensgefährte (bzw. Ehemann) demnächst gemeinsam Eltern. Die Berücksichtigung dieser familiären Situation dürfte dazu führen, dass beide gemeinsam einem Ort zuzuweisen sind.

Lösung zu Frage 3: Gesundheitliche Versorgung von Schwangeren

Die gesundheitliche Versorgung einer Schwangeren ist in vollem Umfang gewährleistet (§ 4 Abs. 2 AsylbLG).

Lösung zu Frage 4: Grund- und Grundsicherungsleistungen

Die Grundleistungen sind in § 3 AsylbLG geregelt. Sie bestehen im Wesentlichen aus Sachleistungen und einem kleinen Barbetrag. Im Gegensatz dazu stehen die Grundsicherungsleistungen nach dem dritten und vierten Kapitel SGB XII. Sie enthalten einen höheren Regelsatz, die Kosten für Unterkunft und Heizung sowie ggf. Mehrbedarfe wie bei anderen (deutschen) Hilfebedürftigen auch.

Asylbewerber erhalten zunächst Grundleistungen, so auch Samia. Grundsicherungsleistungen können sie gem. § 2 Abs. 1 AsylbLG erst erhalten, wenn sie sich 15 Monate im Bundesgebiet aufhalten und die lange Dauer ihres Aufenthaltes nicht rechtsmissbräuchlich (z.B. durch Vortäuschen einer falschen Identität) selbst beeinflusst haben. Für Letzteres bestehen bei Samia keine Anhaltspunkte.

Lösung zu Frage 5: Ablauf und Ergebnis des Asylverfahrens

Nachdem Samia gemeinsam mit ihrem Mann einen Asylantrag gestellt hat, ist demnächst mit der Anhörung zu rechnen (§ 25 AsylG). Sodann ergeht eine Entscheidung des Bundesamtes für Migration und Flüchtlinge in Form eines Bescheides, der mit einer Rechtsmittelbelehrung versehen sein muss (§ 31 AsylG).

In § 31 AsylG sind auch die Inhalte dieser Entscheidung festgehalten: im Falle eines beachtlichen Asylantrages sind dies die (volle) Anerkennung als Asylberechtigter, die Feststellung, ob Samia Flüchtling nach der Genfer Flüchtlingskonvention ist oder ob sie subsidiären Schutz genießt. Alle drei Entscheidungen können auch im Wege des Familienasyls (§ 26 AsylG) getroffen werden.

Weiter kann ein Asylantrag unbeachtlich (§ 29 AsylG) oder offensichtlich unbegründet (§§ 29a, 30 AsylG) sein.

Lösung zu Frage 6: Beratungshilfe für Asylbewerber

Die außergerichtliche Beratung und Vertretung durch einen Rechtsanwalt kann beim Amtsgericht des Wohnsitzes (hier: Aachen) beantragt werden. Beratungshilfe wird nämlich in allen rechtlichen Angelegenheiten gewährt (§ 2 Abs. 2 BerHG). Samia erhält vom Amtsgericht einen Berechtigungsschein und kann damit zu einem Rechtsanwalt ihrer Wahl gehen.

3.4. Lösung von Teil C.

Themengebiete

In diesem Fall werden folgende Themen angesprochen, die in LSA ausführlich behandelt werden und zu denen es auch in FSA weitere Fallbeispiele gibt:

- Umgangsrechtsberatung: LSA B.2.6.10
- Umgangsrecht: LSA B.2.6.3 und FSA B.2.1.5
- Schutzauftrag des Jugendamtes bei Kindeswohlgefährdung: LSA D.4.3.8 und FSA B.2.1.9
- Verwandtschaft: LSA B.2.5 und FSA B.2.1.2
- Jugendgerichtshilfe/Jugendhilfe im Strafverfahren: LSA D.4.3.9 und D.8 und FSA B.8.1.1

Lösung zu Frage 1: Umgangsberatung

Anspruchsgrundlage: § 18 Abs. 3 S. 3 SGB VIII: Eltern haben Anspruch auf Beratung und Unterstützung bei der Ausübung des Umgangsrechts. S 4: „Bei der Befugnis, Auskunft über die persönlichen Verhältnisse des Kindes zu verlangen, bei der Herstellung von Umgangskontakten (…) soll vermittelt und in geeigneten Fällen Hilfestellung geleistet werden."

Herr Müller kann sich daher an das Jugendamt wenden und sich bezüglich des Umgangs- und Auskunftsrechts beraten lassen. Das Jugendamt soll bei der Herstellung von Umgangskontakten vermitteln.

Lösung zu Frage 2: Gerichtliche Regelung des Umgangsrechts

Als Vater hat Herr Müller nach § 1684 Abs. 1 BGB das Recht und die Pflicht zum Umgang mit seinen Kindern. Nach § 1684 Abs. 3 S. 1 BGB kann das Familiengericht über den Umfang des Umgangsrechts entscheiden und seine Ausübung näher regeln.

Das Familiengericht hat dabei das Kindeswohlprinzip nach § 1697a BGB zu beachten: „das Gericht trifft diejenige Entscheidung, die unter Berücksichtigung der tatsächlichen Gegebenheiten und Möglichkeiten sowie der berechtigten Interessen der Beteiligten dem Wohl des Kindes am besten entspricht". Dabei hat das Gericht nach der Rechtsprechung folgende Kriterien zu beachten:

- Erziehungsfähigkeit: Herr Müller hat sich während des Zusammenlebens (bis vor 6 Monaten) in seiner Freizeit viel mit den Kindern beschäftigt und sich um deren schulische Belange gekümmert. Eine Einschränkung seiner Erziehungsfähigkeit ergibt sich nicht aus dem Sachverhalt.
- Betreuungsfähigkeit: Herr Müller ist zwar beruflich viel unterwegs, allerdings war ihm die Freizeit mit den Kindern wichtig, auch diesbezüglich ergaben sich aus dem Sachverhalt keine Bedenken.
- Emotionale Bindung: Die Kinder hatten immer ein inniges Verhältnis zu ihrem Vater. Erst durch die Trennung ist dieses getrübt. Die Kinder leiden unter der Tren-

nung und vermissen den Vater und reagieren jeder auf seine Weise mit dem Wunsch nach Kontakt (Julia) und Ablehnung (Paul). Das auffällige Verhalten von Paul zeigt, wie sehr er unter der Trennung leidet. Seine Ablehnung ergibt sich aus der Trennungssituation der Eltern und nicht aus seiner Bindung zum Vater. Es ist daher anzunehmen, dass die emotionale Bindung zum Vater nach wie vor gegeben ist.

■ Bindungstoleranz: Aus dem Sachverhalt ergeben sich Hinweise auf eine fehlende Bindungstoleranz der Mutter: Sie verweigert jegliche Kontakte zum Vater, verbietet ein Kennenlernen der neuen Freundin des Vaters und redet schlecht über den Vater und behauptet sogar gegenüber den Kindern, der Vater wolle nichts mehr von ihnen wissen. Sie verstößt damit ganz klar gegen die Wohlverhaltensklausel des § 1684 Abs. 2 S. 1 BGB, wonach die Eltern alles zu unterlassen haben, was das Verhältnis des Kindes zum jeweils anderen Elternteil beeinträchtigt.

■ Wille des Kindes: Julia äußert klar, dass sie den Vater sehen möchte. Paul lehnt den Kontakt zwar ab, es ist jedoch zu prüfen, worin die Ursache seiner Ablehnung tatsächlich liegt.

■ Kontinuität: Die Kinder haben bis vor 6 Monaten mit dem Vater im gemeinsamen Haushalt gelebt.

■ Geschwisterbindung: Spielt hier keine Rolle.

Unter Berücksichtigung der Kindeswohlkriterien entspricht es dem Wohl der Kinder, Kontakt zu ihrem Vater zu haben, weil seine Erziehungs- und Betreuungsfähigkeit gegeben ist, die emotionale Bindung zu den Kindern ist gut und auch die Kontinuität spricht dafür. Der Wille der Kinder ist wichtig und Paul kann gegen seinen Willen nicht zu Kontakten gezwungen werden, aber die Gründe für seine vordergründige Ablehnung sind noch zu eruieren. Das Verhalten der Mutter, das gegen die Wohlverhaltensklausel verstößt, und ihre mangelnde Bindungstoleranz sind kein Grund, das Umgangsrecht zu versagen. Es hätte daher der Antrag von Herrn Müller bei Gericht Erfolg.

Lösung zu Frage 3: Schutzauftrag des Jugendamtes bei Kindeswohlgefährdung

Rechtsgrundlage: §§ 8a SGB VIII, 1666 BGB

§ 8a SGB VIII: Werden dem Jugendamt gewichtige Anhaltspunkte für die Gefährdung des Wohls eines Kindes oder Jugendlichen bekannt, so hat es das Gefährdungsrisiko im Zusammenwirken mehrerer Fachkräfte einzuschätzen.

Eine Kindeswohlgefährdung liegt nach § 1666 Abs. 1 BGB dann vor, wenn das körperliche, geistige oder seelische Wohl des Kindes oder sein Vermögen gefährdet sind und die Eltern nicht gewillt oder in der Lage sind, die Gefahr abzuwenden. Nach der Rechtsprechung muss es sich um die gegenwärtige Gefahr einer erheblichen Schädigung handeln, die mit ziemlicher Sicherheit vorauszusehen ist.

Der 15-jährige Paul raucht, trinkt und schwänzt permanent die Schule, er verhält sich seinen Mitschülern gegenüber aggressiv, so dass ihm ein Schulverweis angedroht wurde. Seine Mutter ist so sehr mit sich selbst und ihren eigenen Problemen beschäftigt, dass sie sich überhaupt nicht um Paul kümmert. Außerdem meint sie, dass eine Tracht Prügel eine angemessene Erziehungsmaßnahme sei. Damit verstößt sie gegen das Gewaltverbot in der Erziehung (§ 1631 Abs. 2 BGB). Alles das sind Hinweise auf eine Kindeswohlgefährdung i.S.d. § 1666 Abs. 1 BGB. Wenn Paul sein Verhalten nicht ändert, droht eine erhebliche Schädigung seiner geistigen (Schule schwänzen) und körperlichen (Trinken, Rauchen) Entwicklung. Seine Mutter ist mit der Situation überfordert.

Nach § 8a Abs. 1 SGB VIII ist im Zusammenwirken mehrerer Fachkräfte eine Gefährdungsrisikoeinschätzung durchzuführen. Dabei sind die Erziehungsberechtigten und der Jugendliche miteinzubeziehen (§ 8a Abs. 1 S. 2 SGB VIII). Die zuständigen Fachkräfte haben daher ein Gespräch mit Eva, Max und Paul zu führen und die Situation zu erörtern. Sofern dies fachlich erforderlich ist, kann ein Hausbesuch durchgeführt werden (§ 8a Abs. 1 S. 2 SGB VIII). Wenn das JA es zur Abwendung der Gefahr für notwendig hält, muss es nach § 8a Abs. 1 S. 3 SGB VIII den Eltern geeignete und notwendige Hilfen anbieten.

Wenn die Eltern diese Hilfen nicht annehmen wollen, die Gefährdung aber auch nicht anders abgewendet werden kann, hat das JA das Familiengericht zu verständigen (§ 8a Abs. 2 S. 1 SGB VIII).

Lösung zu Frage 4: Verwandtschaft

Paul und Karl sind nicht in gerader Linie verwandt nach § 1589 Abs. 1 S. 1 BGB, weil sie nicht voneinander abstammen. Sie sind nach § 1589 Abs. 1 S. 2 BGB in der Seitenlinie verwandt, weil sie beide von derselben dritten Person, nämlich der Mutter von Eva und Klara abstammen. Nach § 1589 Abs. 1 S. 3 BGB bestimmt sich der Grad der Verwandtschaft nach der Zahl der sie vermittelnden Geburten. Zwischen Paul und Karl liegen 4 Geburten, sie sind daher im 4. Grad Seitenlinie miteinander verwandt.

Paul hat daher kein Aussageverweigerungsrecht nach § 52 Abs. 1 Nr. 3 StPO, weil dieses nur für Verwandte in der Seitenlinie bis zum 3. Grad gilt.

Lösung zu Frage 5: Jugendgerichtshilfe und Jugendhilfe im Strafverfahren

Karl ist noch Jugendlicher und muss sich daher für seine Tat nach § 1 JGG vor dem Jugendgericht verantworten.

Nach § 52 SGB VIII ist das Jugendamt verpflichtet, in einem Verfahren nach dem JGG mitzuwirken. Die Jugendämter üben die Jugendgerichtshilfe nach § 38 Abs. 1 JGG aus. Nach § 38 Abs. 2 S. 1 und 2 JGG haben die Vertreter der Jugendgerichtshilfe die erzieherischen, sozialen und fürsorgerischen Gesichtspunkte im Verfahren vor den Jugendgerichten zur Geltung zu bringen. Sie unterstützen zu diesem Zweck die Behörden durch Erforschung der Persönlichkeit, der Entwicklung und der Umwelt des Beschuldigten und äußern sich zu den Maßnahmen, die zu ergreifen sind.

Literaturverzeichnis

Clausen, Jens/Herrath, Frank, Sexualität leben ohne Behinderung, Das Menschenrecht auf sexuelle Selbstbestimmung, Stuttgart 2012.

Deutscher Verein für öffentliche und private Fürsorge e.V., Empfehlungen für die Heranziehung Unterhaltspflichtiger in der Sozialhilfe (SGB XII), Stand: 12.03.2014, http://tacheles-sozialhilfe.de/fa/redakteur/Infos_anderer/DV_35-13_End__2_.pdf.

Galuske, Michael, Methoden der Sozialen Arbeit, in: Handbuch Soziale Arbeit, 4. Auflage, München 2011, S. 931–954.

Gastiger, Sigmund, Erste Hilfe im Recht, Basis für Rechtsmodule - Studiengang Soziale Arbeit, 5., überarb. und aktualis. Aufl., March, Breisgau 2010.

Grossmann, Karin/Grossmann, Klaus E., Bindungen, Das Gefüge psychischer Sicherheit, 6. Aufl., Stuttgart 2014.

Haye, Britta/Kleve, Heiko, Die sechs Schritte helfender Kommunikation als eine methodische Grundlage Klinischer Sozialarbeit. Unter: http://www.ash-berlin.eu/hsl/docs/3016/sechs_schritte.pdf. Zuletzt geprüft am 26.6.2016

Herriger, Norbert, Empowerment in der Sozialen Arbeit, Eine Einführung, Stuttgart 2014.

Hurrelmann, Klaus; Bauer, Ullrich Einführung in die Sozialisationstheorie. Das Modell der produktiven Realitätsverarbeitung. 11., vollst. überarb. Aufl. Weinheim: Beltz.

Jox, Rolf, Fälle zum Familien- und Jugendrecht, Zehn Klausuren und ihre Lösungen; ein Studienbuch für Bachelorstudierende der Sozialen Arbeit, Bd. 3516, 2. Aufl., Stuttgart 2011.

Jox, Rolf, Neue Fälle zum Familien- und Jugendrecht, 15 Klausuren mit Lösungen für Studierende der Sozialen Arbeit, Bildung und Erziehung im Kindesalter und Suchthilfe, Bd. 3879, Opladen 2013.

Kaiser, Dagmar/Schnitzler, Klaus/Friederici, Peter/Schilling, Roger, BGB Familienrecht, 3. Auflage, Baden-Baden 2014.

Lakies, § 23 SGB VIII, in: Münder, Johannes (Hrsg.), Frankfurter Kommentar zum SGB VIII, Kinder- und Jugendhilfe. 7. Aufl., Baden-Baden 2013.

Münder, Johannes/Trenczek, Thomas, Kinder- und Jugendhilferecht, Eine sozialwissenschaftlich orientierte Darstellung, Bd. 4498, 8. Aufl., Baden-Baden 2015.

Oberloskamp, Helga/Borg-Laufs, Michael/Mutke, Barbara, Gutachtliche Stellungnahmen in der sozialen Arbeit, Eine Anleitung mit Beispielen für die Mitwirkung in Familiengerichts- und Jugendstrafverfahren, 7., überarb. Aufl., Köln 2009.

OLG Düsseldorf, Düsseldorfer Tabelle ab dem 01.01.2016, http://www.olg-duesseldorf.nrw.de/infos/Duesseldorfer_tabelle/Tabelle-2016/ (besucht am 03.03.2016).

Pantuček-Eisenbacher, Peter, Soziale Diagnostik, Verfahren für die Praxis Sozialer Arbeit, 3., aktual. Aufl., Wien 2012.

Reinhardt, Jörg/Kemper, Rainer/Weitzel, Wolfgang, Adoptionsrecht, AdVermiG, AdÜbAG, AdWirkG, BGB, EGBGB, FamFG; Handkommentar, 2. Aufl., Baden-Baden 2015.

Röhl, Klaus, Zur Abgrenzung der groben von der einfachen Fahrlässigkeit, JZ 29 (1974), 521 ff., http://www.ruhr-uni-bochum.de/rsozlog/daten/pdf/Roehl%20-%20-Grobe%20und%20einfache%20Fahrlaessigkeit.pdf.

Schildmann, Ulrike (Hrsg.), Normalität, Behinderung und Geschlecht, Ansätze und Perspektiven der Forschung, Bd. 1, Opladen 2001.

Schwarz, Ulrike, Asylantrag bei UMF: Besonderheiten und Handlungsalternativen, ANA-ZAR (2016), 15.

Stock, Christof, Die Verteilung der Heimkosten beim Aufenthalt in einem Seniorenheim, eine Übersicht, RDG 13 (2016), 64–71.

Suykerbuyk, Ellen/Bosch, Erik/Humbert, Regina, Begleitete Sexualität, Leitbild und Konzeption für Sexualität im Leben von Menschen mit geistiger Behinderung; Handreichungen für die Praxis, Arnhem 2012.

Trenczek, Thomas/Tammen, Britta/Behlert, Wolfgang/v. Boetticher, Arne, Grundzüge des Rechts, Studienbuch für soziale Berufe, Bd. 8357, 4., vollst. überarb. und erw. Aufl., München 2014.

Trost, Alexander (Hrsg.), Bindungsorientierung in der Sozialen Arbeit, Grundlagen, Forschungsergebnisse, Anwendungsbereiche, Dortmund 2014.

Vothknecht, Michael, Schutz vor Vermögensschäden in der Caritas, Caritas (2008), https://www.caritas.de/neue-caritas/heftarchiv/jahrgang2008/artikel2008/schutz-vor-vermoegensschaeden-in-der-car.

Wabnitz, Reinhard J., Grundkurs Recht für die Soziale Arbeit, Bd. 3368, 3. Aufl., München 2016.

Wabnitz, Reinhard Joachim, Grundkurs Kinder- und Jugendhilferecht für die Soziale Arbeit, Mit 62 Übersichten, 3 Tabellen, 14 Fallbeispielen und Musterlösungen, Bd. Band-Nr. 2878: Soziale Arbeit Bd. 4., überarbeitete Auflage, München, Basel 2015.

Über die AutorInnen

Prof. Dr. phil. Dipl. Soz. Päd./M.A. *Verena Klomann*, Professorin für Theorien und Konzepte Sozialer Arbeit an der Katholischen Hochschule Nordrhein-Westfalen, Supervisorin (DGSV)

Prof. Dr. iur. *Barbara Schermaier-Stöckl*, Professorin für Familien- sowie Kinder- und Jugendhilferecht an der Katholischen Hochschule Nordrhein-Westfalen, Mediatorin (BAFM)

Prof. Dr. iur. *Christof Stock*, Professor für Sozial-, Verwaltungs- und Medizinrecht an der Katholischen Hochschule Nordrhein-Westfalen, Rechtsanwalt, Fachanwalt für Medizin- und Verwaltungsrecht

Anika Vitr, Rechtsanwältin, Syndikusrechtsanwältin an der Uniklinik RWTH Aachen, Lehrbeauftragte an der Katholischen Hochschule Nordrhein-Westfalen, Fachanwältin für Arbeits- und Versicherungsrecht

Stichwortverzeichnis